Kreisfußball

STEPHAN KERBER | FABIAN SEEGER

KREIS FUßBALL

100 TRAININGSFORMEN ZUR VERBESSERUNG DER SPIELKOMPETENZ

Meyer & Meyer Verlag

Kreisfußball

Bibliografische Information der Deutschen Nationalbibliothek
Die Deutsche Nationalbibliothek verzeichnet diese Publikation in der Deutschen Nationalbibliografie; detaillierte bibliografische Daten sind im Internet über http://dnb.d-nb.de abrufbar.

Auckland, Beirut, Dubai, Hägendorf, Hongkong, Indianapolis, Kairo, Kapstadt, Manila, Maidenhead, Neu-Delhi, Singapur, Sydney, Teheran, Wien
Member of the World Sport Publishers' Association (WSPA)

Gesamtherstellung: Print Consult GmbH, München

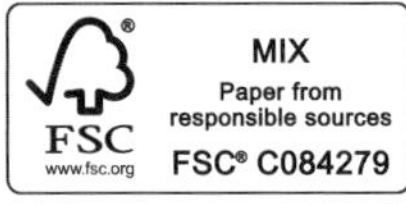

ISBN 978-3-8403-7594-1
E-Mail: verlag@m-m-sports.com
www.dersportverlag.de

INHALT

VORWORT

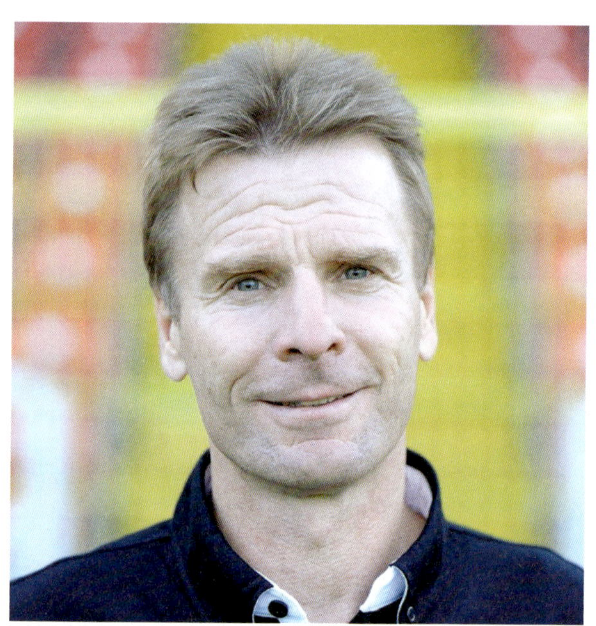

Markus Hirte

Die Anforderungen des modernen Fußballs an die Spielerinnen und Spieler sind in den letzten Jahrzehnten immer weiter gewachsen und auch in den nächsten Jahren wird diese Entwicklung weitergehen. Das Spieltempo wird noch höher, die Aktionen werden noch schneller werden. Neben den körperlichen und technischen Voraussetzungen, um dies zu bewältigen, werden vor allem kognitive Fähigkeiten dazu beitragen, diese Entwicklung zu ermöglichen. Wahrnehmen, analysieren, entscheiden und handeln: Schnelle und situationsadäquate Entscheidungen, die die individuellen technischen und konditionellen Bedingungen berücksichtigen, sind die Voraussetzung für optimale Lösungen in komplexen Spielsituationen.

Spielräume und Handlungsräume zu erkennen und diese im Sinne der Spielidee zu nutzen, ist der methodische Ansatz, um Spielhandlungen schneller und effektiver zu gestalten. Das Buch vermittelt diesen Ansatz durch zahlreiche Spielformen und berücksichtigt auch die Entwicklung der technischen Voraussetzungen durch hinführende Technikformen. Die notwendigen kreativen Lösungen für das Anspielen, Bespielen und Durchspielen von immer neuen Räumen erzeugen Spielfreude und Spielwitz und sorgen damit auch für Bewegungsvielfalt und Bewegungsintensität.

Etwas Neues, für die Spielerinnen und Spieler Motivierendes zu entwickeln, das die Förderung der Spielkompetenz als wesentlichen Ansatz der Weiterentwicklung des Fußballs beinhaltet, war die Motivation der Autoren. Inzwischen arbeiten sie über viele Jahre mit diesem Konzept und haben sehr positive Erfahrungen damit gemacht, die Spielerinnen und Spieler mit immer neuen Spielideen mit und in verschiedensten Räumen zu konfrontieren und so ihre Auffassungsgabe und somit die Entscheidungs- und Handlungsschnelligkeit zu verbessern.

Ich wünsche ihnen viel Spaß und Neugier beim Lesen des Buchs, das ihnen viele Anregungen für die Trainingspraxis bieten wird.

Markus Hirte
Sportlicher Leiter
Talentförderung

Deutscher Fußball-Bund e. V.

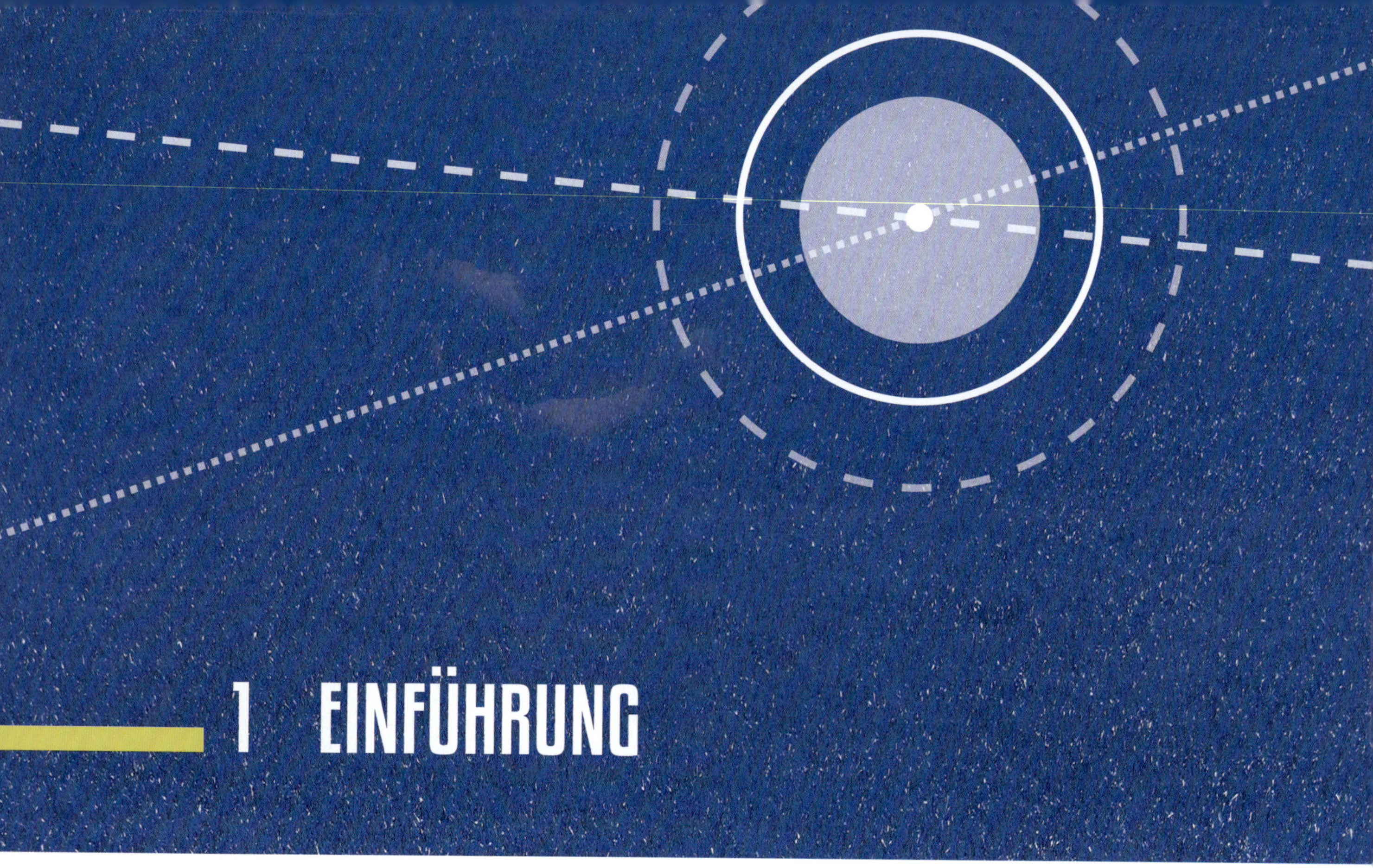

1 EINFÜHRUNG

1.1 EINLEITUNG

Im Zentrum dieses Buchs stehen Spielformen in kreisrunden Spielfeldern. Die übergeordnete Zielsetzung besteht in der Akzentuierung sämtlicher Anteile des modernen Fußballspiels durch variables Bespielen von Formen, Räumen, Feldzonen und Zielfeldern in Verbindung mit besonderen Spiel- und Provokationsregeln. Während der Entwicklung und Konzipierung dieser Kreisspielformen wurden zahlreiche Varianten entwickelt. Mit einem sensibilisierten Blick für kreisrunde Formen dienten die unterschiedlichsten Themenfelder als Inspirationsquelle. Überall genauer hingesehen, lassen sich die verschiedensten Kreisformen, runde Muster oder gebogene Flächen entdecken. Auch rund um das Fußballspiel lassen sich mit dem runden Spielball, dem Mittelkreis oder dem Elfmeterpunkt Kreisformationen finden.

STERNENBILDER
PLANETENBAHNEN SPORT BRUMMKREISEL
KIRCHENFENSTER ARCHITEKTUR NATUR
DREHSCHEIBE QUADRATUR DES KREISES
ASTRONOMIE MITTELPUNKT SYMBOLOGIE
BOWLINGKUGEL GEOMETRIE BLUME DES LEBENS
GESCHICHTE SEIFENBLASE

In diesen Kreisen steckt Fortbewegung, Dynamik, Halt, Stabilität und Kraft. Ausgehend von diesen Potenzialen, wurde die Form des Kreises wie selbstverständlich als Spielfläche und Spielrahmen für die Verbesserung der Spielkompetenz eingesetzt. Etwas, was rund ist, kann indirekt über die Form auch auf die Spielstruktur der Nachwuchsspieler einwirken. Dieser Einstiegsgedanke verfestigte sich im Arbeitsprozess durch die gemachten Erfahrungen in der Praxis und lässt Spieler an besonderen Spielen teilhaben.

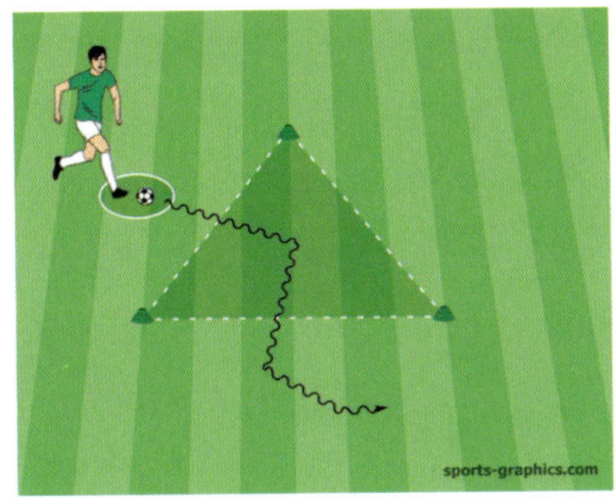

Abb. 1: Dribbling

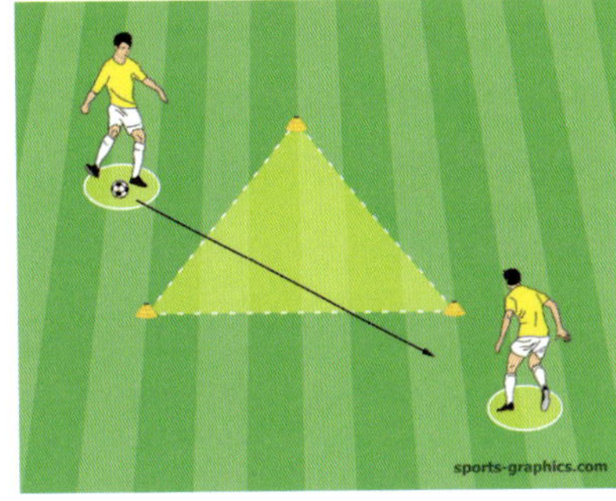

Abb. 2: Passspiel

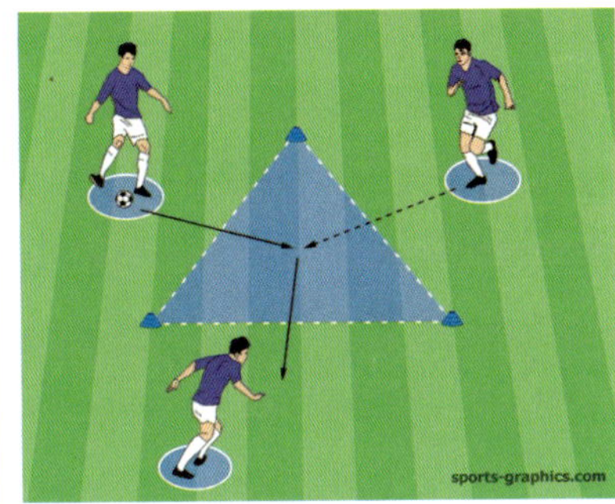

Abb. 3: Spiel über den Dritten

Rückblickend reifte vor etwa fünf Jahren zunächst der Gedanke, Dreiecke zu bespielen. Mit dem richtungsverändernden und fintenreichen Dribbling durch ein Dreieck (vgl. Abb. 1), mit einem diagonalen Pass über zwei Linien eines Dreiecks zu einem Mitspieler (vgl. Abb. 2) oder mit einem getimten Anspiel in ein Dreieck auf einen Mitspieler und der anschließenden Mitnahme oder dem anschließenden Pass über eine andere Seite des Dreiecks (vgl. Abb. 3) konnten Spielziele erreicht und Punktewertungen für das eigene Team realisiert werden. Durch die Anordnung mehrerer Dreiecke in einem Spielfeld wurden je nach Schwerpunkt sehr komplexe Spielformen mit unterschiedlichsten Aufgaben entwickelt. Vieles wurde miteinander verknüpft, was im Fußball eine Rolle spielte und noch heute Trend ist. Es kamen Quadrate hinzu und schließlich folgten die Kreise.

Die Überlegungen zu den geometrischen Formen zielen auf die Kreation von ständig wechselnden Spielsituationen ab, die bei den Spielern Spielwitz und Laufbereitschaft hervorrufen und dem herkömmlichen Training beizumengen sind. Die Umsetzung zahlreicher Trainingseinheiten mit diesen Formen in den Altersbereichen zwischen E-Jugend und A-Jugend bestätigt die Wirksamkeit. Die freigesetzte Motivation der Spieler, die Freude in den Gesichtern, etwas Neues ausprobieren zu können und das absolut unnötige Einfordern von Bewegung und Laufbereitschaft sind dabei deutliche Bilder. Es scheint, als würden diese Spielformen exakt auf das passen, was der talentierte Fußballer für sich und sein Spielglück benötigt und sucht.

In Bezug zum Spielziel vernetzen sich die Spieler, verknüpfen sich durch Passspiel, zeigen tolle Kombinationen und sammeln dadurch gemeinsam Punkte. Dafür sind die Spieler immer bereit, sich einzusetzen, schalten ohne Murren um und setzen permanent nach, weil ansonsten keine Chance zum Sieg der Spielform besteht. In den Kreisspielformen entwickelt sich ein laufender Lernprozess bei gleichzeitig stattfindender Intensität und Handlungsdichte.

Das Besondere dieser Spielformen besteht darin, dass stets alternative Handlungsoptionen abgewogen werden und neue Lösungen zu finden sind. Damit wirken die Kreisspielformen gegen Monotonie und Spannungsverlust. Zudem zählt das ständige Lernen im variablen Spielkontext und die laufende Wahrnehmung veränderter Spielsituationen zu den primären Zielsetzungen. Dabei werden vorrangig spieloffene Trainingsformen fokussiert, die in erster Linie originelle Lösungen der Spieler anregen und weniger dominant ein feststehendes Bewegungs- oder Handlungsbild ansteuern.

Die eingesetzten Formen der Dreiecke, Quadrate und Kreise bieten den Spielern innerhalb des gesamten Spielraums herausfordernde Spielziele. Indem diese Formationen und Anordnungen nur zu überpassen und zu überspielen sind, dienen sie indirekt auch als Hindernisse oder Gegenspieler. So simulieren sie eine gegnerische Formation und erlauben den Transfer zum großen Spiel. Zur Gewöhnung an die runden Formationen und entsprechende Spielfelder in Kreisform können, wie skizziert, Dreiecke (vgl. Abb. 4) oder Quadrate (vgl. Abb. 5) eingesetzt werden und weiterführend dann Kombinationen bemüht werden (vgl. Abb. 6).

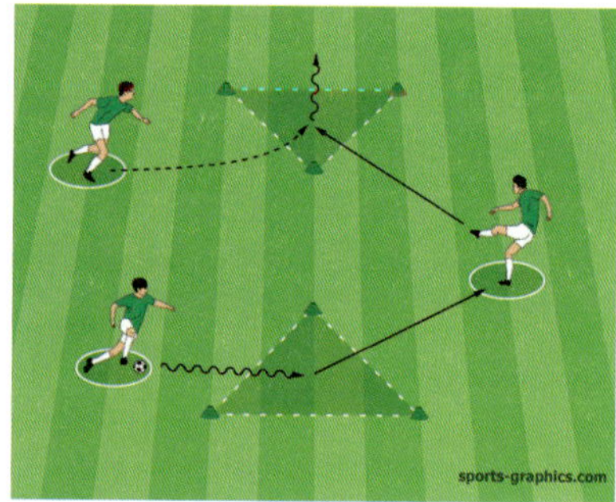

Abb. 4: Dreiecke

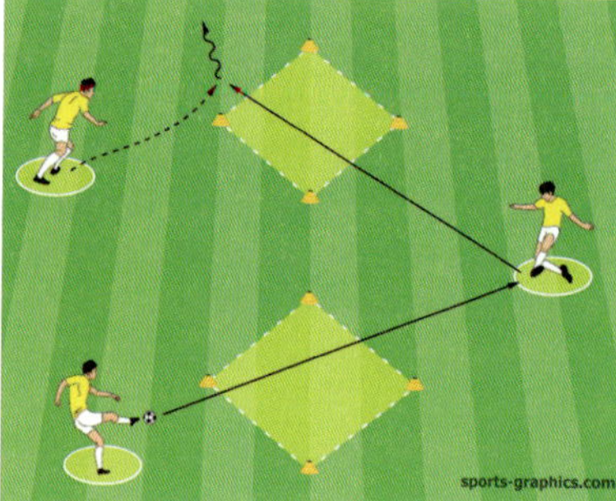

Abb. 5: Quadrate

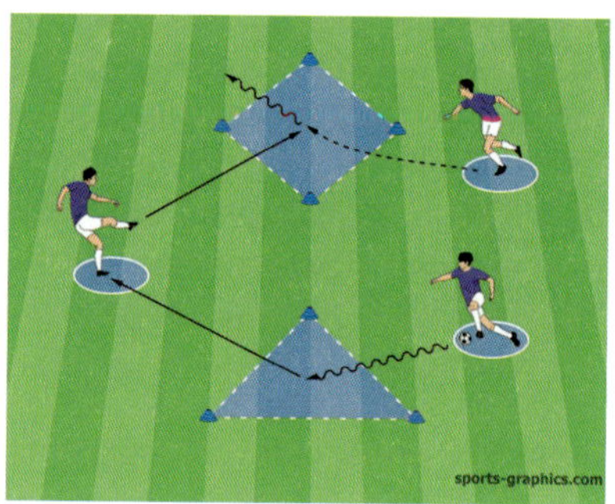

Abb. 6: Kombinationen

Das facettenreiche Training in Spielformen mit den skizzierten Formen, Feldern und Zonen versucht, die Spielerqualität auf den unterschiedlichsten Ebenen zu steigern und den Spielern das Spielen des Spiels wegen zu ermöglichen. Das Bespielen der Formationen generiert unter anderem nötigen Präzisionsdruck, einzusetzende Passschärfe und das Einnehmen von bestimmten Distanzen zueinander. An die unterschiedlichen Passrichtungen sind immer wieder veränderte Spielsituationen geknüpft. Auch mit Blick auf den Einsatz beider Füße bieten sich Erfahrungsräume und zahlreiche Lernchancen für jeden einzelnen Spieler.

Während des Dribblings sollen die ballbesitzenden Spieler trotz Gegnerdruck in einer Vorwärtshaltung bleiben, weiterhin zielorientiert agieren und rückwärts orientiertes Spiel samt Tempoverlust vermeiden. Das Spiel mit den unterschiedlichen Formen setzt Agilität voraus, erzeugt Anstrengungsbereitschaft und generiert Spielwitz, Kreativität und Freude am Spiel.

Neben dem Einfluss auf das taktische Spielverhalten lässt das Training mit den Kreisspielformen auch Freiraum für Verbesserungen bestimmter Techniken. Im Rahmen des Techniktrainings entfernen sich die Kreisspielformen von separierten, isolierten und eindimensionalen Inhalten hin zu einer umfassenden Schulung während laufender Spielsituationen. Darüber hinaus kann neben den technisch-taktischen Komponenten auch Einfluss auf eine generelle Wettkampfhaltung und Spieleinstellung einzelner Spieler oder kompletter Teams genommen werden. Diese Komponenten sind als lohnende Entwicklungsziele in die verschiedenen Kreisspielformen implementiert.

Optimalerweise werden die technisch-taktischen Fähigkeiten in der Spielsituation mit Coachinghilfen und Kommandos verknüpft. Viele Coaches wünschen sich, dass die Spieler miteinander kommunizieren, rufen, schreien und aus sich herausgehen. Die Trainings- und Spielpraxis zeichnet oft ein anderes Bild. In den Kreisspielformen entwickelt sich eine Atmosphäre, in der es geradezu automatisch erfolgt, dass sich die Spieler im Interesse des Spielziels gegenseitig coachen und verbale Hilfestellungen anbieten. Nicht nur in diesem Kontext ist für die Umsetzung der Kreisspielformen reflektierendes Coachingverhalten gefragt.

Die Spielformen samt Steuerung über Spielregeln bieten zwar auf der einen Seite auch Chancen, technisch-taktische Fehlleistungen zu coachen, andererseits ist dies hierbei jedoch nur in einem sehr geringen Maß nötig, da die Schnelligkeit der nächsten Handlung bereits die vollständige Aufmerksamkeit benötigt. Somit ist die situative Begleitung dieser Formen durch den Coach auf zielstrebiges Handeln ausgerichtet und weniger auf die Fokussierung von Fehlern. Die Spielformen vermitteln demnach Spielerfahrungen in der Selbsterkenntnis und benötigen von daher mehr die souveräne Haltung des Coachs. Das Befolgen der Spielregeln zum Erreichen des Teamziels ist der unmissverständliche Auftrag für Coach und Team.

Die Erkenntnis, dass viele Trainingsformen in einem rechteckigen Rahmen stattfinden und dadurch auch ganz bestimmtes Verhalten ansteuern, befeuerte den Entwicklungsmotor für die variable und innovative Konzeption der Kreisspielformen. Genau genommen kam ein Gefühl auf, dass die überstrapazierte Vertikalspielidee zu einer eindimensionalen Verhaltensweise bei den Spielern führt, da sie überdominant zum Einsatz kam und mit Konsequenzen wie der Langeweile oder des funktionierenden Abtrainierens behaftet ist. Training ohne Leidenschaft, Emotionalität und Begeisterung ist unsinniges Zeitvergeuden.

Die Kreisspielformen versuchen, durch ein motivierendes Spielkonzept mit attraktiven Provokationsregeln und Punktewertungen spielnahe Handlungen auszulösen und die einzelnen Spieler innerhalb komplexer Spielsituationen differenziert zu trainieren und ganzheitlich zu verbessern. Diese Trainingsformen orientieren sich an Ressourcen und Potenzialen und verlassen damit den Bereich der vorgegebenen Muster und Schemata. Die mögliche Überforderung oder Ohnmacht in komplexen Spielsituationen weicht einer mutigen Lösungsfindung durch optimierte Handlungsschnelligkeit.

1.2 SPIELKONZEPT

» Das Kreisgewand bietet einen komplexen Spiel- und Handlungsrahmen

Die Grundidee der gewählten Spielformen in dem kreisförmigen Gewand zielt auf die Verbesserung der kognitiven Fähigkeiten ab, die vornehmlich über den komplex gewählten Spielrahmen erzielt werden sollen. Dabei gilt es, die neu gesteckten Kreisräume zunächst optisch zu erfassen, sich darin schnellstens zu orientieren, den unterschiedlichen Spielrichtungen zügig folgen zu können und das Ganze mit beiden Füßen technisch und taktisch effizient zu bespielen.

Dieser Rahmen bietet Chancen und Möglichkeiten, Formen und Räume zu erkennen und provoziert die Spieler zur genauen Beobachtung des Spielfeldes. Alle Formen sind so entwickelt, dass entweder eine finale Anschlusshandlung mittels eines Passes oder eines Torschusses am Ende der Spielszene das Ziel darstellt. Die zentralen Kreisspielformen sind demnach jederzeit um Mini-, Klein- oder Großtore zu ergänzen. So wird neben den spielsituativen Verhaltensweisen auch immer der Torabschluss akzentuiert und verbessert. Entsprechend wird die Torabschlussqualität gemeinsam mit der 1-gegen-1-Dribbelfähigkeit als die am häufigsten benötigte Fertigkeit im Rahmen der Kreisspielformen berücksichtigt.

» Die Spielregeln provozieren das gewünschte Spielerverhalten

Das Regelwerk und die Spielregeln in den Kreisspielformen ermöglichen es, ganz gezielt Trends des großen Spiels einzubringen und bestimmte Spielhandlungen zu provozieren. Die Spielregeln haben in der Steuerung der Kreisspielformen neben dem hohen Aufforderungscharakter an die Spieler noch den Effekt, dass sich das Coaching stark reduziert und durch kurze Instruktionen gekennzeichnet ist. Mithilfe der Spielregeln werden Ziele verbunden oder Spielaufträge so vergeben, dass entweder zunächst Spielaktionen außerhalb des Kreises gelingen müssen, ehe Folgeregeln den Punkt im Inneren des Kreises ermöglichen oder der Auftakt durch Spielhandlungen im Inneren entsteht, ehe der Fokus nach außen auf Tore oder Mitspieler gelenkt wird.

Über das Regelwerk kann auch auf die Technik des Passens oder des Dribblings eingewirkt werden. Sobald zwei Pässe im Kreisinneren gespielt wurden, kann ein Spieler den Ball im Dribbling aus dem Kreis heraustragen. Dabei mag die Erweiterung bestehen, dass der ballbesitzende Spieler drei Ballkontakte am Ball bleiben muss und sich für den Gegner die Chance zum Nachsetzen bietet oder der Auftrag eines variablen Dribblings unter Gegnerdruck entsteht.

Wo herkömmliche Spielformen oft Ballhalteregeln bemühen, in denen es um mehr Kontaktanzahlen oder Passaktionen geht, werden in den Kreisspielformen bewusst wenig Pässe und Aktionen zur Erreichung einzelner Spielziele aufgerufen. Darüber besteht die schnelle Chance für das ballbesitzende Team auf das Erreichen von Teilzielen.

Über diesen Weg wird eine Intensitätssteigerung erzielt. So wird das Verhalten der ballbesitzenden und gegnerischen Spieler in den Bereichen der Handlungs- und Bewegungsschnelligkeit auf ein hohes Level geführt. Zugleich entspricht das dem heutigen Spieltrend der schnellen Ausnutzung des nicht perfekt formierten Gegners für das Spiel in das Angriffsdrittel. Weitergehend besteht darüber keine Chance für die Spieler, sich die Passivität mit teils überflüssigen Pässen zuzuschieben. In den Kreisspielformen ist jeder Spieler gefordert, sich einzubringen.

Die Aufstellung der Spielregeln bietet großen Raum und viel Potenzial im Rahmen der Ausgestaltung, Variation und Kopplung einzelner Spielziele. Dieser potenziell endlose Rahmen trägt zum Wachsen der Kreisspielformen bei. Über diesen Weg werden einfache Spiele komplexer und von den Spielern extrem positiv aufgenommen bis hin zu dem Punkt, dass die Spieler auf neue Erweiterungen und Spielvarianten des Coachs lauern.

Natürlich gibt es auch die Möglichkeit, die Spielregeln so umzusetzen, dass bewusst kurze oder weitere Pässe gespielt werden, dass auch Rhythmuswechsel entstehen können oder ein Gegner gelockt wird. Spielregeln ersetzen auch teilweise langatmige Spielerklärungen. Die Spieler wollen Spiele spielen, die immer wieder neu aufgefrischt und gewinnbringend ergänzt werden.

» Die Spielzeit reguliert Intensität, Dichte und Qualität

Neben den Spielregeln ist in dem Spielkonzept der Kreisspielformen auch die Spielzeit ein wichtiger, zu berücksichtigender Faktor. Die meisten Kreisspielformen eignen sich optimal für ein Zahlenverhältnis von 3 gegen 3, 3 gegen 3 plus 1, 4 gegen 4 oder 4 gegen 4 plus 1 und sollten mit einer Form gespielt werden, die Intervalle von 3 x 3 Minuten als Spielzeit aufrufen.

Analog zum großen Spiel samt Spielunterbrechungen und in Bezug auf die kognitive Beanspruchung mit entsprechender Intensität sind kurze Spielphasen mit kurzen Pausen ratsam. Die kurze Pause bietet dann dem Coach eine optimale Möglichkeit zur Besprechung einer Spielszene. Außerdem besteht die Möglichkeit, Spielsituationen in Zeitlupe ablaufen zu lassen oder auf ein noch nicht gespieltes Spielelement aufmerksam zu machen.

Die Spielzeit der Kreisspielformen lässt sich auch über die Ballanzahl steuern. Die gegeneinander agierenden Teams können abwechselnd fünf Spielbälle zum Erreichen von Punktewertungen erhalten. Sobald das Ballrecht wechselt, bietet sich die Möglichkeit der Pausengestaltung. Der Coach hat neben dem Blick auf die Stoppuhr klar darauf zu achten, wie intensiv die Spielsituationen sind und mit welcher Handlungsdichte und Handlungsqualität sie verlaufen. Auch hier kann die Spielzeit dann verkürzt oder bewusst verlängert werden.

Aus der gemachten Erfahrung im Einsatz der Kreisspielformen, zeigt sich, dass in den Belastungszeiten je nach Alter und Spielniveau eine gute Steuerung erfolgen muss, damit die kurzweiligen und sehr intensiven Belastungsmomente den Übertrag in das Spiel abbilden. Die hochintensiven Phasen mit nur kurzen Pausen in den Spielsituationen werden im zunehmend vom Sprint dominierten Fußballspiel zu einem wichtigen Thema in Bezug auf die Wettbewerbsfähigkeit von einzelnen Spielern und kompletten Mannschaften. Über die Größe und Gestaltung der Spielräume und die dazu stimmig gewählten Zahlenverhältnisse der Teams kann ein positiver Ausbildungseffekt erzielt werden, indem die Momente und Chancen für Abschaltverhalten und Konzentrationsverlust minimiert werden.

» Die Kreisformen beeinflussen Motorik, Bewegung und Laufverhalten

Durch die kreisförmigen Spielräume und Feldelemente ergeben sich Spielsituationen, die über die entsprechenden Spielhandlungen auch auf Bewegung und Motorik einwirken. Die Art und Weise des Anlaufens, Belaufens, Durchlaufens und Überlaufens von Linien, Zonen und Räumen akzentuiert Agilität und damit vor allem auch unterschiedliche Drehbewegungen mit und ohne Ball. So wird speziell die Beweglichkeit zur Seite trainiert und es werden schnelle Drehbewegungen diagonal nach hinten angesprochen, die gerade dann von Vorteil sind, wenn in den Situationen gegen den Ball verschärfte Verschiebetätigkeit einsetzt.

Mit der Verwendung der Kreise als Spielräume ergeben sich sowohl in Übungssequenzen, technikorientierten Wettbewerben als auch in den Spielen selbst viele Situationen, in denen die Rundungen der Kreise in einem speziell bogenförmigen Stil belaufen werden. Dies ist ein wesentlicher Vorzug vor herkömmlich rechteckigen oder auch quadratischen Spielräumen, da die Bogenläufe im heutigen Topfußball zum Einlaufen gegen Ketten und zum Anlaufen in den Rücken des Gegners Anwendung finden. Es ist zudem eine motorische Variation zu dem eher an der Linie orientierten und geradlinigen Laufverhalten, welches in den rechteckigen und quadratischen Spielräumen zu beobachten ist. Diese Läufe sind zudem vom Gegner leichter zu lesen, zu antizipieren und stellen demnach keine besonders hohen Anforderungen dar. Das bogenförmige Laufverhalten kann am Flügel wie auch im Zentrum wirksam eingesetzt werden.

» Die Spielziele identifizieren das Zentrum als spielentscheidenden Handlungsraum

Die Kreisspielformen lassen sich in der Form bespielen, dass die Kreislinie direkt als Außenlinie genutzt wird. In dieser Form wird das Einwirken auf Freilaufbewegungen direkt im Bogen entlang der Kreislinie ermöglicht. Außerdem wird durch die Begrenzung des Handlungsraums ein Fokus auf Spielregeln gelegt, die zunächst eine Lösung von Spielaufgaben im Kreisinneren benötigen. Das Aussteigen aus dem Kreiszentrum über die Außenlinie nach einer vorgegebenen Passanzahl kann im Anschluss auf Mini-, Klein- oder Großtore fortgesetzt werden.

Im dann einsetzenden Spiel ohne herkömmliche Außenlinie kann sich das Spielgeschehen bei dem Versuch, auf Tore zu spielen, auch weit vom Kreis und seinen außerhalb platzierten Toren entfernen. Sogar in den vom Kern und vom Spielziel abdriftenden Spielsituationen bestehen Potenziale und Handlungsaufträge, indem die Spieler genau jetzt aufgefordert sind, wieder zum Kern des Geschehens zurückzukehren. Das ruft beim ballbesitzenden Spieler zielorientierte Anstrengungsbereitschaft am Ball hervor und fordert seine Mitspieler sofort auf, sich mit ihm zu vernetzen und damit teamorientiertes Unterstützerverhalten einzubringen. Einige dieser Situationen können in intensiven Spielphasen auch zu kurzen Pausen für alle Spieler führen.

Diese Spielphasen sind nach herkömmlicher Betrachtungsweise vielleicht schwer zu ertragen, da nicht direkt Sprinten oder Power zu erkennen ist. Oft wird in diesen Situationen von Trainerseite Tempo verlangt. Auch das Einspielen eines neuen Balls an einer der aktuellen Spielsituation weit entfernten Position zur Auflösung der Pause kann in den herausfordernden Kreisspielformen vermieden werden. Der durch den Trainerball neu geschaffenen Spielsituation fehlt es stark an einem realen Spielbezug. Sie wird nur zu gerne als Mittel des verschärften Umschaltens eingesetzt.

Die Kreisspielformen bevorzugen den spielechteren Moment und die Notwendigkeit, sich aufs Neue zum Zielgebiet vorzuspielen. Für den einzelnen Spieler besteht dabei der wesentliche Mehrwert in der Erlangung einer höheren Spielfähigkeit, indem ihm die nun indirekt einsetzenden Bogenläufe helfen, die eigenen motorischen Fähigkeiten zu erweitern. Das gilt gleichermaßen auch für die gegen den Ball agierenden Verteidiger. Dadurch offenbart sich ein grundlegender Automatismus aller Kreisspielformen. Das Trainingsziel des ballbesitzenden Teams ist der Lernauftrag der Gegenseite.

Die Organisation und der Aufbau der Kreisspielformen konzentriert sich also auf die Kreisform und vernachlässigt weitere Markierungshütchen zur Feldbegrenzung außerhalb der Kreise. Man könnte auch überzogen von Spielformen ohne Randbegrenzung sprechen, was jedem ordnungstreuen und pfiffbereiten Coach zusetzt. Die Erfahrung mit den Kreisspielformen zeigt eindeutig, dass die Spieler über die Spielidee und die Punktejagd auf zentrale Ziele geführt werden und daher schnell auf die Zielräume spielen. Das Markieren von weiteren Randlinien als Spielfeldbegrenzung ist daher wenig bedeutsam. Es hat sich darüber eher ein gemeinsames Amüsieren entwickelt, sollte ein ballbesitzendes Team zu weit vom Spielziel abdriften.

» Das Spiel mit Ballbesitz zielt auf Bedrohung, Dominanz und Beherrschung der zentralen Kreisfläche

In den Kreisspielformen können auch die kreisfernen Außenbereiche oder die Kreisränder im Durch- und Überspielen interessant sein. Das Hauptinteresse liegt jedoch in der Zentrumsorientierung und im Kreisinneren. Die Eroberung und Beherrschung der zentralen Kreisspielfläche und die daraus resultierenden Punktewertungen sind gleichbedeutend mit dem Erreichen einer Vielzahl an möglichen Spielfortsetzungen in unterschiedliche Richtungen.

Betrachten wir den Topfußball, dann ist der Umfang an Ballkontaktzeit im mittleren Spielraum in der gegnerischen Spielhälfte oftmals gering. Zur Erklärung werden Argumente dahin gehend bemüht, dass diese Zone durch zwei defensive Mittelfeldspieler des Gegners gut abgeschirmt ist und somit eher das Spiel über Halbräume oder Flügel angebahnt wird. Mit dieser Grundannahme wird eher wenig darauf eingewirkt, dass der Blick zum Zentrum oder die Bedrohung der vertikalen Tiefe angesteuert wird. Angesichts des Risikofaktors wird in Spielformen zu früh die Lenkung zur Seite geführt.

Der durch die zentrumorientierten Kreisspielformen geschulte Blick und das aus der Bewegung erkannte Schlupfloch führt zu mehr Optionen, die den gegnerischen Verbund fordern und dem eigenen Team variable Angriffe ermöglichen. Dies trägt dann folgerichtig zu einer erhöhten Spielschnelligkeit und Bewegungsschnelligkeit bei, die sich im Rahmen der Trainingseinheiten durch hohe Handlungsdichte und Spielintensität zeigen. Durch die Kreisspielformen lässt sich generell die Qualität der Handlungs- und Bewegungsschnelligkeit optimieren und, über die Spielregeln gelenkt, kann spezifisch die sprintorientierte Spielfortsetzung bis hin zur finalen Spielhandlung gesteigert werden.

» Die Kreisform involviert alle Spieler in intensive Spielhandlungen

In klassischen 4-gegen-4-Spielformen lässt sich ein Spielerverhalten beobachten, welches einzelne Spieler veranlasst, anderen Spielern intensive Handlungen zu überlassen oder mit gezieltem Zuspielen sich selbst geschickt aus dem fordernden Spielmoment herauszunehmen. Was nach Vorsatz klingt, ist ein allzu menschliches Verhalten, um nicht blindlings der Überforderung in die Arme zu laufen. In den Kreisspielformen ist erkennbar, dass die Spieler oftmals zur Konzentration gezwungen werden, auch in intensiven Spielsituationen verbleiben und intensiv eingebunden werden. Hier sei das Bild einer lebendigen Spielkonsole angefügt.

Um diesen Hinweis noch zu bekräftigen, lenken wir den Blick auf die sogenannten Standardspielformen. Diese liefern für Coaches und Spieler seit Jahren bekannte Abläufe und Bilder, ohne dass diese spezifischer geprüft wurden, für wie viele Spieler diese eingesetzten Formen ausreichend intensiv sind, genügend Handlungsvarianten mitbringen, hohe Handlungsdichte pro Spielzeitintervall ermöglichen und dann noch überraschende, spielfreudige, effiziente Spielsituationen anbieten, die es darüber hinaus stetig neu zu lösen gilt.

In diesem Sinne gilt es, die Aktionsradien einzelner Spieler zu überprüfen. Nur weil über die Standardspielformen eine gewisse Grundkonditionierung erlangt wird, bedeutet dies nicht zwingend, dass sich darüber eine Annäherung an die Qualität der Spielkompetenz von Ländern wie Spanien oder Portugal erreichen lässt. So kann eine Annäherung, Unterscheidung oder Dominanz auch über eine qualitativ hochwertige Vertikalspielweise in Verbindung mit optimaler Passqualität erzielt werden. Diese Spielweise birgt endliche oder auf Topindividualisten angewiesene Angriffskonzeptionen, um den schnellen Spielvortrag zum Angriffsdrittel oder zum letzten Drittel in Torgefahr umsetzen zu können. Hier stockt es noch in vielen Teams zugunsten der stabilen Defensive der Gegner.

» Das Bespielen von kleinen Zonen erzeugt Präzision und Kreativität

Ein weiterer Aspekt der Kreisspielformen ist das Bespielen von kleinen Räumen, in die Spieler hineinsprinten, hineinpendeln, sich reindrehen oder sich rausdrehen. Über diese Spielhandlungen und Bewegungsbilder wird eine Vorstellung erlangt, die zum Beispiel im offensiven Spiel mit und ohne Ball gegen gegnerische Innenverteidiger hilft. In diesem Kontext bildet das in den Kreisformen großflächig angelegte Spiel auf Schnittstellen, Lücken oder Kanten einen zusätzlichen Lernweg, der Passtechniken und Verhaltensweisen generiert, die mit Übertrag ins Spiel eine vorteilhafte Spielfortsetzung für den Gegner nicht immer erkennen lassen.

Dieses Trainingskonzept steuert so die Notwendigkeit an, dass einzelne Pässe verdeckt gespielt werden, ohne dabei vorab mit den Spielern erklärend gesprochen zu haben. Die Pässe werden früh in oder kurz nach den Drehbewegungen weggespielt und verlangen demnach wie selbstverständlich eine hohe Präzision mit beiden Füßen. Nur zu gern möchten Fußballer enge Spielräume mit beiden Füßen rundum beherrschen.

So birgt dieses Spielkonzept einen gewissen Flow und setzt Potenziale frei, da den Spielern letztlich zugetraut wird, dass sie diese Spielformen umsetzen können und meistern werden. Durch die Möglichkeit, kleinste Räume variantenreich bespielen zu können und über Technikqualität Ballbesitz zu erhalten oder Spielziele zu erreichen, sichern die Kreisspielformen einen hochwertigen, geschickten und spielfreudigen Einsatz beider Füße.

» Die Spiellösungen der Offensive fordern eine adäquate Reaktion der Defensive

Die Kreisspielformen fordern offensive Spiellösungen heraus. Dabei gilt es, Zielfelder zu finden und die Kreisformen, gemäß den aktuellen Spielzielen, zielgerichtet zu bespielen und unter Zeitdruck zu punkten. Das ballbesitzende Team versucht dabei, den Gegner zu fordern, zu bewegen und zu massiver Verschiebetätigkeit zu zwingen. Für das Team ohne Ball entsteht die Notwendigkeit, sehr gut im Team zusammenzuwirken und mittels sofortiger Reaktion auf den Ballbesitzer zu agieren. Dadurch rücken die Themen Agieren, Handeln und Aktivität in den Vordergrund und stecken gleichermaßen in offensiven wie gleichbedeutend defensiven Spielhandlungen. Sofern nach einem Ballverlust nicht sofort eine Spielfortsetzung der ballbesitzenden Gegner gebremst wird, kann der Nachteil nur schwerlich in einen Vorteil gedreht werden und ist nur noch mit extrem hohem Aufwand zu egalisieren.

Dieser Zeitdruck für die defensive Aufnahme der gegnerischen Handlung ist dann innerhalb der Kreisspielformen ein sehr lohnender Begleiteffekt, der nicht zulasten der offensiven Ausprägung geht. Ein wesentliches Merkmal des Spielkonzepts der Kreisspielformen ist die Punktejagd auf mehrere Ziele gleichzeitig. Damit entstehen verschärfte Anforderungen an die Defensivspieler. Das zügige Abwägen und schnelle Entscheiden der Offensive verhilft auch der Defensive zu einer ökonomischen Entscheidungsfindung. Die Konsequenzen für getroffene Entscheidungen sind hierbei schnell in der erzielten Punktewertung abzulesen und die Spielresultate sind eng an das zuvor eingebrachte Engagement und Zusammenwirken geknüpft.

» Der Spielkontext ermöglicht ein laufendes Lernverhalten

Die Spielkonzeption der Kreisspielformen knüpft das Lernen von Spielsituationen an konditionelle Faktoren. Wie langjährig bekannt, prägt sich dabei ein nachhaltiger Merkfaktor aus. Die Kreisspielformen folgen dem Gedanken, dass die Spieler laufend im Spielkontext lernen. Während des Spiels in Kreisformen verbleiben die Spieler nur sehr selten einige Augenblicke auf der gleichen Stelle, in der gleichen Zone oder auf einer gleichen Spielposition. Jeder Spielertyp mit entsprechendem Spielerprofil soll zum Laufen animiert sein. Das permanente Mitagieren und Teilnehmen am Spiel verlangt Laufmeter. Über die Kreisspielformen erfahren die Spieler Laufintensität.

Diese Schulung ermöglicht es den Spielern, auch im Spiel in alle Richtungen anstrengungsbereit und laufintensiv unterwegs zu sein. Hierzu passt ein Ausspruch von Innenverteidiger Mats Hummels, der während der WM 2014 in Brasilien, neben den Verteidigungshandlungen, auch viele Angriffe der deutschen Mannschaft mit initiiert hat und sich daran freute, so viele Ballhandlungen gehabt zu haben. Diese Tatsache drückt das Vertrauen seiner Mitspieler in seine spieltechnischen und läuferischen Möglichkeiten aus.

Die Kreisspielformen bemühen sich, das Spielen mit dem Laufen zu verknüpfen. Mit Blick auf die Position des Innenverteidigers soll hierbei mitnichten ausgedrückt werden, dass plötzlich nur noch mitgerannt wird und Angriff für Angriff mitgestaltet wird. Es soll nur umso mehr bedeuten, dass auch für Abwehrspieler die Notwendigkeit besteht, über spielerische Flexibilität und läuferische Fähigkeiten zu verfügen.

» Die Punktewertung fördert Technik und Handlungsschnelligkeit

Das Spielkonzept der Kreisspielformen bemüht vielschichtige Provokationsregeln und Punktewertungen. Über diese Spielregeln kann effektiv auf die Spielhandlungen der Spieler Einfluss genommen werden. Die Ausgestaltung des Regelwerks kann dabei auch speziell auf individuelle Technikaktionen gemünzt werden, die dadurch anstatt durch statische Übungsformen in einer Spielhandlung geschult werden. Wenn für eine Punktewertung beispielsweise eine Kreislinie überdribbelt werden muss, dann wird das Spielverhalten auf ein zielgerichtetes Dribbling hin vorbereitet. Außerdem wird über den Ballfluss, bis hin zum situativ günstigen Moment, eine optimale Ballmitnahme und der damit bedeutsame erste Kontakt fokussiert.

Wenn für eine Punktewertung Spielziele kombiniert werden und beispielsweise nach einem Dribbling ein verlagernder Pass und im Anschluss eine vorgegebene Passanzahl in einem bestimmten Kreissektor realisiert werden muss, dann werden hierbei gleich mehrere Techniken abgefragt und geschult. Weiterführend ist dabei auch ein mitbeobachtendes Verhalten der Mitspieler gefordert.

Im realen Spiel entsteht oft der Fall, dass sich ein Spieler im Dribbling ohne Anspielmöglichkeit mit weiteren und kräfteraubenden Ballkontakten befindet, weil Mitspieler abgeschaltet haben. Über die Punktewertungen sind in den Kreisspielformen vor allem mitdenkende Spieler gefragt. Es geht darum, dass die Absichten des ballbesitzenden Spielers erkannt werden und das eigene Verhalten im Sinne des Mitlaufens und des Schaffens von Anspielmöglichkeiten angepasst wird. Gerade im heutigen Topfußball helfen Passoptionen auf mitgelaufene Mitspieler für den Einsatz von Passfinten, um die so oft spielentscheidenden 1-gegen-1-Situationen effektiv zu lösen.

» Die Kombination von Spielzielen eröffnet variable Lösungswege

Die Punkte- und Torwertungen in den Kreisspielformen weisen einen wesentlichen Unterschied zur herkömmlichen Punktewertung auf. Die Erzielung von Punkten basiert oft auf Teilschritten, die in der Summe eine Wertung generieren. Zunächst muss Spielziel A geschafft werden, um überhaupt Spielziel B angehen zu können und schließlich mit Spielziel C eine geforderte Spielhandlung umzusetzen und eine Punktewertung zu erreichen.

In diesem Kontext wurde die 2-plus-1-Spielregel als besondere Wertung im Rahmen der Kreisspielformen entwickelt. Bei der 2-plus-1-Regel obliegt dem ballbesitzenden Team eine gewisse strategische Freiheit, welcher Teilschritt zuerst umgesetzt wird. So ist es denkbar, dass eine Punktewertung nach einem Dribbling durch einen Korridor (Spielziel A) und nach einem Pass über eine Kreislinie (Spielziel B) sowie durch ein Zuspiel in ein Zielfeld (Spielziel C) entsteht.

Entsprechend ist es im Rahmen der 2-plus-1-Regeln nun möglich, situativ zu wählen, wann das erste Spielziel angesteuert wird und ob zunächst das Dribbling durch den Korridor oder der Pass über die Kreislinie eingesetzt und somit als erster Teilschritt festgelegt wird. Diese vielschichtigen Optionen lassen die Spieler räumlich und zeitlich miteinander agieren.

» Das Punktesystem überträgt Verantwortung und ermöglicht Erfolgserlebnisse

In den Kreisspielformen bestehen durch das Punktesystem diverse Möglichkeiten zur Punkteerzielung, sodass im Grunde jeder der Spieler Punkte beisteuern kann. So wird jedem Spieler Verantwortung übertragen, die Entwicklung von Selbstvertrauen angeboten und das persönliche Erfolgserlebnis ermöglicht. Auch wenn ein Spieler nur an einem von drei nötigen Teilschritten beteiligt ist, trägt er unmittelbar zum Fixieren der Punktewertung bei. Es kann bedeuten, dass er mit Einbezug in das Passspiel in seinem Fertigkeitspotenzial abgeholt wurde, durch die Anwendung eines mutigen Dribblings in seinen Spielaktionen herausgefordert wurde oder durch hohen Einsatz im Mitlaufen an der Punkteerzielung mitgewirkt hat und dadurch auch indirekten Zuspruch erfährt.

Diese Prozesse können zudem vom Trainer in der Steuerung der Spielformen emotional begleitet werden. In den Kreisformen steckt also auch eine Anforderung an die Aufmerksamkeit und die Merkfähigkeit des Coachs.

» Das Anstreben von Spielzielen und Bonusaktionen entwickelt Erfolgshunger und Siegermentalität

Auf einer nächsten Ebene lassen die Wertungen auf Spielerseite einen gewissen Hunger nach Punkten entstehen. Wie junge Hunde wollen sie im Rahmen der Aufgabenstellung eigene Spielhandlungen zur Punkteerzielung beisteuern. Die Rolle des Punktejägers und Punktesammlers soll dabei keinesfalls als banaler Begleiteffekt oder Randnotiz abgetan werden. Vielmehr lässt sich in diesem Kontext Beharrlichkeit, Erfolgshunger und Siegermentalität entwickeln.

Die aus den Kreisspielformen heraus entstehenden Bilder liefern eindrucksvolles, zielstrebiges und angriffslustiges Spielverhalten nach vorne in Richtung Spielziel und sind gleichbedeutend mit der Entledigung jedweder Passivität. Zum mehrschichtigen Punktesystem gesellen sich Bonusaktionen und Bonusbälle.

Nach der Erfüllung einer Spielregel und dem entsprechenden Erreichen eines Spielziels durch das ballbesitzende Team kann die Fortsetzung über einen Bonusball erfolgen. Die Bonusaktion ist dann gleichbedeutend mit dem Zuspiel eines normalen Fußballs durch den Trainer. Dieser Bonusball ist binnen einer vorgegebenen Zeit oder nach einer bestimmten Anzahl von Ballkontakten in ein nächstes Ziel zu befördern. Die Idee der Bonusaktion ist auch mit anderen Bällen (z. B. Tennisball, Handball oder Softball) umzusetzen. Diese Bälle können dann zum Abwerfen von Gegenspielern eingesetzt oder zum zielgerichteten Wurf in Tore genutzt werden. In dieser Form werden neben der Umstellungsfähigkeit auch alle Prozesse des Umschaltens und der Handlungsschnelligkeit geschult.

» Die Verknüpfung mit finalen Anschlusshandlungen fördert variantenreiches Schussverhalten

Neben den spielerischen Elementen ist in diesem Spielkonzept die finale Handlung im Sinne eines Torabschlusses von primärer Bedeutung. Die Spielziele der Kreisspielformen berücksichtigen daher je nach Regelgestaltung die Öffnung, Freischaltung oder auch Schließung von Toren. Neben den kognitiven Aspekten des Spielkonzepts ist es erklärtes Ziel, dass Torschüsse sowohl qualitativ als auch quantitativ stattfinden.

In Standardspielformen ist es normal, dass auf zwei Tore gespielt wird. Im Rahmen der Kreisspielformen gilt es, auch mit Blick auf das Abschlussverhalten, die nächste Steigerung anzusteuern. Die Spielkonzeption der Kreisspielformen versucht also, druckvolles und präzises Schussverhalten zu provozieren und Torabschlüsse aus den unterschiedlichsten Winkeln zu generieren.

» Das Techniktraining im Kreisaufbau hilft zur Hinführung und Vorbereitung der Spielformen

In den zentralen Kreisspielformen ist konzeptionell eine kurze Phase des Einstimmens und des Übens vorgesehen. In dieser Phase wird der markierte Spielraum im Sinne von Technikabläufen und Technikwettbewerben angespielt. Diese Form der Hinführung ermöglicht den talentierten Nachwuchsspielern das optimale Bespielen der Kreisformen in den anschließenden Spielsituationen. Das Spielverhalten im Anschluss ist deutlich klarer und zielgerichteter. Die Spieler sind besser und schneller in der Lage, die Spielregeln in Bezug zur räumlichen Struktur zu erfassen.

Ein weiterer Vorteil besteht durch das Setzen von Trainingsreizen unter Verwendung von farbigen Markierungshütchen. In dieser Form können technische Elemente berücksichtigt werden, die in den anschließenden Spielsequenzen spielerisch zum Einsatz kommen. In den markierten Kreisformen können technische Abläufe, wie fintenreiches Dribbling, variable Ballmitnahmen oder präzise Pässe, in hoher Quantität trainiert werden. Zusätzlich kann über die Symmetrie oder Asymmetrie der Kreisstruktur auf die Spieler eingewirkt werden. Die Kreisspielformen bieten somit eine alternative Variante zu herkömmlichen Technikformen und Technikaufgaben.

» Das Spielkonzept bietet vielschichtige und mehrdimensionale Gestaltungsoptionen

Als Fazit lassen sich einige wesentliche Aspekte der Spielkonzeption herausheben. Mit den Kreisspielformen lässt sich individuelles und gruppentaktisches Training mit und ohne Ball realisieren. Die Verbesserung der Spieler wird dabei mit spielnahen Handlungen in motivierenden Trainingsformen angestrebt. In den Zahlenverhältnissen des 3 gegen 3, 3 gegen 3 plus 1, 4 gegen 4, 4 gegen 4 plus 1 bis hin zu größeren Teamstärken bieten sich sehr gute Möglichkeiten, um das abgestimmte Interagieren und das zielgerichtete Zusammenwirken anzusprechen.

Die Offensivhandlungen in den Kreisspielformen sind vom schnellen Entscheidungsfinden, vom gemeinsamen Vernetzen, vom Positionieren an strategisch entscheidenden Zielpunkten und vom situativen Bespielen und Belaufen verschiedener Zonen geprägt. Die Defensivhandlungen im Spiel gegen den Ball berühren alle Prozesse des Verschiebens und Verdichtens, beinhalten das Verstellen von Passwegen, rufen gegnerforderndes Doppeln hervor und erzeugen ballorientiertes Nachschieben.

An die gruppentaktischen Inhalte lassen sich auch individuelle Trainingsziele anbinden und für einzelne Spieler zusätzliche Sonderaufgaben benennen, sodass auch Aspekte wie Beidfüßigkeit oder Fintenreichtum berücksichtigt werden. Schließlich lassen sich über die Differenzierung einzelner Spielziele, die Formulierung konkreter Spielregeln oder das Aufstellen von Punktewertungen die inhaltlichen Trainingsschwerpunkte festsetzen, das gewünschte Spielerverhalten steuern, die verschiedenen Spielelemente herausarbeiten und der grundsätzliche Komplexitätsgrad regulieren.

1.3 SPIELPRINZIPIEN

» Handlungsräume nutzen

Unter den Spielprinzipien wird vor allem das Erkennen und Nutzen der spielentscheidenden Handlungsräume verstanden. Damit werden Spieler auf spielerischem Wege dazu gebracht, ihre Positionierung, ihre Zielstrebigkeit und ihre Orientierung in Räumen wahrzunehmen, zu überprüfen und gemäß Spielziel schnellstens anzupassen. Schon weil es innerhalb des Spielraums verschiedene Spielziele in Form von Linien oder anderen geometrischen Formen gibt, wird die Aufmerksamkeit zur eigenen Positionierung innerhalb des Feldes stark angeregt.

Im Gegensatz zu statischen Übungsformen besteht durch das Training in spielerischer Form mit sich laufend verändernden Spielsituationen ohnehin ein besonderer Fokus auf Aufmerksamkeit und Konzentration. Die Spielprinzipien in Kreisspielformen stellen die Form in den Mittelpunkt. Die Form bestimmt den Inhalt. So ermöglichen die Kreisspielformen durch das Bespielen, Belaufen und auch Freiziehen von Räumen und Zonen ein Verständnis zur Wahrnehmung des Feldes in Rasterform. Es hilft den Spielern zur Strukturierung und Erfassung des regulären Großspielfelds als eine Art Schachbrett.

» Formen bespielen

Weitere Anteile der Spielprinzipien sind eng mit den einzelnen Formen und den Kombinationen von mehreren und auch verschiedenen Formen verknüpft. So stellen Tunnel, Korridore, Schläuche, Sektoren oder Kreisbögen wichtige Formen dar, die teilweise wiederkehrend mit speziellen Spielhandlungen in Verbindung gesetzt werden. Technische Handlungen, wie mutige Tempodribblings und qualitative erste Ballkontakte, werden vornehmlich in Tunnel hinein, durch Schläuche hindurch oder über kleinste Bogenlinien abgefragt. In den Außenbereichen, in einzelnen Kreissektoren oder in Randbereichen, werden vornehmlich Passkombinationen und gruppentaktische Abläufe akzentuiert. So sind die verschiedenen geometrischen Formen eng mit individuellen Handlungen oder Verhaltensweisen von mehreren Spielern verknüpft.

» Das Zentrum bedrohen

Ein immer wiederkehrendes Spielprinzip ist die permanente Bedrohung des Zentrums bei eigenem Ballbesitz. Die Wahl des Kreises als Spielraum mündet in dieses grundsätzliche Spielprinzip. Die Bedrohung des Zentrums sollte aus nahezu jeder Ausgangslage außerhalb und innerhalb des Kreises erfolgen. Als Reaktion kann die gegnerische Defensivseite das Zentrum umso intensiver verschlossen halten und zustellen. Dadurch wäre exakt das intensive Gegenbild zur offensiven Bedrohung initiiert.

In herkömmlichen Trainingsformen wird zu selten in Richtung zentraler Ziele gespielt. Selbst für den Fall, dass mittels kompaktem Defensivverhalten das Eindringen in den zentralen Spielraum verhindert wird, bieten sich gerade deswegen alternative Möglichkeiten und Lösungswege. Das Öffnen von verdichteten und geschlossenen Räumen bedeutet eine weitere tolle und lohnenswerte Herausforderung für die Spieler, den zentralen Spielraum zu bedrohen und sich nicht zu früh von diesem Kern weglenken zu lassen. Das Spielzentrum bildet schließlich eine sehr empfindliche Stelle und ist mit einer wesentlichen Schaltzentrale gleichzusetzen, die nach der Eroberung sämtliche Richtungen und verschiedenste Spielfortsetzungen ermöglicht.

» Mutiges Einsteigen

Ein wesentliches Prinzip der Kreisspielformen besteht in der Verbindung von balltechnischen Aktionen mit zu bespielenden Zonen im Kreisinneren. Ein vorgeschaltetes Spielziel besteht demnach zunächst in der Lösung einer balltechnischen Aufgabe außerhalb des Kreises, um die sich anschließende Gelegenheit freizuschalten, im Kreisinneren eine Punktewertung zu erzielen. So wird das Erreichen des Spielziels im Kreisinneren erst durch eine präzise Technikausführung ermöglicht.

Eine erfolgreiche Technikaktion ermöglicht also den Einstieg in das Zentrum des Kreises und ist mit einer Punktewertung verbunden. Dieses Prinzip lässt Spielziele formulieren, nach denen eine Wertung entsteht, wenn beispielsweise nach zwei vollständigen Pässen außerhalb des Kreises ein Dribbling in den Kreis gelingt oder nach einer in die rückwärtige Drehung mitgenommenen Ballverarbeitung ein Pass durch das Zentrum in den Kreis realisiert wird. In Bezug auf das reale Spiel werden durch dieses Prinzip die Gegner durch technische und strategische Angriffsvorbereitungen so gefordert, dass der eigentliche und spielentscheidende Zielraum geöffnet wird.

» Zielgerichtetes Aussteigen

Ein weiteres Spielprinzip der Kreisspielformen besteht durch das Erreichen von Spielzielen im Kreisinneren, mit der anschließenden Möglichkeit, im Rand- und Außenbereich eine Punktewertung zu realisieren. Hier rückt die gewinnbringende Anschluss- und Abschlussaktion nach dem Erreichen einzelner Spielziele in den Vordergrund. Nachdem die Kreismitte durch ein Dribbling, durch einen Pass oder durch eine Kombination situativ bespielt wurde, bieten sich je nach Ausgestaltung bestimmte Zielfelder im Randbereich oder Abschlussmöglichkeiten auf Mini-, Klein- oder Großtore im Außenbereich. Die Transferleistung für das große Spiel besteht im bewussten Spiel in das Zentrum, um den für den Gegner gefährlichen Raum zu bedrohen, situativ zu bespielen und im Anschluss mit zielgerichteten Anschlussaktionen dem Gegnerdruck zu entfliehen und sich bietende Lücken auszunutzen.

» Das Zentrum beherrschen

Die Begriffe des Einstiegs und des Ausstiegs bieten für die Spieler bei der Vermittlung der Spielregeln und Spielprinzipien ein nachvollziehbares Bild. Die Spielprinzipien des Ein- und Aussteigens in Kreisspielfelder zielen auf die Beherrschung des Zentrums ab. Hier greift dann aus dem realen Spiel die Grundidee, enge Spielräume und vornehmlich das Zentrum zu dominieren. Die Mischung von Spielzielen im Innen- und Außenbereich wird dabei so angelegt, dass in beiden Zonenbereichen die Möglichkeiten auf Punktewertungen bestehen.

Indem dadurch nicht nur eine Spiellösung, sondern immer mindestens zwei Lösungswege eingeschlagen werden können, besteht ein weiterer Spielbezug zum realen Spiel. Durch situativ Erfolg versprechende Entscheidungsfindungen erzeugt das ballbesitzende Team die Spieldominanz zur Beherrschung des Zentrums. Der Einstieg in den Kreis zur Eroberung von Punktewertungen ruft auf Spielerseite auch während verschärfter Spielsituationen unter hohem Gegnerdruck einen hohen Anreiz hervor. Ebenso interessant ist der Ausstieg mit den eroberten Punkten, der gleichbedeutend mit dem flinken Entzug aus dem Gegnerdruck zur Punktesicherung ist.

» Ebenen überspielen

Zu den Anforderungen des Topfußballs zählt das möglichst schnelle Überspielen möglichst vieler Gegenspieler mittels offensiver Ballmitnahmen oder Pässen in die Tiefe. Ausgehend vom realen Spiel, gilt zur Vorbereitung von Torchancen das schnelle Überspielen von Ebenen als elementare Grundvoraussetzung. Dieses Spielelement findet sich in den Kreisspielformen wieder, indem Zielsetzungen bestehen, die das Überspielen von Linien oder Zonen im Dribbling oder mit Pässen generieren. Dabei können die Passdistanzen durch die Formgebung und je nach Schwerpunkt ausdifferenziert werden. Entsprechend sind lange Passdistanzen zu überwinden, wenn die einzelnen Spielziele große Zonen oder Teilstrecken des gesamten Kreises berühren. Auf der anderen Seite verringert sich die Passdistanz, sobald die Spieler aufgefordert sind, an mehreren kleinen Kreisen vorbeizuspielen.

Auch hier ist die reale Spielsituation des großen Spiels der Orientierungspunkt für die Spielregeln oder die anzusteuernden Spielhandlungen. Sofern ein gegnerischer Verbund Spielräume verschließt, Zonen verdichtet und Pässe in die Tiefe zustellt, ist es elementar, dass dem Gegner mittels scharfen Passspiels die Kompaktheit genommen wird und die Spielgeschwindigkeit in die Tiefe zu Anschlusszielen erhalten bleibt. Das Überspielen ist dabei mit dem Pass an einem Kreis oder an einer Form vorbei zu verstehen und entspricht dem Spielziel, dass den Gegnern keine Zweikampfmöglichkeit in Überzahl ermöglicht wird.

» Entscheidungen finden

Die unterschiedlichsten Formen, wie Linien, Bögen, Randflächen, Sektoren, Halbkreise, Korridore, Schläuche, Zentrumzonen und Außenbereiche, bieten in Kombination mit den verschiedensten Spiel- und Provokationsregeln eine Fülle an Spielhandlungen. In den einzelnen Spielsituationen sind die Spieler permanent und stets gemeinsam aufgerufen, adäquate Lösungswege zu finden und sich für zielführende Verhaltensweisen zu entscheiden. Die ständige Entscheidungsfindung in komplexen Spielsituationen berührt elementare Teilaspekte der Handlungsschnelligkeit und findet sich als wiederkehrendes Spielprinzip in allen lösungsoffenen Kreisspielformen. Die Lernsituation während laufender Spielsituationen stellt dabei einen intensiven Erfahrungs- und Handlungsraum dar, der die Spieler auch kognitiv und permanent auffordert, die gewählten Entscheidungen und eingeschlagenen Lösungswege zu überprüfen.

» Spielfreude generieren

Über die Spielprinzipien werden bestimmte Spielelemente angelegt und verschiedene Verhaltensweisen hervorgerufen. In erster Linie geht es um die Vermittlung von Lust auf Spielräume. Damit einhergehend ist die Lust auf etwas Neues, eine grandiose Grundhaltung für Spieler, sich neuen Spielen des Spiels wegen zu stellen, zu widmen und sie mit Spielwitz und Spielfreude zu bespielen. Die lebendigen Kreisformen stehen in weiter Ferne zu eintönigen Endlosschleifen. Das lässt sich allein an den umgesetzten Spielgeräuschen hören.

Bei allem Respekt für das jeweils nötige Trainingslevel und das dafür eingesetzte Modul besteht ein signifikanter Unterschied zwischen monoton einschläfernden Passrundläufen und den vergleichsweise intensiven und freudbetonten Kreisspielformen.

1.4 SPIELELEMENTE

In der Unterscheidung zum Spielkonzept und den Spielprinzipien werden im Rahmen der nachfolgenden Spielelemente nochmals die zentralen und wiederkehrenden Aspekte und Komponenten der Kreisspielform herausgestellt. Die Spielelemente unterstreichen die grundsätzlichen Wirkmechanismen auf einzelne Spieler oder Spielergruppen und die Möglichkeiten zur Beeinflussung einer grundsätzlichen Haltung von kompletten Mannschaften und Teams.

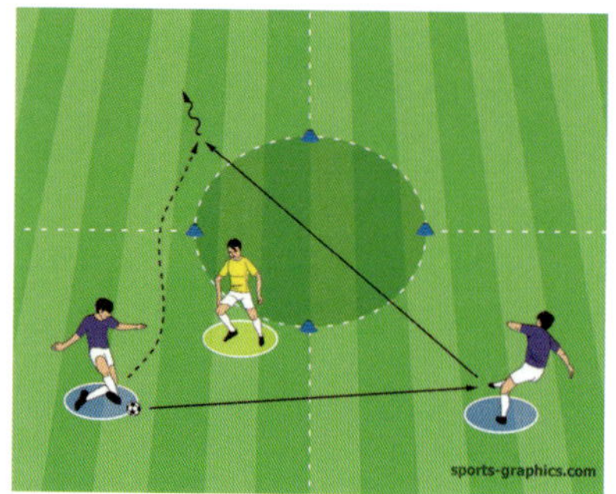

Abb. 7: Doppelpass

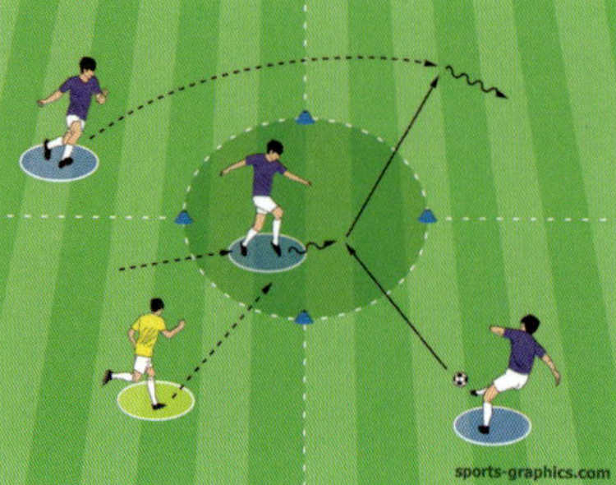

Abb. 8: Hinterlaufen

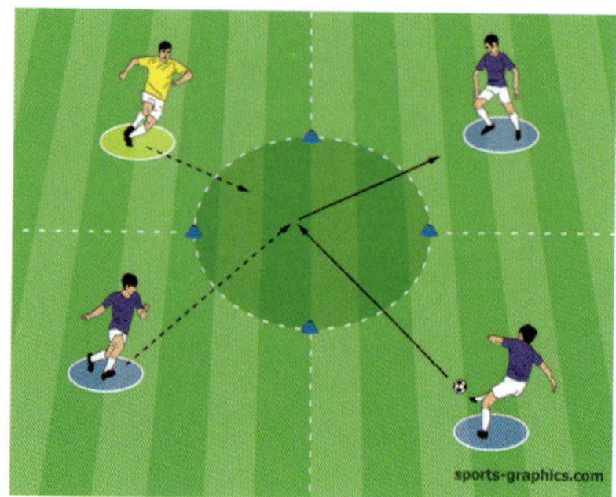

Abb. 9: Spiel über den Dritten

Zur Erreichung von Spielzielen in den Kreisspielformen zeigen die ballbesitzenden Spieler im Rahmen ihrer offensiven Spielhandlungen die klassischen gruppentaktischen Prozesse, wie Doppelpässe (vgl. Abb. 7), Hinterlaufen (vgl. Abb. 8), Spiel über den Dritten (vgl. Abb. 9), Steil-Klatsch-Kombinationen oder Vertikal- und Schnittstellenpässe. Die gemeinsame Punktejagd greift dabei viel weitgehender und schult die Sicht auf Partner und Mitspieler, das Erahnen der Absichten des Ballführers oder den Blick auf anstehende Handlungen von Spielern mit und ohne Ball.

Auf den erfolgten Wahrnehmungsprozess in der laufenden Spielsituation folgt dann eine schnelle, gemeinschaftliche und initiativ getroffene Entscheidung. In diesem Punkt besteht ein weiterer Unterschied zu den herkömmlichen Trainingsformen, in denen es oftmals an initiativen Läufen mangelt, für die häufig schlicht kein Spielraum geboten wird.

Die defensiven Spielhandlungen konzentrieren sich in erster Linie auf die Verteidigung der Zielräume. Die gemeinschaftlichen Handlungen im Spiel gegen den Ball sind von gegenseitig stärkender Unterstützung durch Verschiebetätigkeit geprägt. So sind wie selbstverständlich und ohne lange Vorankündigung oder hinweisende Anleitung defensivtaktische Verhaltensweisen üblich, wie aggressives Doppeln (vgl. Abb. 10), grundsätzliche Verdichtung des Zentrums (vgl. Abb. 11) oder situatives Nachschieben in günstigen Pressingmomenten (vgl. Abb. 12) für Balleroberungen.

Sofern ein Team keine gemeinsame Defensivleistung anbietet, wird das ballbesitzende Team zu einfachen Punktewertungen geführt, lassen sich keine Balleroberungen realisieren und daher auch keine Ballbesitzphasen mit eigenen Punktewertungen erreichen. Entsprechend verbirgt sich in den Kreisspielformen automatisch ein intensives Verteidigungsverhalten.

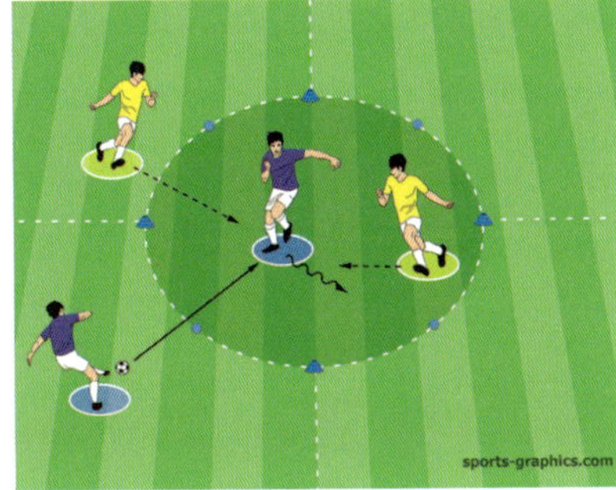

Abb. 10: Doppeln

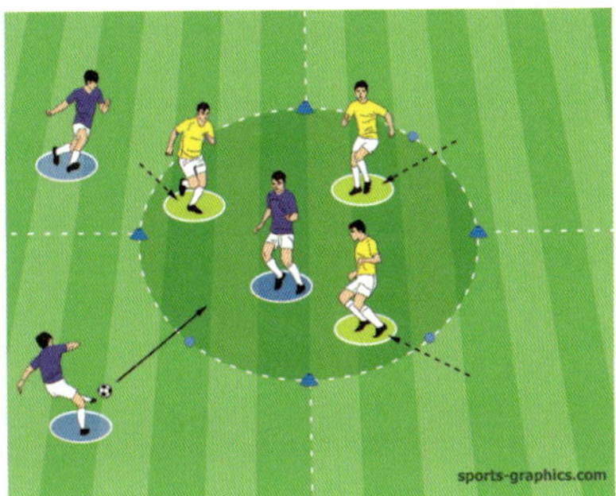

Abb. 11: Verdichten

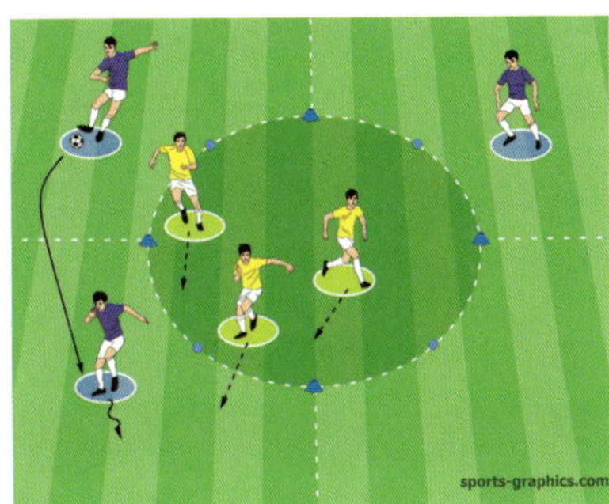

Abb. 12: Nachschieben

Im Rahmen taktischer Verhaltensweisen lassen sich in Bezug auf die Spielziele bestimmte Positionierungen im Spiel ohne Ball vorbereiten. Die Bedeutung des Laufverhaltens und der Positionierung ohne Ball lässt sich aus der realen Wettkampfsituation ableiten. Dort ist es entscheidend, dass für die Spieler in Ballbesitz gute Möglichkeiten zur Spielfortsetzung bestehen, damit Angriffe ohne Tempoverlust fortgesetzt und Torchancen kreiert werden können. Dafür ist die optimale Positionierung des ballerhaltenden Spielers in Bezug zum Passgeber und zur Spielrichtung entscheidend.

Dieser Gedanke wird in einigen Kreisspielformen berücksichtigt. So sind in Verknüpfung mit den Spielzielen in einigen Formen spielentscheidende und signifikante Positionspunkte zu identifizieren. Diese finden sich an und in der Nähe von Linienenden oder an Kanten zusätzlicher Formen, wie Rauten, Quadraten oder Dreiecken. An diesen Positionspunkten sind nach Ballerhalt und zielgerichteten Ballmitnahmen optimale Spielfortsetzungen oder direkte Punktewertungen möglich.

Damit wird überhaupt ein Bewusstsein bei den Spielern erzeugt, dass sie laufend mitdenken, spielentscheidende Räume identifizieren und ihre eigenen Spielpositionen auf dem Spielfeld anhaltend überprüfen und optimieren. Es geht darum, dass die Spieler ihren Blick für konkrete Spielzonen und Handlungsräume schärfen, in denen spielentscheidende Aktionen ablaufen, Punktewertungen erreicht werden oder Torgefahr erzeugt wird. Die Handlungsaufforderungen im Sinne offener Spielstellungen mit Blick zum Feld oder in Richtung gegnerisches Tor erhalten nochmals mehr Bedeutung. Diese indirekte Hinführung zu einer Orientierung hinsichtlich Wertigkeit schult die Spieler im rechtzeitigen Blick für eine optimale Spielpositionierung und zu einer höheren Effizienz im Handeln.

Die innerhalb der Kreisspielformen genutzten Formationen beinhalten Linien, Unterteilungen, Zonen und Felder. Damit bieten sich den Spielern vielschichtige Lernmöglichkeiten, die Angriffs- und Verteidigungszonen des großen Spiels nachvollziehen und verstehen zu können. Davon ausgehend, lassen sich Strategien zur Balleroberung und Torbedrohung über Zielräume entwickeln. In Spielfeldern ohne jedwede weitere Linie außer der Feldbegrenzung entspringt dieses Verhalten eher dem Zufall und bezieht sich hierbei vorrangig auf die Bekämpfung des einzelnen Spielers. Über die Kreisspielformen soll sowohl Raum- als auch Mannorientierung abgebildet werden. Es geht darum, dass sich die Spieler gleichermaßen im Spielraum mit seinen unterschiedlichen Zonen orientieren und sich möglichen Duellen in diesen Räumen entgegenstellen.

Ein wichtiges und wiederkehrendes Spielelement der Kreisspielformen ist der Bonusball. Der Bonusball kommt direkt nach einer positiv abgeschlossenen Spielhandlung zum Einsatz und kann beispielsweise durch den Zuwurf eines kleinen, handgroßen Balls umgesetzt werden. So würde der Bonusball dann eine zum Spiel passende, intensive Spielfortsetzung auslösen und entsprechend zusätzlich nochmals mit einem klaren motorischen Ziel eine zusätzliche Handlung umsetzen.

Diese kleinen Bälle sind auch keineswegs als verspielte Ideen zu verstehen oder nur für eine verschärfte Umschaltung einzubringen. Vielmehr geht es darum, dass den hechelnden und gierigen Spielern ein nächstes Ziel geboten wird und ihnen die erneute Bereitschaft zum Laufen und Sprinten abverlangt wird. Die Spieler steuern damit irgendwann jede sich anbietende Spielsituation an und wollen diese mit Tempo und Qualität spielerisch bis hin zum Tor ausfüllen. Das wirkt dann wieder auf die Haltung der gesamten Mannschaft ein und erzeugt eine unbändige Spiellust.

Neben dem Bonusball ist auch der Trainerball zu nennen. Hierbei handelt es sich um das bekannte Balldepot neben dem Trainer. Der Trainer hat darüber stets die Möglichkeit, gänzlich neue Bälle ins Spiel zu bringen, um damit auf einen im Tor versenkten Ball zu reagieren, gänzlich zerfahrene Spielsituationen aufzulösen oder gewollte Umschaltmomente zu erzeugen.

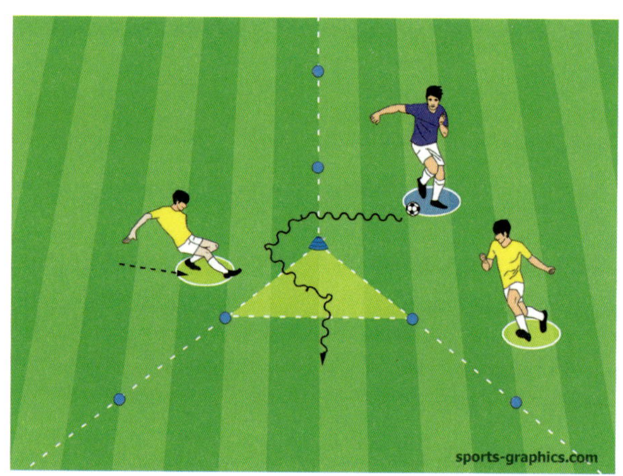

Abb. 13: Kleine Zonen

Zu den Spielelementen zählt auch die Einhaltung von Abständen und Distanzen der Spieler untereinander in der laufenden Spielsituation. Die Spielräume weisen in Teilen eine gewisse Raummenge auf. Es wäre der falsche Ansatz, wenn der dadurch erzeugte Spielbetrieb ein vornehmlich zum Ball gewandtes Spielverhalten entstehen lässt und somit einem guten Zusammenspiel mit optimalen Abständen für Passoptionen entgegengewirkt. Durch die unterschiedlichen Spielziele zeigt sich in den Kreisspielformen ein differenziertes Raumverhalten. Auf der einen Seite ist zu beobachten, dass die Spieler bestimmte Spielräume stark verdichten, sich eng verknüpfen und in bestimmten Zonen abgestimmt vernetzen. Auf der anderen Seite bewegen sich die Spieler auch in auflösend großen Distanzen zueinander, um Möglichkeiten zum Passspiel oder Dribbling zu generieren.

Diese Wechselwirkungen sind fast wie ein Automatismus in den Kreisspielformen implementiert. Die Formgebung durch verschiedenste Markierungselemente hält kleinste Zonen und enge Räume bereit, in denen intensive Technikaktionen abgefragt werden können. Als ein individuelles Spielelement ist in diesen Zonen feinste Technikausführung mit optimaler Fußführung gefragt. Während des Spielflusses mit Raum-, Gegner- und Zeitdruck wird den Spielern dabei Umstellungsfähigkeit und Beidfüßigkeit abverlangt (vgl. Abb. 13).

Die in den Kreisspielformen wiederholt auftretenden Spielelemente finden sich gleichermaßen in den Spielsituationen des großen Spiels. Das mutige, entschlossene und zielgenaue Dribbling ist im modernen Fußball in den so oft spielentscheidenden 1-gegen-1-Situationen oder bei Tempoläufen durch Lücken und Schnittstellen gefragt. Durch geschickt platzierte Markierungen und Linien im Rahmen des Feldaufbaus entstehen in den Kreisspielformen Zwischenräume in Tunnelform. Diese schmalen und etwa 6 m langen Bereiche sind in diesem Kontext optimal zu nutzen. Sofern seitliches Verteidigen für die Defensivspieler untersagt ist und nur von vorne möglich wird, können durch diese schmalen Räume Tempodribblings samt Überwindung von frontal agierenden Gegenspielern erzielt werden (vgl. Abb. 14).

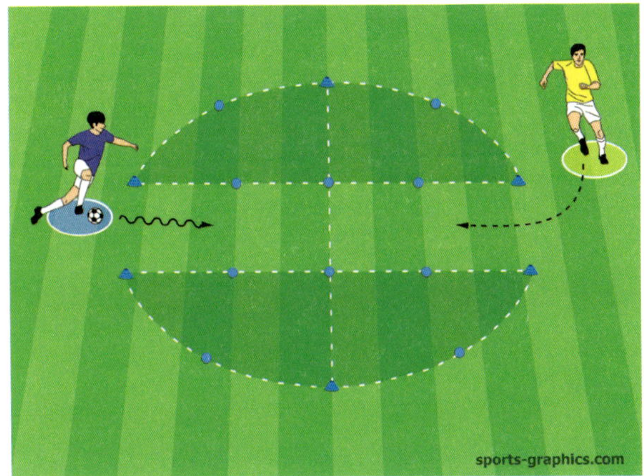

Abb. 14: Tunneldribblings

Bei zu hohem Gegnerdruck können die Formen und Spielregeln Ausstiegsmöglichkeiten für den Ballbesitzer entstehen lassen. So steht mit zunehmend unüberwindbarem Gegnerdruck auch im Topfußball die Ballsicherung an erster Stelle. In einer sich stetig verdichtenden Spielsituation birgt das riskante Spiel und das zu lange Ballhalten bei Verlust von Anspielpunkten in anderen Räumen den eigenen Ballverlust und damit die Gefahr eines gegnerischen Konters.

In den Kreisspielformen wird in diesen Situationen vom Aussteigen gesprochen. Damit ist weniger der Ausstieg aus einem brennenden Fahrzeug gemeint. Vielmehr ist damit die Vorstellung verbunden, dass nach dem Bespielen eines bestimmten Raums ein neuer Raum folgen muss. Somit stellt jede Ballaktion der ballführenden Spieler eine hohe Aufforderung für den Gegner und damit eine sofortige läuferische Annahme dar.

Die in den Kreisspielformen erzeugten Spielelemente ergeben sich aus dem Zusammenspiel der kreisförmigen Spielfläche, aus den verschiedenen Spiel- und Provokationsregeln, aus den variablen Spielzielen und dem anhaltenden Spielfluss. Dabei berühren sie gleichermaßen Defensiv- und Offensivhandlungen sowie individuelle Aktionen und Abläufe, an denen mehrere Spieler beteiligt sind. Die Spielelemente der Kreisspielformen lassen sich in unterschiedlichster Ausprägung im modernen Fußball auf Topniveau wiederfinden und fördern die breit gefächerte Ausbildung des modernen Spielers.

1.5 SPIELERVERHALTEN

Die Spieler sind mit einer grundsätzlichen Neugier und Lust auf neue Spiele und Spielformen ausgestattet. Es besteht darüber hinaus ein großes Interesse an neuen Spielfeldern, attraktiven Aufgaben und spielrelevanten Verhaltensweisen. In dem Gefühl, dass eine intensive Spielform die persönliche Entwicklung vorantreibt, besteht eine zusätzliche Motivation. Ein wesentlicher Antrieb besteht durch die in den Spielern steckende Spielfreude, den Hunger nach Ballfluss mit tollen Kombinationen und die emotionale Abschlusshandlung in Form der Torerzielung.

Neben der grundsätzlichen Wettspielhaltung sind während der Kreisspielformen weitere Verhaltensweisen zu beobachten. So ist permanent festzustellen, dass ballbesitzende Spieler den Blick vom Ball lösen, ohne dass der Coach darauf einwirken muss. Dieses Verhalten wird durch den organisatorischen Rahmen und die spezifischen Spielregeln quantitativ oft abgebildet. In Spielsituationen auf engem Raum lässt sich auch häufig explosives und dynamisches Absetzverhalten feststellen, welches sich oft an den Kreisrändern orientiert.

Zusätzlich wird das Coaching der Spieler untereinander stark angeregt. Zur Vollendung aktuell angespielter Spielziele ist lautstarke Abstimmung und das Geben von Hinweisen nötig, um gemeinsam Zonen, Felder, Linien oder Tore anzusteuern. Dabei gilt es, auf die Verhaltensweisen der Gegner und Mitspieler zu achten und Spielideen zu antizipieren. Das hörbare und rechtzeitige Zurufen von effektiven Hinweisen fällt so manchen Spielern schwer und zeigt sich in den Kreisspielformen oft wie selbstverständlich auch ohne Coaching durch den Trainer. Aus diesen effektiven Hinweisen kann unter impulsiver Erprobung auch später das selbstverständliche Zurufen taktischer Details werden.

Die Erfahrungen und Bewegungsbilder bezüglich angestrengter Läufe, intensiver Freilaufbewegungen, deutlichen Absetzverhaltens und des Vorwärts- sowie Rückwärtslaufens ohne Ball dienen als guter Gradmesser für die hohe Bedeutung der Kreisspielformen. Wären diese Spielformen einfach, monoton, langweilig und in ihren Spielmomenten vorausschaubar, würde sich schnell eine Abkehr zeigen und gar kein intensives Einbringen erkennbar sein.

Wird beispielsweise ein Spielziel im Inneren des Kreises erreicht und dieser Moment erst durch eine Teamhandlung außerhalb des Kreises vergoldet, dann werden sich die Spieler mit ihrem Verhalten der Spielregel anpassen und sich schnellstens nach draußen absetzen und situativ auch rückwärts rauslaufen, um die Punktewertung zu realisieren. Es ist demnach ein verschärftes Anbiet- und Freilaufverhalten erkennbar. Die Spieler sind stets auf dem Sprung, offensiv zu punkten oder defensiv zu verhindern.

Für die qualitative Beschreibung und Bewertung der Kreisspielformen sind das Auge und die Optik wichtige Faktoren. Eine Schulung zum genauen Hinsehen wird über die Spielfeldmarkierungen durch Hütchen und Pads in unterschiedlicher Form und Farbe erzielt. Einige Fußballer verbleiben in unübersichtlichen Spielmomenten im ungefähren Status oder können selten klar benennen, wohin sie beim Torschuss zielen oder abschließen werden. In diesem Kontext schärfen die Kreisspielformen das Sehverhalten der Spieler und richten ihre Blicke auf Lücken, auf ein Zentrum, auf Abstände, auf Distanzen oder auf die Farben einzelner Markierungshütchen.

Mit dieser Mehrkompetenz gewinnt der Spieler die Möglichkeit, das Spiel noch umfassender wahrzunehmen. So kann die Panik vor einem möglichen Körperkontakt und etwaigem Ballverlust einer inneren Ruhe während aufkommenden Gegnerdrucks weichen, damit auch in diesen Drucksituationen gezieltes Hinschauen zur Anwendung kommt. Es empfiehlt sich, die Augen und Blicke der Spieler mitten im laufenden Spielmoment zu beobachten. Die Spieler entwickeln sukzessive einen sehenden und erkennenden Blick für das Spiel.

Die Chance auf das Erreichen von Spielzielen und Punktewertungen wird schwieriger, wenn der Blick lange beim Ball verbleibt und während der Ballführung nicht vom Spielgerät gelöst wird. Über diesen Mechanismus üben die Kreisspielformen großen Einfluss auf die Entscheidungsfindung aus und berühren damit die Handlungsschnelligkeit der Spieler. Die Spieler wägen effizienter zwischen Pass, Dribbling oder Freilaufverhalten ab und entwickeln schnelle und effektive Spielentscheidungen. In Verbindung mit technischen Aspekten wie Täuschungen oder Finten zeigen die Spieler variablere Verhaltensweisen in engen Spielmomenten. So weicht die Ohnmacht in engen Räumen einer differenzierten Handlungskompetenz.

Die Kreisspielformen wirken sich, wie skizziert, in unterschiedlicher Art und Weise auf das technische und taktische Verhalten der Spieler aus. Mit einem ganzheitlichen Fokus kann abschließend ein Einfluss auf die grundsätzliche Einstellung und Haltung der Spieler festgestellt werden, da die Kreisformen stets eine Punktewertung beinhalten, die es mittels Spielqualität zu erreichen gilt. Die Erfolgsorientierung wirkt sich in mitreißender Form auf die Spielsubstanz aus und lässt einzelne Spieler und gesamte Mannschaften eine Gewinnermentalität entwickeln.

1.6 TRAINERVERHALTEN

Die Einführung und Umsetzung der Kreisspielformen in der Trainingspraxis bedarf einer Kennenlern- und Orientierungsphase. Die Phase gilt für Spieler und Trainer gleichermaßen. Der Trainer sollte hierbei mit Ruhe und Geduld vorgehen. Viele Trainer haben über jahrelange Prägung einen analytischen Blick ausgebildet, der sofort bei Fehlverhalten von Spielern reagiert und nach Verbesserungen ruft. In einer ersten Orientierungsphase und in hinführenden Trainingseinheiten sollten die Coaches maßvoll agieren, im Zweifel auch mal gar nichts sagen, kommentieren oder aussprechen.

Der Trainer kann von seinen Spielern gerade dann als guter, sehender und kompetenter Coach wahrgenommen werden, wenn den Spielern die Ruhe im Spiel belassen wird und sich im Falle von Spielunterbrechungen ein gezieltes und positives Coachingverhalten zeigt. Die Kreisspielformen wirken demnach als Souveränitätstool auf Coaches und beinhalten die Chance, zunächst für den Spielfluss zu sorgen, um dann im zweiten Schritt auf technische und taktische Spielhandlungen näher einzugehen.

Über diesen Weg werden sich die Spieler aufnahmebereiter zeigen und sich nicht gleich nach einer kurzen Spielphase durch den ersten Ruf des Trainers zur Spielunterbrechung gebremst oder gehemmt fühlen. Vielmehr besteht die Möglichkeit, dass die Spieler Vertrauen erlangen, die Spielform samt Formgebung, Regelwerk und Spielziel in Ruhe erfassen dürfen, sich selbst darin ausprobieren dürfen, möglicherweise über erste kleinere Fehler selbst dahin geführt zu werden, wie man es besser machen sollte.

Somit verstehen wir das Coaching in den Kreisspielformen eher als atmosphärebildende Führungsrolle, welches den einzelnen Spieler wertschätzt und vor allem emotional begleitet. Die Erläuterungen und Erklärungen als Einleitung in der Trainerpraxis beziehen sich daher zunächst nur auf die Bekanntgabe der Spielregeln. Weiterführend wird auf langatmige Sätze und Ausführungen zu den vielen Möglichkeiten verzichtet. Eine lange verbale Beschreibungsphase führt in der Praxis eher dazu, dass sich die Spieler nicht alles merken können und der erhoffte Transfer in die nächste Spielsequenz ausbleibt.

Das Coaching in den Kreisspielformen konzentriert sich daher auf Instruktionen. Die Instruktionen begleiten die Spieler innerhalb der Spielform und leisten ihre gewünschte Hilfestellung durch kurze Begrifflichkeiten und eine markante Wortwahl. Die Instruktionen haben sich in der praktischen Umsetzung bezüglich der konkreten Wortwahl auch immer wieder leicht verändert. Die Erfahrung in der Praxis hat gezeigt, dass bestimmte Wörter den Spieler zu sehr unter Druck setzen und andere Wörter hingegen Blockaden lösen und befreites Spielverhalten ermöglichen. Somit steckt in der Verwendung der Instruktionen auch wieder eine Anforderung für den Coach, sich seiner Sprachwahl bewusst zu sein, störende Wörter aus dem Wortschatz zu verbannen und positiv behaftete Wörter und stärkende Formulierungen zu kreieren.

1.7 INSTRUKTIONEN

Die Instruktionen sollen den Spielern in Begleitung der Kreisspielformen als auffordernde und spielfördernde Hilfestellungen dienen. Sie sind dabei bewusst handlungs- und lösungsoffen gehalten, damit sie keine einschränkende oder hemmende Wirkung erzielen. Vielmehr geht es darum, dass sie, ähnlich wie Vokabeln einer zu lernenden Sprache, automatisch als Aktivierung in das Bewusstsein übernommen werden.

Die allgemeinen Instruktionen beziehen sich auf grundlegendes Verhalten, schließen gleichermaßen mannschaftsbezogene Defensiv- und Offensivaktionen ein und berühren die grundsätzliche Einstellung, Bereitschaft und Haltung der Spieler. Die technischen Instruktionen versuchen, spezifische Techniken zu verbessern oder effektiver zu machen. Diese Hinweise sind an Spieler gerichtet, die ihr Technikrepertoire in der laufenden Spielsituation zur Anwendung bringen und mit unmittelbarem Spielbezug ausdifferenzieren. Die taktischen Instruktionen richten sich an das Zusammenspiel des Mannschaftsverbunds und an Gruppen von Spielern. Mit gezielten Instruktionen wird versucht, für teambezogene Verhaltensweisen zu sensibilisieren und das taktische Zusammenwirken zu optimieren.

Das Coaching der Kreisspielformen ist auch durch motorische Instruktionen gekennzeichnet. Diese Hilfestellungen versuchen, gezielt auf Körperbewegungen, Körperfinten oder die Spielstellung einzuwirken. Die angeführten Instruktionen sind dem erfahrenen Coach sicher bekannt und können als Handlungsanweisungen direkt mit konkreten Spielsituationen in Verbindung gesetzt werden. Mit etwas weiter gefasstem Blick stellen die unterschiedlichen Begrifflichkeiten, die verschiedenen Schlüsselwörter und die spezifischen Hinweise ein komplexes und schwieriges Thema dar, wenn es darum geht, dass flächendeckend die gleiche Sprache gesprochen werden soll oder mit den einzelnen Coachingbegriffen die gleichen Spielaktionen verbunden sein sollen.

Im Rahmen der Kreisspielformen sollen die Spieler nicht ausschließlich über das Coaching verbessert werden. Der verbalen Seite wird nicht zu viel Dominanz zugesprochen, vielmehr sollen die Spieler durch die Form in Form kommen. Als übergeordnetes Kernziel der Kreisspielformen sollen die Formen ein Team formieren, einen Teamgedanken entwickeln und eine optimale Konditionierung in Hinblick auf spielrelevante Situationen erlangen. Hierin besteht die methodische Konsequenz, die Entwicklung der Spieler über die Kreisspielformen rundzumachen.

1.7.1 Allgemeine Instruktionen

» Toll gemacht!

Diese Instruktion ist ein wichtiger Verstärker zum Verankern von guten Spielszenen und gewünschtem Spielerverhalten. Die Nutzung dieser Instruktion lässt neben den inhaltlichen Handlungsaufträgen einen entscheidenden Anteil an Freude durch Lob einfließen und kann auch in anspruchsvollen Spielsituationen Freude entfachen.

» **Schön! Toll! Klasse! Bravo! Super! Prima!**

» Meistere die Form!

Diese Instruktion gibt den Spielern die klare Anweisung, das Spiel gewinnen zu wollen, es zu meistern und das Match zu entscheiden. Damit wird ein indirekter Fokus auf Ergebnisorientierung gelegt und entsprechender Erfolgshunger aktiviert. Der imaginäre Zeigefinger leitet die Spieler in Richtung einer effektiven und zielgerichteten Spielweise.

» **Bleibe zielorientiert! Gewinne das Match! Sichert die Punkte! Matche die Form!**

» Überprüfe den Spielraum!

Diese Instruktion fordert den Spieler zur Überprüfung seiner individuellen Spielposition durch umschauende Schulterblicke auf und zielt auf die Schulung der Orientierungsfähigkeit ab. Ein nachhaltig angelegtes Training mit den komplexen Kreisspielformen erzielt eine grundsätzliche Verbesserung der Wahrnehmung, sodass dieser Hinweis wohl nur noch selten geäußert werden muss. Die Spielphasen sind kognitiv so fordernd, dass ein kleiner, helfender Hinweis ausreicht, um wieder eine Erinnerung an den Spielraum zu erhalten.

» **Prüfe deine Position! Nutze deine Spielposition! Positioniere dich!**

» Laufend beobachten!

Diese Instruktion fordert die Spieler anstelle einer passiven Standposition zu einem aktiven Lauf auf, über den sie handlungsbereit in defensive oder offensive Spielsituationen einsteigen. Mit eigenem Ballbesitz ist die Instruktion gleichbedeutend mit der Aufforderung, den Ball flüssig in Bewegung zu halten und darüber Passoptionen anzubieten.

» **Erhalte den Ballfluss! Bewege den Ball! Laufe für Punkte!**

» Blick zum Zentrum!

Diese Instruktion gibt den Spielern einen Handlungsauftrag, von außerhalb der Kreisform in Richtung Zentrum zu blicken, um dort Schwachstellen auszumachen und Lücken zu finden. Durch die stetige Fokussierung und Bedrohung des Zentrums versucht diese Instruktion, Pässe, Dribblings und Läufe in das gegnerische Zentrum zu generieren.

» **Schaue zum Zentrum! Finde den Kern! Zentrum überspielen!**

» Vernetzt euch!

Diese Instruktion bedeutet, nah zueinander zu laufen und die Abstände zu verringern. Mit Bezug zur Spielsituation und dem Erreichen bestimmter Spielziele ist diese Instruktion gleichbedeutend mit der Schaffung von ballnahen Anspielpunkten für den Ballführenden, um mitstartende Mitspieler anspielen zu können, gemeinsam Überzahl zu schaffen und Gegenspieler auszuspielen. Weiterführend berührt diese Instruktion das taktische Verhalten, sich als ballbesitzendes Team näher zueinander zu positionieren, um den Gegner situativ zu locken und entsprechend freiwerdende Räume zu nutzen.

» **Nachrücken! Nachschieben! Sich laufend anbieten! Laufend das Zentrum bedrohen!**

» Bedrohe den Raum!

Diese Instruktion zielt unmissverständlich auf ein energetisches Spielerverhalten, welches durch Dribbling oder Pass einen gegnerischen Zwischenraum bedroht. Dabei hilft sie, ballbesitzende Spieler auf Wege zu führen, die Punktewertungen ermöglichen oder Vorteile schaffen und fordert zugleich auf, dass Spielziele aktiver und effektiver verfolgt werden.

» **Fokussiere den Zwischenraum! Nutze den Raum! Nutze die Lücke!**

» Finde die Form!

Diese Instruktion ist eine klare Aufforderung, lässt dabei aber Optionen und verschiedene Lösungsmöglichkeiten offen. Dieser Hinweis zwingt die Spieler nicht zu einem einzig richtigen Königsweg, sondern überlässt ihnen Spiel- und Handlungsraum. Auch wenn die Gegner diese Instruktion gleichermaßen wahrnehmen, bleibt das darauf aufbauende Spielverhalten der Offensive schwer ausrechenbar.

» **Suche die Felder! Fokussiere das Spielziel! Bespiele die Zone!**

1.7.2 Technische Instruktionen

» Dribbel an!

Diese Instruktion zielt auf ein Verhalten in Ballbesitz ab, welches einen Spieler im Tempodribbling aktiv auf einen Gegenspieler führt, um diesen im 1-gegen-1-Duell zu überwinden. Über diese Instruktion soll Angriffslust entfacht werden, sodass Spieler versuchen, Chancen und Vorteile für das eigene Team zu erobern.

» **Entschlossenes Dribbling! Bringe den Lauf durch!**

» Lange und kurze Pässe!

Diese Instruktion liefert den Hinweis, unterschiedliche Passarten zu verwenden, um somit für den Gegner deutlich schwieriger ausrechenbar zu sein. Der Hinweis wirkt gleichzeitig auf den Aufmerksamkeitsbereich der Gegenspieler und besitzt darüber hinaus positiven Einfluss auf das Spielniveau.

» **Verändere die Passschärfe! Spiele verdeckte Pässe! Passe mit beiden Füßen!**

» Passe in tiefer Körperhaltung!

Diese Instruktion richtet den Fokus auf die Qualität des Passspiels und findet seine Anwendung in Kreisspielformen, die über die Spielziele hinaus inhaltlich auf das Zusammenspiel und Kombinationen ausgerichtet sind. Über diesen Hinweis wird impliziert, dass einzelne Pässe mit mehr Druck ausgeführt werden und damit mehr Passschärfe entsteht.

» **Passen und wegstarten! Scharfe Pässe! Passe mit Botschaft!**

» Gegnerferner erster Kontakt!

Diese Instruktion soll dem Spieler eine schnelle Spielweiterleitung zurufen, ohne sich im Dribbling oder im Zweikampf binden zu lassen. Über diesen Hinweis wird mehr Intensität und Anforderung für Ballbesitzer und Balljäger erzeugt, da über die Ballmitnahme auch mehr Aufwand für den Verteidiger entsteht.

» **Mitnahme weg vom Gegner! Mit dem ersten Kontakt jagen!**

» Keine leichten Ballverluste!

Diese Instruktion gibt mit der Betonung von leicht einen Hinweis, dass in den komplexen Kreisspielformen und intensiven Spielsituationen Fehler entstehen und auch gemacht werden dürfen. Gleichwohl wird verdeutlicht, dass leichte Fehler dem Spielziel entgegenwirken und durch den Ballverlust viel Aufwand für die eigenen Mitspieler entsteht.

» **Sichere den Ballbesitz! Bleibe am Ball! Schütze den Ballbesitz!**

1.7.3 Taktische Instruktionen

» Renne und rette!

Diese Instruktion gibt dem Spieler ein energisches Signal und fordert zu einer Handlung auf, die einen erfahrenen Nachteil egalisiert. Mit dem Zuruf ist keinerlei zögerliches Verhalten mehr gefragt, sondern soll ein für die eigenen Mitspieler aufopferndes Verhalten mit Engagement, Sprintbereitschaft und Körpereinsatz begünstigen.

» **Opferlauf! Renne! Rette! Biete Hilfe!**

» Schirmt das Zentrum ab!

Diese Instruktion soll einen Hinweis an die gegen den Ball agierenden Defensivspieler richten und ballorientiertes Verschließen des Kreiszentrums hervorrufen. Dabei gilt es, eine gegnerische Punktewertung zu verhindern und keinerlei Pass- oder Dribbeloptionen zu ermöglichen. Optimalerweise wirkt sich die Ballorientierung durch diese Instruktion so aus, dass Pass- und Aktionswinkel zum Zentrum stark reduziert werden.

» **Lasst keinen in den Kreis! Wirkt zusammen gegen den Ball!**

» Den Gegner laufend binden!

Diese Instruktion versucht, einen Spieler aus dem raumorientierten Verhalten zu einer mannorientierten Haltung zu führen, sodass mit einem Maß an Hartnäckigkeit und Körperkontakt einfache Ballannahmen und Drehbewegungen verhindert werden. Über dieses Signal sollen die gegen den Ball agierenden Spieler dazu bewegt werden, dass sie sich im Laufen zu den Gegenspielern begeben, um rechtzeitig mögliche Spielziele des ballbesitzenden Teams einzudämmen und zu löschen.

» **Suche Gegnerkontakt! Markiere einen Gegner!**

» Einlaufen im Timing!

Diese Instruktion soll einem ballerwartenden Spieler als Hilfestellung dienen, um mit situationsangemessenem Laufverhalten eine optimale Spielfortsetzung zu ermöglichen. Um zu verhindern, dass Passwege zum Kreiszentrum oder in bestimmte Zonen zu früh zugestellt sind oder sich nach Ballerhalt eine Standphase einstellt, müssen die Spieler ihr Lauftempo überprüfen und adäquat anpassen.

» **Laufe dich im Kreis frei! Ziehe in den Kreis! Starte im passenden Moment!**

» Vorverteidigen!

Diese Instruktion aktiviert als scharfer Hinweis die Defensive aus einer abwartenden und passiven Haltung zu einer frühzeitigen Attacke, ähnlich dem Forechecking, damit sich der Gegner nicht ohne Gegenwehr den Spielzielen nähern darf. Mit dieser Instruktion soll eine agile, willige und sprintbereite Grundhaltung erreicht werden, die nicht zu überstürzten Handlungen führt, sondern auf eine mutige Balleroberung zielt, nach der sich bekannte Möglichkeiten und Räume für Kontersituationen bieten.

» **Nachstarten! Vorschieben! Ballführer anlaufen! Im Zentrum pressen!**

» Wo stehst du?

Diese Instruktion sorgt in der Kürze für eine schnelle Orientierung und kann durch einen einfachen Blick zur Seite rasch umgesetzt werden, um spieltaktischen Anschluss an die ballorientierte Handlung eines Mitspielers zu bekommen. Außerdem erinnert diese Instruktion an die eigenständige Orientierung im Raum mit dem Ziel einer verbesserten Positionierung.

» **Innen oder außen? Wo bist du? Raummitte oder außen?**

» An den Kreisrändern lauern!

Diese Instruktion kann sich auf einen Kreis oder mehrere Kreise beziehen und steht mit einem bogenförmigen und getimten Laufverhalten an den entsprechenden Bogenformationen in Verbindung. Aus diesem Laufen heraus zielt diese Instruktion darauf ab, dass die Spieler nach innen zur Kreismitte starten oder sich absetzend im Außenbereich für eine Ballhandlung positionieren.

» **Laufe im Bogen! Ziehe rein! Setze dich ab! Bogenlauf!**

1.7.4 Motorische Instruktionen

» Setze Blickfinten!

Diese Instruktion versucht, die spielerische Note und den Spaß am Täuschen zu berücksichtigen und hält die Spieler bei eigenem Ballbesitz und durch verschiedenste Finten an, Vorteile für eine optimale Spielfortsetzung zu erzielen. Das Wackeln mit dem Körper im Sinne eines klaren Ausbildungsziels ermöglicht es den ballbesitzenden Spielern, sich dem Gegnerdruck zu entziehen und unberechenbar zu bleiben.

» **Nutze Passfinten! Setze Schusstäuschungen! Deute das Dribbling an!**

» Verbinde das Laufen mit dem Täuschen!

Diese Instruktion versucht, auf das Repertoire an nicht ausschließlich mit der Ballhandlung verbundene Fintier- und Täuschbewegungen einzuwirken, sondern insbesondere die Gewandtheit auszudifferenzieren. Es geht darum, Körperbewusstsein zu entwickeln und den gezielten Einsatz des Körpers als beste Finte überhaupt zu verstehen.

» **Ermögliche Passoptionen mit Körperfinten! Täusche mit dem Körper!**

» Laufe auf dem Vorderfuß!

Diese Instruktion versucht, das individuelle Laufverhalten zu beeinflussen und weist die Spieler darauf hin, dass der agile Laufstil auf dem Vorderfuß optimale Drehbewegungen und explosives Abdruckverhalten ermöglicht. Als Erinnerung an leichtfüßige Bewegungen versucht dieser Hinweis, an den optimalen Fußeinsatz während der laufenden Spielsituation zu erinnern.

» **Sei beweglich! Schnelle Füße! Bewege dich leichtfüßig!**

» Stehe offen zur Spielrichtung!

Diese Instruktion betrifft die Stellung eines Spielers mit Bezug zum Spielfeld und zu den anderen Spielern und fordert dazu auf, dass eine optimale Spielposition eingenommen wird. Dabei wird eine Spielstellung angestrebt, durch die der Spieler den Spielraum optimal überblicken kann und dabei die spielentscheidenden Räume und Zonen berücksichtigt.

» **Blick in das Feld! Offene Stellung! Behalte den Überblick!**

1.8 LESBARKEIT

Die Buchstruktur ist durch die Kapitel Hinführung, Hauptteil und Fortführung gekennzeichnet. Die Hinführung zielt mit ihren 40 einleitenden Trainingsformen auf die Gewöhnung der Spieler an die kreisförmigen Formen und Felder ab. Dabei geht es grundsätzlich auch um die Wahrnehmung des Spielfeldes als Kreisformation und um das Kennenlernen und Unterscheiden des Zentrums und der Außenbereiche als verschiedenartige Spielräume.

Die Hinführung beginnt mit Kleinen Spielen, Lauf- und Fangspielen. Die methodische Reihe im Rahmen der Gewöhnung verläuft weiterführend über ablauforientierte Technikformen bis hin zu 1-gegen-1- oder 2-gegen-2-Formen und schließt mit Spiel- und Wettkampfformen mit kleineren und mittleren Teamgrößen ab. Die Hinführung stellt somit Inhalte vor, die als Vorbereitung auf die zentralen Kreisspielformen mit größeren Zahlenverhältnissen dienen.

Der Hauptteil beinhaltet die zentralen Kreisspielformen. Diese 50 verschiedenen Kreisspielformen verkörpern das vorgestellte Spielkonzept. Jede Kreisspielform ist durch eine individuelle Formgebung und ein entsprechend einzigartiges Spielfeld gekennzeichnet. Zu jeder Kreisspielform wird eine spezifische Spielidee vorgestellt. Die Spielidee beinhaltet die verschiedenen Spielziele. Zusätzlich werden über die Grafiken die unterschiedlichen Spielelemente und Verhaltensweisen skizziert und mit Vorschlägen zum Coachingverhalten abgerundet.

Die Fortführung entwickelt weiterführende Spielideen. In diesem Teil werden 10 Erweiterungen vorgestellt, durch die Anschlussaktionen generiert oder zusätzliche Lösungsmöglichkeiten angeboten werden können. Diese Optionen können auf alle zentralen Kreisspielformen des Hauptteils angewendet werden.

1.9 NAMENSGEBUNG

Die vorgestellten Trainingsformen besitzen jeweils einen eigenen Namen. Die Namensfindung hat sich zum einen aus der einfachen Beschreibung der verwerteten Kreisform ergeben. Diese Namen helfen dabei, die Form zu erkennen und das Gebilde zu verstehen. Darüber hinaus ist auch eine kreativere Namensgebung festzustellen. In diesen Fällen werden die Namen genutzt, um Interesse zu wecken, die Vorstellungskraft anzuregen und Begeisterung zu entfachen. Die Namen der einzelnen Trainingsformen können in der Umsetzung mit den Spielern auf dem Platz genutzt werden, um mit den Begriffen eine passende Geschichte zu erzählen, die Punktewertungen zu unterstreichen oder die Motivation anzuregen.

1.10 PRAXISHILFE

Mithilfe weniger Praxistipps ist der Aufbau zu den Kreisspielformen auf dem Trainingsplatz einfach und schnell umsetzbar. Es hat sich bewährt, dass man als ersten Schritt die zentrumnahen Formen legt und im Anschluss die äußeren Markierungen setzt. Hierbei ist es für einige Aufbauten sinnvoll, wenn vorerst ein Markierungshütchen als Orientierungspunkt genau auf den Mittelpunkt gesetzt wird, welches nach dem abgeschlossenen Aufbau wieder entfernt werden kann (vgl. Abb. 15/1). Alternativ kann dort vorübergehend auch ein Ball positioniert werden.

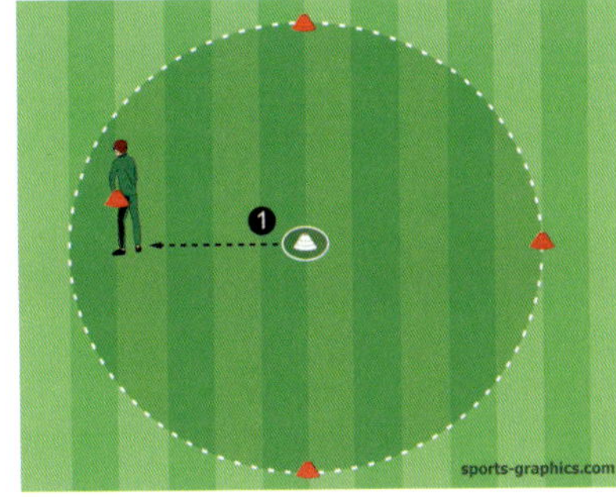

Abb. 15: Markierungsmittelpunkt

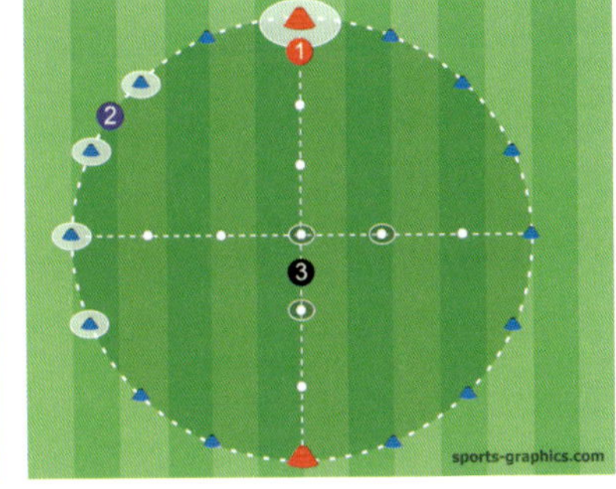

Abb. 16: Markierungsvarianten

Je nach Kreisspielform ist die Verwendung von großen, kleinen und farbigen Markierungshütchen in Verbindung mit Markierscheiben, Pads, Slalomstangen oder Koordinationsreifen sinnvoll. Die Verwendung dieser verschiedenen Markierungselemente sollte sich an den Spielzielen und den daraus resultierenden Verhaltensweisen mit Ball orientieren. Demnach sind große Markierungshütchen eher für zentrumferne Zonen zu wählen, die gut sichtbar sind (vgl. Abb. 16/1). Kleine Markierungshütchen bieten sich für die Markierung von Linien und Bögen an, die im Laufen oder durch Kombinationen bespielt werden (vgl. Abb. 16/2).

Die Nutzung von flachen Markierscheiben oder Pads ist dann zu empfehlen, wenn der zu markierende Bereich häufig mit Ball bespielt wird und dort viele Dribblings oder Zweikämpfe stattfinden (vgl. Abb. 16/3). Grundsätzlich ist es möglich, die unterschiedlichen Kreisformen mit einer verschiedenen Anzahl von Markierungshütchen zu setzen. Je nach Form und Spielziel bieten sich Kreise an, die mit insgesamt sechs Markierungen (vgl. Abb. 17), mit acht Markierungen (vgl. Abb. 18) oder mit 10 Markierungen (vgl. Abb. 19) gesetzt werden.

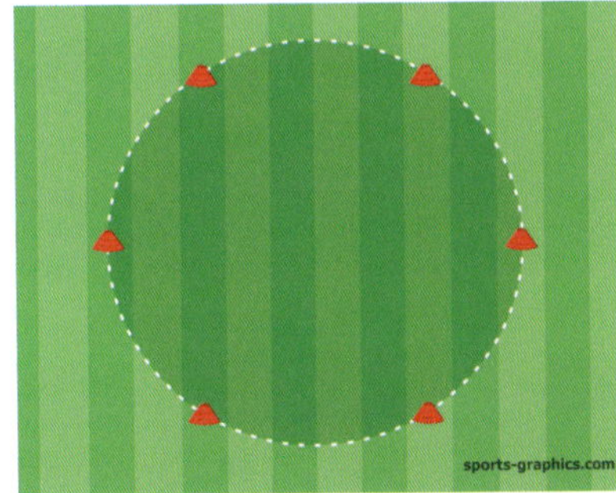

Abb. 17: Sechs Markierungen

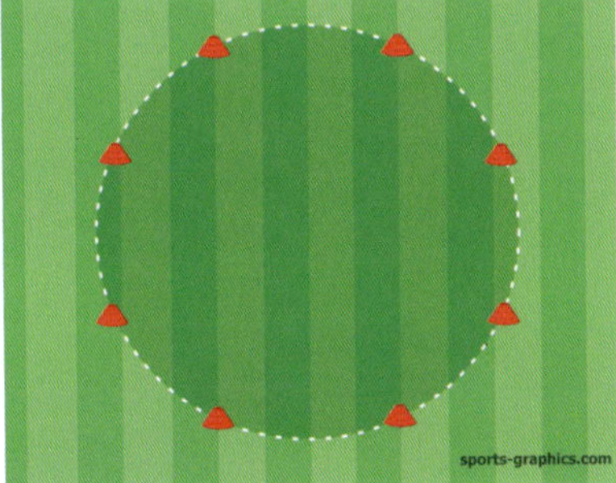

Abb. 18: Acht Markierungen

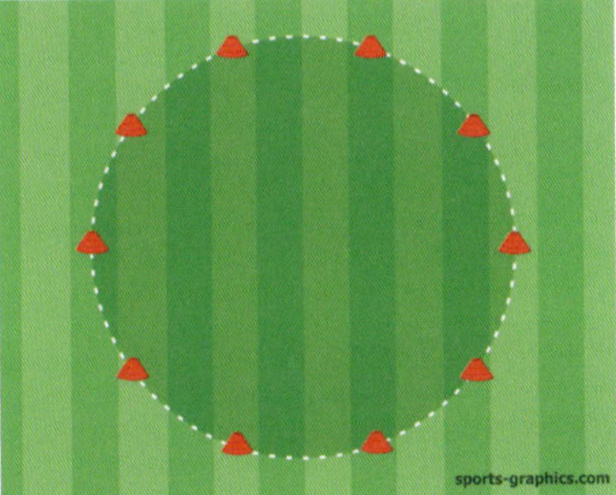

Abb. 19: 10 Markierungen

Zur Verdeutlichung und Einordnung werden im Folgenden einige Praxisbeispiele aufgeführt. Dabei soll verdeutlicht werden, dass kleine Abweichungen und Ungenauigkeiten im Feldaufbau unproblematisch sind. Weiterführend werden Eindrücke in mögliche Feldgrößen gewährt.

Exemplarischer Feldaufbau

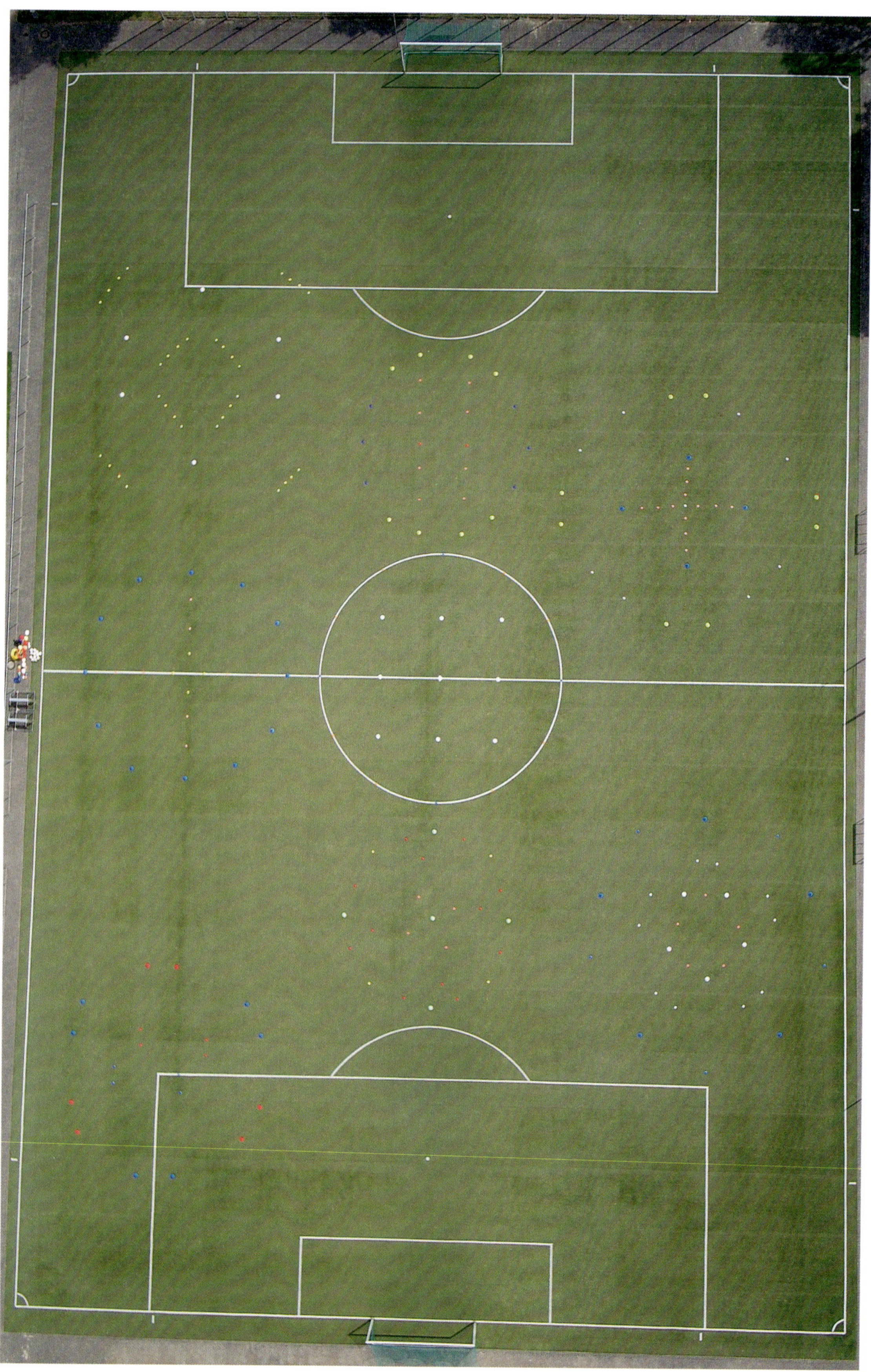

Abb. 20: Acht Kreisfelder

Exemplarischer Feldaufbau mit Zonenmarkierungen

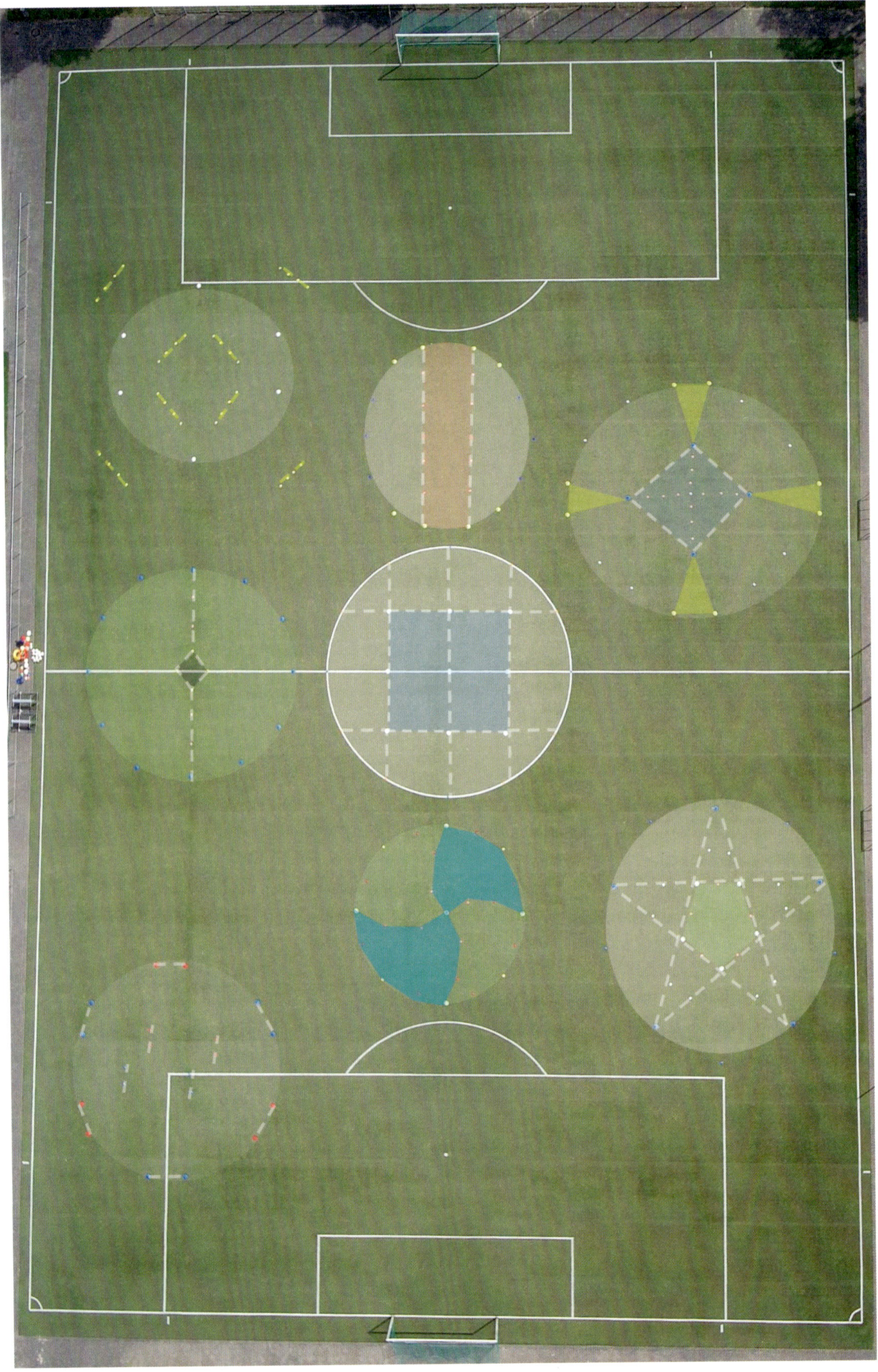

Abb. 21: Acht Kreisfelder mit Zonenmarkierungen

Praxisbeispiele (Vogelperspektive)

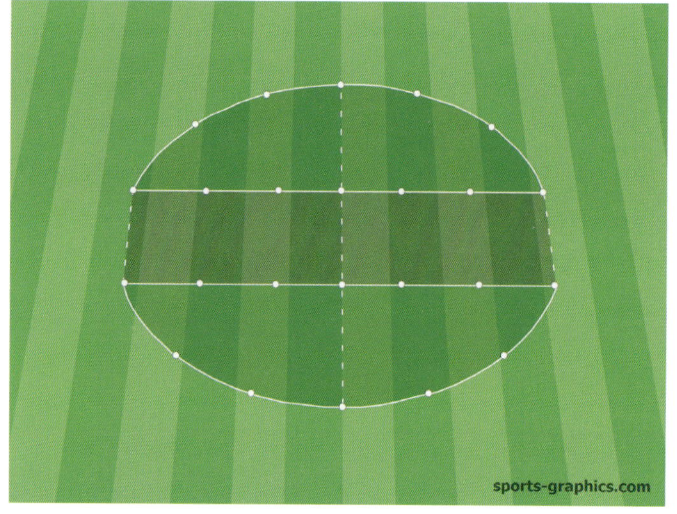

Abb. 22: Halbmond (Vorlage)

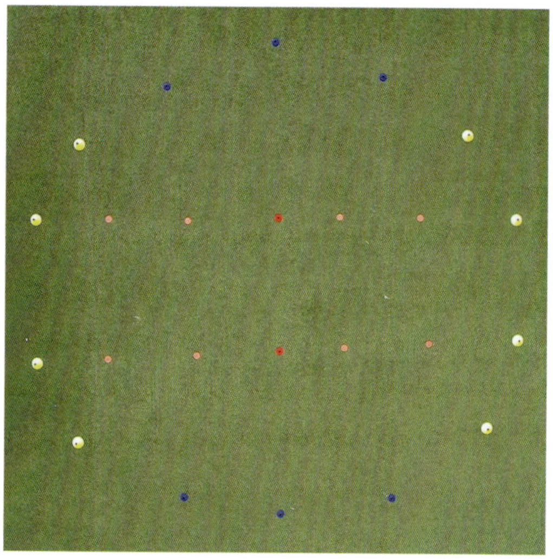

Abb. 23: Halbmond (Praxis)

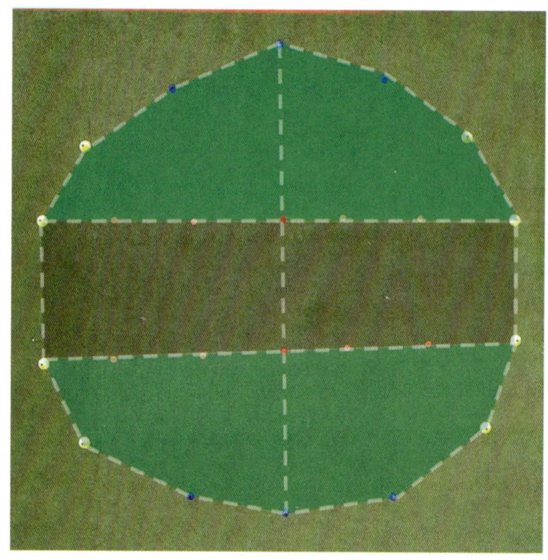

Abb. 24: Halbmond (Vergleich)

Material: 8 große Markierungshütchen – 8 kleine Markierungshütchen – 8 Markierscheiben

Notizen/Skizzen:

Praxisbeispiele (Vogelperspektive)

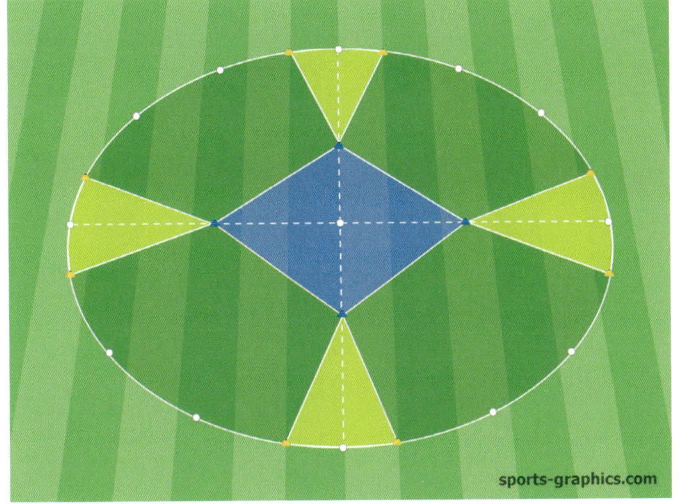

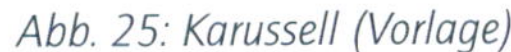
Abb. 25: Karussell (Vorlage)

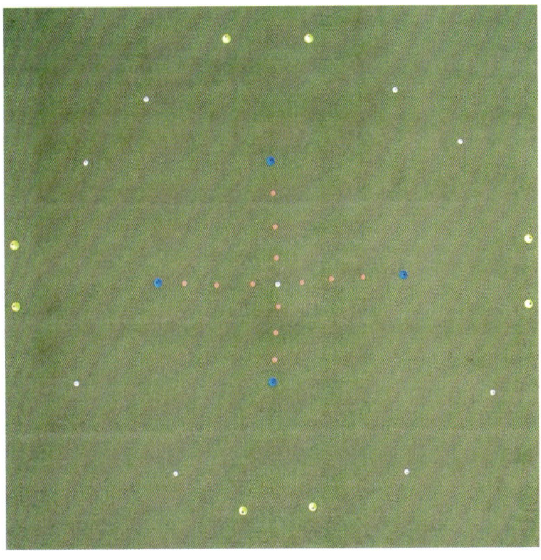
Abb. 26: Karussell (Praxis)

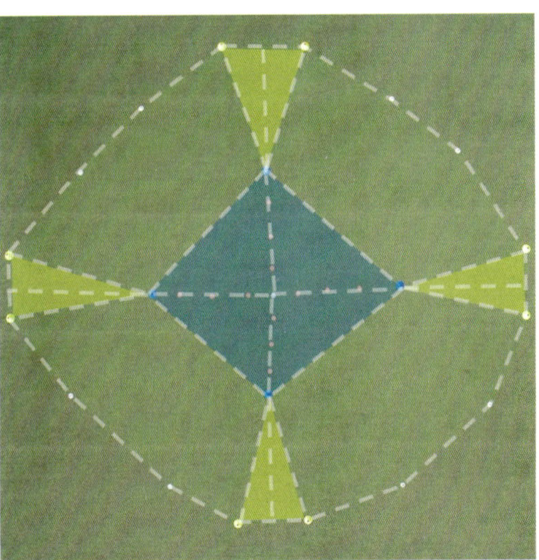
Abb. 27: Karussell (Vergleich)

Material: 12 große Markierungshütchen – 9 kleine Markierungshütchen – 12 Markierscheiben

Notizen/Skizzen:

Praxisbeispiele (Vogelperspektive)

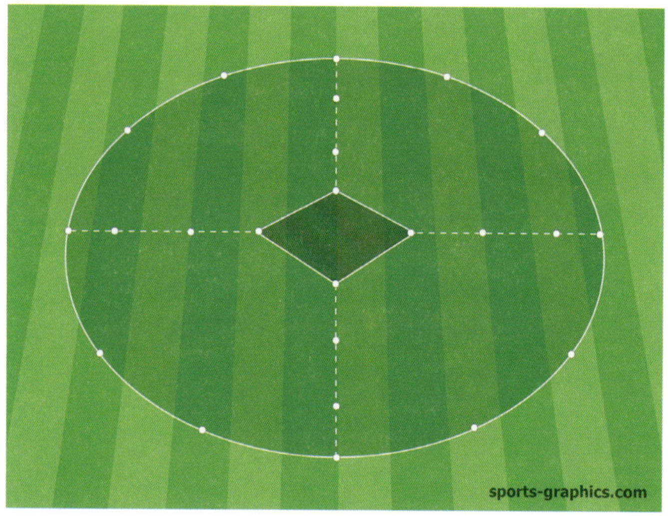

Abb. 28: Diskus (Vorlage)

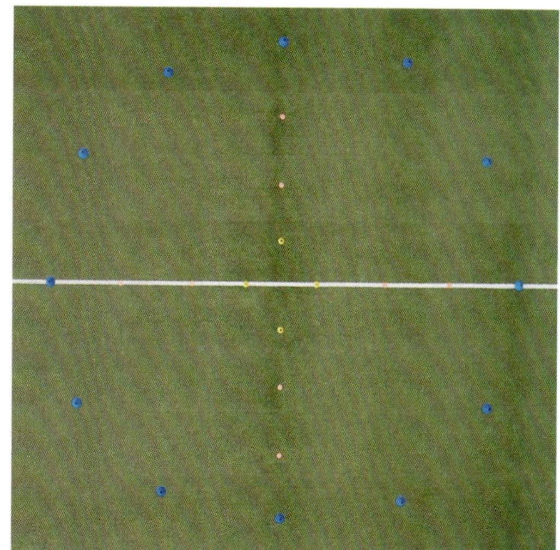

Abb. 29: Diskus (Praxis)

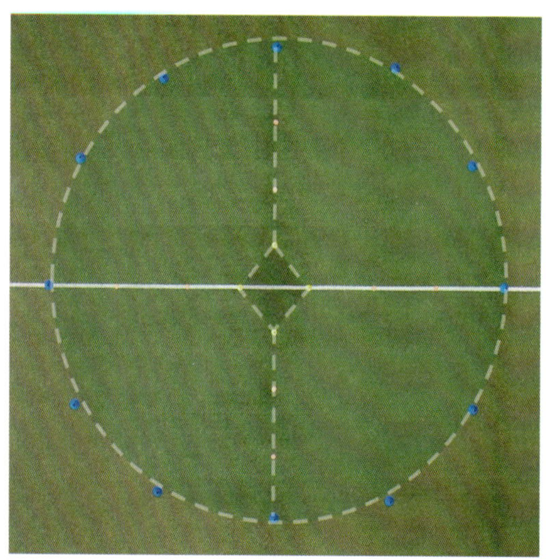

Abb. 30: Diskus (Vergleich)

Material: 12 große Markierungshütchen – 4 kleine Markierungshütchen – 8 Markierscheiben

Notizen/Skizzen:

Praxisbeispiele (Vogelperspektive)

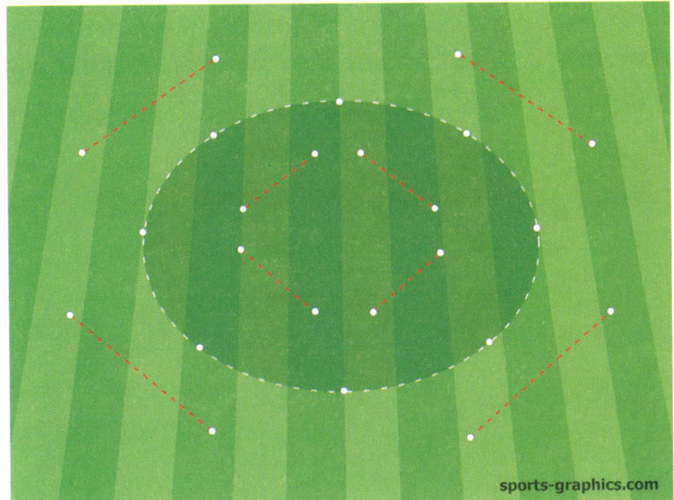

Abb. 31: Kolosseum (Vorlage)

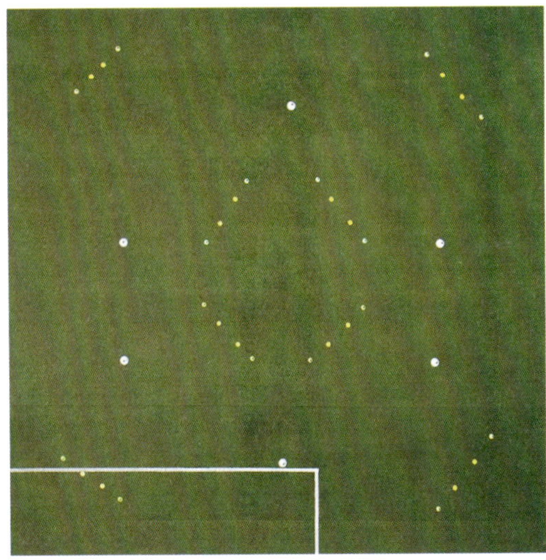
Abb. 32: Kolosseum (Praxis)

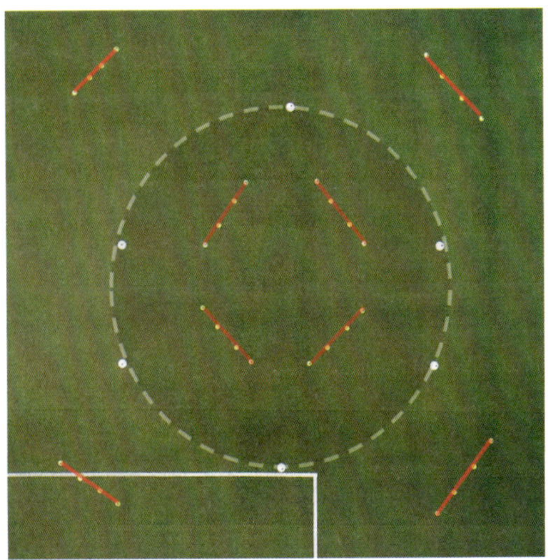
Abb. 33: Kolosseum (Vergleich)

Material: 6 große Markierungshütchen – 16 kleine Markierungshütchen – 16 Markierscheiben

Notizen/Skizzen:

Praxisbeispiele (Vogelperspektive)

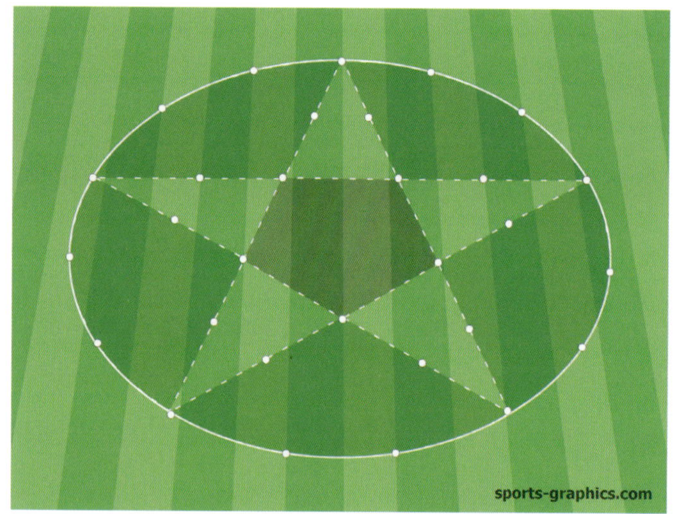

Abb. 34: Pentagramm (Vorlage)

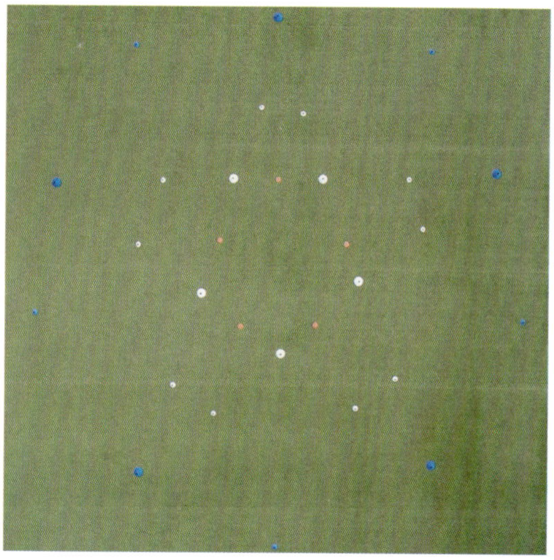

Abb. 35: Pentagramm (Praxis)

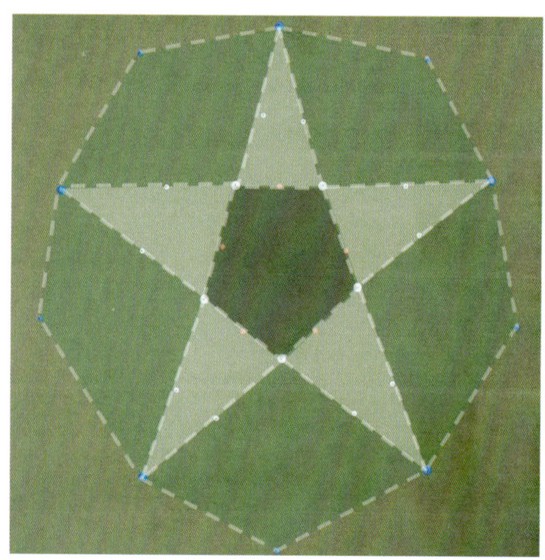

Abb. 36: Pentagramm (Vergleich)

Material: 10 große Markierungshütchen – 15 kleine Markierungshütchen – 5 Markierscheiben

Notizen/Skizzen:

Praxisbeispiele (Vogelperspektive)

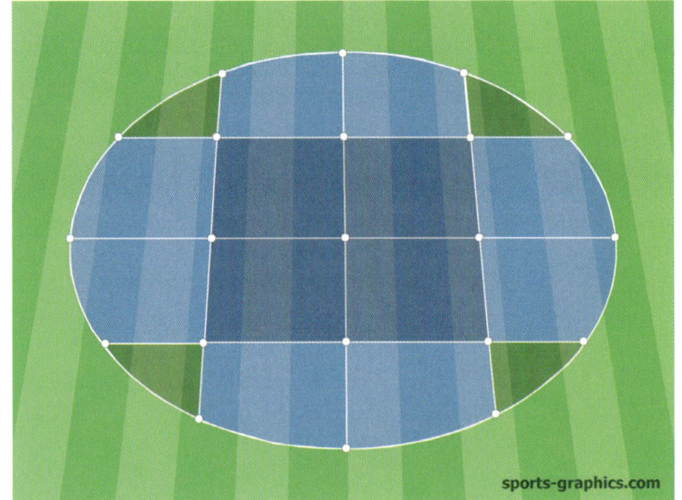

Abb. 37: Schachbrett (Vorlage)

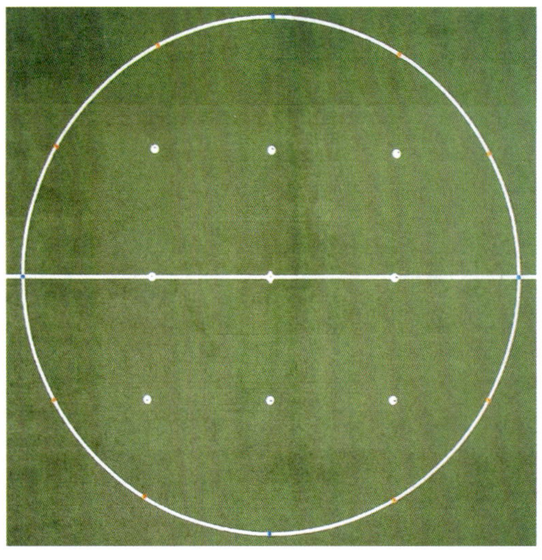

Abb. 38: Schachbrett (Praxis)

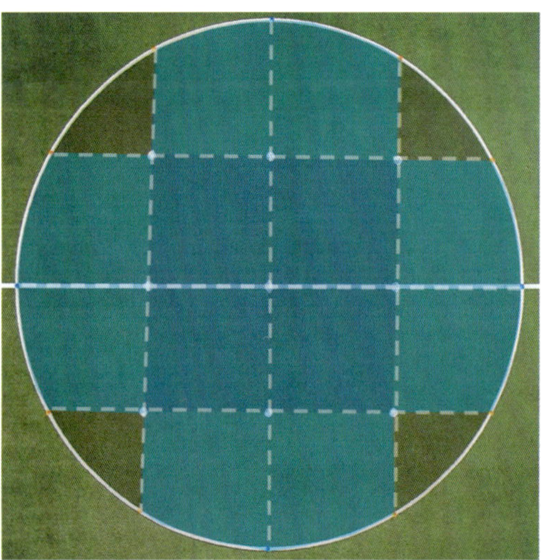

Abb. 39: Schachbrett (Vergleich)

Material: 9 große Markierungshütchen – 12 kleine Markierungshütchen

Notizen/Skizzen:

Praxisbeispiele (Vogelperspektive)

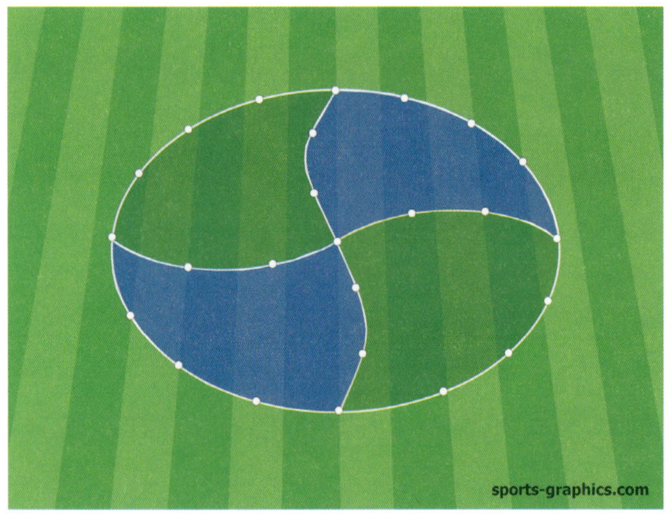

Abb. 40: Wirbelsturm (Vorlage)

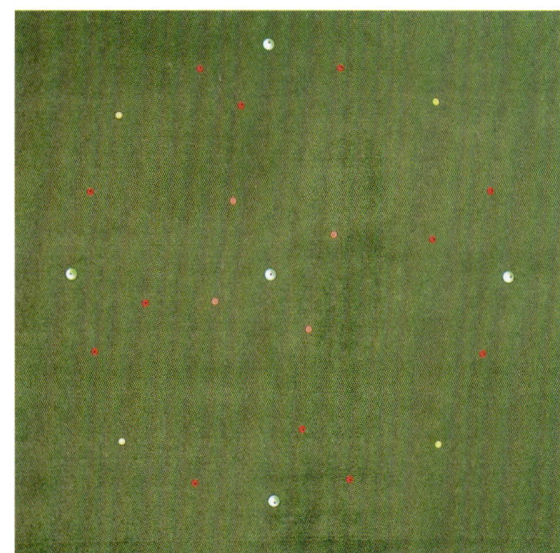

Abb. 41: Wirbelsturm (Praxis)

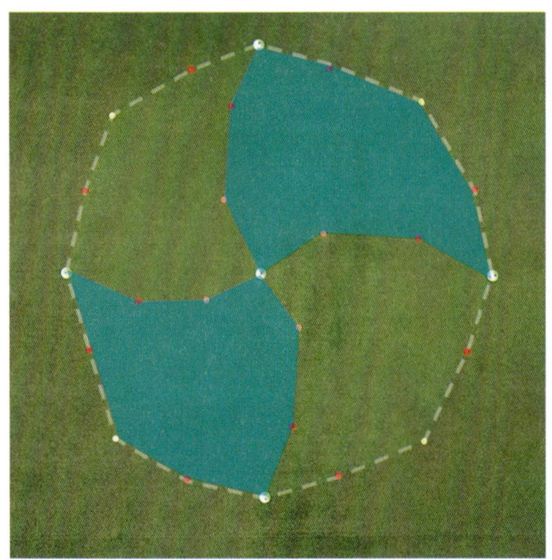

Abb. 42: Wirbelsturm (Vergleich)

Material: 5 große Markierungshütchen – 12 kleine Markierungshütchen – 8 Markierscheiben

Notizen/Skizzen:

Praxisbeispiele (Vogelperspektive)

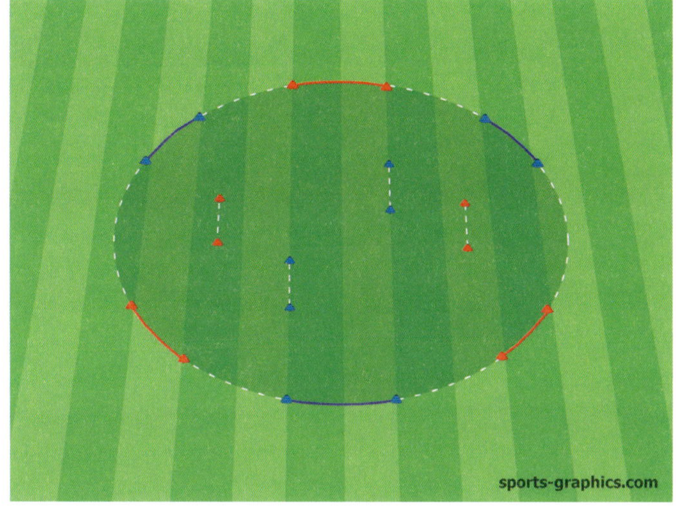

Abb. 43: Zellkern (Vorlage)

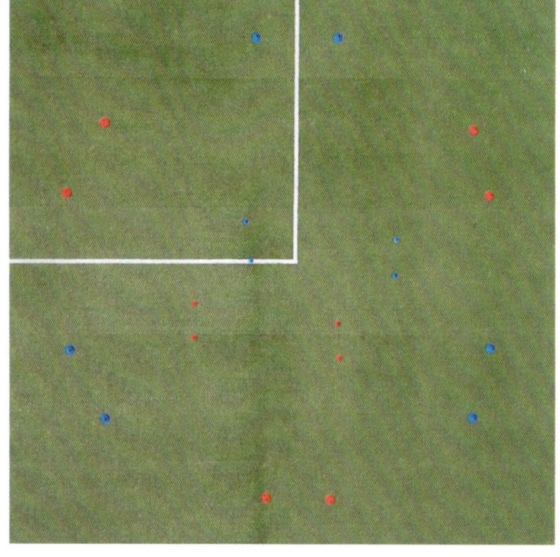

Abb. 44: Zellkern (Praxis)

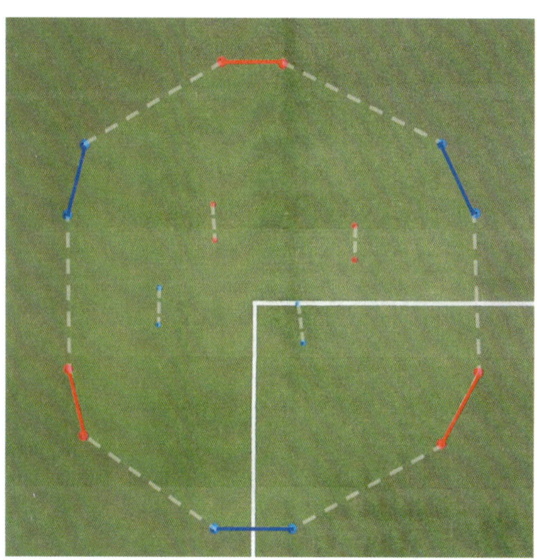

Abb. 45: Zellkern (Vergleich)

Material: 12 große Markierungshütchen – 8 kleine Markierungshütchen

Notizen/Skizzen:

Praxisbeispiele (seitliche Perspektive)

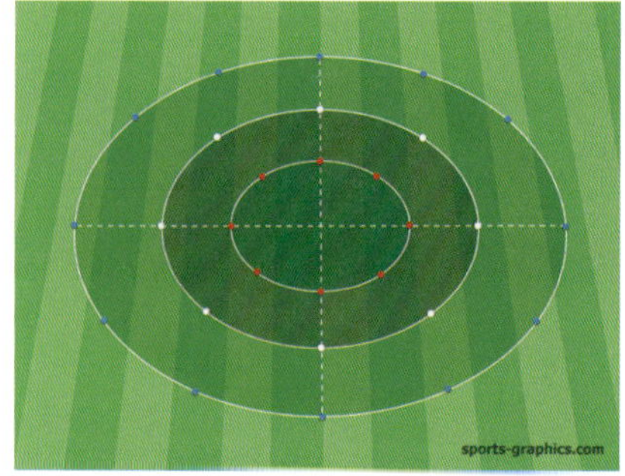

Abb. 46: Dartsscheibe (Vorlage)

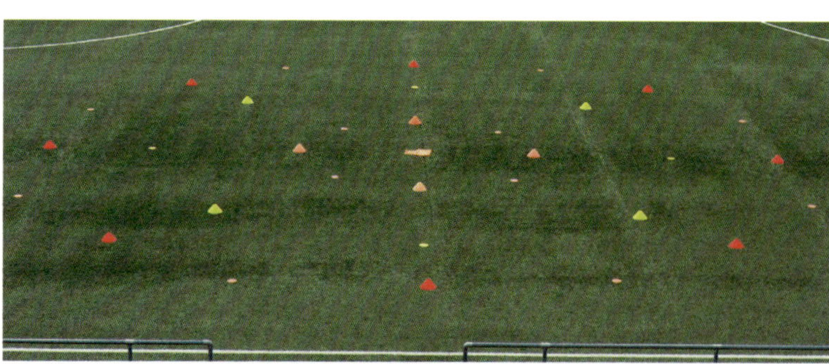

Abb. 47: Dartsscheibe (Praxis)

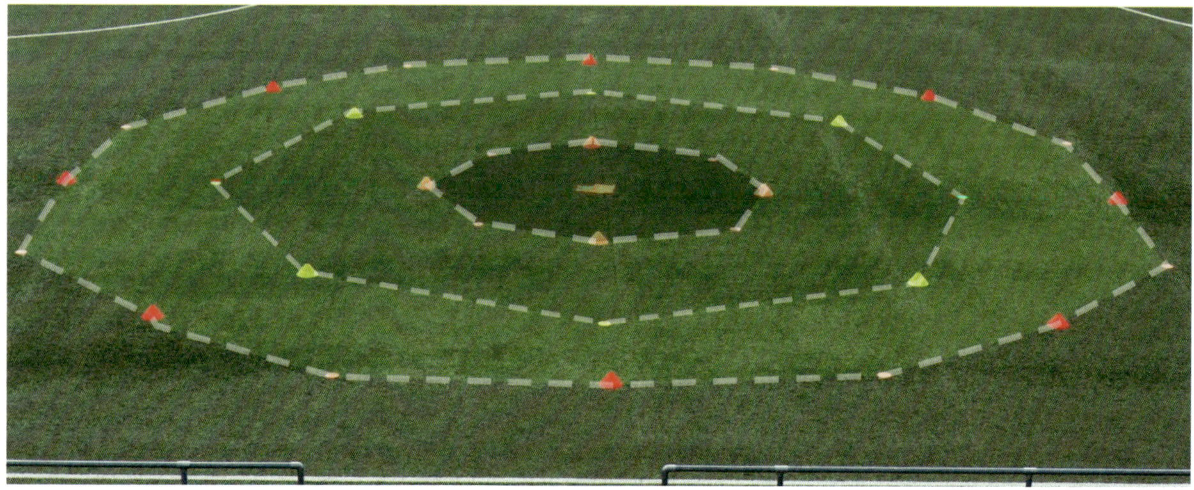

Abb. 48: Dartsscheibe (Vergleich)

Material: 16 große Markierungshütchen – 16 Markierscheiben – 1 Markierungsleibchen

Notizen/Skizzen:

Praxisbeispiele (seitliche Perspektive)

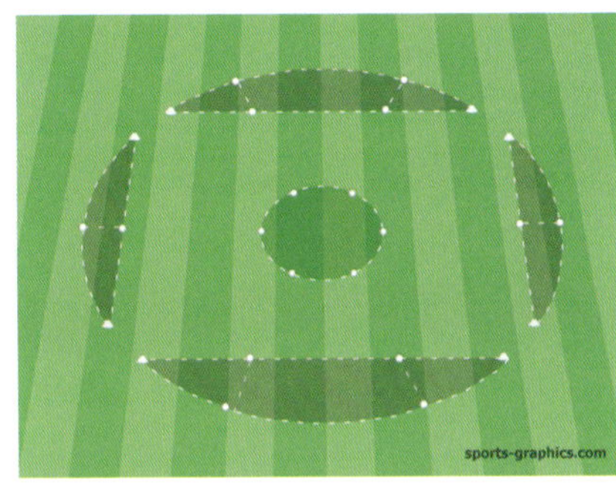

Abb. 49: Quattro (Vorlage)

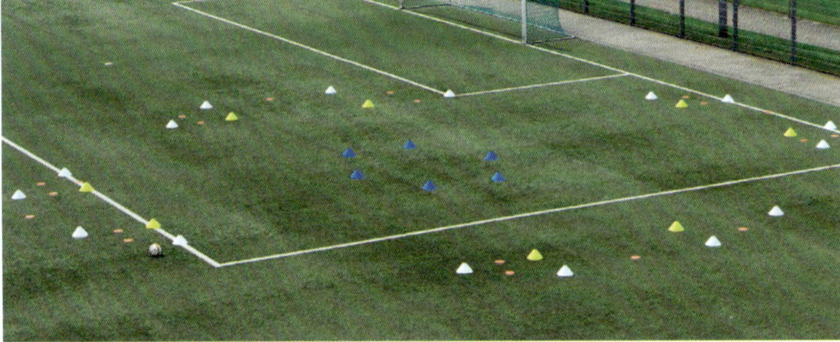

Abb. 50: Quattro (Praxis)

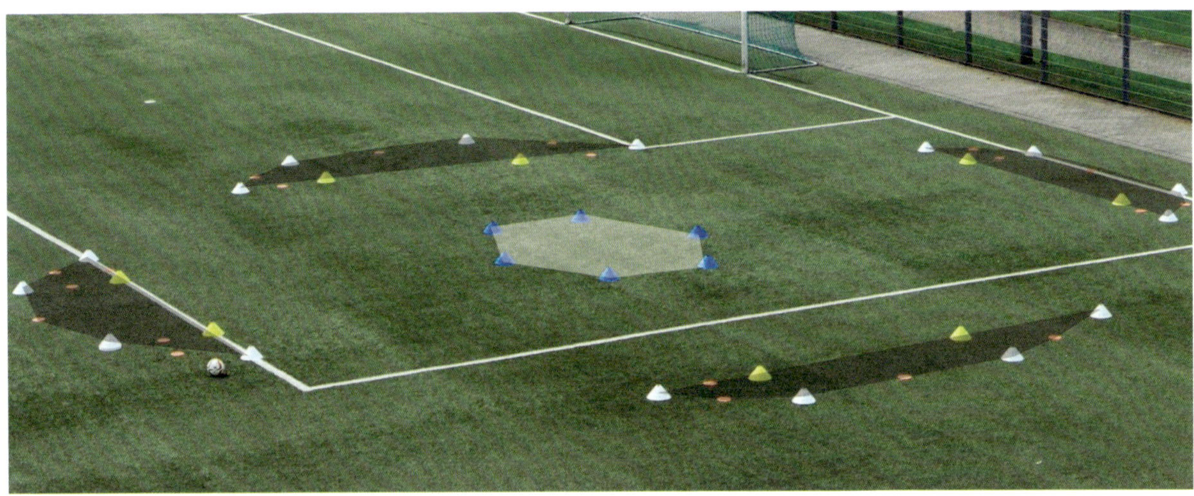

Abb. 51: Quattro (Vergleich)

Material: 30 große Markierungshütchen – 20 Markierscheiben

Notizen/Skizzen:

Praxisbeispiele (seitliche Perspektive)

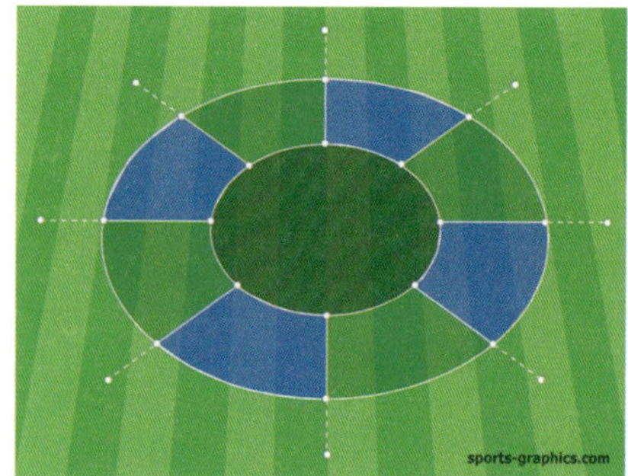

Abb. 52: Sonnenrad (Vorlage)

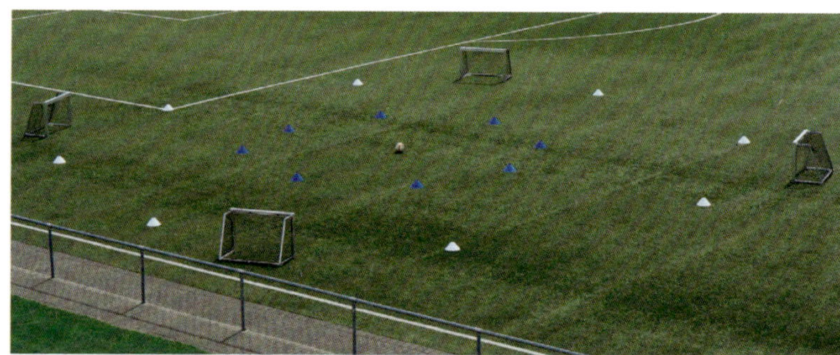

Abb. 53: Sonnenrad (Praxis)

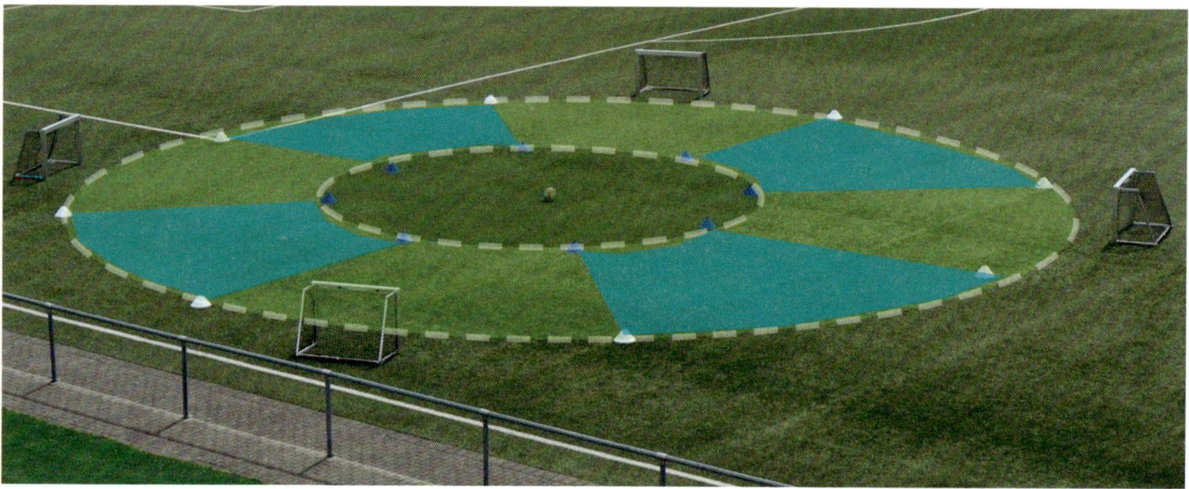

Abb. 54: Sonnenrad (Vergleich)

Material: 8 große Markierungshütchen – 8 kleine Markierungshütchen

Fazit Praxishilfe

Die Bilder sollen einen grundsätzlichen Eindruck von den tatsächlichen Aufbauten liefern und versuchen, zu verdeutlichen, dass kleine Abweichungen im Vergleich zur optimalen Vorlage keine wesentliche Bedeutung haben. Die Abweichungen sind zu vernachlässigen und kleine Fehler im Feldaufbau beeinträchtigen nicht das Spielkonzept der Kreisspielformen. Das gilt gleichermaßen für das verwendete Material. Auch hier ist es nicht zwingend erforderlich, dass die Vorlage exakt mit der gleichen Anzahl an großen Markierungshütchen, kleinen Markierungshütchen oder Markierungsscheiben kopiert werden muss. Vielmehr besteht entsprechender Freiraum, sodass der Feldaufbau weiteren Platz für Kreativität und eine eigene Trainerhandschrift lässt.

1.11 LEGENDE

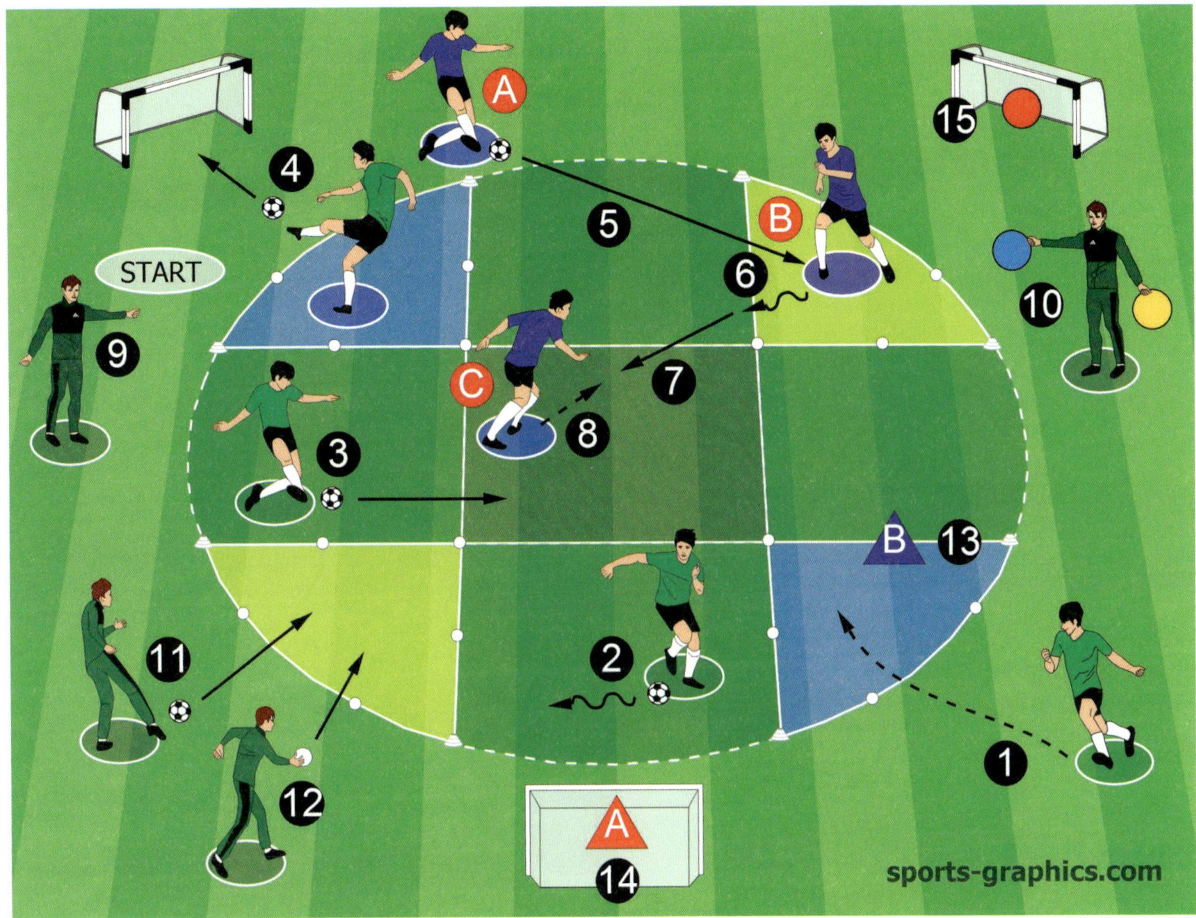

Abb. 55: Legende

Erklärung der Zeichen und Grafiken

1. Laufweg (gestrichelte Linie)
2. Dribbling (geschwungene Linie)
3. Passweg (durchgezogene Linie)
4. Torschuss (durchgezogene Linie)
5. Spieler A passt zu Spieler B
6. Spieler B verarbeitet das Zuspiel
7. Spieler B passt zu Spieler C
8. Spieler C geht dem Pass entgegen
9. Akustisches Trainersignal (Sprechblase)
10. Visuelles Trainersignal (Farbsymbol)
11. Trainerzuspiel per Fuß
12. Trainerzuspiel per Hand
13. Zonenkennzeichnung „Buchstabe"
14. Torkennzeichnung „Buchstabe"
15. Torkennzeichnung „Farbe"

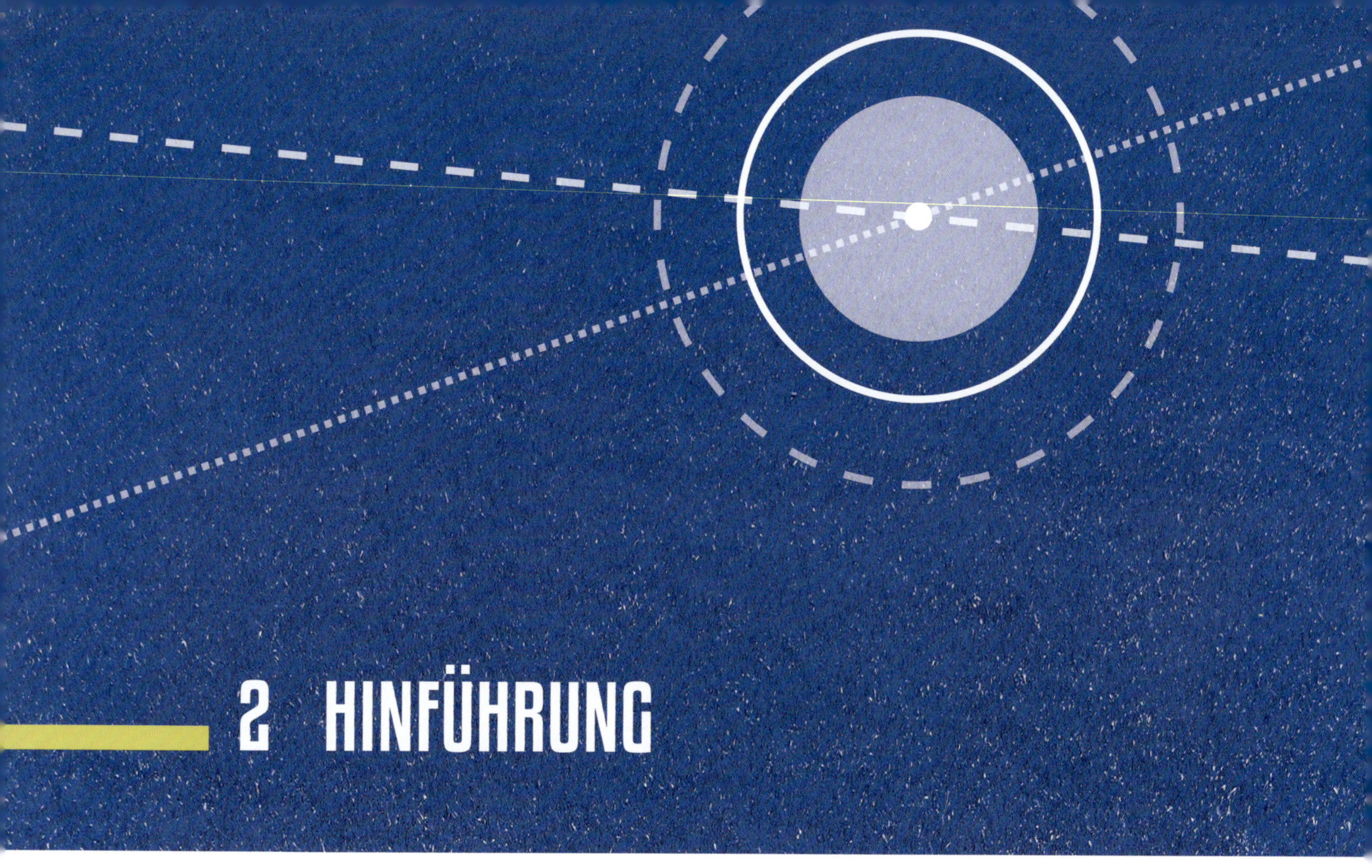

2 HINFÜHRUNG

ORIENTIEREN 5 GEGEN 3 CHAOSSPIEL
SLALOM INDIVIDUALITÄT TEMPOLAUF
TECHNIKKREIS GEWANDTHEIT ANTIZIPIEREN
2 GEGEN 2 LAUFDUELL TECHNIKSTART
REAGIEREN BEIDFÜSSIGKEIT DRIBBLING LAUFBILD
GRUPPENTAKTIK
AGILITÄT BOGENLÄUFE 4 GEGEN 2
1 GEGEN 1 KLEINE SPIELE ENTSCHEIDUNGEN
LAUFSTART STAFFELWETTBEWERB
KOMMANDOS

2.1 LAUFSPIELE MIT FOKUS AUF MOTORIK UND LAUFBILD

2.1.1 Bogenschütze – Kreislauf 1 (Bogenlauf)

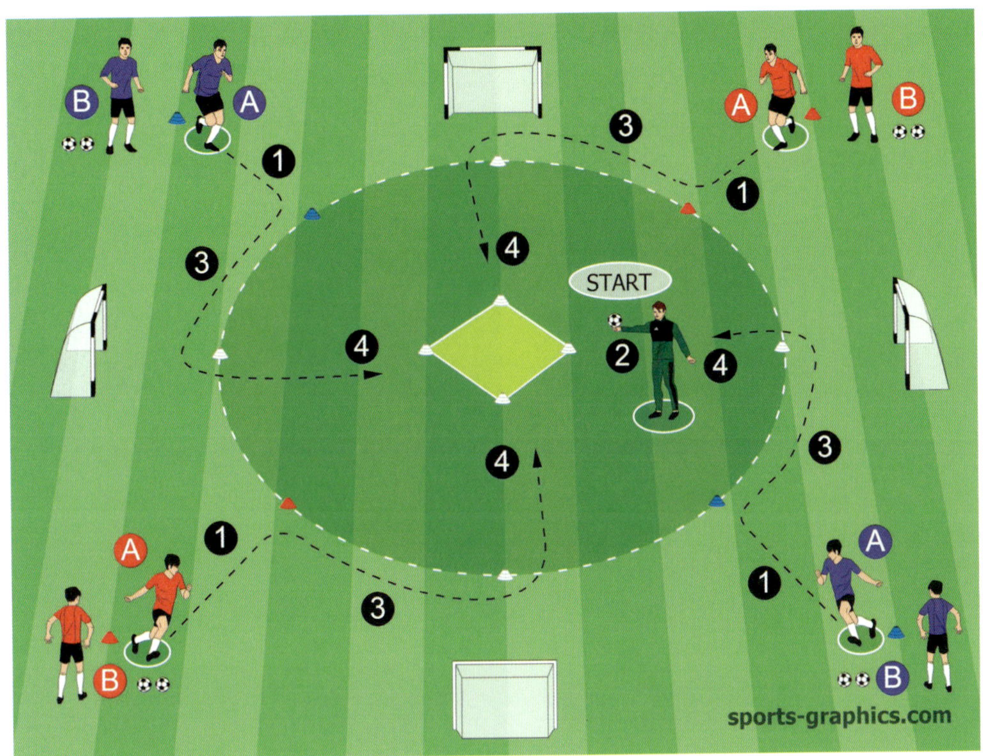

Durchführung, Prinzipien und Elemente

Jeweils ein Spieler pro Team läuft nach einem akustischen Startsignal des Trainers von einer eigenen Startmarkierung Richtung Kreis (vgl. 1). Der Trainer lässt während des Laufs einen Ball mit nur einer Hand (hier rechte Hand) fallen (vgl. 2), aufprallen (hier einmal) und fängt den Ball wieder. Je nach genutzter Hand (hier rechte Hand) belaufen die Spieler den Kreis in einem Bogen (vgl. 3). Das Aufprallen des Balls (hier einmal) gibt vor, wie viele Markierungshütchen im Bogenlauf umlaufen werden müssen, bevor die Spieler in das Zentrum des Kreises laufen dürfen (vgl. 4). Die Trainingsform provoziert Bogenläufe am zentralen Kreisrand, spricht die Wahrnehmung der farbigen Kreisbegrenzung an (vgl. 3 und 4) und lässt die Spieler auf ein visuelles Trainersignal reagieren. Weiterführend wird der Zug zum Zentrum forciert und mit einer Punktewertung belohnt.

Provokationsregeln, Punktesystem und Varianten

Die Kreisläufe lassen sich im Einzel- oder Teamwettkampf organisieren. Der schnellste Spieler erhält einen Punkt. Der Laufeinstieg (vgl. 1) kann durch verschiedene Elemente des Lauf-ABCs (Sidesteps, Hopserlauf etc.) oder unterschiedliche Startpositionen (sitzend, liegend etc.) variabel gestaltet werden. Das Eindrehen in Richtung Zentrum (vgl. 3 und 4) kann durch Drehvorgaben (links/rechts) präzisiert werden. Die Anforderungen und Inhalte lassen sich durch die Ausführung mit Ball (Dribblings, Finten etc.) und Schussmöglichkeiten auf die Minitore steigern und variieren.

2.1.2 Chronograf – Kreislauf 2 (Tempolauf)

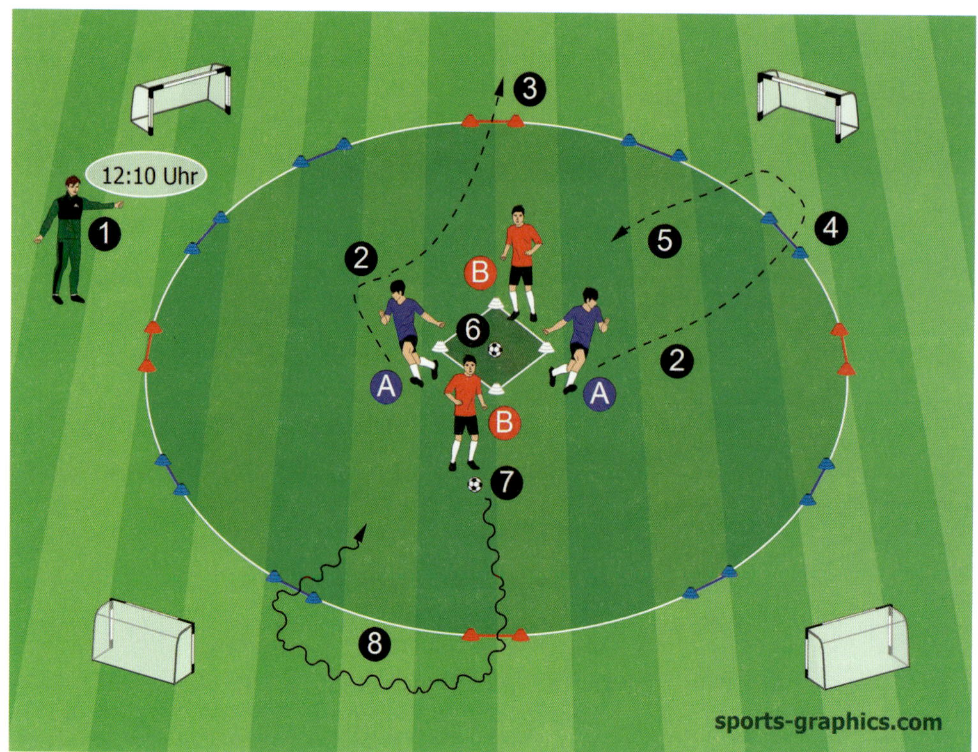

Durchführung, Prinzipien und Elemente

Der Kreisrand symbolisiert mit verschiedenen Hütchentoren das Zifferblatt einer Uhr. Jeweils zwei Spieler agieren als Team und bilden den kleinen und großen Zeiger der Uhr ab. Die Spielerpaare (vgl. A und B) positionieren sich im Zentrum des Kreises. Der Trainer ruft eine Uhrzeit auf (vgl. 1). Die Spieler stimmen sich ab (vgl. 2) und laufen schnellstmöglich durch die der Stundenanzahl (vgl. 3) und Minutenanzahl (vgl. 4) entsprechenden Tore und zurück in die zentrale Raute (vgl. 5). Die Trainingsform provoziert die Wahrnehmung des farbigen Kreisbogens, Orientierung, Informationsverarbeitung und Transferleistungen. Die Reaktion und Verarbeitung des Trainersignals wird parallel zur Abstimmung mit dem Mitspieler geschult.

Provokationsregeln, Punktesystem und Varianten

Die Spieler können unter Gegner- bzw. Zeitdruck agieren, indem das Trainersignal zeitgleich für zwei Spielerpaare gilt. Entsprechend lässt sich die Trainingsform im Teamwettkampf, mit einem Punktgewinn für das schnellere Team oder Ballgewinn (vgl. 6) für eine anschließende 2-gegen-2-Spielsituation auf die Minitore, organisieren. Die Anforderungen und Inhalte lassen sich durch Dribblings und Finten mit Ball (vgl. 7) steigern und durch Farbsignale (z. B. ROT-BLAU) variieren (vgl. 8). Die Startposition der Spieler kann abwechslungsreich (sitzend, liegend etc.) und variabel gestaltet werden. Die Komplexität kann gesteigert werden, indem bei einer Tageszeit nur Team A und bei einer Nachtzeit nur Team B agieren muss und das jeweils andere Team als Fänger operieren darf.

2.1.3 Kompass – Kreislauf 3 (Tempolauf)

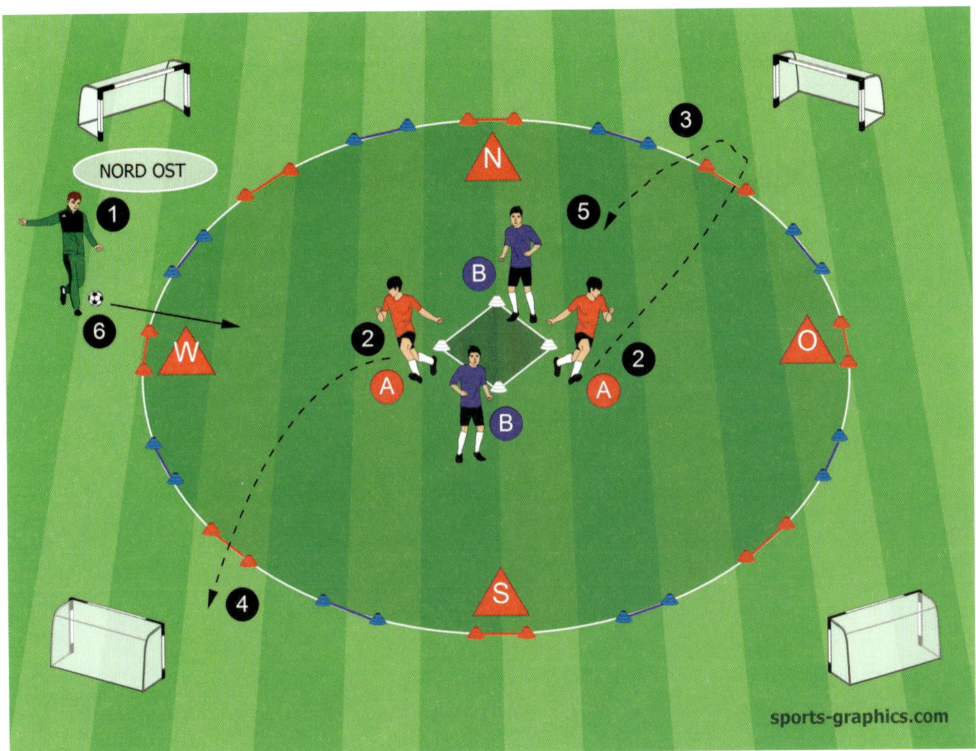

Durchführung, Prinzipien und Elemente

Der Kreisrand symbolisiert mit verschiedenen Hütchentoren die Himmelsrichtungen im Sinne des Kompasses. Jeweils zwei Spieler agieren als Paar und treten gegeneinander an. Die Spielerpaare (vgl. A und B) positionieren sich im Zentrum des Kreises. Der Trainer ruft eine Himmelsrichtung auf (vgl. 1). Die Spieler reagieren (vgl. 2) und ein Spieler läuft in die genannte Richtung (vgl. 3) und der andere läuft in die gegensätzliche Richtung (vgl. 4). Im Anschluss laufen die Spieler zurück zur zentralen Raute (vgl. 5).

Provokationsregeln, Punktesystem und Varianten

Die Läufe lassen sich im Einzel- oder Teamwettkampf organisieren. Ein Einzelwettkampf kann realisiert werden, indem beide Spieler gegeneinander in die genannte Richtung und das entsprechende Hütchentor laufen müssen oder indem vorher festgelegt wird, wer in die genannte und wer in die entgegengesetzte Richtung laufen muss. Für einen Teamwettkampf agieren zwei Paare gleichzeitig und müssen die Hütchentore oder das Zentrum schneller als das gegnerische Team erreicht haben. Die Anforderungen und Inhalte lassen sich durch die Ausführung mit Ball (Dribblings, Finten etc.) steigern und variieren. Weiterführend kann nach den Läufen ein Zuspiel des Trainers (vgl. 6) für eine 1-gegen-1- oder 2-gegen-2-Spielsituation auf die Minitore erfolgen.

2.1.4 Eisbrecher – Laufduell 1 (Tempolauf)

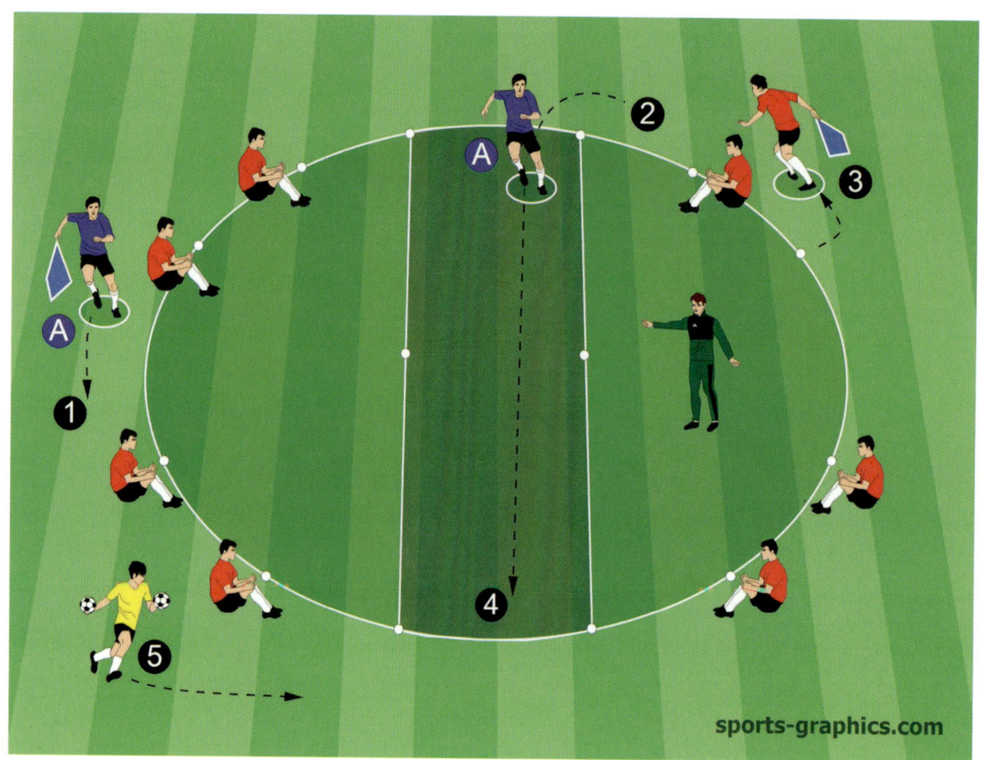

Durchführung, Prinzipien und Elemente

Die Spieler verteilen sich sitzend mit Blick in das Zentrum um einen Kreis. Zwei Läufer halten ein Leibchen in der Hand (vgl. Spieler A) und laufen außen um den Kreis und die sitzenden Spieler herum (vgl. 1). Die Spieler A entscheiden sich für einen Gegner, legen ihm das eigene Leibchen an den Rücken und aktivieren ihn so zum Fänger. Die Spieler A sprinten davon (vgl. 2). Der aktivierte Fänger nimmt das Leibchen auf und folgt (vgl. 3), um Spieler A mit der Hand zu berühren, bevor dieser den mittleren Korridor durchlaufen hat (vgl. 4). Die Spieler trainieren den Bogenlauf an einer Kreisanordnung mit anschließendem Tempolauf zum Zentrum und Abdrehbewegungen Richtung Mitte. Zudem kann das Festhalten an einer Entscheidung und das bedingungslose Durchführen einer Handlung fokussiert werden. Wenn der Läufer (vgl. Spieler A) beim Tunnelsprint ohne Gegnerberührung die Ziellinie überschreitet, ergibt sich ein Aufgabenwechsel.

Provokationsregeln, Punktesystem und Varianten

Die Anforderungen und Inhalte lassen sich durch die Ausführung mit Ball (Dribblings, Finten etc.) steigern und variieren. Die Startposition der Spieler kann abwechslungsreich (sitzend, liegend etc.) und variabel gestaltet werden. Die beiden Spieler A können in entgegengesetzten Richtungen agieren, so ergeben sich Störspieler und komplexere Wahrnehmungsmomente. Als Variante können die Spieler A auch mit zwei Bällen in der Hand starten (vgl. 5), um einen abzulegen und den zweiten im Dribbling weiterzuführen. So entsteht ein Dribblingwettkampf.

2.1.5 Äquatortaufe – Laufduell 2 (Tempodribbling)

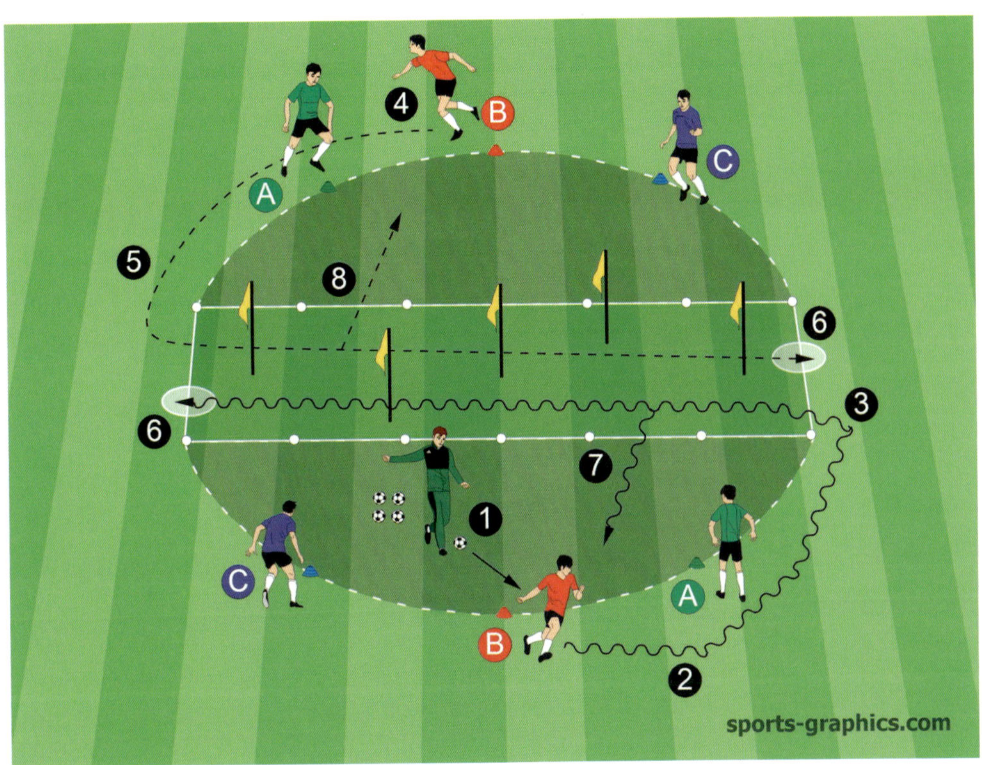

Durchführung, Prinzipien und Elemente

Die Spieler bilden Paare (vgl. Spielerpaare A, B und C) und verteilen sich jeweils gegenüber außen um den Kreis herum auf ihren Startpositionen. Der Trainer spielt einen der Spieler an (vgl. 1). Der ballerhaltende Spieler (hier Spieler B) nimmt den Ball mit (vgl. 2) und durchdribbelt den zentralen Korridor so schnell wie möglich (vgl. 3). Der Partner reagiert auf die Ballmitnahme (vgl. 4) und läuft entgegengesetzt in den Korridor (vgl. 5). Es gewinnt der Spieler, der zuerst die Ziellinie auf der gegenüberliegenden Seite überschritten hat (vgl. 6). Die Fokussierung liegt auf dem Treffen einer Entscheidung (vgl. 2) und anschließendem Festhalten und beherzter Ausführung der Bewegung nach der Entscheidungsfindung. Außerdem steuert der Ballbesitzer das Zentrum an und bedroht die für den Gegner gefährliche Zone. Während des Wettlaufs orientieren sich die Spieler am Kreisbogen und dem Eintritt und Austritt über den Korridor.

Provokationsregeln, Punktesystem und Varianten

Die Anforderungen für den ballbesitzenden Spieler können durch Vorgaben konkreter Dribblingformen oder Finten gesteigert werden. Die Trainingsform kann als Fangspiel organisiert werden. Der jagende Spieler reagiert, steuert den gleichen Eintritt an und versucht, den Ballbesitzer vor dem Austritt mit der Hand zu berühren. Die Startposition der Spieler kann abwechslungsreich (sitzend, liegend etc.) und variabel gestaltet werden. Außerdem kann dem Ballführer eine Austrittmöglichkeit über den Halbkreis (vgl. 7) ermöglicht werden, auf die der Gegner reagieren müsste (vgl. 8). Um Slalomläufe durchzuführen, können zusätzliche Laufaufgaben an den zentralen Slalomstangen gefordert sein.

2.2 FANGSPIELE MIT FOKUS AUF AGILITÄT UND GEWANDTHEIT

2.2.1 Erdkern – Fangspiel 1 (Handball)

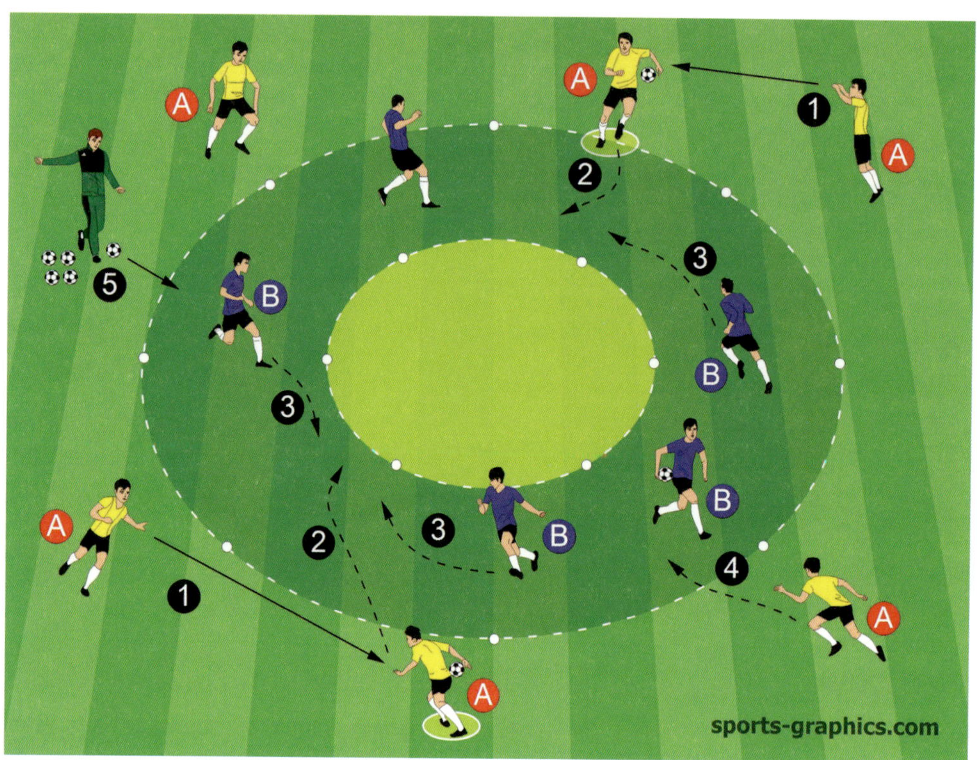

Durchführung, Prinzipien und Elemente

Die Spieler A passen sich außerhalb des Kreises die Bälle mit der Hand zu (vgl. 1) und versuchen, Lücken zu nutzen, um mit einem Lauf und dem Ball in der Hand zum Kern des Kreises vorzudringen (vgl. 2), ohne von den gegnerischen Spielern (vgl. Spieler B) mit der Hand berührt zu werden (vgl. 3). Die ballbesitzenden Spieler sollen Lücken im gegnerischen Defensivverbund vorbereitend provozieren, erkennen und mutig ausnutzen. Ein gestarteter Lauf Richtung Zentrum (vgl. 2) kann durch einen Rückpass abgebrochen werden. Der Fokus liegt auf der mutigen und bedingungslosen Ausrichtung in Richtung Zentrum. Trotzdem ist der Abbruch einer Handlung und eine entsprechende Neuausrichtung möglich.

Provokationsregeln, Punktesystem und Varianten

Die Anforderungen lassen sich steigern, indem die ballbesitzenden Spieler während des Laufs (vgl. 2) den Ball prellen, Laufaufgaben (z. B. Drehungen) ausführen oder den Ball am Fuß im Dribbling führen müssen. In einem zweiten Schritt können die Ballbesitzer gezwungen werden, nach Erreichen des Kerns, auch noch wieder zurück in den äußeren Bereich zu gelangen, ohne berührt zu werden. Die Intensität lässt sich durch einen zeitlimitierten Punktewettkampf steigern, indem Wertungen erzielt werden, wenn ein Spieler das Zentrum ohne Berührung durch einen Gegner erreicht (vgl. Team A) oder ein Ballbesitzer berührt werden kann (vgl. Team B). Als Alternative können auch die Spieler im Zentrum jeweils einen Ball in der Hand halten und versuchen, die einlaufenden Spieler von außen mit diesem Ball abzuwerfen (vgl. 4). Außerdem kann der Trainer mit einem Zuspiel eine 5-gegen-5-Spielsituation einleiten (vgl. 5).

2.2.2 Geozentrum – Fangspiel 2 (Dribbling)

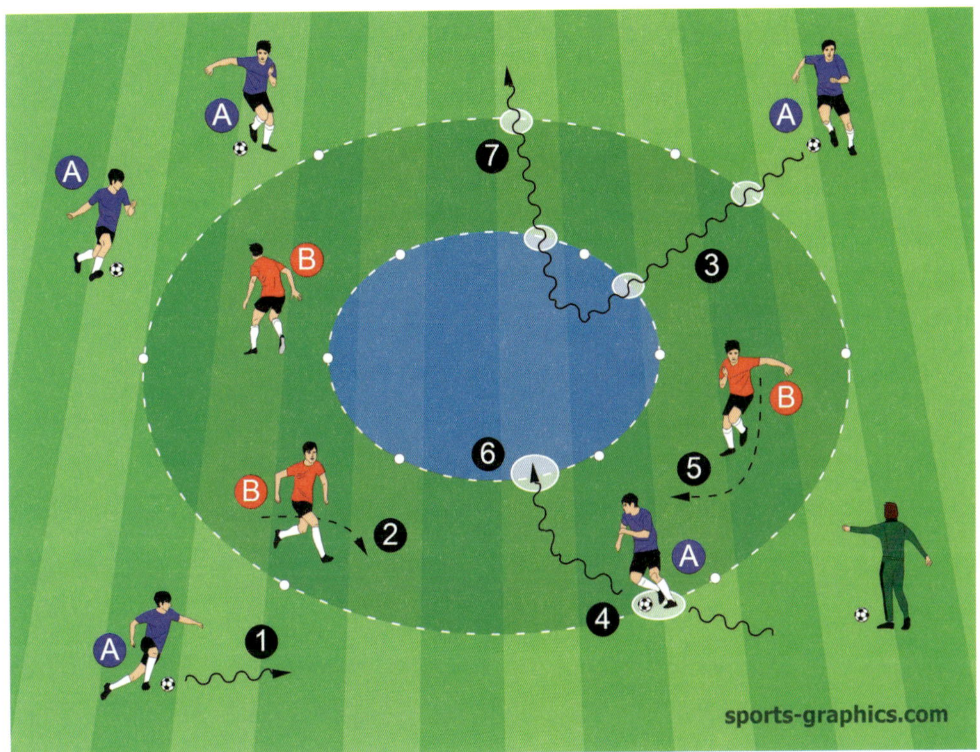

Durchführung, Prinzipien und Elemente

Die Spieler A sind außerhalb des Kreises in Ballbesitz und bewegen sich im Dribbling (vgl. 1). Die Spieler B verteidigen das Zentrum und verschieben im Verbund (vgl. 2). Die Spieler A versuchen, Lücken zu erkennen und im Dribbling zu nutzen (vgl. 3), um ohne Berührung durch einen Gegner in das Innere des Kreises zu gelangen. Nach Eintritt in den Kreis (vgl. 4) dürfen die Spieler B aktiv werden (vgl. 5) und die Ballbesitzer mit der Hand berühren. Der Fokus liegt auf der mutigen und bedingungslosen Ausrichtung in Richtung Zentrum. Auch nach einer nicht gelungenen Aktion bleiben die Spieler in Ballbesitz und können kurze Zeit später einen neuen Angriff starten.

Provokationsregeln, Punktesystem und Varianten

Die verteidigenden Spieler erhalten einen Punkt, wenn sie einen ballbesitzenden Gegner mit der Hand berühren. Die Angreifer erhalten einen Punkt, wenn sie ohne Gegnerberührung das Zentrum erreichen (vgl. 6). Weiterführend kann eine doppelte Wertung erzielt werden, wenn nach dem Erreichen des Zentrums auch wieder der äußere Bereich ohne gegnerische Berührung erreicht wird (vgl. 7). Die Anforderungen lassen sich steigern, indem die ballbesitzenden Spieler während des Laufs (vgl. 3) eine vorgegebene Finte ausführen müssen.

2.2.3 Ringplanet – Fangspiel 3 (Dribbling)

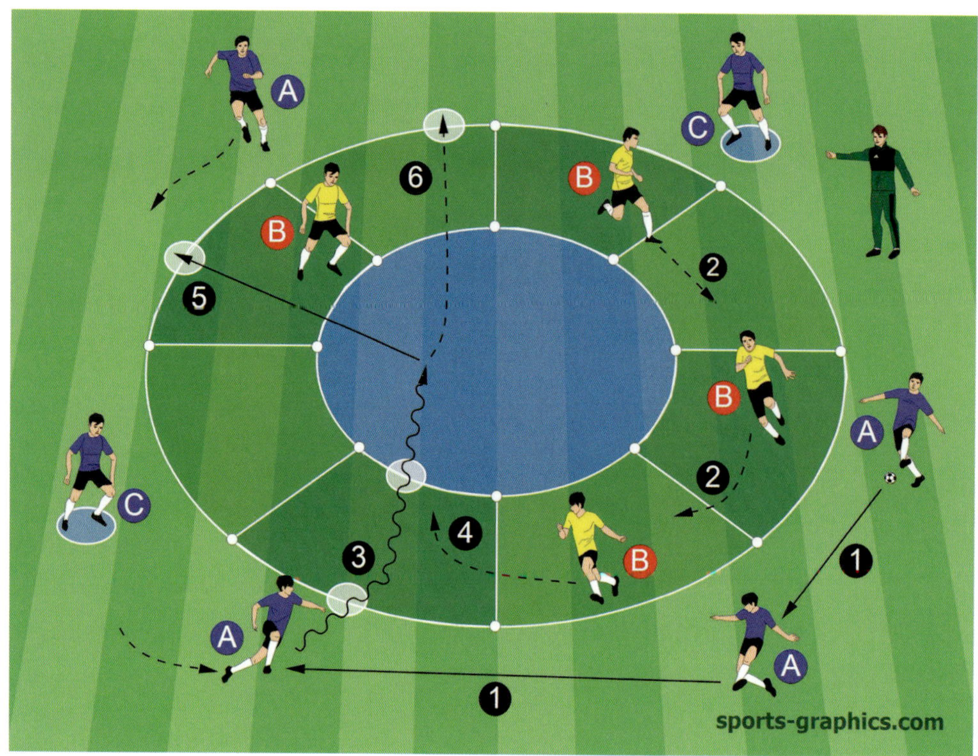

Durchführung, Prinzipien und Elemente

Die Spieler A lassen außerhalb des Kreises einen Ball zirkulieren (vgl. 1). Die Spieler B verschieben im Verbund und verteidigen das Zentrum (vgl. 2). Die Spieler A versuchen, mit einem ballbesitzenden Spieler im Dribbling in das Zentrum des Kreises einzudringen (vgl. 3), ohne dabei von einem Gegner mit der Hand berührt zu werden (vgl. 4). Nach dem erfolgreichen Erreichen des Zentrums muss der ballbesitzende Spieler einen anschließenden Pass aus dem Zentrum heraus anbringen (vgl. 5), um außen in Position zu laufen (vgl. 6) und somit einen Punktgewinn zu realisieren. Der Fokus liegt auf der mutigen und bedingungslosen Ausrichtung in Richtung Zentrum. Weiterführend wird nach Erreichen des Zentrums eine Anschlusshandlung (vgl. 5 und 6) gefordert. Die Aktionen in Richtung Zentrum sollen situationsgerecht vorbereitet (vgl. 1) und nach der Entscheidungsfindung nachhaltig und mutig umgesetzt werden (vgl. 3, 5 und 6).

Provokationsregeln, Punktesystem und Varianten

Zur Steigerung von Konzentration und Präzision kann den ballbesitzenden Spielern im Passspiel (vgl. 1) und während des Dribblings (vgl. 3) eine Ballkontaktanzahl vorgegeben werden. Weiterführend kann in der zentralen Zone vor dem Pass (vgl. 5) eine bestimmte Finte (Übersteiger, Passtäuschung, Schusstäuschung etc.) gefordert sein. Das Zahlenverhältnis sollte so gewählt sein, dass die Spieler außen in Überzahl agieren können (vgl. Spieler C).

2.2.4 Nukleus – Fangspiel 4 (Dribbling)

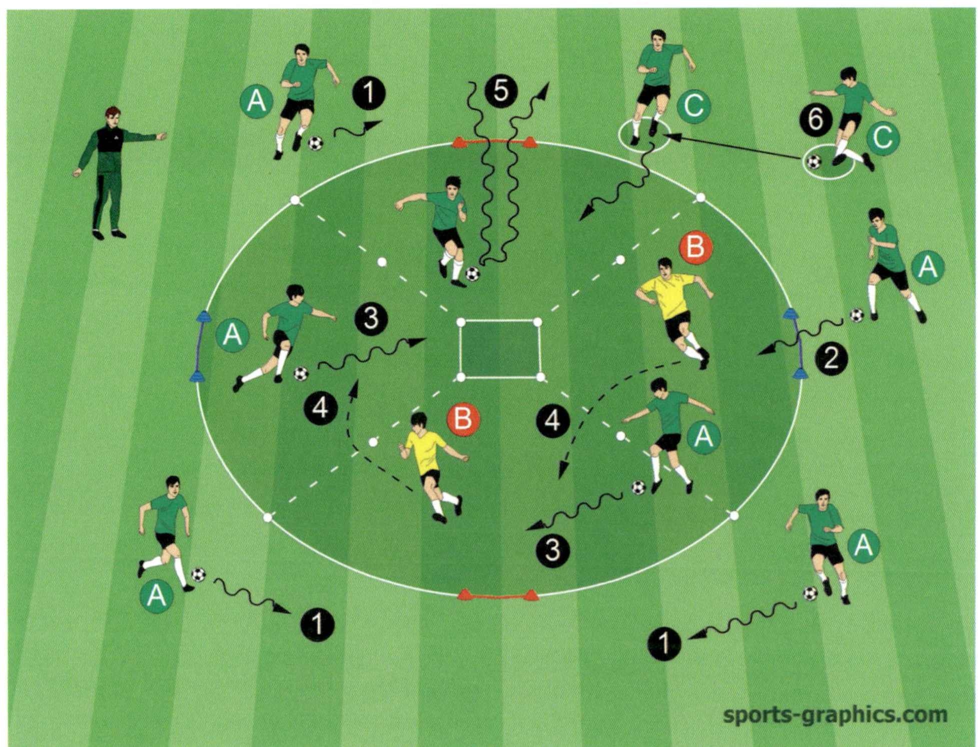

Durchführung, Prinzipien und Elemente

Die Spieler A führen jeweils einen eigenen Ball und bewegen sich im Dribbling außen um den Kreis herum (vgl. 1). Die Spieler A versuchen, in den Kreis (vgl. 2), nach Möglichkeit durch das zentrale Feld, und wieder aus dem Kreis hinauszugelangen (vgl. 3), ohne dabei von einem der Spieler B mit der Hand berührt zu werden (vgl. 4). Dabei dürfen die Spieler nur durch eines der vier Hütchentore in den Kreis eintreten (vgl. 2) und müssen beim Verlassen ein anderes Hütchentor durchdribbeln, um eine Punktewertung zu erhalten. Die Spieler trainieren die Orientierung an Hütchentoren auf dem Kreisbogen und farbig bedingte Ein- und Austritte.

Provokationsregeln, Punktesystem und Varianten

Eine einfache Wertung erhält der Spieler, wenn er durch ein andersfarbiges Hütchentor austritt. Eine doppelte Wertung wird erreicht, wenn er durch das gleichfarbige Hütchentor austritt und eine dreifache Wertung erhält er, wenn er dabei durch das zentrale Feld dribbeln kann. Das zentrale Feld kann als Sicherheitszone deklariert sein, in der die Fänger nicht agieren dürfen. Die Trainingsform lässt sich steigern, indem die ballbesitzenden Spieler pro bespieltem Kreissektor eine Finte ausführen müssen oder Dribblingvorgaben (links, rechts, wechselnd etc.) erfüllen müssen. Als Variante können Cutbewegungen mit Ein- und Austritt durch das gleiche Hütchentor kombiniert werden (vgl. 5). Zudem ist es denkbar, dass jeweils zwei Spieler als Team (vgl. Spieler C) agieren (vgl. 6).

2.2.5 Umlaufbahn – Fangspiel 5 (Hindernis)

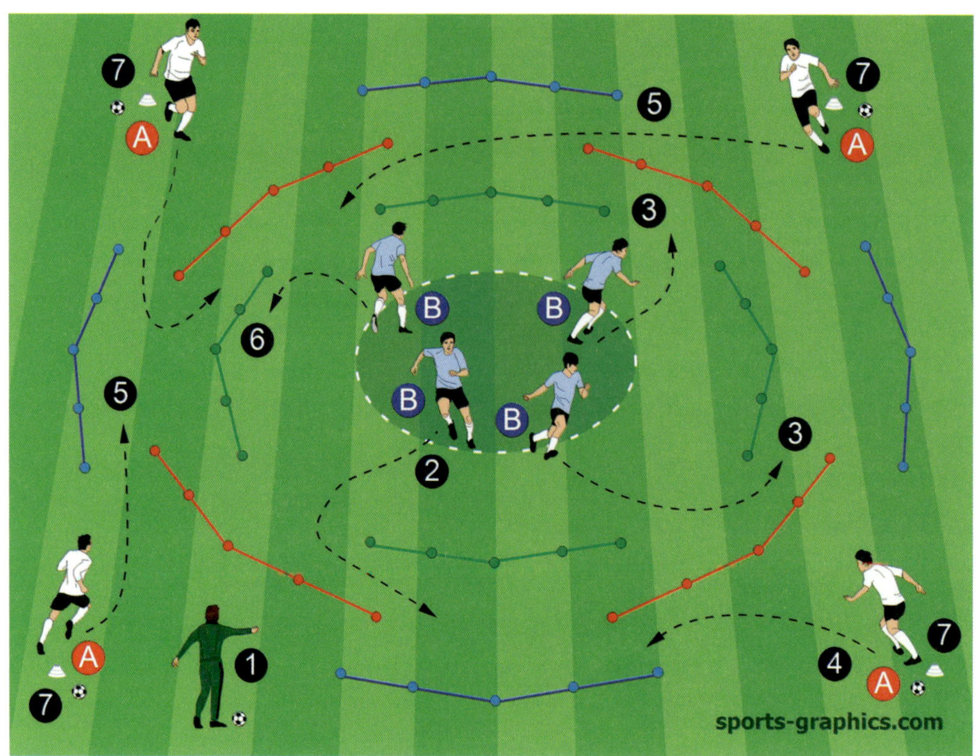

Durchführung, Prinzipien und Elemente

Das Feld besteht aus einem inneren zentralen Kreis und mehreren Kreislinien bzw. Bogenlinien, die farblich mit mehreren Markierungshütchen festgelegt werden. Außerhalb des Feldes befinden sich vier Startpositionen. Die Spieler A positionieren sich an den Startpositionen außen und die Spieler B positionieren sich im zentralen Kreis. Nach einem Trainersignal (vgl. 1) reagieren die Spieler B (vgl. 2) und starten, um das Kreisgebilde zu verlassen, ohne dabei von einem Gegner berührt zu werden. Dabei dürfen die Spieler B nicht über die Linien laufen (vgl. 3), sondern müssen mit entsprechenden Bogenläufen die Zwischenräume nutzen. Auch die Spieler A reagieren auf das Trainersignal (vgl. 4), dürfen ebenfalls nicht über die Linien treten (vgl. 5) und versuchen, die Spieler B zu fangen und mit der Hand zu berühren. Die Spieler B reagieren auf die Laufwege der Fänger und können die Linien strategisch nutzen (vgl. 6).

Provokationsregeln, Punktesystem und Varianten

Das Fangspiel kann mit Ball durchgeführt werden und dadurch erschwert werden. Die Spieler A passen jeweils einen Ball in das Zentrum (vgl. 7) und die Spieler B müssen sich im Dribbling mit Ball am Fuß aus dem Zentrum befreien, ohne abgeschlagen zu werden. Die Punktewertung kann variiert werden, sodass ein Fänger mehr Punkte erhält, je näher am Zentrum er einen Gegner abfängt.

2.3 TECHNIKFORMEN MIT FOKUS AUF BALLHANDLING, KOORDINATION UND BEIDFÜSSIGKEIT

2.3.1 Asteroid – Staffelwettbewerb 1 (Passspiel)

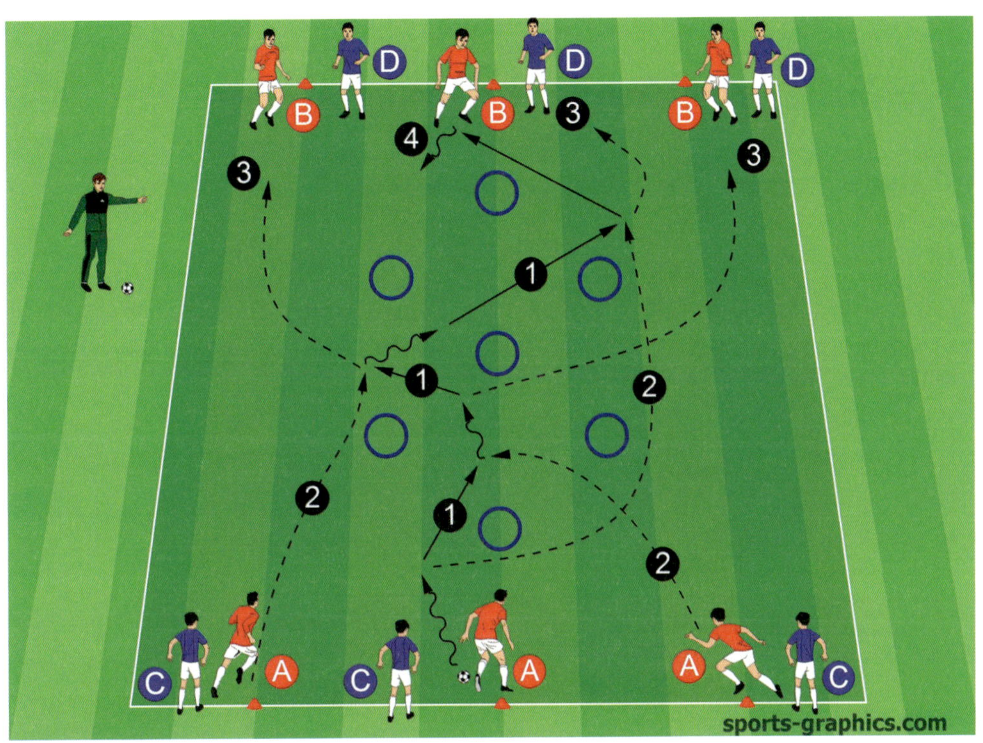

Durchführung, Prinzipien und Elemente

Die Spieler agieren in Teams zu je drei Spielern. Team A beginnt in Ballbesitz und startet von den drei Startpositionen in Richtung Zentrum. Im Zentrum befinden sich mehrere Koordinationsreifen. Der jeweilige Ballführer passt seinen Ball tief an einem der Koordinationsreifen vorbei (vgl. 1) in den Lauf eines Mitspielers. Die Mitspieler laufen sich entsprechend mit tiefen Laufwegen frei (vgl. 2), dabei dürfen sie erst nach dem Pass starten. Der Ball muss den Reifen immer vor dem Passempfänger passiert haben (vgl. 1 und 2). Das agierende Team nimmt, nach einem abschließenden Pass zur neuen Gruppe, die wartende Position auf der gegenüberliegenden Seite ein (vgl. 3) und Team B startet einen neuen Durchlauf (vgl. 4).

Provokationsregeln, Punktesystem und Varianten

Anstatt der Koordinationsreifen können kreisförmige Felder mit Markierungshütchen gelegt werden. Dadurch entsteht mehr Handlungsspielraum für die Spieler und entsprechend vielfältige Variationsmöglichkeiten. Als Variation können die Spieler angehalten werden, während ihres Laufs (vgl. 2), mit einem Schritt den Koordinationsreifen betreten zu haben oder den Ball präzise in einem der markierten Felder mitzunehmen. Weiterhin können zwei Teams gleichzeitig starten, sodass das jeweils auf der anderen Seite spielende Team als Störfaktor einen komplexeren Trainingsreiz abbildet. Der Ablauf kann durch Pässe per Hand vorbereitet werden. Es ist darauf zu achten, dass die Spieler stets verschiedene Laufwege wählen.

2.3.2 Meteor – Staffelwettbewerb 2 (Ballmitnahme)

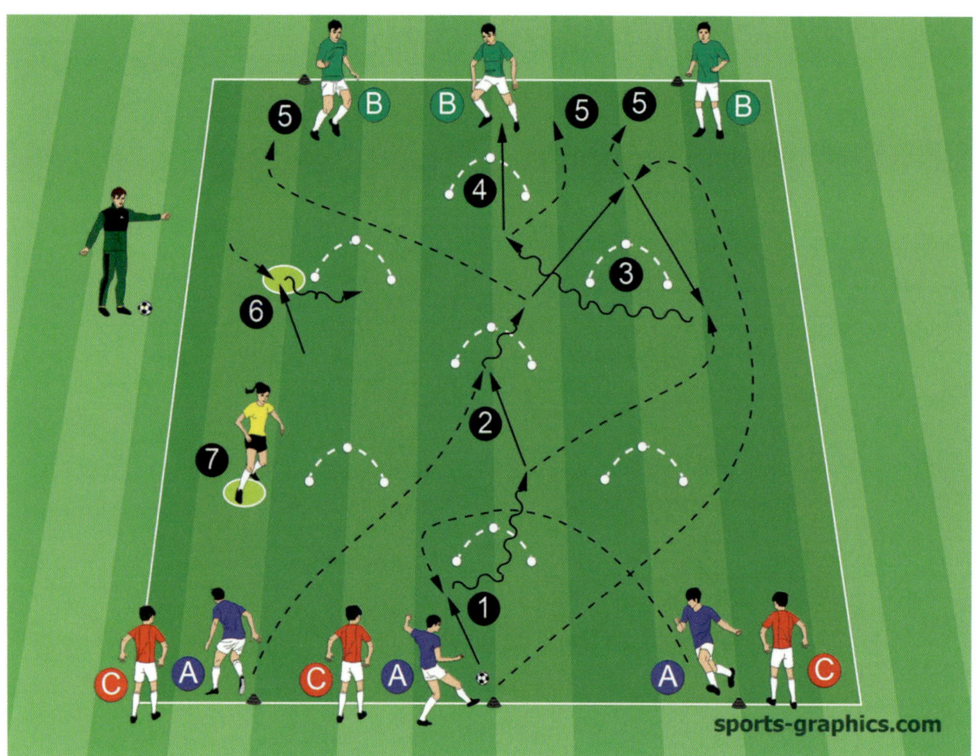

Durchführung, Prinzipien und Elemente

Die Spieler agieren in Teams zu je drei Spielern. Team A beginnt in Ballbesitz und startet von den drei Startpositionen in Richtung Zentrum. Im Zentrum befinden sich mehrere Halbkreise bzw. Bogenlinien, die mit einigen Markierungshütchen gelegt werden. Die Spieler kombinieren Pass- und Laufwege, um auf die gegenüberliegende Seite zu gelangen. Dabei führen sie vorgegebene Abläufe durch. Die Spieler umlaufen die Bögen, um nach Passerhalt durch die Bögen zu dribbeln (vgl. 1), sie erhalten vor den Bögen ein Zuspiel und durchdribbeln die Bögen mit einer Finte (vgl. 2) oder sie umspielen die Bögen im Spiel Steil-Klatsch bzw. Spiel über den Dritten (vgl. 3). Als Abschluss passen sie den Ball durch den letzten Bogen (vgl. 4) zur nächsten Gruppe und nehmen die gegenüberliegenden Positionen ein (vgl. 5). Grundsätzlich wird Präzision im Stellungsspiel und Laufverhalten in Bezug auf klar definierte Zielräume und Zielzonen angestrebt (vgl. 6).

Provokationsregeln, Punktesystem und Varianten

Das Bespielen der Bögen kann mit konkreten Passtechniken oder Fintierbewegungen verknüpft werden und variabel bis hin zur freien Wahl der Kombination ausgestaltet werden. Der Rückweg (vgl. Team B) kann mit tiefen Pässen durch die Bögen organisiert werden. Zudem können neutrale Spieler eingesetzt werden und in die Passkombinationen eingebunden sein (vgl. 7).

2.3.3 Riesenrad – freies Passen 1 (Farbtore)

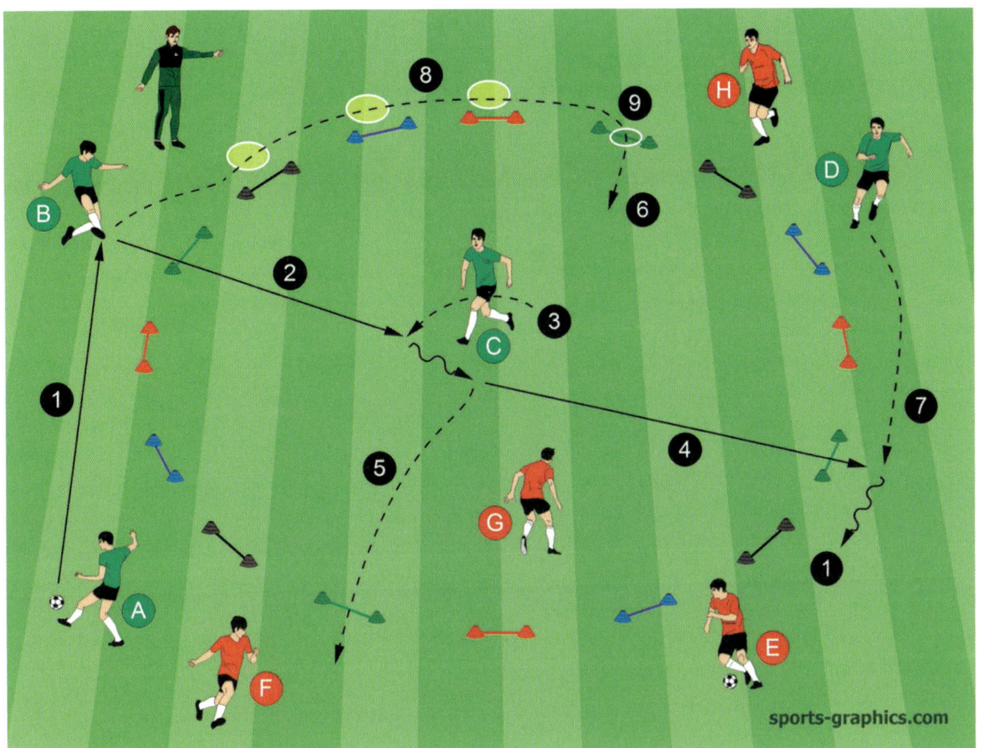

Durchführung, Prinzipien und Elemente

Die Spieler agieren mit jeweils einem Ball pro Team. Ein Spieler pro Team (hier Spieler G und C) befindet sich immer im Kreisinneren. Die anderen Spieler agieren außerhalb des Kreises und lassen einen Ball im freien Passspiel zirkulieren (vgl. 1). Die Spieler können den Spieler im Kreisinneren anspielen. Danach tauscht der Passgeber die Position mit dem Spieler im Zentrum. Das Anspiel in das Zentrum wird mit einer Anschlussaktion gekoppelt. Die Anschlussaktion soll wettkampfnah in Form einer engen Ballverarbeitung, eines kontrollierten Dribblings oder eines auflösenden Passes nach außen durchgeführt werden. Die Laufwege sollen dabei präzise am Kreisrand ausgeführt werden (vgl. 8) und mit reinschneidenden Cutbewegungen kombiniert sein (vgl. 9).

Provokationsregeln, Punktesystem und Varianten

Den Spielern können bestimmte Pass- und Laufwege gemäß der farbigen oder neutralen Hütchentore vorgegeben und anhand der Leibchenfarbe des Teams ausgerichtet und variiert werden. Nach einem Pass von außen durch ein gleichfarbiges Hütchentor (vgl. 2) kann der entgegenstartende Zentrumspieler (vgl. 3) den Ball durch ein gleichfarbiges Hütchentor als Anschlussaktion wieder nach außen passen (vgl. 4). Die Spieler können durch die nicht bespielten Hütchentore den Positionswechsel durchführen (vgl. 5 und 6), bevor ein nächster Spieler aktiv wird (vgl. 7).

2.3.4 Ringplatz – freies Passen 2 (Farbtore)

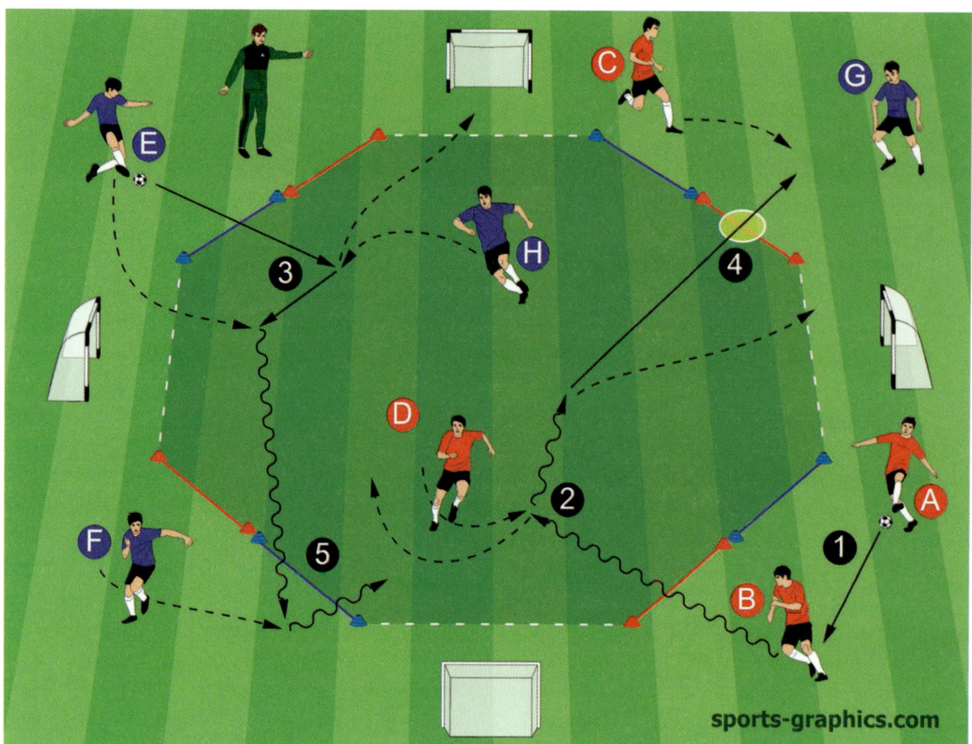

Durchführung, Prinzipien und Elemente

Die Teams lassen jeweils einen Ball im freien Passspiel zirkulieren. Dabei befindet sich immer ein Spieler im Kreis. Die anderen Spieler agieren außerhalb. Die Spieler können über die farbigen und neutralen Hütchentore in den Kreis hineintreten, wieder raustreten und Positionswechsel einleiten. Zunächst lassen die Spieler den Ball außerhalb laufen (vgl. 1). Durch Vorgaben im Pass- und Positionsspiel können Passkombinationen und Positionswechsel bestimmt werden. Die Spieler bereiten Anspiele in das Zentrum vor. Das Anspiel in das Zentrum bedeutet immer eine Folgeaktion mit Pass- und Laufbewegungen, um das Zentrum wieder in andere Richtungen zu verlassen.

Provokationsregeln, Punktesystem und Varianten

Die äußeren Spieler können einen Positionstausch z. B. durch ein einfaches Dribbling in den Kreis (vgl. 2) oder einen Doppelpass mit Lauf um ein Hütchen (vgl. 3) einleiten. Der zentrale Spieler kann nach Ballerhalt z. B. einen Pass durch ein Hütchentor (vgl. 4) oder ein einfaches Dribbling (vgl. 5) durchführen. Die Passkombinationen und Positionswechsel können variantenreich ausgestaltet, weitergeführt oder offen ohne Vorgabe ausgeführt werden. Die Konzentration und Präzision kann durch Vorgaben der Dribbling- und Passtechnik (links, rechts etc.) und durch eine Begrenzung der Ballkontakte erhöht werden. Nach Erreichung einzelner Spielziele kann sich ein Spiel auf die Minitore anschließen (vgl. 4 und 5).

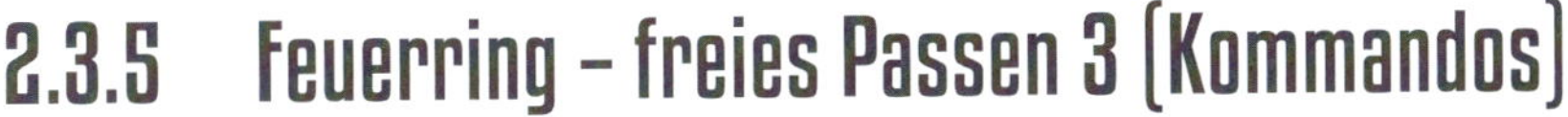

2.3.5 Feuerring – freies Passen 3 (Kommandos)

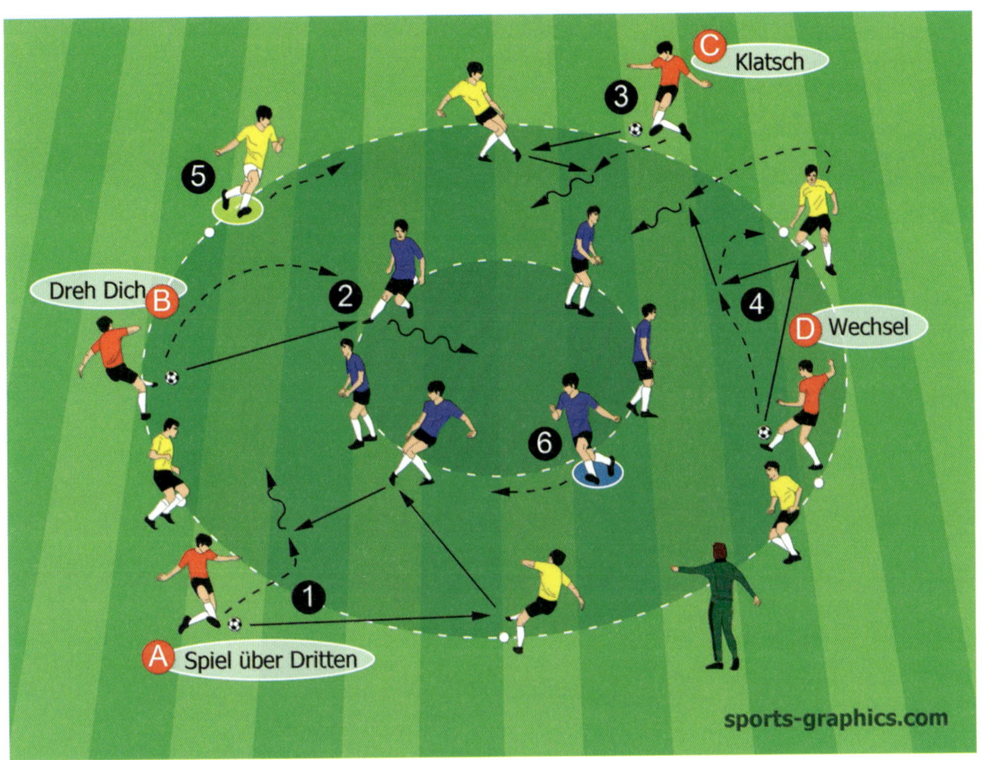

Durchführung, Prinzipien und Elemente

Die Spieler verteilen sich auf festen Positionen am inneren Ring (vgl. blaue Spieler) und am äußeren Ring (vgl. gelbe Spieler). Zudem führen einige Spieler (vgl. rote Spieler) einen Ball und können alle Spieler ohne Ball auf den beiden Ringen anspielen. Mit jedem Anspiel geben die Passgeber ein Kommando, welches die anschließende Aktion vorgibt oder einen vorgegebenen Positionswechsel einleitet. Die Fokussierung liegt auf den verschiedenen Ebenen des Kreises von einem äußeren Bereich mit viel Platz zu einem dichteren Zentrum. Die Kommandos können wettkampfgemäß für den äußeren (mehr Raum) und inneren Ring (weniger Zeit) verschieden angelegt und eingefordert werden.

Provokationsregeln, Punktesystem und Varianten

Die Kommandos, Abläufe und Positionswechsel können variantenreich ausgestaltet, weitergeführt oder offen ohne Vorgabe ausgeführt werden. Das Kommando „Spiel über den Dritten" lässt eine Kombination vom äußeren über den inneren Ring entstehen (vgl. 1). Das Kommando „Dreh dich" lässt den Passempfänger aufdrehen, wegdribbeln und den Passgeber dessen Position einnehmen (vgl. 2). Das Kommando „Klatsch" führt zu einem Rückpass (vgl. 3). Das Kommando „Wechsel" leitet einen doppelten Doppelpass mit anschließendem Positionswechsel ein (vgl. 4). Die Ballbesitzer entscheiden frei, welches Kommando sie mit dem aktuellen Pass verbinden. An Dynamik gewinnen die Abläufe, wenn die ballerwartenden Spieler ständig in Bewegung sind und sich laufend an den Kreisfeldern anbieten (vgl. 5 und 6).

2.3.6 Ringparabel – Technikkreis 1 (Ballkontrolle)

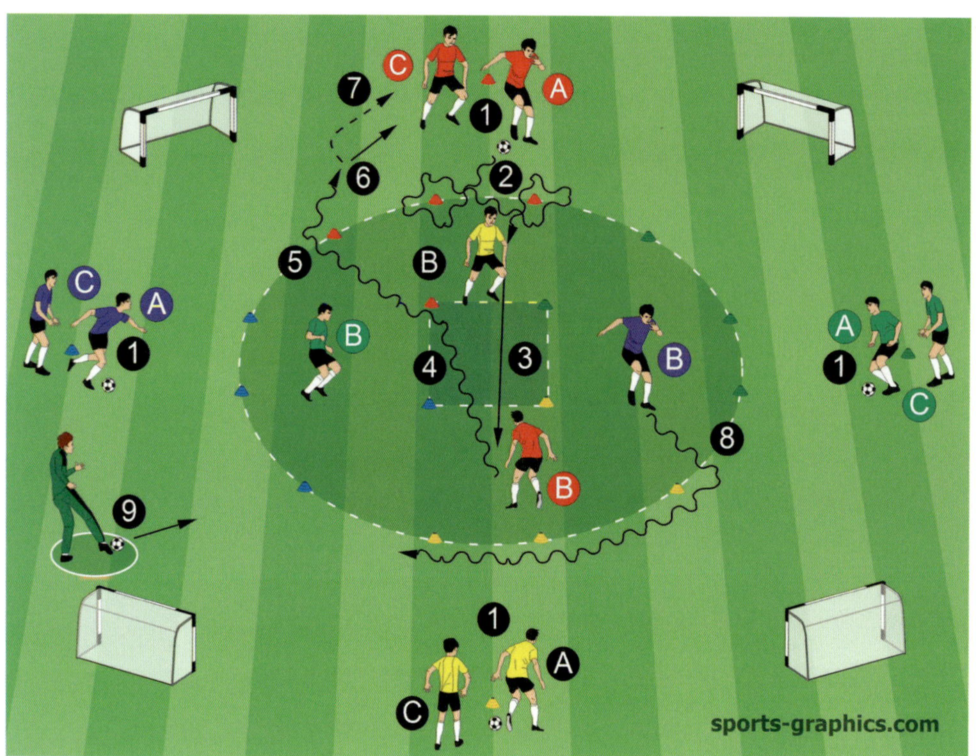

Durchführung, Prinzipien und Elemente

Die Teams treten in einem Wettkampf gegeneinander an und versuchen, einen Pass- und Dribblingablauf mehrfach hintereinander und so schnell wie möglich zu absolvieren. Die Teams starten mit mehreren Spielern von einer Startposition (vgl. 1). Ein weiterer Spieler positioniert sich innerhalb des Kreises auf der gegenüberliegenden Seite. Der erste Spieler beginnt und führt eine vorgegebene Technikaufgabe an den beiden eigenen Markierungshütchen auf dem Kreisbogen aus (vgl. 2) und passt den Ball im Anschluss durch das zentrale Feld zum Partner (vgl. 3). Der Mitspieler dribbelt in das zentrale Feld und führt an den zwei eigenen Hütchen jeweils eine Finte aus (vgl. 4 und 5), um den Ball im Anschluss zum nächsten Spieler seines Teams zu passen (vgl. 6) und auf die nächste Position vorzurücken (vgl. 7). Der erste Passgeber (hier Spieler A) übernimmt die zentrale Position (hier Spieler B). Die Abläufe der anderen Teams sind Störfaktoren, die es umsichtig zu umspielen gilt, damit der eigene Spielfluss nicht gestört wird.

Provokationsregeln, Punktesystem und Varianten

Durch Vorgaben der Passtechnik (links, rechts, halbhoch etc.), der Dribblingform (links, rechts, wechselnd etc.), der Laufwege (Lauf-ABC), der Fintenvorgaben (Körpertäuschung, Übersteiger, Passtäuschung, Schusstäuschung etc.) oder durch Ballkontaktbegrenzungen für Spieler B (vgl. 4 bis 6) kann Präzision und Konzentration variiert und gesteigert werden. Weiterführend kann auch der Kreisrand für präzise Lauf- oder Dribbelwege genutzt werden (vgl. 8). Die Technikabläufe können als Wettkampf organisiert sein und ein Team als Gewinner und damit Ballbesitzer für ein anschließendes Spiel im 6 gegen 6 oder im zweifachen 3 gegen 3 bestimmen (vgl. 9).

2.3.7 Rennräder – Technikkreis 2 (Kombinationen)

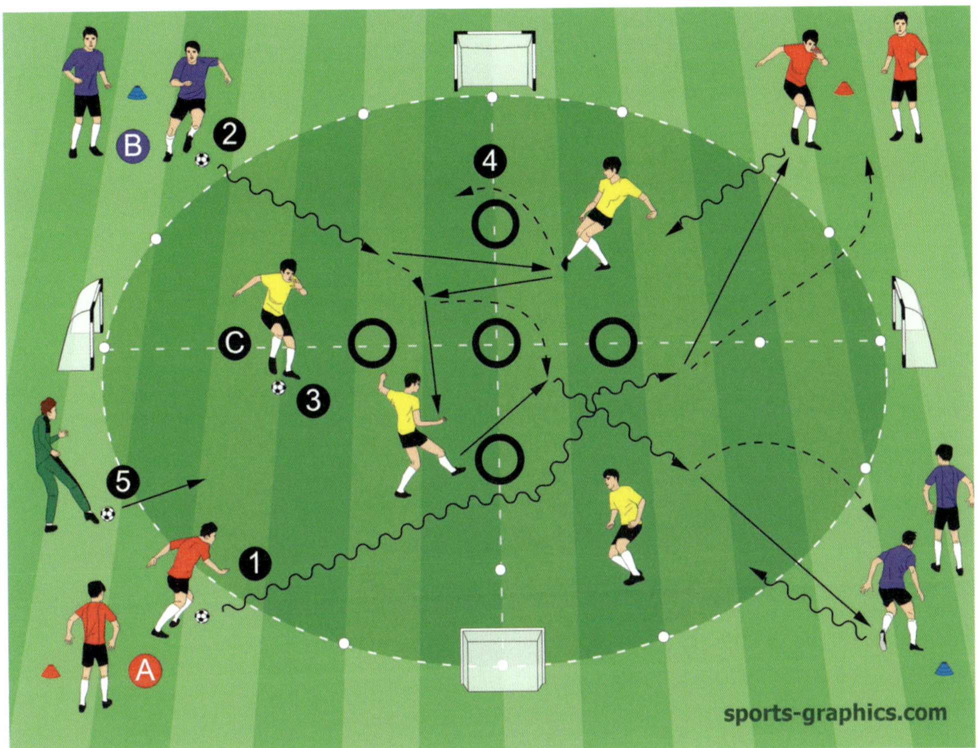

Durchführung, Prinzipien und Elemente

Gruppe A und Gruppe B pendeln zwischen ihren Startpositionen außerhalb des Kreises. Gruppe C agiert innerhalb des Kreises. Im Kreisfeld sind mehrere Koordinationsreifen positioniert. Zudem ist der Kreis in vier Felder aufgeteilt. Alle drei Gruppen agieren zeitgleich. Die Spieler der Gruppe A dribbeln in den Kreis, führen an zwei frei wählbaren Koordinationsreifen eine Finte aus, passen den Ball zum gegenüber wartenden Partner und übernehmen dessen Position (vgl. 1). Die Spieler der Gruppe B dribbeln in den Kreis, führen mit zwei Spielern der Gruppe C einen Doppelpass durch und führen dann anschließend Pass und Positionswechsel durch (vgl. 2). Die Spieler der Gruppe C kombinieren einen eigenen Ball im inneren Feld, agieren dabei als Störspieler für die Gruppen A und B und müssen neben der Fokussierung auf den eigenen Ball auch immer situativ für Anspiele aus der Gruppe B umschalten (vgl. 3). Als Anschlussaktion müssen die Spieler C nach jedem Pass im Bogenlauf um einen Reifen laufen (vgl. 4). Mit einem Trainerball kann spontan eine 4-gegen-4-plus-4-Spielsituation auf die Minitore eingeleitet werden (vgl. 5).

Provokationsregeln, Punktesystem und Varianten

Der Doppelpass zwischen den Spielern B und C muss um einen Koordinationsreifen als gedachten Gegenspieler gespielt werden. Die Positionswechsel der Gruppen A und B werden mit einem doppelten Doppelpass durchgeführt. Die Spieler der Gruppe C verlassen nach einer Aktion den zuvor bespielten Kreissektor und verändern dadurch stets ihre Positionen. Gruppe C kann angehalten werden, jeden Pass durch einen Zwischenraum zwischen zwei Koordinationsreifen zu spielen.

2.3.8 Milchstraße – Technikkreis 3 (Torhüter)

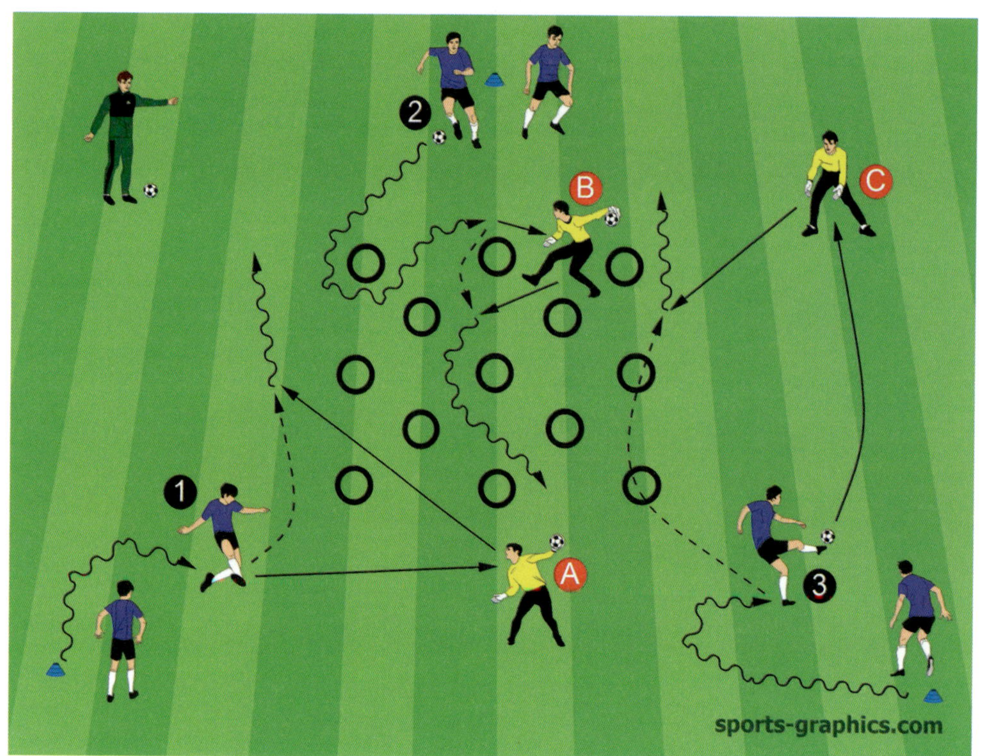

Durchführung, Prinzipien und Elemente

Das Spielfeld ist von drei Startpositionen begrenzt. An den Startpositionen positionieren sich jeweils mehrere Spieler. An jeder Startposition befindet sich ein Ball. Im Zentrum sind mehrere Koordinationsreifen verteilt. Zwischen und außerhalb der Reifen agieren mehrere Torhüter oder neutrale Spieler. Der jeweils erste Spieler der Gruppe startet in Richtung Zentrum, führt eine vorgegebene Aufgabe aus und übergibt den Ball an einen Spieler an einer anderen Startposition, um im Anschluss dessen Position einzunehmen. Die Spieler können zwischen verschiedenen Abläufen situativ entscheiden. Die Spieler können einen Doppelpass mit dem Torhüter um einen Koordinationsreifen herum durchführen (vgl. 1), ein Dribbling durch die Koordinationsreifen unter Einbezug eines Torhüters realisieren (vgl. 2) oder einen Torhüter anspielen, zwei Koordinationsreifen ohne Ball durchlaufen und den Rückpass verarbeiten (vgl. 3).

Provokationsregeln, Punktesystem und Varianten

Die Torhüter oder die neutralen Spieler im Zentrum können Vorgaben zur Wurftechnik mit linker bzw. rechter Wurfhand oder Passtechnik mit dem linken bzw. rechten Spielbein erhalten und die Zuspiele entsprechend auch mit dem Fuß verarbeiten und weiterleiten. Die Vorgaben für die Spieler können variantenreich geändert und abwechslungsreich gestaltet werden.

2.3.9 Kosmos – Technikkreis 2.0 (Fußarbeit)

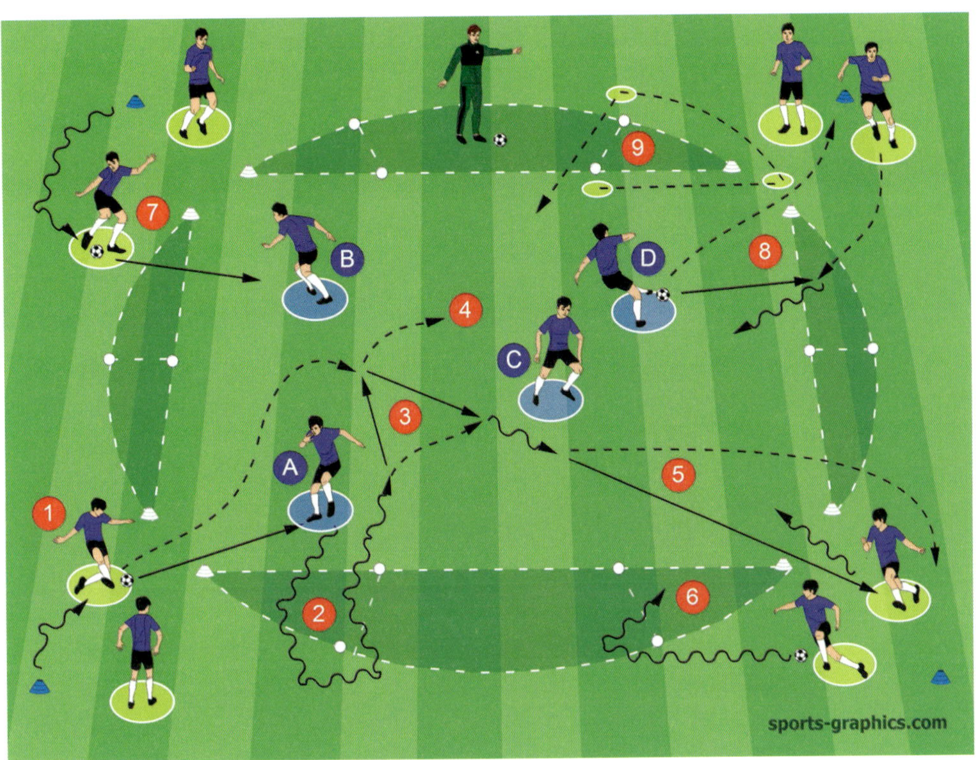

Durchführung, Prinzipien und Elemente

Das Spielfeld ist von vier Startpositionen begrenzt. An den Startpositionen positionieren sich jeweils mehrere Spieler. An jeder Startposition befindet sich ein Ball. Zugehörig zu den Startpositionen befinden sich vier weitere Spieler im Zentrum (vgl. Spieler A, B, C und D). In runder Anordnung sind mehrere Felder markiert. Der jeweils ballbesitzende Spieler dribbelt von seiner Startposition Richtung Zentrum und passt den zur eigenen Gruppe zugeordneten Spieler durch einen Zwischenraum im Zentrum an (vgl. 1). Der Spieler im Zentrum verarbeitet und überdribbelt im höchsten Tempo vier Linien der äußeren Felder (vgl. 2). Im Anschluss wird ein Doppelpass mit dem vorherigen Passgeber gespielt (vgl. 3). Daraufhin verbleibt der Passgeber als neuer Spieler im Zentrum und der zuvor im Zentrum aktive Spieler (vgl. Spieler A) spielt einen Spieler auf einer anderen Außenposition an und wechselt auf dessen Startposition (vgl. 5).

Provokationsregeln, Punktesystem und Varianten

Während der Dribblingaufgabe können dem ballbesitzenden Spieler verschiedene Finten oder Fußwechsel aufgegeben werden (vgl. 2). Der Einstieg zu einer neuen Aktion kann als Dribbling (vgl. 6) oder als Pass durch ein Feld (vgl. 7) variiert werden. Der Positionswechsel kann durch einen zielgerichteten Pass präzisiert werden (vgl. 8). An den Bogensegmenten können bestimmte Läufe im Sinne von Freilauf- und Absetzverhalten gefordert sein (vgl. 9).

2.3.10 Dimension – Technikkreis 2.1 (Stellungsspiel)

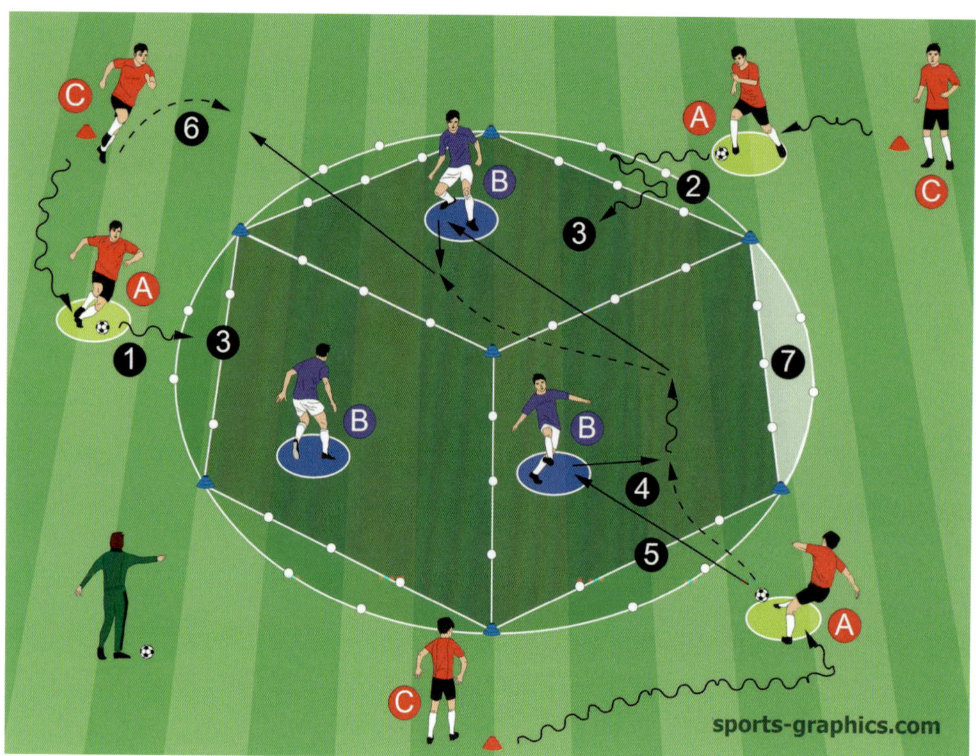

Durchführung, Prinzipien und Elemente

Im Zentrum des Spielfeldes ist ein Kreisfeld markiert, welches durch drei Rechtecke in verschiedene Felder aufgeteilt ist. Außerhalb des Kreises befinden sich drei Startpositionen, an denen sich jeweils ein Spieler mit Ball und ein wartender Spieler ohne Ball positionieren (vgl. Spieler A und C). In den drei großen Feldern innerhalb des Kreises ist jeweils ein zentraler Anspieler positioniert (vgl. Spieler B). Die drei Spieler A dribbeln mit Ball an und zunächst in das kleine, gebogene Feld (vgl. 1), um dort eine Finte bzw. Technikvorgabe auszuführen (vgl. 2) und im Anschluss weiter in das Zentrum zu dribbeln (vgl. 3). Die Spieler A müssen dann anschließend einen frei wählbaren Spieler B anspielen (vgl. 4). Nach Verarbeitung des Rückpasses spielen die Spieler A einen frei wählbaren Außenspieler an und übernehmen dessen Position. Alternativ zur Technikaufgabe (vgl. 2) kann das kleine, gebogene Feld auch mit einem langen Pass überbrückt werden (vgl. 5). Die Spieler B wechseln nach jeder Ballaktion in einen anderen Kreissektor. Der angespielte Spieler muss sich vor Passerhalt seitlich vom Starthütchen absetzen (vgl. 6) und startet eine neue Aktion.

Provokationsregeln, Punktesystem und Varianten

Die Dribblingaufgabe im kleinen, gebogenen Feld kann präzisiert und ausdifferenziert werden. So können z. B. Abkappbewegungen und Richtungswechsel mithilfe der Linien definiert werden oder verschiedene Finten zum Einsatz kommen. Im Rahmen einer Spielform können speziell die Randbereiche für Technikziele genutzt werden (vgl. 7).

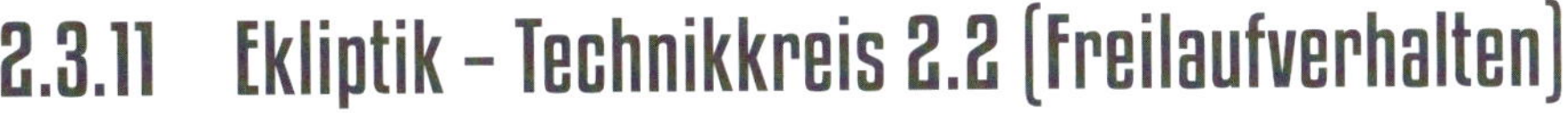

2.3.11 Ekliptik – Technikkreis 2.2 (Freilaufverhalten)

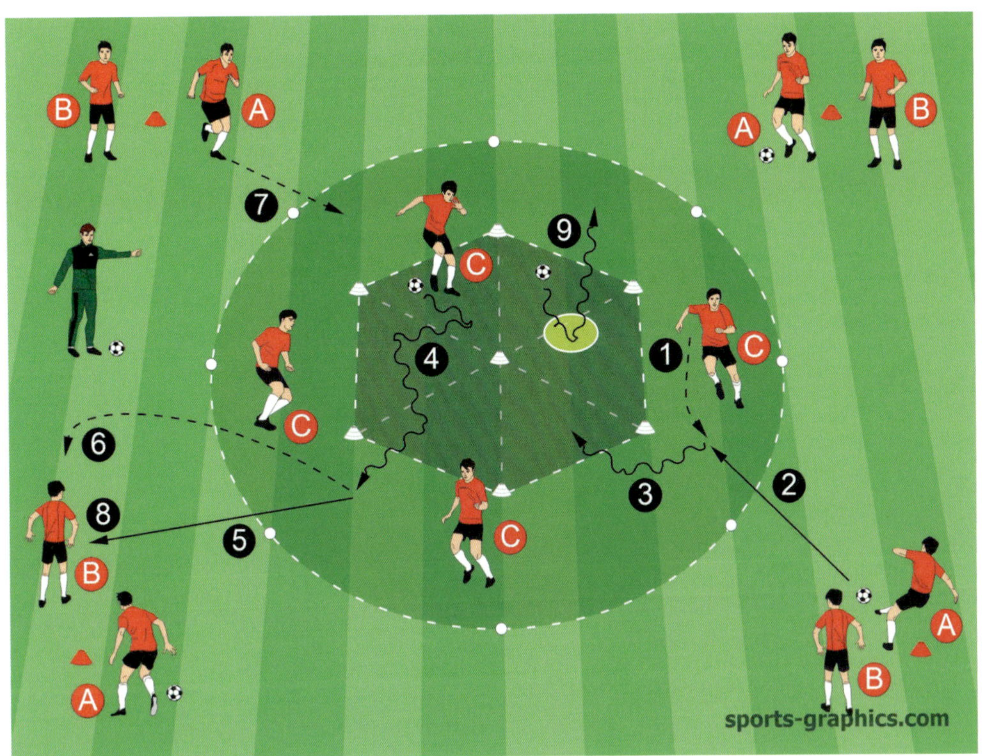

Durchführung, Prinzipien und Elemente

Im Zentrum des Spielfeldes ist ein Kreisfeld mit mehreren dreieckigen Feldern im Inneren markiert. Außerhalb des Kreises sind vier Startpositionen markiert. An den Startpositionen ist jeweils ein Spieler mit Ball (vgl. Spieler A) und weitere wartende Spieler (vgl. Spieler B) positioniert. Zudem befinden sich vier Spieler ohne Ball innerhalb des Kreises im Zwischenraum (vgl. Spieler C). Die Spieler C fordern ein Zuspiel von einem der Außenspieler (vgl. 1), erhalten einen druckvollen Flachpass (vgl. 2) und verarbeiten diesen in das Zentrum (vgl. 3). Im Anschluss führen die Spieler C eine vorgegebene Technikaufgabe (z. B. diverse Finten) in einem oder in mehreren Feldern aus (vgl. 4). Danach spielen sie aus dem Zwischenraum einen Pass auf einen frei wählbaren Außenspieler ohne Ball (vgl. 5), um im Anschluss eine außen schwach besetzte Position einzunehmen (vgl. 6). Der vorherige Passgeber (vgl. 2) läuft auf die freiwerdende Position im Zentrum (vgl. 7) und startet eigenständig eine neue Aktion (vgl. 1). Der außen angespielte Spieler verbleibt außen und wartet auf einen nächsten Spieler, der aus dem Zentrum seinen Ball fordert (vgl. 8).

Provokationsregeln, Punktesystem und Varianten

Die Technikaufgaben (vgl. 4), die Formen der Ballverarbeitung (vgl. 3) und das Passspiel können variabel gestaltet und abwechslungsreich angelegt werden. Die inneren Linien ermöglichen technische Aufgabenstellungen, die Cutbewegungen und Richtungswechsel mit Ball erlauben (vgl. 9).

2.3.12 Roulette – Technikkreis 2.3 (Laufverhalten)

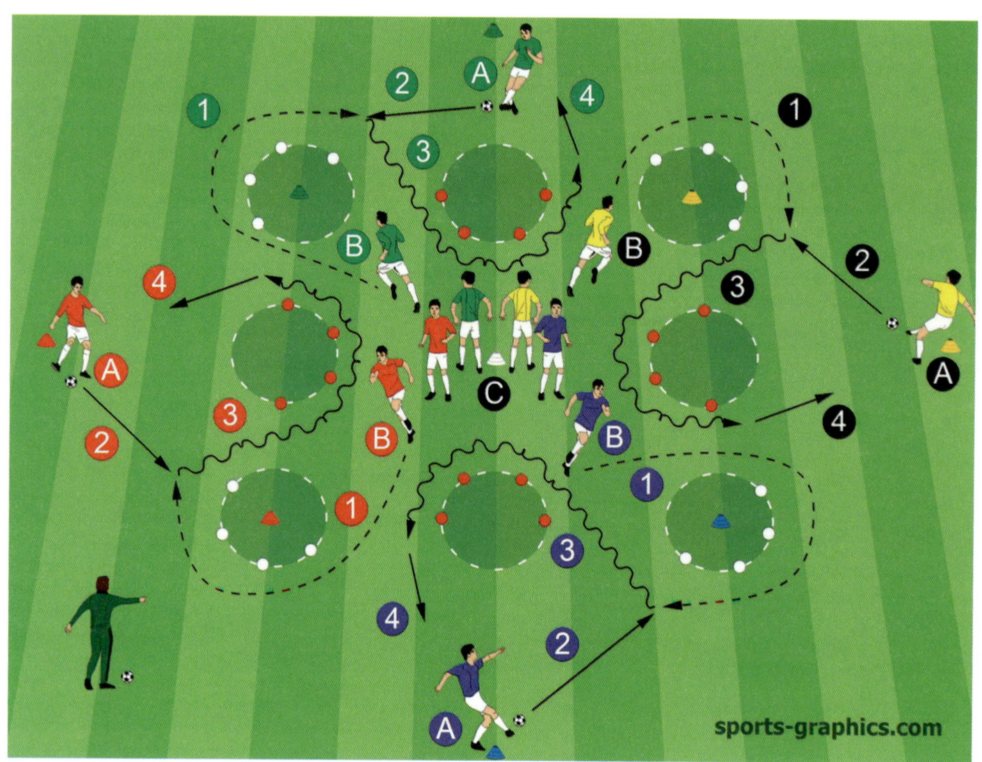

Durchführung, Prinzipien und Elemente

Im Zentrum des Spielfeldes sind mehrere Halbkreise in rechteckiger Formation angeordnet und nach innen und außen geöffnet. Die Spieler agieren im Laufen und im Dribbling an den mit Markierungshütchen gekennzeichneten Bögen. An vier Außenpositionen postiert sich jeweils ein Spieler mit Ball (vgl. Spieler A). Im Zentrum positionieren sich von jeder Gruppe zwei Spieler (vgl. Spieler B und C). Mit einem Startsignal des Trainers starten die ersten vier Spieler (vgl. Spieler B) in Richtung des mit der eigenen Farbe durch ein Markierungshütchen gekennzeichneten Kreises (vgl. 1), umlaufen diesen im Bogenlauf, erhalten ein Zuspiel vom Außenspieler (vgl. 2), verarbeiten das Zuspiel und umdribbeln den nächsten Halbkreis über das Zentrum (vgl. 3). Im Anschluss spielen die Spieler den Ball zurück zum Außenspieler und kehren zurück zur zentralen Startposition (vgl. 4). Die Außenspieler verbleiben zunächst einige Zeit außen als Anspieler. Nach einigen Durchgängen werden die Positionen gewechselt.

Provokationsregeln, Punktesystem und Varianten

Der Trainer kann unterschiedliche Signale definieren, auf die es zu reagieren gilt. So kann die Ziffer 1 das eigene Hütchen bedeuten, die Ziffer 2 das Hütchen links zum eigenen Hütchen bedeuten, die Ziffer 3 das Hütchen rechts zum eigenen Hütchen bedeuten oder die Ziffer 4 das diagonal zum eigenen Hütchen versetzt stehende Hütchen bedeuten. Das entsprechend aufgerufene Hütchen gilt es als Auftaktaktion zu umlaufen (vgl. 1).

2.3.13 Gravitation – Hallenkreis 1 (Ballkontrolle)

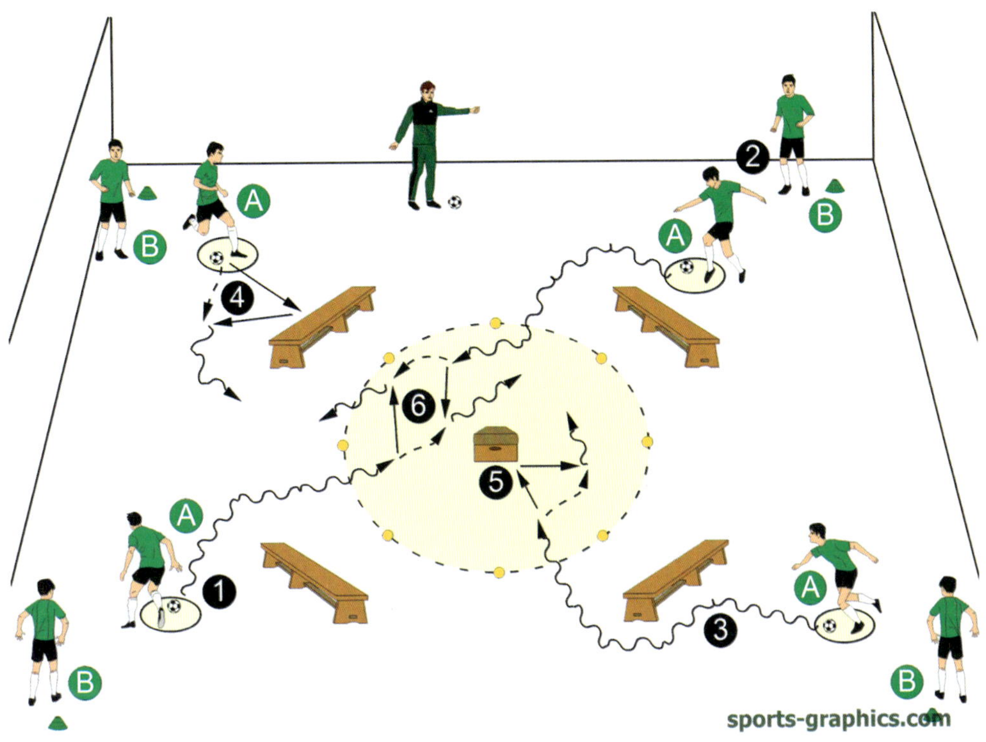

Durchführung, Prinzipien und Elemente

Im Zentrum des Spielfeldes ist ein Kreisfeld markiert, in dem sich ein Kasten befindet. Außerhalb des Kreises sind vier gekippte Langbänke aufgestellt und vier Startpositionen markiert. An den Startpositionen ist jeweils ein Spieler mit Ball (vgl. Spieler A) und weitere wartende Spieler (vgl. Spieler B) positioniert. Die vier Spieler A dribbeln zeitgleich an (vgl. 1), bespielen alle den zentralen Kreis, um im Anschluss den gegenüberliegenden Spieler anzuspielen und dessen Position zu übernehmen. Der angespielte Spieler verarbeitet das Zuspiel und startet eine neue Aktion (vgl. 2). Die gekippten Langbänke können vor Eintritt in den Kreis als imaginärer Gegenspieler zum Finteneinsatz (vgl. 3) oder als Rückprallwand im Passspiel (vgl. 4) genutzt werden. Im zentralen Kreis können die Spieler angehalten werden, verschiedene Finten auszuführen, den Kasten als weitere Rückprellwand zu benutzen (vgl. 5) oder den Ball mit einem anderen Ballbesitzer zu tauschen (vgl. 6).

Provokationsregeln, Punktesystem und Varianten

Die Vorgaben können variiert werden und entweder frei wählbar oder fest definiert vorgegeben sein. Der Fußeinsatz während des Dribblings, bei Finten oder im Passspiel kann vorgegeben werden. Weiterführend können die Spieler den anzuspielenden Außenspieler frei wählen dürfen.

2.3.14 Hyperion – Hallenkreis 2 (Ballbehandlung)

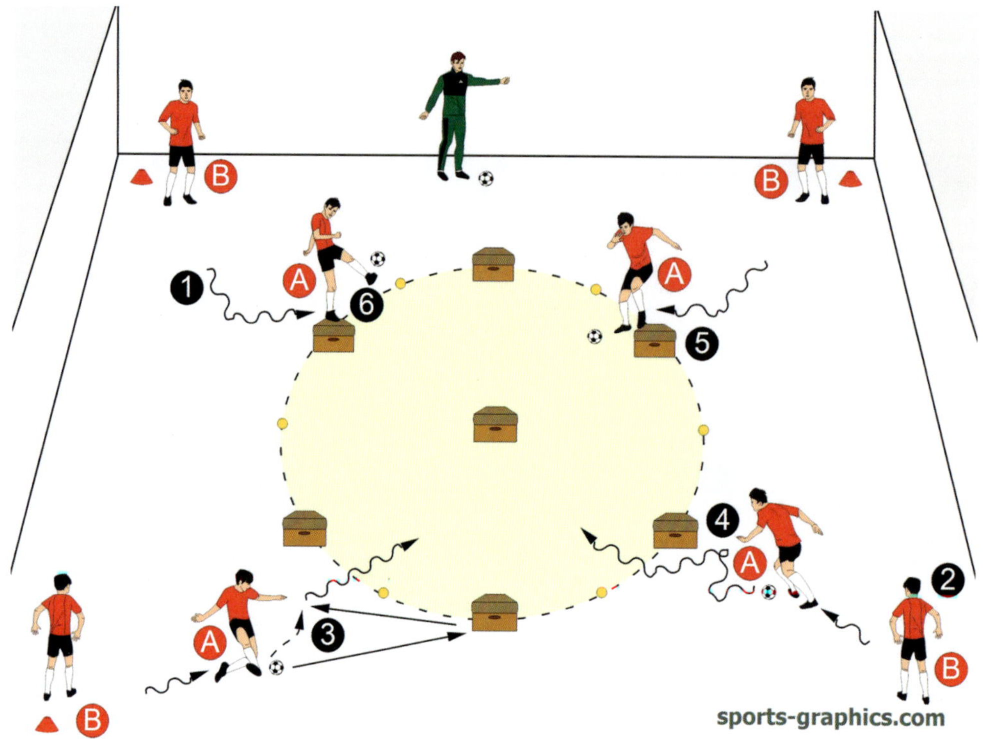

Durchführung, Prinzipien und Elemente

Im Zentrum des Spielfeldes ist ein Kreisfeld samt Mittelpunkt mithilfe mehrerer Kästen positioniert. Außerhalb des Kreises sind vier Startpositionen markiert. An den Startpositionen ist jeweils ein Spieler mit Ball (vgl. Spieler A) und weitere wartende Spieler (vgl. Spieler B) positioniert. Die vier Spieler A dribbeln zeitgleich an (vgl. 1), bespielen alle den zentralen Kreis, um im Anschluss den gegenüberliegenden Spieler anzuspielen und dessen Position zu übernehmen. Der angespielte Spieler verarbeitet das Zuspiel und startet eine neue Aktion (vgl. 2). Die Kästen können durch die Vorgabe von bestimmten Technikaufgaben in verschiedener Art und Weise genutzt und bespielt werden. So müssen die Spieler z. B. einen Doppelpass mit einem Kasten spielen (vgl. 3), eine Finte vor dem Kasten durchführen (vgl. 4), den Kasten während des Dribblings mit einem Fuß berühren (vgl. 5) oder den Kasten per Jonglage übersteigen (vgl. 6).

Provokationsregeln, Punktesystem und Varianten

Die Vorgaben können variiert werden und entweder frei wählbar oder fest definiert vorgegeben sein. Der Fußeinsatz während des Dribblings, während der Jonglage oder bei Ausführung der Finten kann vorgegeben werden. Weiterführend sind Wettspiele denkbar, in denen die 28 Kastenseiten eine Bedeutung erhalten oder auf die unterschiedliche Größe der Kastenseiten Bezug genommen wird.

2.4 KLEINE WETTSPIELE MIT FOKUS AUF INDIVIDUALTAKTISCHEM SPIELVERHALTEN

2.4.1 Explosion – Chaos 1 gegen 1

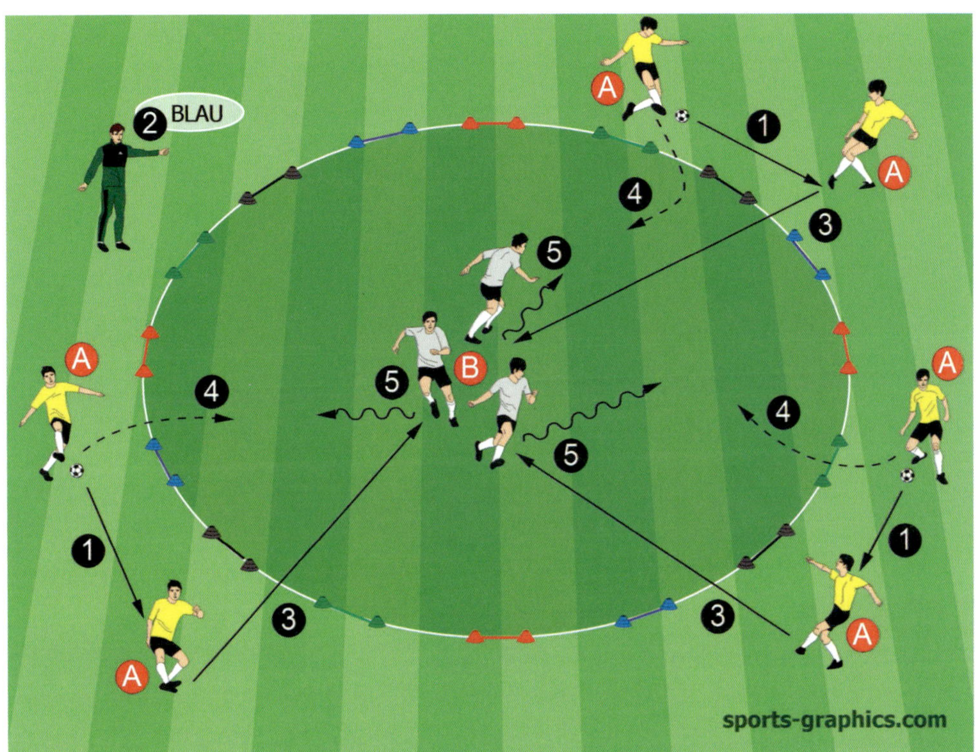

Durchführung, Prinzipien und Elemente

Die Spieler A lassen insgesamt drei Bälle im freien Passspiel außerhalb des Feldes zirkulieren (vgl. 1). Der Trainer gibt ein Startsignal und benennt eine Farbe (vgl. 2). Die aufgerufene Farbe entspricht genau vier Hütchentoren auf dem Kreisbogen (hier blaue Hütchentore). Die ballführenden Spieler passen alle drei Bälle ins Zentrum (vgl. 3). Die Spieler A, die sich zum Trainersignal nicht in Ballbesitz befunden haben, laufen in das Zentrum (vgl. 4), verteidigen die aufgerufenen Hütchentore und versuchen, einen Ball zu erobern. Die Spieler B, die sich zentral positioniert hatten, verarbeiten jeweils einen Ball und versuchen, durch eines der aufgerufenen Hütchentore zu dribbeln (vgl. 5) und dadurch einen Punkt zu erhalten. Der Fokus liegt auf der schnellen Wahrnehmung der verschiedenfarbigen Hütchentore auf dem Kreisbogen und ist mit schneller Auffassungsgabe und Entscheidungsfindung gekoppelt.

Provokationsregeln, Punktesystem und Varianten

Die Trainingsform kann durch variable Zahlenverhältnisse für die Angreifer oder Verteidiger erleichtert oder erschwert werden. Die Anforderungen für die Angreifer können erhöht werden, indem nach der Ballverarbeitung (vgl. 5) bestimmte Finten ausgeführt werden müssen oder die Gegner (vgl. Spieler A) einen Ballbesitzer lediglich mit der Hand berühren müssen. Weiterführend können den Angreifern konkrete Dribblingformen (links, rechts, wechselnd etc.) vorgegeben werden.

2.4.2 Einbahnstraße – frontales 1 gegen 1

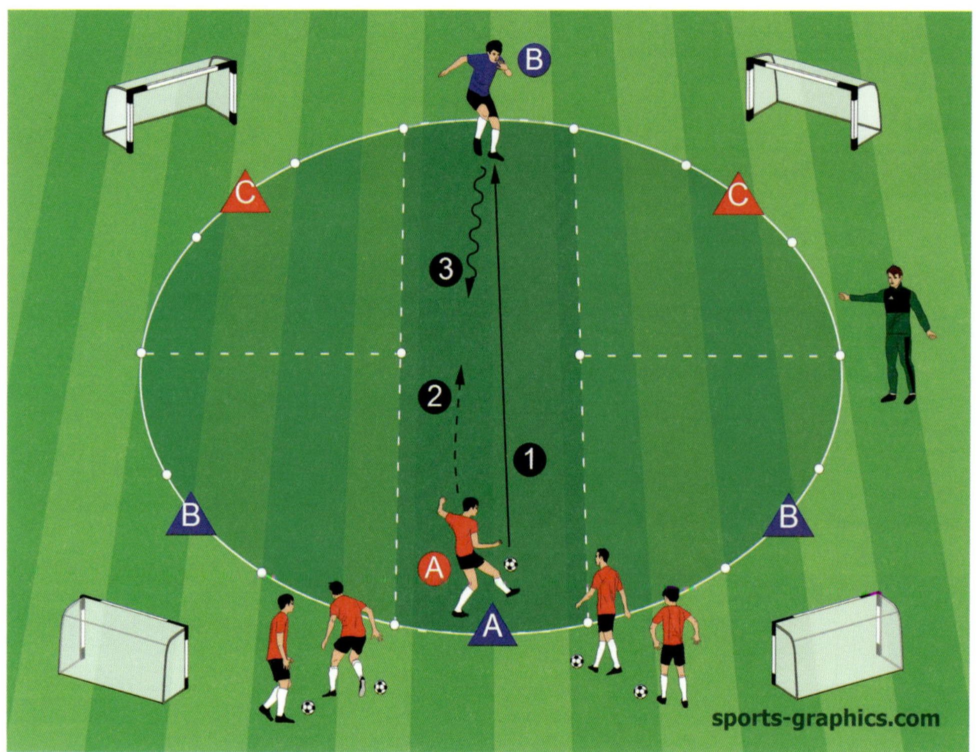

Durchführung, Prinzipien und Elemente

Spieler A passt den Ball zu Spieler B (vgl. 1) und setzt als Verteidiger direkt nach (vgl. 2). Spieler B verarbeitet das Zuspiel und agiert als Angreifer (vgl. 3). Spieler B versucht, aus dem Kreis heraus über eine der Linien A oder B zu dribbeln. Spieler A versucht, das zu verhindern und nach einer etwaigen Balleroberung zu kontern und über die Linien C zu dribbeln. Die runde 1-gegen-1-Arena forciert das Spiel im Zentrum durch die Mitte. Die Bedrohung des Zentrums in Ballbesitz und die Besetzung und Beherrschung des Zentrums in der Defensive versuchen, spielnahe Verhaltensmuster abzubilden.

Provokationsregeln, Punktesystem und Varianten

Die Intensität kann gesteigert werden, indem Spieler B eine doppelte Wertung erhält, wenn er den zentralen Korridor nicht verlässt und Spieler A doppelte Punkte erhält, wenn er eine Balleroberung in der gegnerischen Kreishälfte realisieren kann. Außerdem kann mit dem ersten Ballkontakt von Spieler B oder mit Balleroberung durch Spieler A ein Zeitlimit einsetzen und den jeweiligen Ballbesitzer zu einer schnellen Lösung der 1-gegen-1-Situation anhalten. Die Verschärfung des Zuspiels (druckvoll, halbhoch etc.) durch Spieler A (vgl. 1) steigert zudem den Präzisionsdruck für den Angreifer. Nach dem Erreichen der Dribbellinien A, B oder C kann eine Abschlussmöglichkeit auf die Minitore eröffnet werden.

2.4.3 Überholspur – seitliches 1 gegen 1 (I)

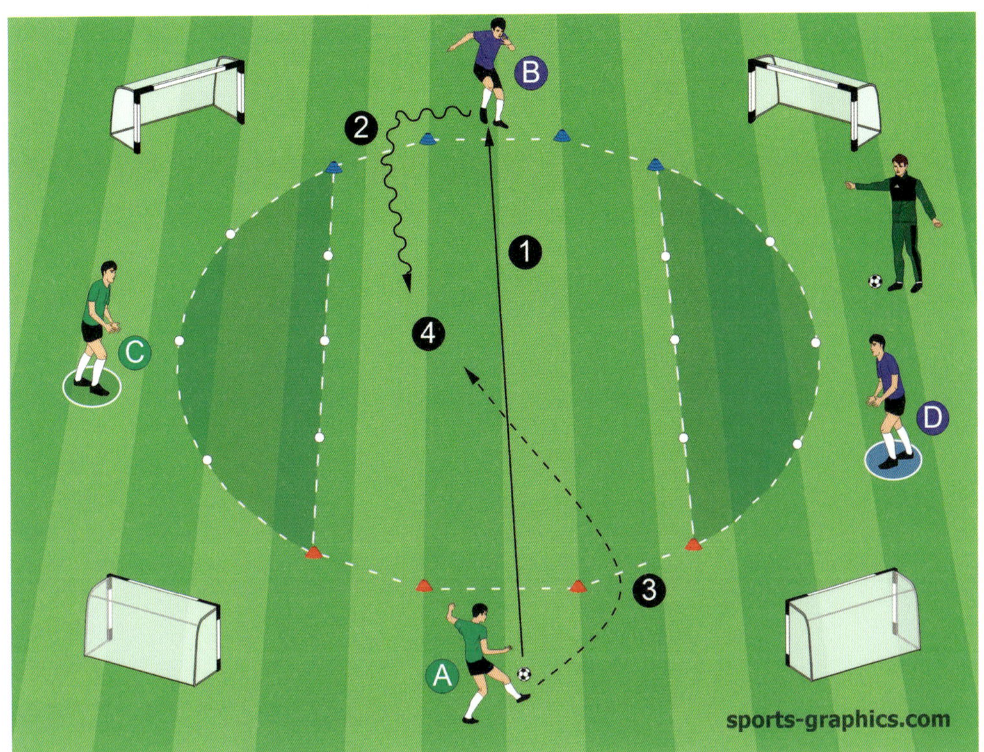

Durchführung, Prinzipien und Elemente

Spieler A passt den Ball zu Spieler B (vgl. 1). Spieler B verarbeitet zu einer frei wählbaren Seite (vgl. 2), umdribbelt ein Markierungshütchen, weiter in den Kreis und agiert in der Folge als Angreifer. Spieler A reagiert und umläuft das diagonal versetzt positionierte Markierungshütchen (vgl. 3), um im Anschluss als Verteidiger im Kreis zu agieren (vgl. 4). Spieler B versucht, auf die gegenüberliegende Seite zu gelangen, Spieler A versucht, den Angreifer in einen der beiden Randbereiche zu drängen oder eine Balleroberung zu realisieren und zu kontern. Die runde 1-gegen-1-Arena forciert das Spiel im Zentrum durch die Mitte. Die Bedrohung des Zentrums in Ballbesitz und die Besetzung und Beherrschung des Zentrums in der Defensive versuchen, spielnahe Verhaltensmuster abzubilden.

Provokationsregeln, Punktesystem und Varianten

Die Intensität kann gesteigert werden, indem mit dem ersten Ballkontakt von Spieler B ein Zeitlimit einsetzt oder Dribbling und Fintenvorgaben während des 1 gegen 1 gefordert sind (vgl. 4). Die Verschärfung des Zuspiels (druckvoll, halbhoch etc.) durch Spieler A (vgl. 1) steigert zudem den Präzisionsdruck für den Angreifer. Der Angreifer kann bevorteilt werden, indem der Verteidiger um das entferntere Markierungshütchen (vgl. 3) laufen muss.

2.4.4 Nadelöhr – seitliches 1 gegen 1 (II)

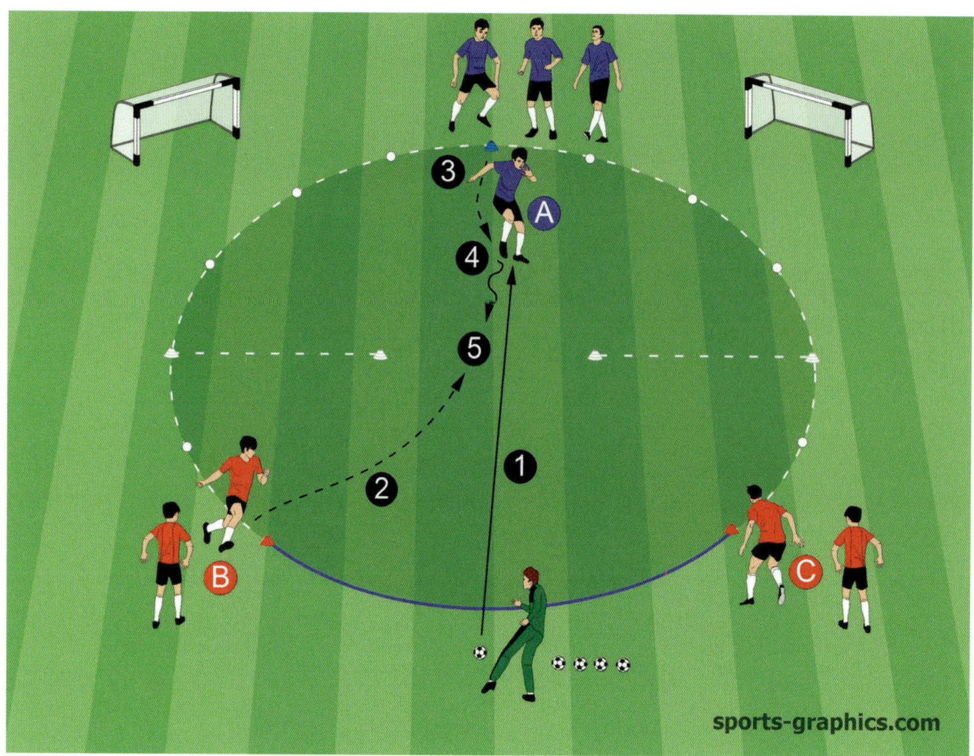

Durchführung, Prinzipien und Elemente

Der Trainer passt den Ball zu Spieler A (vgl. 1). Neben dem Trainer sind links und rechts zwei Verteidiger positioniert (vgl. Spieler C und B). Je nachdem, mit welchem Fuß der Trainer den Ball passt (hier links), startet der links oder rechts positionierte Spieler (hier Spieler B) als Verteidiger in den Kreis (vgl. 2). Spieler A geht dem Trainerball entgegen (vgl. 3), verarbeitet das Zuspiel (vgl. 4) und versucht, im 1 gegen 1 den Gegner zu überwinden (vgl. 5). Spieler A versucht, über die gegenüberliegende Kreislinie zwischen den Startpositionen B und C zu dribbeln und so einen Punkt zu erzielen. Spieler B versucht, einen Punktgewinn zu verhindern und nach einer etwaigen Balleroberung durch das zentrale Nadelöhr (vgl. 5) zu kontern und in die gegnerische Kreishälfte zu gelangen oder dort den Ball zu erobern. Die runde 1-gegen-1-Arena und das zentrale Nadelöhr forciert das Spiel im Zentrum durch die Mitte. Die Bedrohung des Zentrums in Ballbesitz und die Besetzung und Beherrschung des Zentrums in der Defensive versuchen, spielnahe Verhaltensmuster abzubilden.

Provokationsregeln, Punktesystem und Varianten

Der Angreifer erhält die doppelte Punktewertung, wenn er durch das Nadelöhr gedribbelt ist. Eine Balleroberung durch den Verteidiger in der gegnerischen Kreishälfte kann ebenfalls mit einer doppelten Punktewertung belegt sein, um Pressing und offensives Verteidigen zu provozieren. Nach dem Erreichen der offensiven und defensiven Spielziele können Abschlussmöglichkeiten auf die beiden Minitore ermöglicht werden.

2.4.5 Hemisphäre – komplexes 1 gegen 1

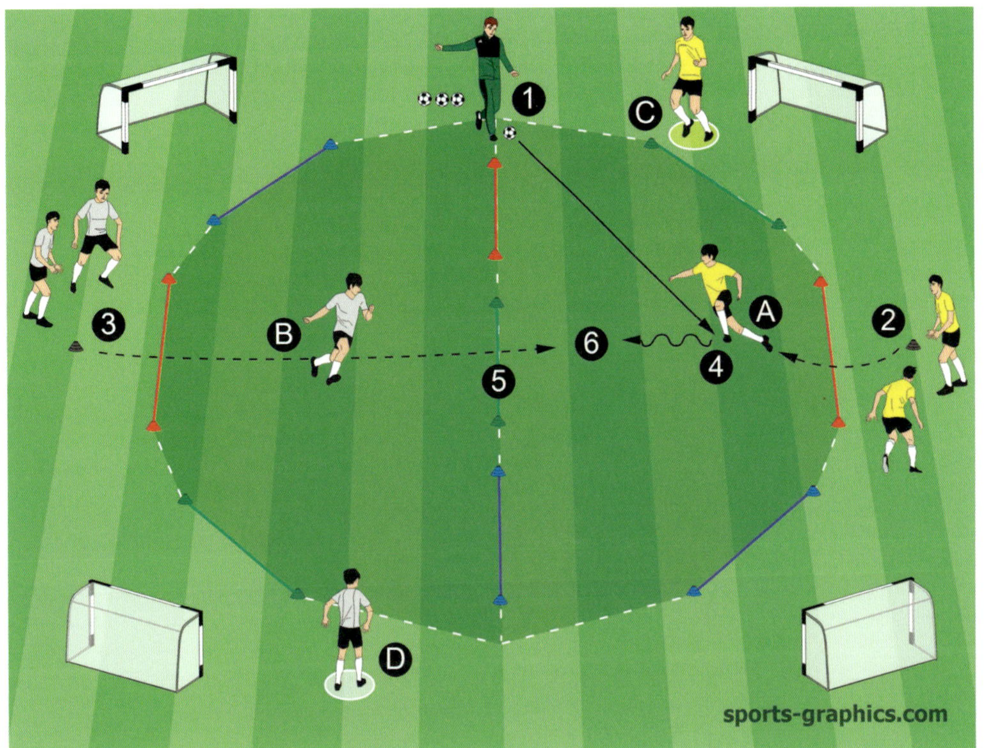

Durchführung, Prinzipien und Elemente

Der Trainer passt den Ball zu Spieler A (vgl. 1). Spieler A geht dem Trainerball entgegen (vgl. 2) und auch Spieler B startet als Verteidiger in den Kreis (vgl. 3). Spieler A verarbeitet das Zuspiel (vgl. 4). Der Verteidiger versucht, möglichst schnell nach vorne zu verteidigen und den Angreifer bereits in der gegnerischen Kreishälfte zu stellen (vgl. 5). Der Angreifer versucht, den Verteidiger im 1 gegen 1 zu überwinden und durch eines der drei Hütchentore auf der Mittellinie zu dribbeln (vgl. 6). Der Angreifer versucht, den Verteidiger durch seitliches Dribbling in Bewegung zu setzen und mit gutem Timing zu überwinden. Nachdem das Zentrum erfolgreich bespielt wurde, ist eine zielgerichtete Anschlussaktion ohne Tempoverluste gefragt.

Provokationsregeln, Punktesystem und Varianten

Der Angreifer punktet einfach, indem er durch ein Hütchentor auf der Mittellinie dribbelt und doppelt, indem er danach durch das gleichfarbige Hütchentor auf dem Kreisbogen dribbelt. Der Verteidiger punktet einfach, indem er den Ball in der eigenen Kreishälfte erobert und durch ein Tor auf der Mittellinie dribbelt und doppelt, indem er bereits in der gegnerischen Kreishälfte eine Balleroberung realisiert und durch ein Hütchentor auf dem Kreisbogen dribbelt. Nach dem Erreichen der Spielziele im 1 gegen 1 kann sich mit dem bereits genutzten Spielball oder nach Trainerzuspiel eine 2-gegen-2-Spielsituation mit den Spielern C und D anschließen. Hierbei wäre nach dem Bespielen von zwei Hütchentoren der Abschluss auf die vier Minitore möglich.

2.4.6 Adlerauge – variables 1 gegen 1

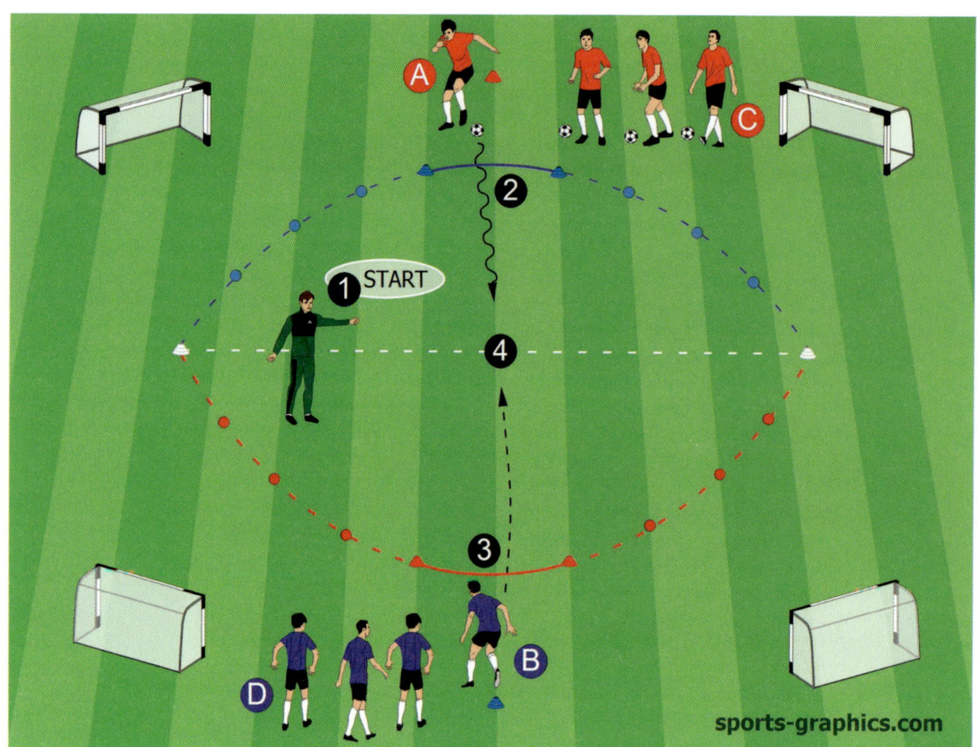

Durchführung, Prinzipien und Elemente

Der Trainer gibt ein Startsignal (vgl. 1), Spieler A dribbelt daraufhin als Angreifer in den Kreis (vgl. 2) und Spieler B läuft ohne Ball als Verteidiger in den Kreis (vgl. 3). Die Spieler versuchen, im 1 gegen 1 einen Punkt zu erzielen, indem die gegnerische Kreislinie überdribbelt wird (vgl. 4). Dabei zählt das Eintrittstor (vgl. 2 und 3) doppelt und lässt die Spieler nach einer gelösten 1-gegen-1-Situation wieder temporeich in Richtung Zentrum agieren. Vorab ist es nötig, den Verteidiger mit seitlichen Dribbling- und Fintierbewegungen aus dem Zentrum und fern seiner Ideallinie zu locken.

Provokationsregeln, Punktesystem und Varianten

Der Angreifer kann die Option erhalten, nach Überqueren der Mittellinie auch wieder umzukehren und über die eigene Kreislinie zu dribbeln. Der Verteidiger wird dadurch angehalten, mutig und offensiv zu verteidigen und den Angreifer früh zu stellen (vgl. 3). Der Angreifer sollte versuchen, schnell und ohne Zeitverlust nach vorne zu agieren, um nach Überquerung der Mittellinie mehrere Optionen zu haben. Nach dem Erreichen der Spielziele im 1 gegen 1 kann beiden Spielern eine Abschlussmöglichkeit auf die vier Minitore eröffnet werden.

2.4.7 Rotunde – Technikstart 1 gegen 1

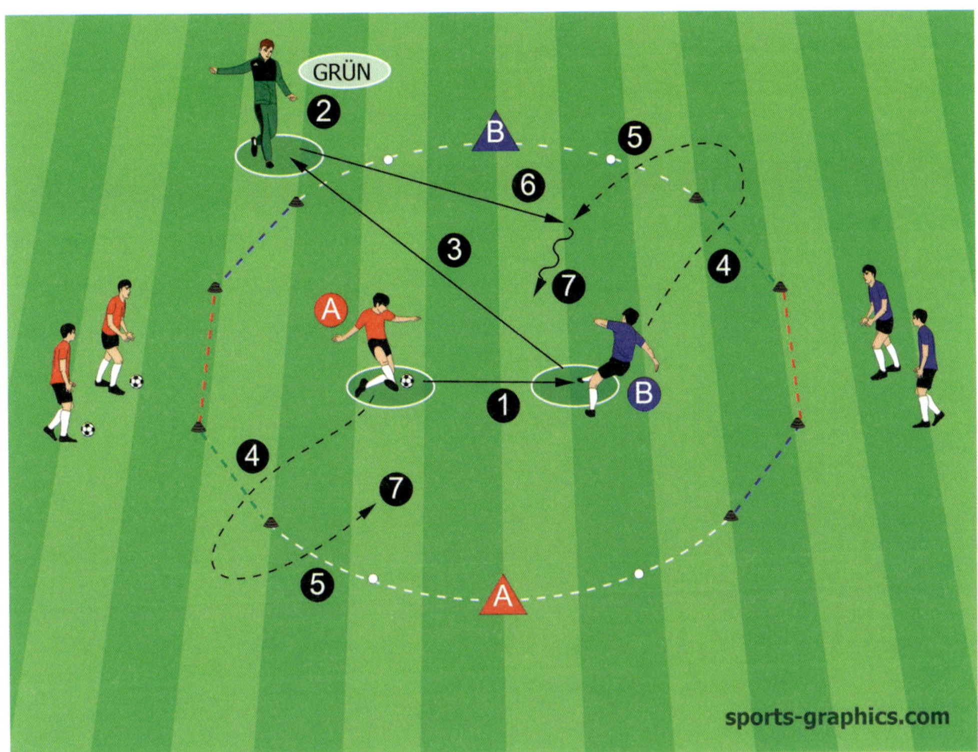

Durchführung, Prinzipien und Elemente

Die Spieler A und B lassen einen Spielball im freien Passspiel zirkulieren (vgl. 1). Der Kreis ist außen mit verschiedenfarbigen Hütchentoren begrenzt (vgl. blaue, rote und grüne Hütchentore). An den Seiten ergeben sich zwei weitere Hütchentore (vgl. Tore A und B). Der Trainer benennt eine der drei Hütchenfarben (hier grün) als Startsignal (vgl. 2). Der ballbesitzende Spieler (hier Spieler B) passt den Ball zum Trainer (vgl. 3) und beide Spieler laufen durch das aufgerufene Hütchentor aus dem Kreis heraus (vgl. 4) und wieder in das Zentrum hinein (vgl. 5). Der Trainer bringt den Ball erneut in das Spiel (vgl. 6). Der Ballbesitzer spielt im 1 gegen 1 gegen den Verteidiger (vgl. 7). Nach einem auffächernden Lauf ist die schnelle Rückkehr und Orientierung in das Zentrum Erfolg versprechend.

Provokationsregeln, Punktesystem und Varianten

Die Punktewertung kann variabel ausgerichtet werden. Der ballbesitzende Spieler könnte punkten, indem er durch eines der aufgerufenen Hütchentore dribbelt, durch eines der nicht aufgerufenen Hütchentore dribbelt, durch das gegnerische gleichfarbige Hütchentor dribbelt, durch die gegnerischen andersfarbigen Hütchentore dribbelt oder durch ein Dribbling über die Linien A und/oder B. Bei mehrfachen Optionen für den Ballbesitzer kann das einfache Berühren mit der Hand durch den Verteidiger für die Beendigung der 1-gegen-1-Situation ausreichen.

2.4.8 Oktogon – doppeltes 1 gegen 1

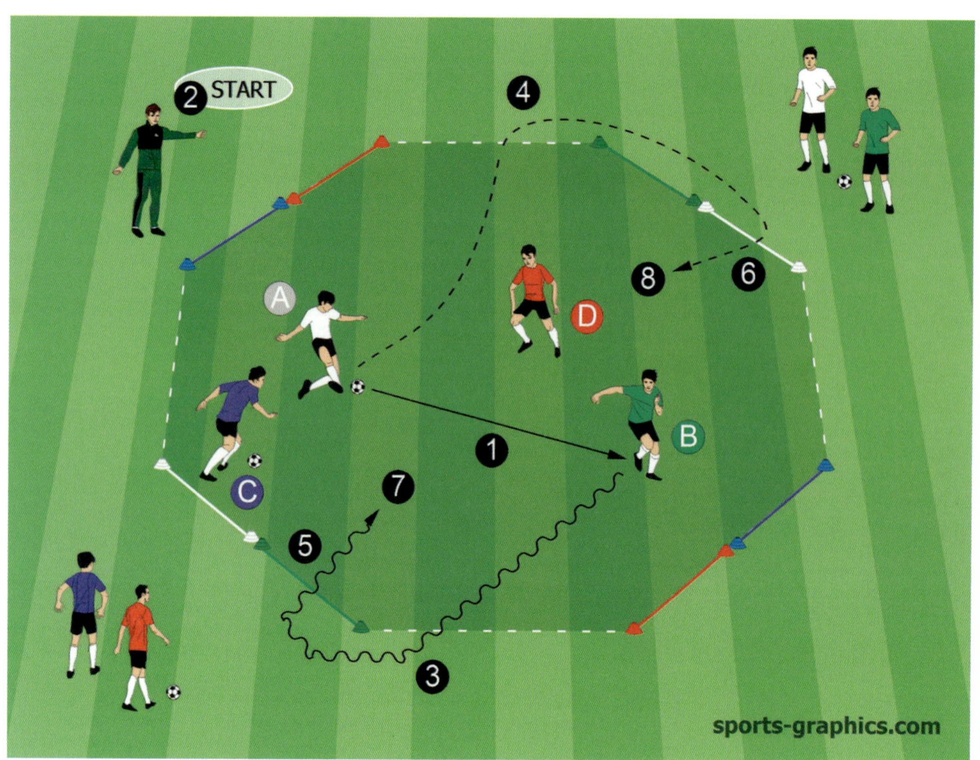

Durchführung, Prinzipien und Elemente

Spieler A und B bilden ein Paar und Spieler C und D bilden ein Paar. Jedem Spieler sind zwei seiner Leibchenfarbe entsprechende Hütchentore zugeordnet. Die Paare lassen gleichzeitig jeweils einen Ball im freien Passspiel zirkulieren (vgl. 1). Der Trainer gibt ein akustisches Startsignal und beginnt somit den Einstieg für die 1-gegen-1-Situationen. Der ballbesitzende Spieler dribbelt aus dem Kreis heraus (vgl. 3) und der Spieler ohne Ball reagiert und läuft auf der gegenüberliegenden Seite aus dem Kreis heraus (vgl. 4). Die Spieler dribbeln und laufen durch eines ihrer eigenen Hütchentore zurück in das Feld (vgl. 5 und 6). Der Angreifer (hier Spieler B) versucht, einen Treffer per Dribbling durch das gegnerische Hütchentor zu erzielen (vgl. 7). Der Verteidiger (hier Spieler A) versucht, nach einer Balleroberung, auf das Hütchentor des Angreifers zu kontern (vgl. 8). Die beiden 1-gegen-1-Situationen laufen zeitgleich im gleichen Kreisfeld ab. So entsteht eine Chaossituation mit Störspielern.

Provokationsregeln, Punktesystem und Varianten

Dem angreifenden Spieler kann die Möglichkeit eröffnet werden, auch auf die links und rechts neben den zu bespielenden Hütchentoren markierten Kreisbögen einen Treffer zu erzielen. Die vier wartenden Spieler können an den vier neutralen Kreisbögen als neutrale Anspieler fungieren.

2.5 GROSSE WETTSPIELE MIT FOKUS AUF GRUPPENTAKTISCHEM SPIELVERHALTEN

2.5.1 Universum – 2 gegen 2 – Technikstart

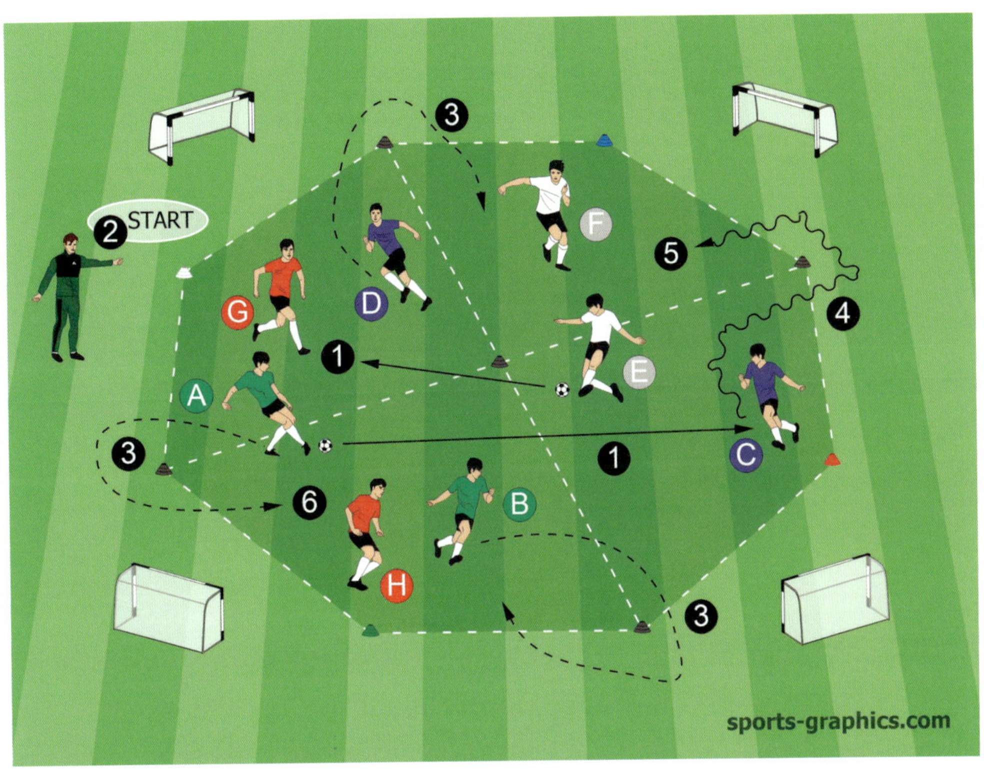

Durchführung, Prinzipien und Elemente

Die Spieler bilden vier Paare (vgl. Spieler A/B, C/D, E/F und G/H). Jedem Paar ist ein äußeres Markierungshütchen farblich zugeordnet. Paar A/B spielt immer gegen Paar C/D und Paar E/F spielt immer gegen Paar G/H. Zunächst lassen die zugeordneten Paare jeweils einen Ball im freien Passspiel zirkulieren (vgl. 1). Nach dem Trainersignal (vgl. 2) laufen die vier Spieler um die links und rechts neben dem eigenen Markierungshütchen positionierten Hütchen (vgl. 3). Der Ballbesitzer absolviert den Lauf mit Ball am Fuß im Dribbling (vgl. 4). Das ballbesitzende Team (hier das blaue Team) agiert in Ballbesitz und versucht, auf der gegenüberliegenden Seite des Oktogons über eine der beiden Linien links und rechts neben dem gegnerischen Markierungshütchen (hier grünes Markierungshütchen) das Feld im Dribbling zu verlassen und dadurch zu punkten (vgl. 5). Das gegnerische Team (hier grünes Team) versucht, nach einer Balleroberung zu kontern (vgl. 6). Die beiden 2-gegen-2-Situationen laufen zeitgleich im gleichen Kreisfeld ab. So entsteht eine Chaossituation mit Störspielern.

Provokationsregeln, Punktesystem und Varianten

Durch neutrale Spieler (z. B. einen Torhüter oder weitere Feldspieler) können variable Zahlenverhältnisse entstehen oder die Situationen in 2-gegen-2-plus-1- oder 2-gegen-2-plus-2-Formen verändert werden. Die Komplexität wird gesteigert, wenn neutrale Mitspieler in beide 2-gegen-2-Situationen eingreifen dürfen.

2.5.2 Helikopter – 4 gegen 2 – Überzahlspiel

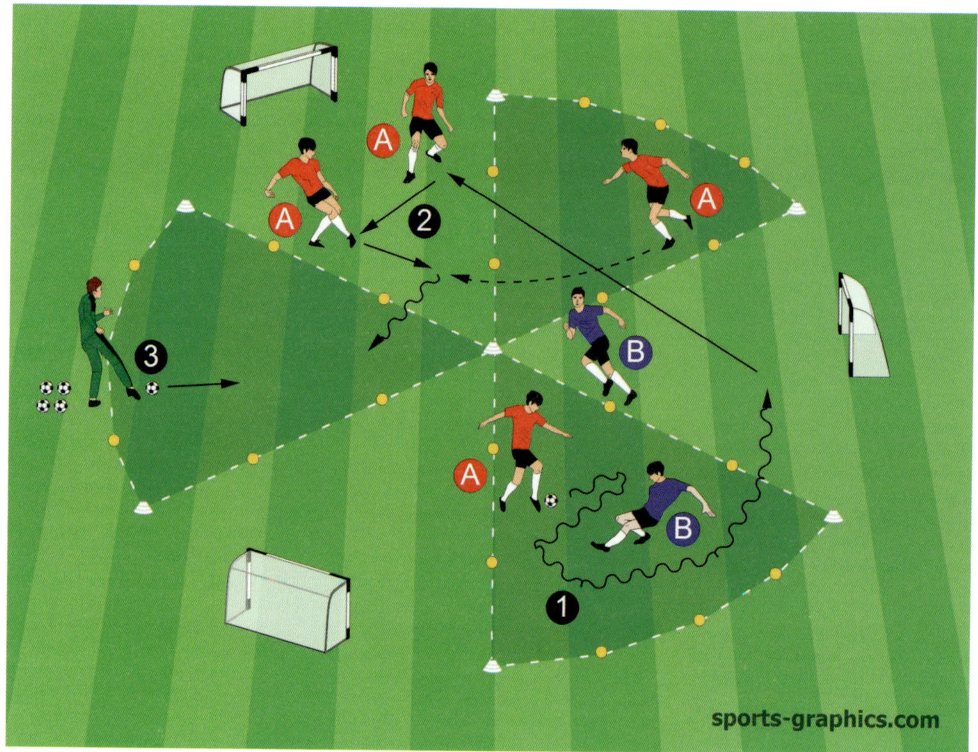

Durchführung, Prinzipien und Elemente

Im Zentrum des Spielfeldes sind durch mehrere Markierungshütchen drei Kreissektoren markiert. Gemeinsam mit den Zwischenräumen ergeben sich sechs Felder. Es agieren zwei Teams gegeneinander. Das ballbesitzende Team ist in Überzahl (hier im 4 gegen 2) und hat grundsätzlich das Ziel, den Ball möglichst lange in den eigenen Reihen zu halten, ohne dass das gegnerische Team eine Balleroberung realisieren kann. Zudem kann das ballbesitzende Team Punkte erzielen, indem ein Spieler in einem der drei Kreissektoren im individuellen Dribbling fünf Ballkontakte realisieren kann und den Kreissektor im Anschluss mit Ball am Fuß verlässt (vgl. 1). Außerdem kann das ballbesitzende Team punkten, indem drei Spieler eine Passkombination in einem Zwischenraum realisieren (vgl. 2). Die Spieler in Unterzahl werden regelmäßig gewechselt.

Provokationsregeln, Punktesystem und Varianten

Der Aufgabenwechsel kann sich auch nach jeder Ballberührung durch einen Spieler des Unterzahlteams vollziehen. Hierfür kann der Trainer einen neuen Ball ins Spiel bringen und zwei andere Spieler wechseln in die Unterzahlsituation (vgl. 3). Die Anforderungen für das Überzahlteam können durch Festlegung einer maximalen Ballkontaktanzahl erschwert werden. Nach dem Erreichen der Spielziele durch das Überzahlteam oder nach einer Balleroberung durch die Unterzahl kann sofort das Spiel auf die Minitore ermöglicht werden.

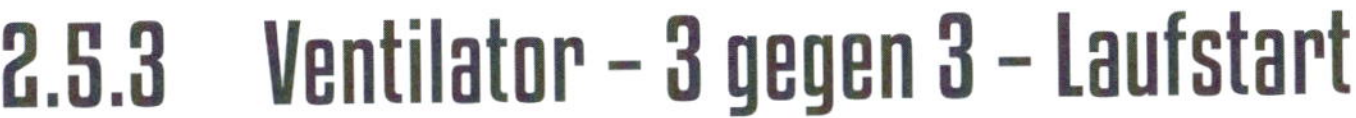

2.5.3 Ventilator – 3 gegen 3 – Laufstart

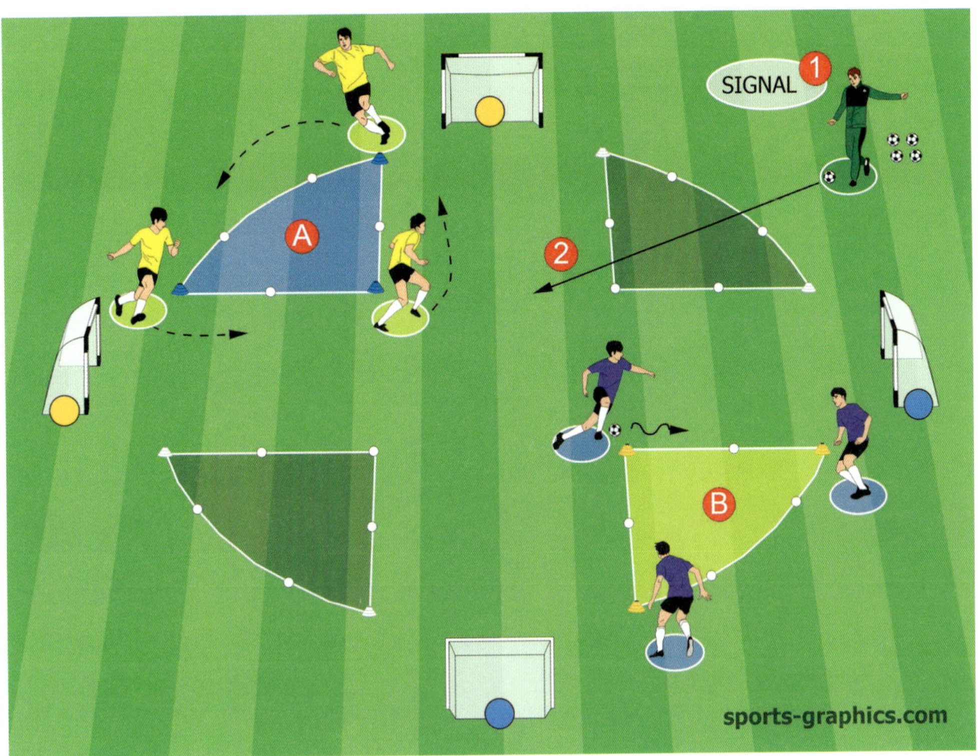

Durchführung, Prinzipien und Elemente

Das Feld besteht aus vier Kreissektoren. Die vier Felder sind jeweils durch die Teamfarben und mit einer neutralen Farbe markiert. Vor der Spielsequenz im 3 gegen 3 müssen die Teams einen Laufeinstieg im Wettkampf absolvieren, um sich als Gewinner den Ballbesitz für die Spielform zu sichern. Die Teams positionieren sich am gegnerischen Feld. Jeder Spieler steht auf einer Startposition. Der Trainer gibt ein Startsignal (vgl. 1) und beginnt somit den Wettkampf und den Ablauf einer vorgegebenen Laufaufgabe. Die Laufaufgabe endet immer so, dass jeder Spieler wieder an seinem Starthütchen steht. Das Team, welches zuerst geschlossen zurück an der Startpositionierung angekommen ist, erhält vom Trainer einen Ball zugespielt (vgl. 2). Die Spielsequenz beginnt sofort nach Beendigung der Laufaufgabe mit dem Einspiel des Trainers. Die Spieler versuchen nun, eines der Felder im Dribbling oder mit einem Pass zu bespielen und dadurch einen Punkt zu erreichen.

Provokationsregeln, Punktesystem und Varianten

Es können verschiedene Laufaufgaben gestellt werden und mit einem Signal verbunden werden. Die Spieler können beispielsweise den Startsektor im Uhrzeigersinn umlaufen, den Sektor gegen den Uhrzeigersinn umlaufen oder durch ein anderes Feld laufen und zurückkehren. Dafür muss der Trainer entsprechende Signale (vgl. 1) festlegen. Die Kreisbögen können mit Aufgaben aus dem Lauf-ABC (z. B. Rückwärtslauf, Einbeinsprünge etc.) belegt sein (vgl. Team A). Als Variante kann der Laufeinstieg mit Ball ausgeführt werden und technische Bewegungsabläufe oder Passkombinationen beinhalten (vgl. Team B). Die Farbgebung der verschiedenen Felder und Tore kann ebenfalls mit den Spielzielen verbunden werden.

2.5.4 Erdrotation – 4 gegen 1 – Zentrumspiel

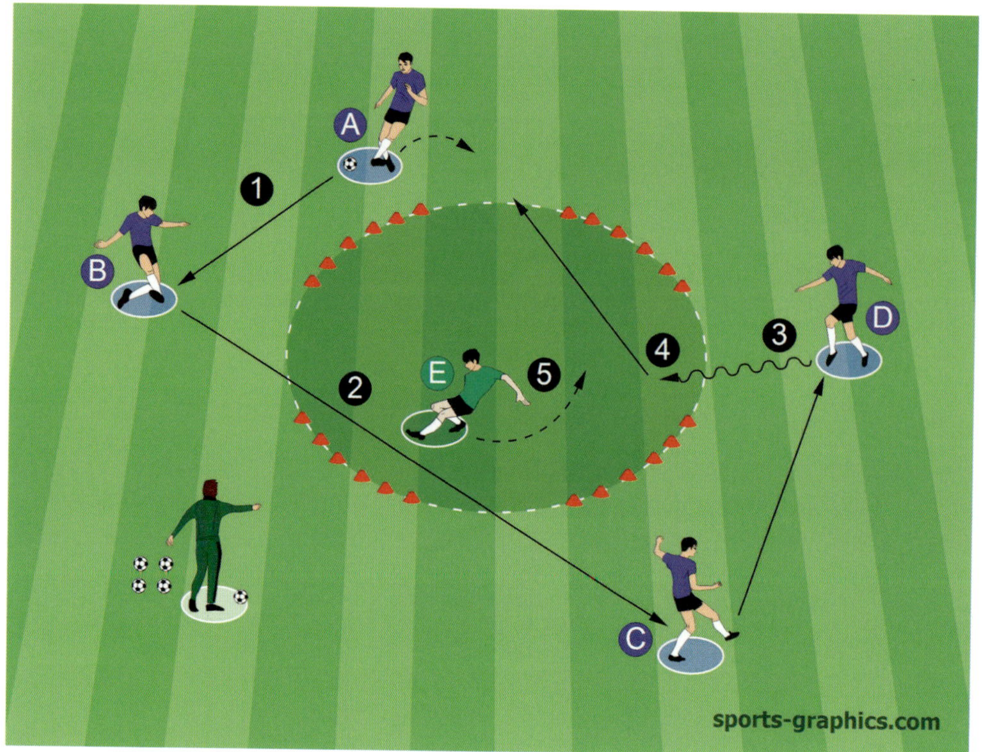

Durchführung, Prinzipien und Elemente

Die Spieler agieren im 4 gegen 1. Ein Spieler im Zentrum des Kreises darf diesen nicht verlassen und versucht, den Spielball zu berühren. Sobald ihm das gelingt, darf er mit dem Spieler tauschen, der den Fehlpass gespielt hat. Das Überzahlteam (hier blaue Spieler) lässt den Ball außerhalb des Kreises zirkulieren (vgl. 1) und versucht, einen Pass durch den Kreis zu spielen (vgl. 2). Die roten Hütchenreihen dürfen nicht überspielt werden. Um einen Pass durch den Kreis zu spielen, können die Spieler auch mit Ball in den Kreis dribbeln (vgl. 3) und einen Pass aus dem Kreis herausspielen (vgl. 4). Der Zentrumspieler darf sich nur innerhalb des Kreises aufhalten (vgl. 5). Der Fokus liegt auf diagonalen Pässen durch das Zentrum und hält die ballbesitzenden Spieler immer wieder an, das Zentrum zu bedrohen und Lücken mutig mit Dribblings und Pässen auszunutzen.

Provokationsregeln, Punktesystem und Varianten

Die Konzentration und Präzision wird gesteigert, indem den Spielern außen eine maximale Ballkontaktanzahl vorgegeben wird oder nur direkte Pässe (vgl. 2) durch den Kreis gespielt werden dürfen. Die Spielsituation kann durch verschiedene Zahlenverhältnisse z. B. zum 4 gegen 2 oder 5 gegen 2 verändert werden.

2.5.5 Sonnenstrahl – 4 gegen 2 – Zentrumspiel

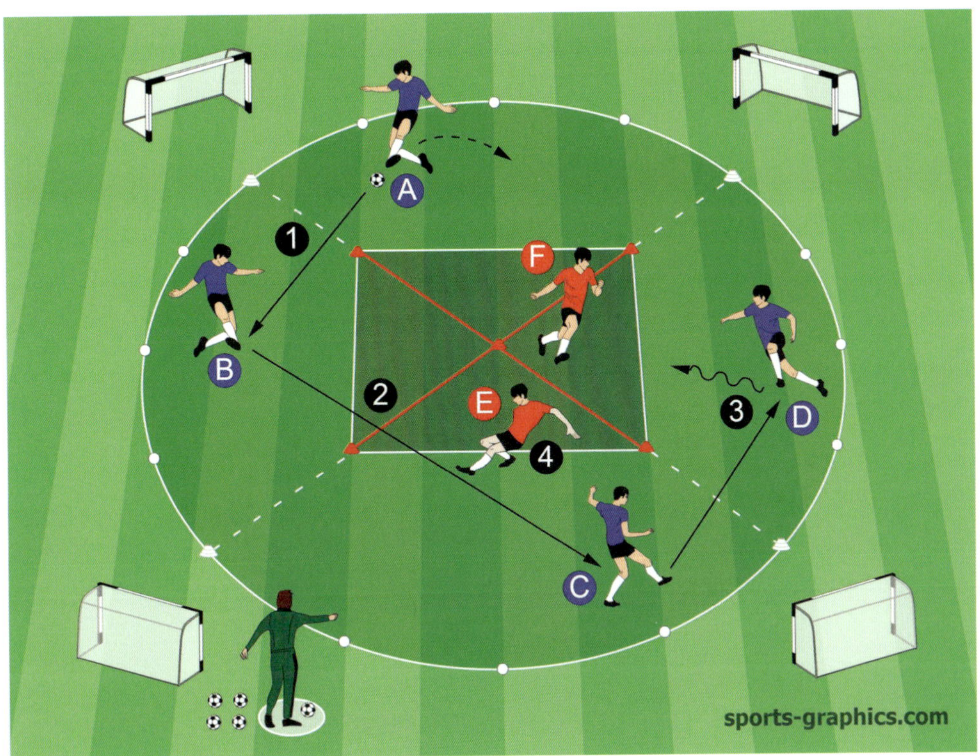

Durchführung, Prinzipien und Elemente

Die Spieler agieren im 4 gegen 2. Die Spieler des Überzahlteams (hier blaue Spieler) sind dabei auf die vier Zonen aufgeteilt und dürfen diese nicht verlassen. Die zwei Spieler im Zentrum des Kreises versuchen, den Spielball zu berühren. Sobald es ihnen gelingt, dürfen sie ihre Position nach außen wechseln. Das Überzahlteam (hier blaue Spieler) lässt den Ball außerhalb des Quadrats zirkulieren (vgl. 1) und versucht, einen Pass durch das zentrale Quadrat und damit über eine der vier roten Markierungslinien zu spielen (vgl. 2). Um einen Pass durch das Quadrat zu spielen, können die Spieler mit Ball das Zentrum im Dribbling bedrohen und auch in das Quadrat vorstoßen (vgl. 3). Der Fokus liegt auf diagonalen Pässen durch das Zentrum und hält die ballbesitzenden Spieler immer wieder an, das Zentrum zu bedrohen und Lücken mutig mit Dribblings und Pässen zu nutzen.

Provokationsregeln, Punktesystem und Varianten

Die Konzentration und Präzision wird gesteigert, indem den ballbesitzenden Spielern eine maximale Ballkontaktanzahl vorgegeben wird oder nur direkte Pässe (vgl. 2) durch das zentrale Quadrat gespielt werden dürfen. Die Spielsituation kann durch verschiedene Zahlenverhältnisse z. B. zum 4 gegen 1 oder 8 gegen 4 verändert werden. Nach einer vorgegebenen Passanzahl über die Linien (vgl. 2) oder nach einer Balleroberung kann das Spiel auf die Minitore ermöglicht werden.

2.5.6 Sektorenkopplung – 5 gegen 3 – Zentrumspiel

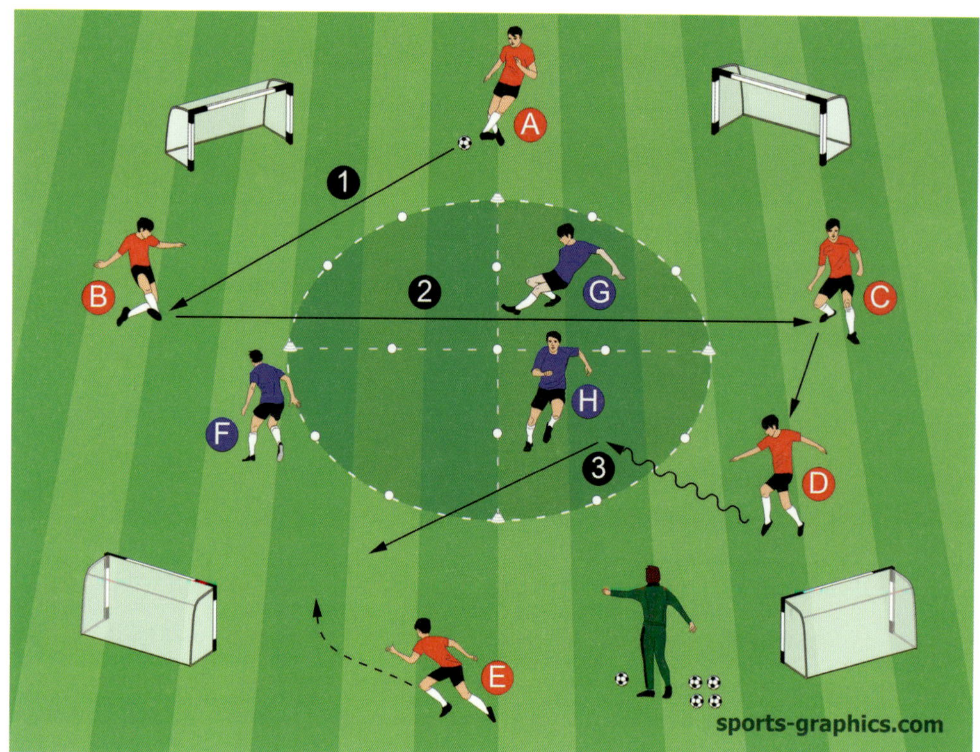

Durchführung, Prinzipien und Elemente

Die Spieler agieren im 5 gegen 3. Die Spieler des Überzahlteams (hier rote Spieler) agieren dabei außerhalb des Kreises und dürfen diesen nur mit Ball am Fuß betreten. Die drei Spieler im Zentrum des Kreises versuchen, den Spielball zu berühren. Sobald es ihnen gelingt, dürfen sie ihre Position nach außen wechseln. Das Überzahlteam (hier rote Spieler) lässt den Ball außerhalb des Kreises zirkulieren (vgl. 1) und versucht, einen Pass durch einen Kreissektor über die Mittellinien zu spielen (vgl. 2). Um diesen Pass realisieren zu können, darf der ballbesitzende Spieler den Kreis im Dribbling bedrohen und auch hineindribbeln (vgl. 3). Der Fokus liegt auf diagonalen und geraden Pässen durch das Zentrum und hält die ballbesitzenden Spieler immer wieder an, das Zentrum zu bedrohen und Lücken mutig mit Dribblings und Pässen zu nutzen.

Provokationsregeln, Punktesystem und Varianten

Die Konzentration und Präzision wird gesteigert, indem den ballbesitzenden Spielern eine maximale Ballkontaktanzahl vorgegeben wird oder nur direkte Pässe (vgl. 2) durch das zentrale Quadrat gespielt werden dürfen. Die Spielsituation kann durch verschiedene Zahlenverhältnisse z. B. zum 6 gegen 4 oder 7 gegen 5 verändert werden.

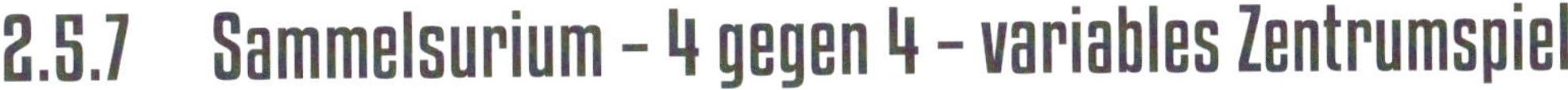

2.5.7 Sammelsurium – 4 gegen 4 – variables Zentrumspiel

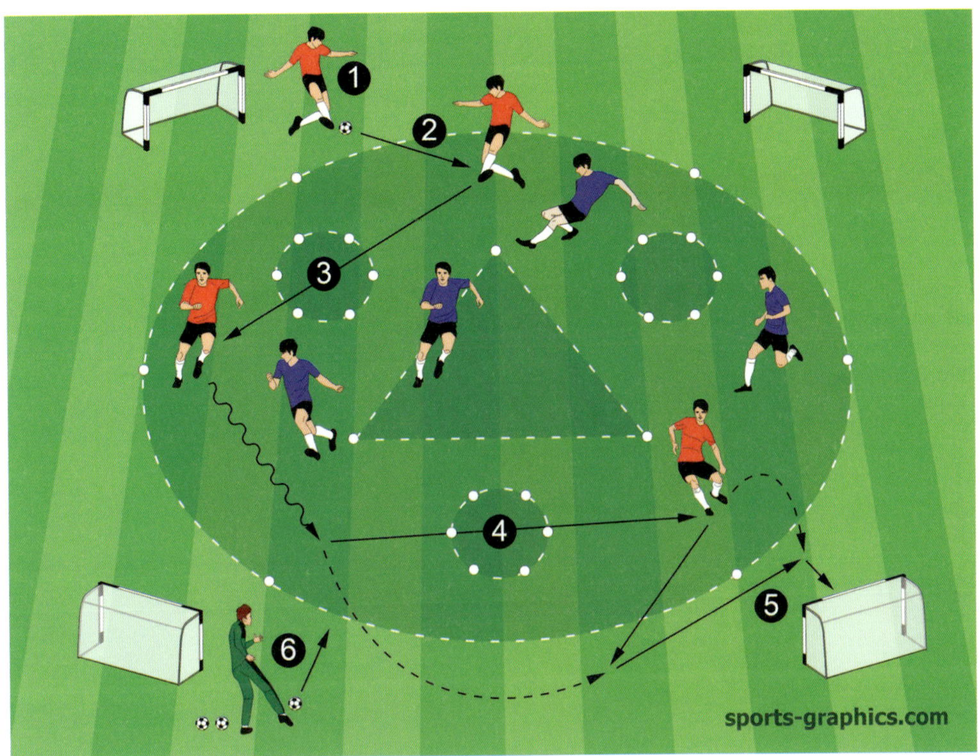

Durchführung, Prinzipien und Elemente

Ein großer, zentraler Kreis ist von vier Minitoren gerahmt. Innerhalb des Kreises sind ein dreieckiges und drei kreisförmige Felder markiert. Die Teams versuchen, einen Treffer auf eines der Minitore zu erzielen. Um auf ein Minitor abschließen zu können, muss das ballbesitzende Team zuvor die zentralen Kreise oder das Dreieck bespielt haben. Das Spiel auf die Felder innerhalb des großen Kreises kann durch Passspiel außerhalb vorbereitet werden (vgl. 1). Nachdem das Dreieck und die Kreise nach einer vorgegebenen Passfolge bespielt wurden (vgl. 3 und 4), darf das agierende Team auf ein Minitor angreifen und abschließen (vgl. 5). Die vorgegebene Passfolge kann beinhalten, dass zwei Kreise hintereinander (vgl. 3 und 4) oder das Dreieck und ein Kreis bespielt werden müssen. Für die Defensive bedeutet es, dass die noch zu erreichenden Spielziele der Offensive erkannt werden und das Erreichen nach Möglichkeit zielgerichtet verhindert wird.

Provokationsregeln, Punktesystem und Varianten

Als Variante können die Felder innerhalb des Kreises auch im Dribbling bespielt werden (vgl. 3 und 4). Die Drucksituation für das ballbesitzende Team und das allgemeine Durchsetzungsvermögen kann angesprochen werden, indem nach einem Pass in den großen Kreis (vgl. 2) der Ball den großen Kreis nicht mehr verlassen darf, ansonsten ein Ballbesitzwechsel entsteht. Das Spiel in das Zentrum kann beschleunigt und häufig hervorgerufen werden, indem das ballbesitzende Team maximal vier vorbereitende Pässe (vgl. 1) außerhalb des Kreises spielen darf. Durch neue Spielbälle kann der Trainer Umschaltmomente erzeugen (vgl. 6).

2.5.8 Mosaik – 4 gegen 4 – komplexes Zentrumspiel

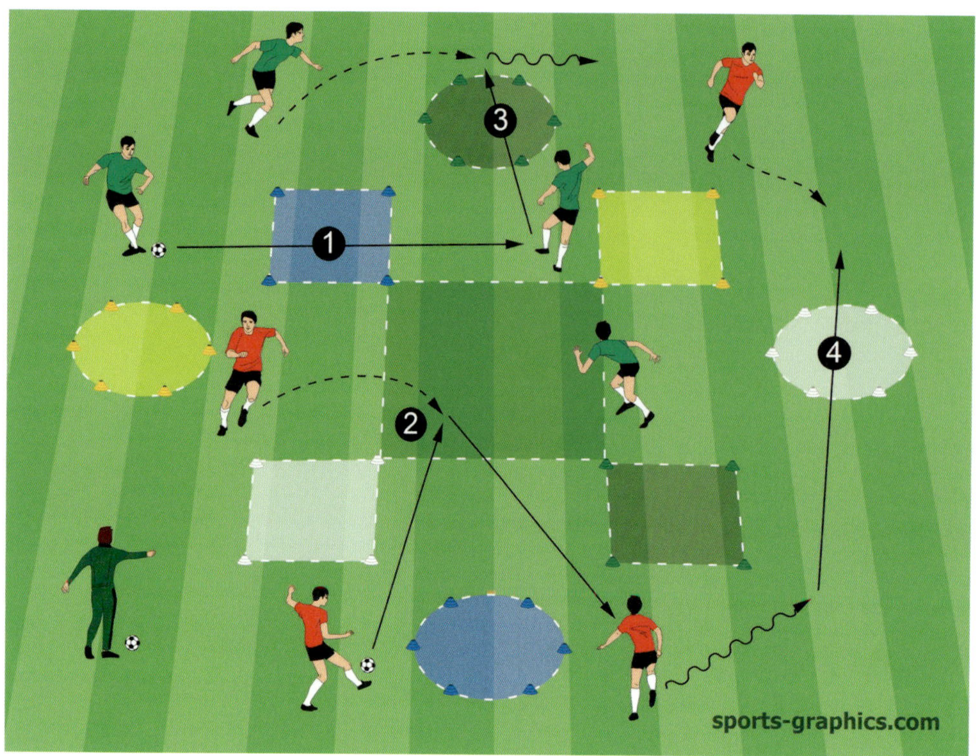

Durchführung, Prinzipien und Elemente

Die Teams agieren im 4 gegen 4. Das ballbesitzende Team versucht, nach einem rechteckigen bzw. quadratischen Feld (vgl. 1 oder 2) ein kreisförmiges Feld im Anschluss (vgl. 3 oder 4) zu bespielen und somit eine Punktewertung zu erzielen. Die Felder können je nach Vorgabe durch einen Pass über zwei Linien (vgl. 1), durch einen Pass aus dem Feld heraus (vgl. 2), einen Pass durch das Feld (vgl. 3 und 4) oder durch ein Dribbling bespielt werden. Der Schwerpunkt liegt im Wechselspiel zwischen Zentrum und Außenbereich durch Unterscheidung nach geometrischen Feldformen.

Provokationsregeln, Punktesystem und Varianten

Die Spielform kann eine Steigerung erfahren, indem zunächst zwei rechteckige bzw. quadratische Felder bespielt werden müssen, bevor nach dem Spiel auf ein kreisförmiges Feld eine Punktewertung erzielt wird. Weiterführend können die Felder mit verschiedenfarbigen Markierungshütchen markiert werden, sodass Punktewertungen auf ein Bespielen einer konkreten Farbkombination ausgerichtet werden können und die Spieler besonders in ihrer Handlungsschnelligkeit ansprechen. Das zentrale Feld kann ebenso genutzt werden, indem dort ein ballbesitzender Spieler eine vorgegebene Ballkontaktanzahl im Dribbling absolvieren muss und so intensivem Gegnerdruck ausgesetzt wird.

Notizen/Skizzen:

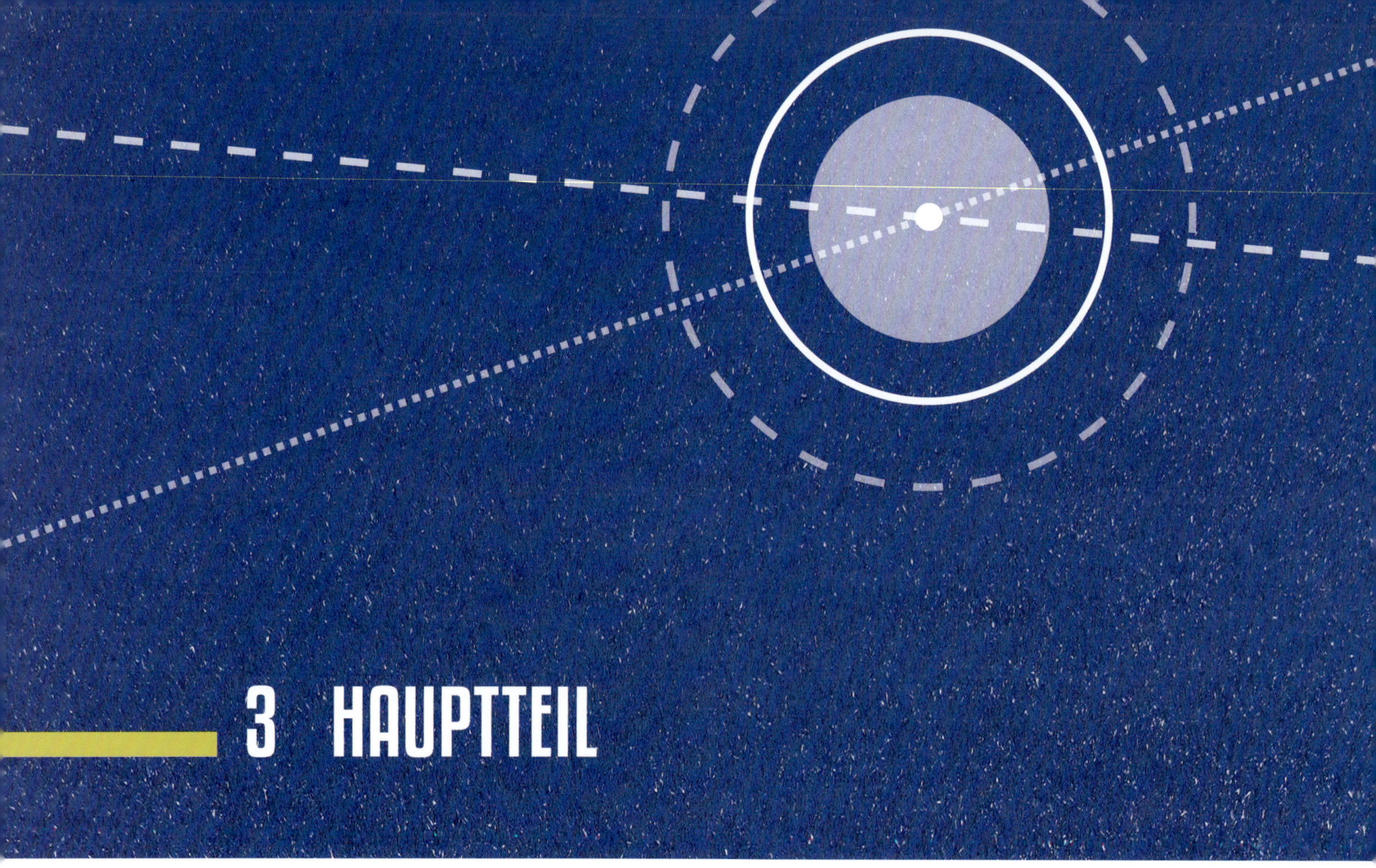

3 HAUPTTEIL

3.1 LESEHILFE ZUM VERSTÄNDNIS DER ZENTRALEN KREISSPIELFORMEN

Die zentralen Kreisspielformen sind jeweils auf einer Doppelseite vorgestellt. Zu jeder dieser Spielformen gehören zwei Grafiken. Der Aufbau der Doppelseiten ist dabei gleichbleibend. Die Beschreibungen und Erklärungen zu den zentralen Kreisspielformen folgen demnach einer immer wiederkehrenden Übersicht.

Auf der linken Seite sind unter der Grafik neben den Erläuterungen zum *Spielprinzip* auch weiterführende Aspekte zur Spielidee unter der Überschrift Provokationsregeln, Punktesystem und Varianten aufgeführt. Auf der rechten Seite wird der Bereich der Spielelemente und Verhaltensweisen vorgestellt und es finden sich dort die Hinweise zu Coachingpunkten und Instruktionen.

Der Aspekt Spielprinzip enthält in Bezug zur Grafik die grundsätzliche Feld- und Spielidee und gibt einen ersten Überblick über die Spielziele. Der Bereich Provokationsregeln, Punktesystem und Varianten stellt andere Regeln, weiterführende Spielziele, eine mögliche Punktewertung und denkbare Varianten vor. Unter der Überschrift Spielelemente und Verhaltensweisen werden in Bezug zur Abbildung die wesentlichen Verhaltensweisen der Spieler und wünschenswerte technisch-taktische Elemente vorgestellt. Unter der Überschrift Coachingpunkte und Instruktionen werden dann abschließend einige konkrete Instruktionen und Handlungsanweisungen vorgestellt.

Die zentralen Kreisspielformen sind mit dem vielschichtigen Spielkonzept, den variablen Spielzielen und den daraus resultierenden Verhaltensweisen sehr komplex und umfangreich. Entsprechend versuchen die dazugehörigen Grafiken, viele der Gedanken aufzugreifen und abzubilden. Daher unterscheiden sich auch die Grafiken zu den Kreisspielformen von der Darstellung herkömmlicher Spielformen. In der Grafik auf der linken Seite sind mit Bezug zum

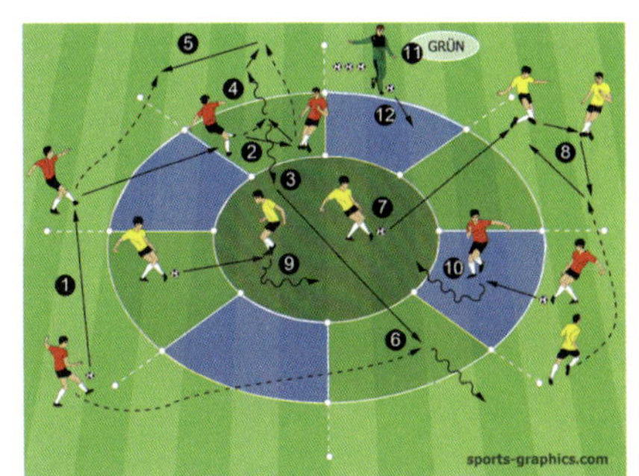

Spielprinzip

Das Feld besteht aus einem zentralen Kreis und mehreren gebogenen Kreissegmenten (vgl. grüne und blaue Felder). Die Spieler haben die Möglichkeit, durch sicheres Passspiel in den Außenzonen ihr Spiel aufzubauen (vgl. 1) und über verschiedene Zonen Punkte zu erzielen.

Provokationsregeln, Punktesystem und Varianten

Eine Differenzierung erfährt die Spielform, indem jedem Team entweder die grünen oder Blauen Zonen zugeordnet wird oder der Trainer mit jedem Einspiel die aktuell zu bespielenden Felder Benennt (vgl. 11). Durch die Vorgabe von direkten Pässen im Rahmen der Kombinationen zur Punktewertung (vgl. 2 und 8) kann mit Präzisionsdruck gearbeitet werden. Eine Punktewertung wird erzielt, wenn in einem Kreissegment zwei Pässe gespielt werden (vgl. 2) und danach das Segment im Dribbling nach innen (vgl. 3) oder nach außen (vgl. 4) verlassen wird. Um eine doppelte Wertung zu erreichen, muss das ballführende Team noch einen Pass im angrenzenden Spielfeld (vgl. 5) oder dem gegenüberliegenden Segment anschließen (vgl. 6). Weiterhin wird eine Wertung erzielt, wenn nach einem Pass aus dem Zentrum (vgl. 7) ein Außenbereich mit drei Pässen bespielt wird (vgl. 8) oder sich ein Spieler im Zentrum erfolgreich aufdreht (vgl. 9) und das Spiel in Spielrichtung fortgesetzt wird. Das Aufdrehen kann auch entgegengesetzt in Richtung Zentrum umgesetzt werden (vgl. 10). Mit jedem neuen Trainerball wird die Umschaltfähigkeit angesprochen (vgl. 12).

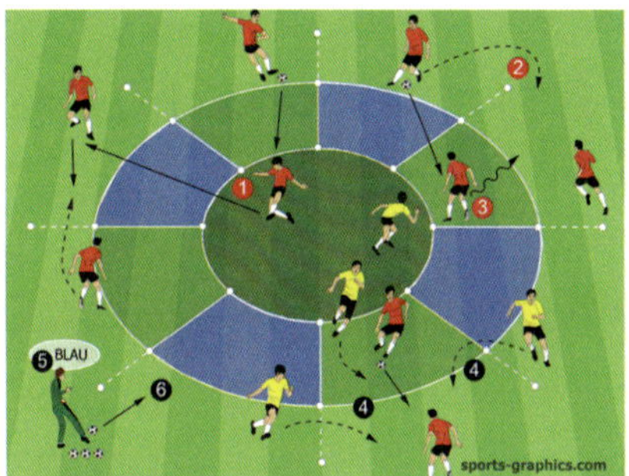

Spielelemente und Verhaltensweisen

Die Spielform birgt eine optimale Entscheidungsfindung in sich. Die Spieler sind permanent, angehalten die taktisch richtigen und Erfolg versprechenden Lösungswege einzuschlagen, um sich bietende Möglichkeiten zu nutzen und schnell Punktewertungen zu erzielen (vgl. 1). Dabei ist das Anbiet- und Freilaufverhalten mit dem Anzeigen von Laufwegen (vgl. 2) ebenso wichtig wie die permanente Unterstützung durch Coaching und helfende Kommandos. Speziell im zentralen Bereich sind ständige Schulterblicke und peripheres Sehverhalten nötig (vgl. 3), um auch unter hohem Gegnerdruck richtige Entscheidungen treffen zu können. Im Defensivverbund ist das gemeinsame Verdichten und vor allem das Nachschieben in die äußeren Feldbereiche zur Verhinderung gegnerischer Punkte elementar (vgl. 4). Neu eingespielte Trainerbälle und variable Trainerkommandos stellen die Spieler permanent vor sich verändernde Spielsituationen und halten zum ständigen Wahrnehmen, Reagieren und Orientieren an (vgl. 5 und 6).

Coachingpunkte und Instruktionen

- Verdichten! Nachschieben!
- Helft Euch! Gebt Kommandos!
- Blicke über die Schulter!

Text einzelne Spielziele verbildlicht. Es soll verdeutlicht werden, wie sich die grundlegende Spielidee innerhalb der Feldform darstellt und welche technisch-taktischen Abläufe zu einer Punktewertung führen können.

Dabei ist die Grafik nicht präzise so zu verstehen, als dass zwei Teams gegeneinander agieren. Vielmehr sind die verschiedenen Abläufe beispielhaft, teilweise nebeneinander dargestellt und als Ausschnitt präsentiert, ohne eine reale Spielsituation in Gänze darzustellen. Entsprechend sind auch die Spielerzahlen verschieden. Zur Durchführung der Kreisspielformen bieten sich Zahlenverhältnisse von 3 gegen 3, 3 gegen 3 plus 1, 4 gegen 4, 4 gegen 4 plus 1 oder ähnliche Gruppengrößen an.

Um die verschiedenen Spielideen und Spielziele zu verdeutlichen, werden in den Grafiken hingegen oftmals mehr Offensivaktionen in Ballbesitz als Defensivspieler dargestellt. Zudem sind auch oft mehrere Bälle abgebildet, damit die verschiedenen Spielziele beschrieben werden können.

Das gilt ebenso für die Grafik auf der rechten Seite. Aufgrund der vielen Spielziele können sich unendlich viele und verschiedene Verhaltensweisen und Spielelemente ergeben. Die Grafik versucht auch hier, wieder die wichtigsten und dabei auch mehrere der Elemente zu skizzieren. Entsprechend sind auch auf der rechten Seite unterschiedliche Spielelemente zeitgleich und nebeneinander dargestellt. Sie dienen als Beispiele, an denen sich der Trainer als anzustrebendes Idealbild orientieren kann.

Aus den textlichen Beschreibungen und bildlichen Darstellungen wird deutlich, dass die Kreisspielformen variabel zu verstehen sind. Die Grafiken sollen Vorstellungen liefern und streben dabei keine Vollständigkeit an. Vielmehr geht es darum, das grundlegende Spielkonzept zur spezifischen Kreisform zu verdeutlichen und die wesentlichen Spielelemente herauszuheben.

3.2 ZENTRALE KREISSPIELFORMEN MIT FOKUS AUF SPIELFÄHIGKEIT UND HANDLUNGSSCHNELLIGKEIT

3.2.1 Spiegelbild

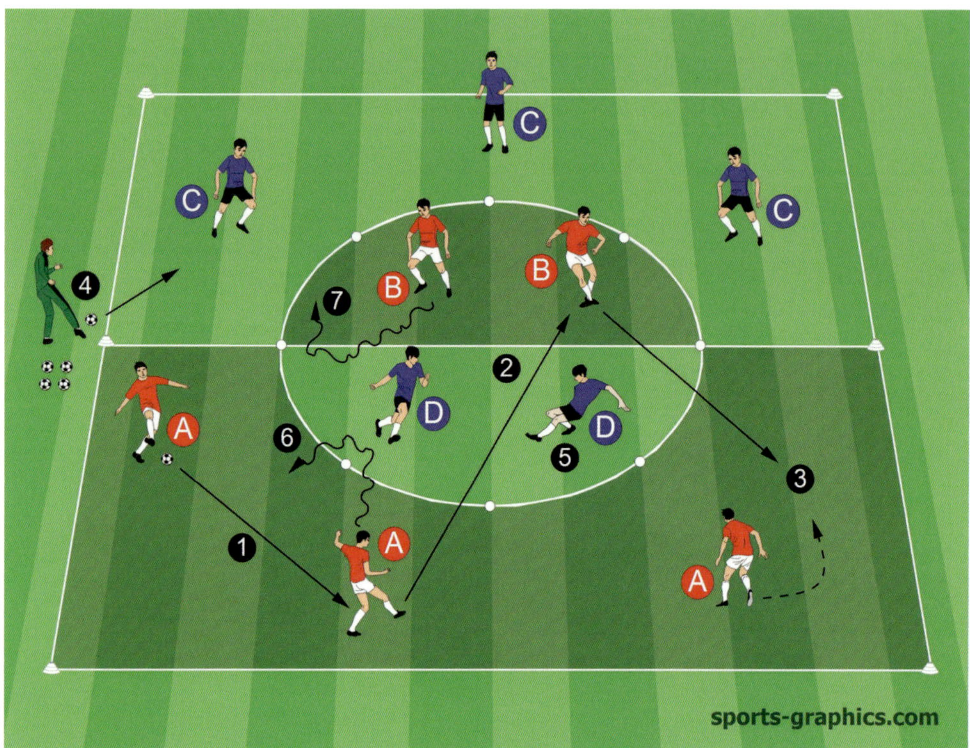

Spielprinzip

In einer 5-gegen-5-Spielform agieren jeweils drei Spieler in den äußeren Randbereichen (vgl. Spieler A/C) und jeweils zwei Spieler in den inneren Feldern (vgl. Spieler B/D). Das ballbesitzende Team versucht, Lücken im gegnerischen Verbund zu öffnen (vgl. 1) und einen Pass auf die zwei Mitspieler in der gegnerischen Hälfte zu spielen (vgl. 2). Ein Punkt wird erzielt, wenn eine Spielfortsetzung durch das Schaffen einer Anspielstation für einen Rückpass (vgl. 3) realisiert wurde. Der Trainer hat die Möglichkeit, ein Zeitlimit zu setzen und nach entsprechender Überschreitung einen neuen Ball ins Spiel zu bringen (vgl. 4). Nach einer Balleroberung bzw. dem Abfangen eines Passes wechselt sofort die Aufgabenstellung und das Spiel läuft ohne Unterbrechung weiter (vgl. 5).

Provokationsregeln, Punktesystem und Varianten

Das Zeitlimit kann auch über eine maximale Passanzahl (vgl. 1) bis zu einem tiefen Pass (vgl. 2) gesetzt werden. Die Bedrohung des Zentrums kann durch weitere Punktewertungen für Dribblings durch die gegnerischen Felder (vgl. 6 und 7) fokussiert werden. Mit jedem neuen Trainerball (vgl. 4) kann das ballabgebende Team zu Positionswechseln gezwungen werden. Die Spieler würden somit automatisch in das jeweils andere Feld wechseln. Als Hinführung und Erleichterung kann jedes Team im freien Passen mit einem eigenen Ball agieren. Somit wird der Gegnerdruck aufgehoben, lediglich fungieren die Spieler des anderen Teams als Störspieler.

3.2.1 Spiegelbild (Fortsetzung)

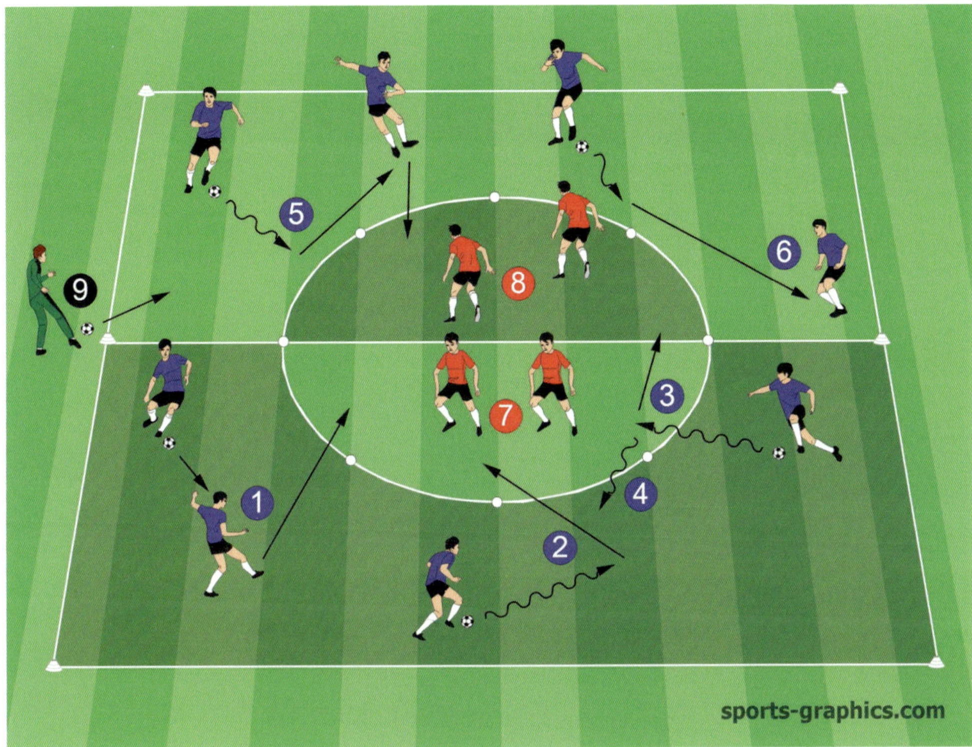

Spielelemente und Verhaltensweisen

Das zentrale Spielziel im Sinne der Realisierung von tiefen Pässen durch die gegnerischen Schnittstellen im Abwehrverbund forciert direkte Pässe, mutiges Anspielen der eigenen zentralen Spieler (vgl. 1) und verschafft dem jeweiligen Passempfänger einen Zeitvorteil für den nötigen Rückpass. Zudem sind verdeckte Pässe gegen die gegnerische Verschiebebewegung (vgl. 2) Erfolg versprechend. Die Bedrohung des Zentrums wird neben dem Passspiel auch über Dribblings mit anschließendem Pass (vgl. 3) oder Abkappen (vgl. 4) angesteuert. Im abgestimmten und gemeinsamen Spiel mehrerer Spieler wird das Andribbeln, Bedrohen und Lückenreißen mit Ablagen zur Seite kombiniert (vgl. 5). Zur Vorbereitung des Spiels durch das Zentrum sind die optimale Raumaufteilung und Distanzpässe sinnhaft (vgl. 6), um den gegnerischen Verbund auseinanderzuziehen. Die beiden Defensivspieler müssen gemeinsam und abgestimmt verschieben (vgl. 7) und sich gegenseitig in Breite und Tiefe staffeln und absichern (vgl. 8). Die Trainerbälle erzeugen kognitiv anspruchsvolle Umschaltmomente (vgl. 9).

Coachingpunkte und Instruktionen

- Bedrohe das Zentrum!
- Blicke in das Zentrum!
- Nutze die Lücken!

3.2.2 Fadenkreuz

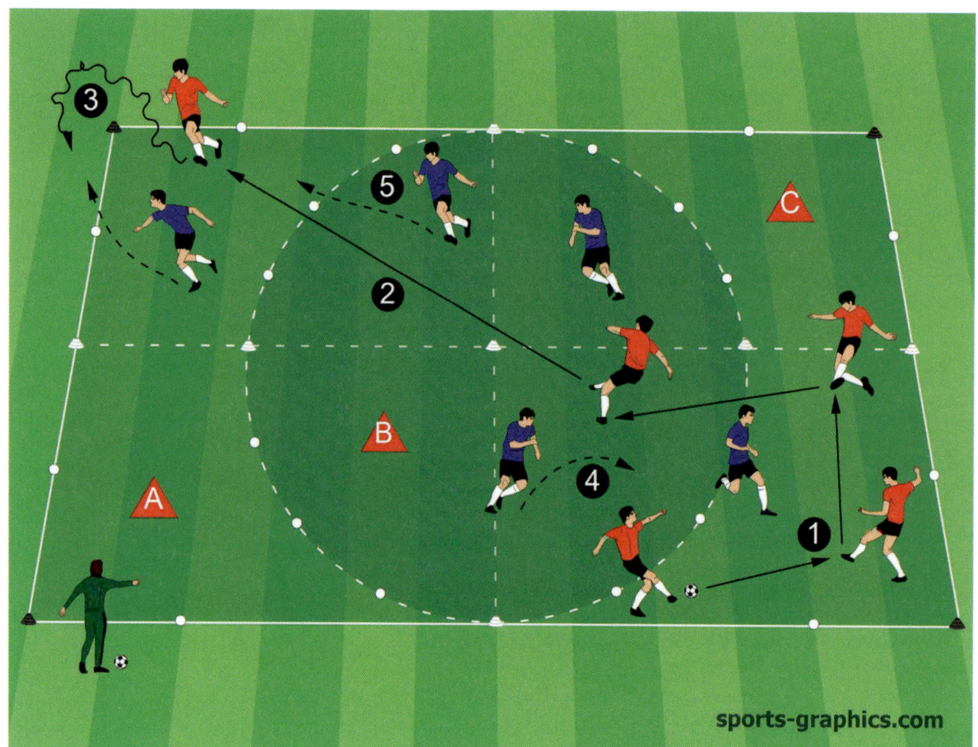

Spielprinzip

Das Feld besteht aus einem inneren Kreis mit vier Sektoren und vier weiteren äußeren Eckfeldern. Die Teams agieren im 5 gegen 5 gegeneinander und können über das Bespielen der Felder nach vorgegebenen Regeln Punkte erzielen. Neben der Fokussierung auf das zentrale Kreisfeld besteht ein weiterführendes Spielprinzip im Wechsel zwischen dem Zentrumspiel (vgl. 2 und 4) und der Möglichkeit des Spiels über die Außenpositionen bzw. Außenbereiche (vgl. 1, 3 und 5).

Provokationsregeln, Punktesystem und Varianten

Das ballbesitzende Team erhält eine Punktewertung, wenn zwei aufeinanderfolgende Pässe in einem der Eckfelder (z. B. Feld A) umgesetzt werden (vgl. 1), ein Diagonalpass aus einem zentralen Kreissektor (z. B. Feld B) in das entfernte Eckfeld (vgl. Feld C) gespielt wird (vgl. 2) oder ein Spieler um ein äußeres Markierungshütchen dribbelt (vgl. 3). Das verteidigende Team ist angehalten, das Zentrum zu stärken (vgl. 4) und auf ausbrechende Aktionen mit Nachschieben (vgl. 5) zu reagieren. Die Punktewertung kann hinsichtlich Spiel im Zentrum oder in den Außenbereichen ausgeweitet und differenziert werden, indem z. B. drei Pässe im zentralen Kreis oder zwei Pässe über äußere Begrenzungslinien als Punktgewinn gewertet werden.

3.2.2 Fadenkreuz (Fortsetzung)

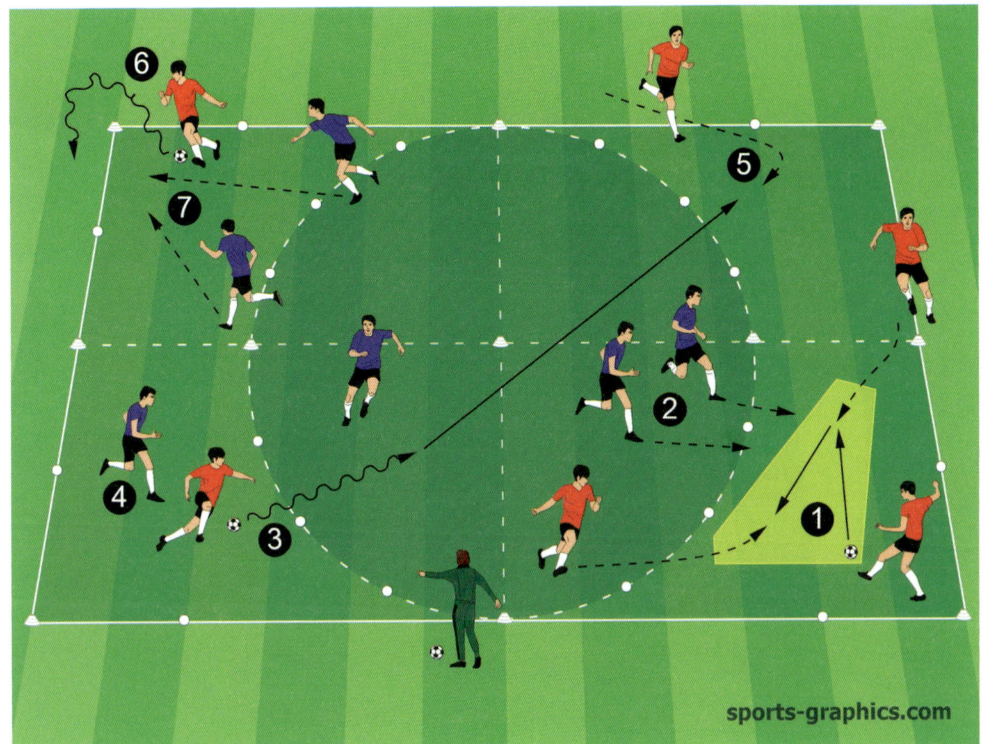

Spielelemente und Verhaltensweisen

Im Zentrum stehen die offensiven und defensiven Spielziele, die mit einer Punktewertung verknüpft sind. Das Defensiv- und Offensivteam muss sich anhand dieser Spielziele aufeinander abgestimmt verhalten und in den entscheidenden Feldzonen Überzahlsituationen herstellen (vgl. 1). Die defensiv agierenden Spieler sind den Spielzielen entsprechend immer zu einer Entscheidungsfindung angehalten und müssen gemäß Spielsituation das Zentrum halten oder Druck auf äußere Bereiche ausüben (vgl. 2). Die ballführenden Spieler sind angehalten, das Zentrum mit Gegnerdruck zu bedrohen (vgl. 3), gleichzeitig den Blick tief zu garantieren, ohne Präzision und Qualität der Technikausführung zu verlieren. Die Defensivspieler müssen spielentscheidende Einzelaktionen der Gegner erkennen und diese verantwortungsbewusst bekämpfen (vgl. 4). Es sollten stets tiefe Anspieloptionen gegeben sein, um Ausstiegsmöglichkeiten zu bieten und Spielziele zu erreichen (vgl. 5). Die individuellen Einzelaktionen im äußeren Feldbereich beinhalten temporeiche Aktionen mit hohem Gegnerdruck (vgl. 6). Speziell in diesen Spielmomenten besteht für das Defensivteam die Möglichkeit, abgestimmt zu doppeln (vgl. 7) und eine Balleroberung zu realisieren.

Coachingpunkte und Instruktionen

- Überzahl herstellen! Dreiecke bilden!
- Wegdribbeln! Nachschieben!
- Tiefer Blick ins Zentrum!

3.2.3 Diskus

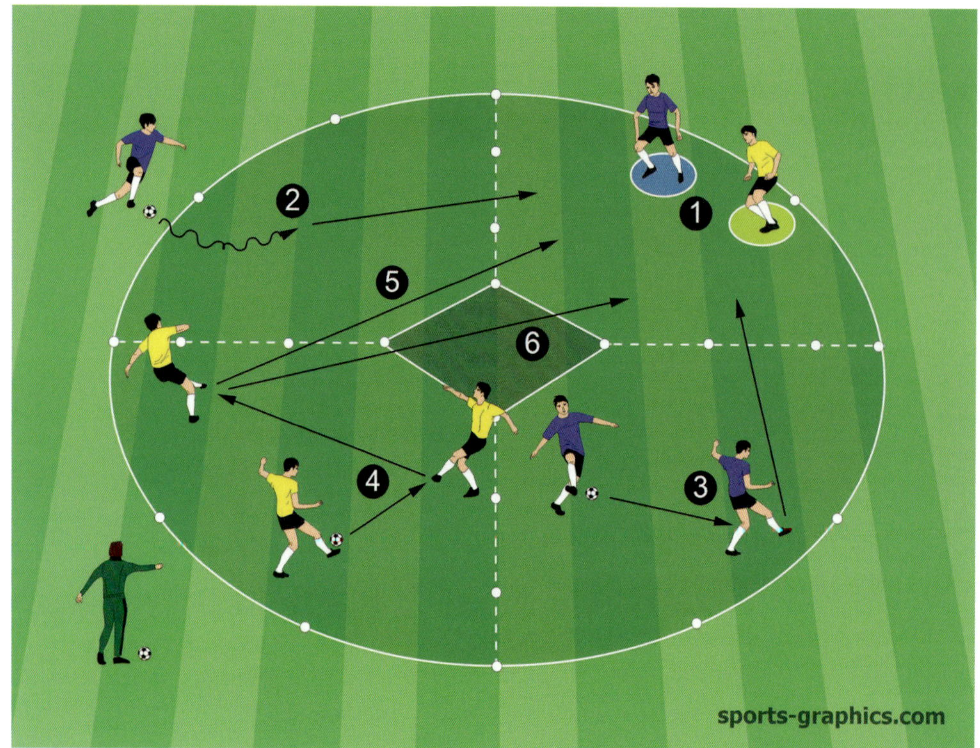

Spielprinzip

Das Kreisfeld ist mit einer Raute im Zentrum in vier Sektoren aufgeteilt. Die beiden Teams agieren gegeneinander und das ballbesitzende Team versucht, über das Bespielen der verschiedenen Felder vorgegebene Spielziele zu erfüllen und dadurch Punkte zu sammeln. Die Spielziele orientieren sich am Hochspielen, Überspielen und tiefen Distanzpässen.

Provokationsregeln, Punktesystem und Varianten

Die Teams erzielen Punkte, indem ein tief positionierter Mitspieler (vgl. 1) entweder aus einem angrenzenden Sektor oder dem entfernten Sektor angespielt wurde. Der Pass aus einem angrenzenden Sektor ist nach einem Dribbling von außen in den Kreis (vgl. 2) oder nach einem Pass innerhalb des Sektors (vgl. 3) möglich. Ein Pass aus einem entfernten Sektor ist nur nach drei Pässen innerhalb des Sektors möglich (vgl. 4). Der Pass aus einem entfernten Sektor kann neben dem zentralen Rautenfeld (vgl. 5) oder durch das Feld erfolgen (vgl. 6). Das zentrale Rautenfeld und die Begrenzungslinien der einzelnen Sektoren können für weitere Punktewertungen eingesetzt werden. Zur Forcierung individueller Handlungen können Punktewertungen aufgerufen werden, durch die das Rautenfeld durchdribbelt oder eine Begrenzungslinie überdribbelt wird. Hingegen würde gruppentaktisches Verhalten provoziert, wenn mehrere Begrenzungslinien in Folge bespielt werden müssten.

3.2.3 Diskus (Fortsetzung)

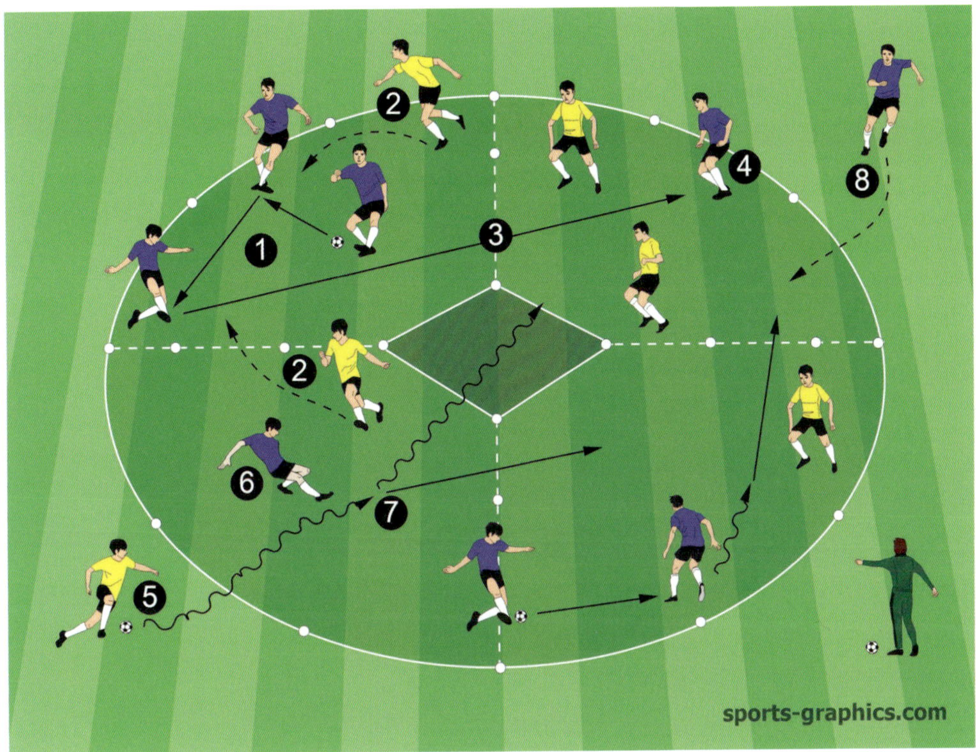

Spielelemente und Verhaltensweisen

Das ballbesitzende Team erreicht durch das Schaffen von Überzahlsituationen in entscheidenden Spielzonen (vgl. 1) das Binden von Gegnern (vgl. 2) und somit eine optimale Grundlage für die Erreichung der Spielziele. Die Spielziele forcieren das Wechselspiel zwischen kurzen und langen, raumöffnenden Pässen (vgl. 1 und 3). Dafür sind eine tiefe Anspielmöglichkeit und das Anbietverhalten auf Lücke notwendig (vgl. 4). Grundsätzlich ist die Fokussierung auf das Zentrum verlangt (vgl. 5). Zudem sind ballbesitzende und verteidigende Spieler aufgrund der vielfältigen Spielziele unter ständigem Entscheidungsdruck (vgl. 2). Weiterführend ist auch das Anbietverhalten stets an der Punktewertung ausgerichtet und entsprechend zielorientiert (vgl. 8).

Coachingpunkte und Instruktionen

- Überzahl schaffen! Überzahl nutzen!
- Tiefe Anspielmöglichkeiten schaffen!
- Auf Lücke stehen!

3.2.4 Halbmond

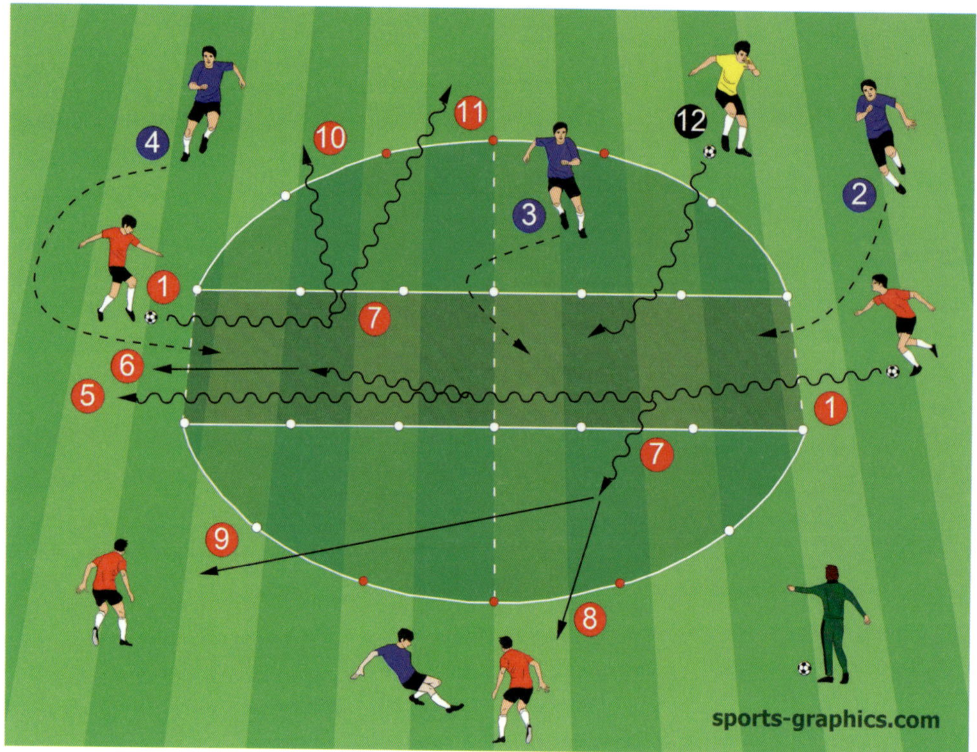

Spielprinzip

Das zentrale Kreisfeld ist durch eine Mittellinie und einen zentralen Schlauch bzw. Tunnel gekennzeichnet. Der Tunnel darf nur mit Ball am Fuß bespielt oder belaufen werden. Es spielen zwei Teams gegeneinander, mit dem Ziel, von außen in den zentralen Tunnel über ein Dribbling einzusteigen (vgl. 1) und im Anschluss mit verschiedenen Handlungsoptionen eine Punktewertung zu erzielen. Vom verteidigenden Team darf ein Spieler entweder hinter dem Ballführer (vgl. 2), vor dem Ballführer über die Mittellinie (vgl. 3) oder vor dem Ballführer über den gegenüberliegenden Einstieg (vgl. 4) ebenfalls in den Korridor einsteigen, um den Ballführer bei der Erreichung von vorgegebenen Spielzielen zu behindern. Zur Vereinfachung ist es ratsam, auch alternative Einstiegsmöglichkeiten zuzulassen (vgl. 12).

Provokationsregeln, Punktesystem und Varianten

Ein erfolgreiches Dribbling durch den kompletten Tunnel (vgl. 5) führt ebenso wie ein Dribbling mit anschließendem Pass durch den kompletten Tunnel (vgl. 6) zum Punktgewinn. Bei zu hohem Gegnerdruck besteht für die Ballführer stets die Möglichkeit, auszusteigen (vgl. 7), um einen Ballverlust zu verhindern. Nach einem Ausstieg ist trotzdem eine Punktewertung möglich, wenn als Anschlussaktion ein Kurzpass aus dem Kreissektor heraus (vgl. 8), ein langer Pass aus dem Kreissektor heraus (vgl. 9), ein kurzes Dribbling aus dem Kreissektor (vgl. 10) oder ein langes Dribbling aus dem Kreissektor durch die zentralen Hütchentore (vgl. rote Markierungshütchen) erfolgt (vgl. 11). Weiterführend können auch Punktewertungen mit individuellen Technikaktionen (z. B. Finte in einem Kreissektor (vgl. 7) nach Ausstieg) verbunden werden. Zur Verschärfung und Intensivierung können Ballverluste mit einer Teamstrafe belegt werden.

3.2.4 Halbmond (Fortsetzung)

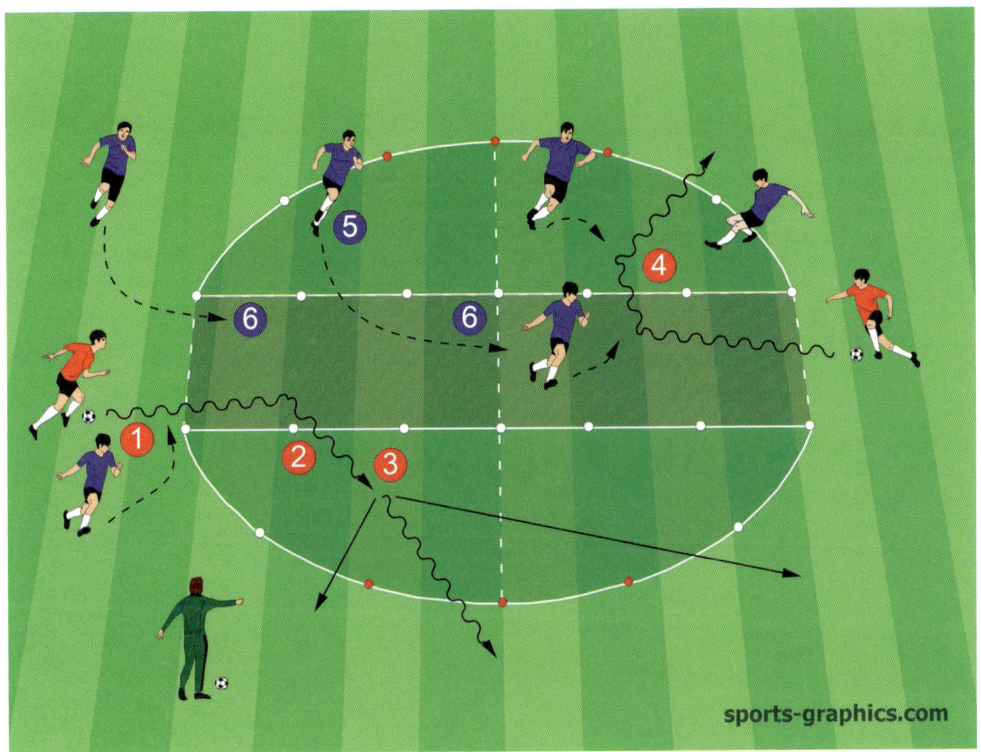

Spielelemente und Verhaltensweisen

Die ballführenden Offensivspieler sind aufgefordert, mutige Dribblings auch unter hohem Gegnerdruck und gegen Widerstände durchzuziehen (vgl. 1). Dabei besteht stets die Möglichkeit, abzubrechen oder auszusteigen (vgl. 2) und diese Option bewusst und bei zu großer Gefahr eines Ballverlusts im Sinn einer Ballsicherung zu ziehen. Der Ausstieg ist dabei mit weiteren und hierarchisch angelegten Spielzielen belegt, sodass auch nach einem Ausstieg das Ziel einer Punktewertung mit diversen Handlungsoptionen weiterverfolgt werden sollte (vgl. 3). Grundsätzlich geht es um technisch feine Ausführungen unter hohem Gegnerdruck in 1-gegen-1-Situationen. Die Defensivspieler sind unterdessen ständig angehalten und aufgefordert, strategisch wertvolle Spielpositionen zu erkennen und zu besetzen (vgl. 5). Speziell der Einstieg und die Aktivierung des einzelnen Verteidigers zur Verhinderung des Punktgewinns durch den Ballführer erfordert sinnvolle Absprachen und entsprechend abgestimmte Entscheidungen (vgl. 6).

Coachingpunkte und Instruktionen

- Mutig sein! Ziehe deinen Lauf durch!
- Sichere den Ball! Steige seitlich aus!
- Verfolgen und jagen!

3.2.5 Panorama

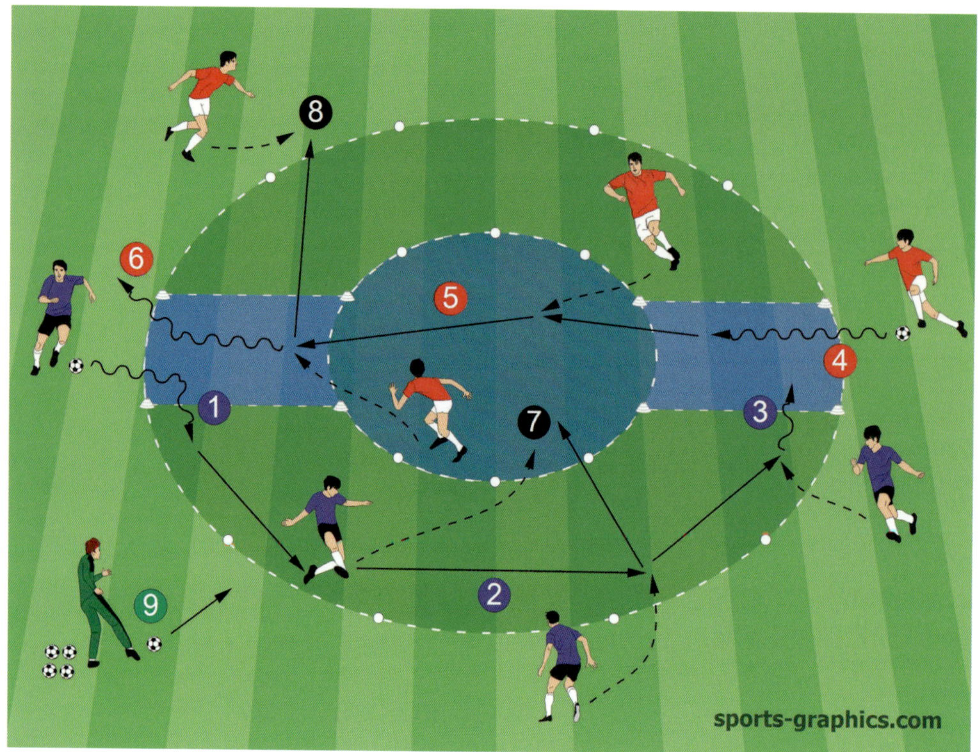

Spielprinzip

Das Spielfeld ist durch einen zentralen Kreis mit zwei Korridoren gekennzeichnet. Dadurch ergeben sich zwei Randbereiche (vgl. grüne Halbringe). Diese Halbringe beschreiben entscheidende Zonen zur Erreichung von Punktewertungen.

Provokationsregeln, Punktesystem und Varianten

Das ballführende Team versucht, im Dribbling oder durch einen Pass über einen Korridor in einen der beiden Halbringe einzusteigen (vgl. 1) und diesen dann durch Dribblings oder Pässe (vgl. 2) zu durchspielen, um in den gegenüberliegenden Korridor wieder auszusteigen (vgl. 3). Zudem besteht die Option, nach Einstieg (vgl. 4) das Zentrum zu durchspielen (vgl. 5 und 6). Während des Angehens dieser beiden Spielziele ist jederzeit der Ausstieg zur Ballsicherung nach innen (vgl. 7) oder außen (vgl. 8) möglich. Der zentrale Kreis kann als Verlagerungsfeld genutzt werden. Ein Pass aus einem Halbkreis in das Feld mit anschließender Weiterleitung in den gegenüberliegenden Halbkreis könnte entsprechend mit einer Punktewertung belegt sein. Weitere Spielziele können in Form mehrerer Pässe (z. B. zwei oder drei Pässe in Folge) in einer bestimmten Zone (vgl. zentraler Kreis, Randbereiche oder Außenzonen) bestimmt werden.

3.2.5 Panorama (Fortsetzung)

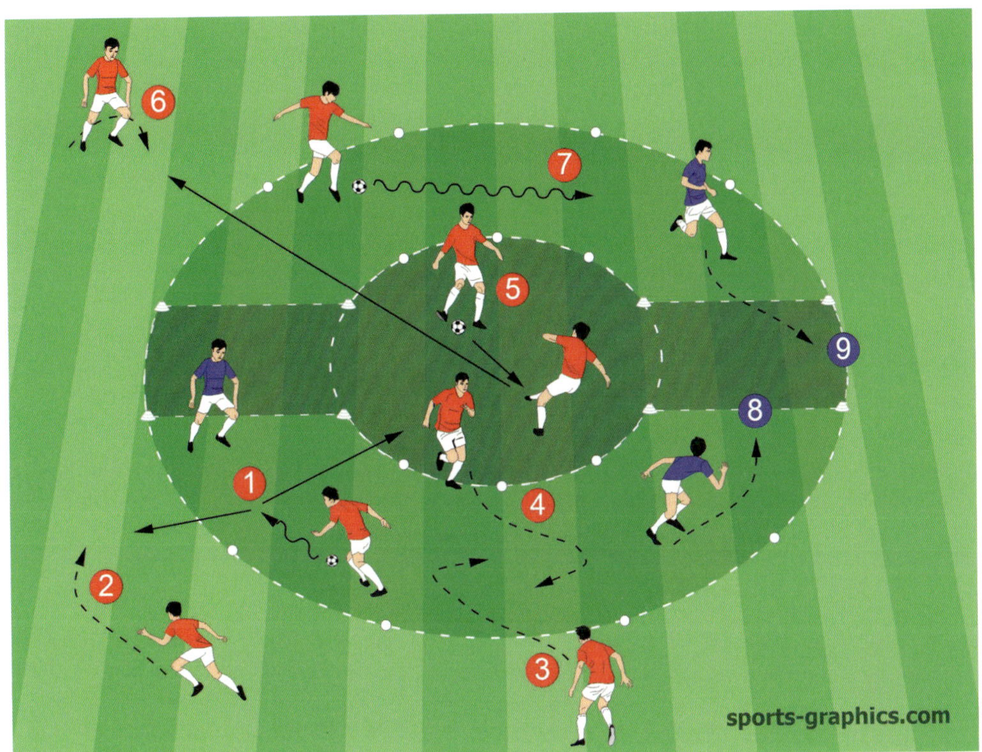

Spielelemente und Verhaltensweisen

Die verschiedenen taktischen Handlungsoptionen den unterschiedlichen Spielzielen gemäß erfordern von den ballführenden Spielern ständig sinnvolle und situationsadäquate Entscheidungen (vgl. 1). Das Anbiet- und Freilaufverhalten ist in besonderem Maße gefordert (vgl. 2), um dem Ballführer bei Gegnerduck Lösungsmöglichkeiten anzubieten. Dabei wird das Anbietverhalten in das Zentrum (vgl. 3) und aus dem Zentrum (vgl. 4) mit offenen Spielstellungen verknüpft und trainiert. Weitere Schwerpunkte während der Ballbesitzphasen liegen in der Umschaltfähigkeit zwischen kurzen und langen Pässen (vgl. 5), der dazu notwendigen Schaffung von tiefen Anspielpunkten (vgl. 6) sowie dem Ausnutzen von freien Räumen durch mutige, schnelle und raumüberwindende Tempodribblings (vgl. 7). Im Defensivverbund gegen den Ball ist es entscheidend, dass die spieltaktisch wichtigen und entscheidenden Zonen situationsgerecht zugestellt, besetzt und zugelaufen werden (vgl. 8 und 9).

Coachingpunkte und Instruktionen

- Dribbling oder Pass? Entscheide dich!
- Biete dich in offener Stellung an!
- Nutze die Lücken!

3.2.6 Wirbelsturm

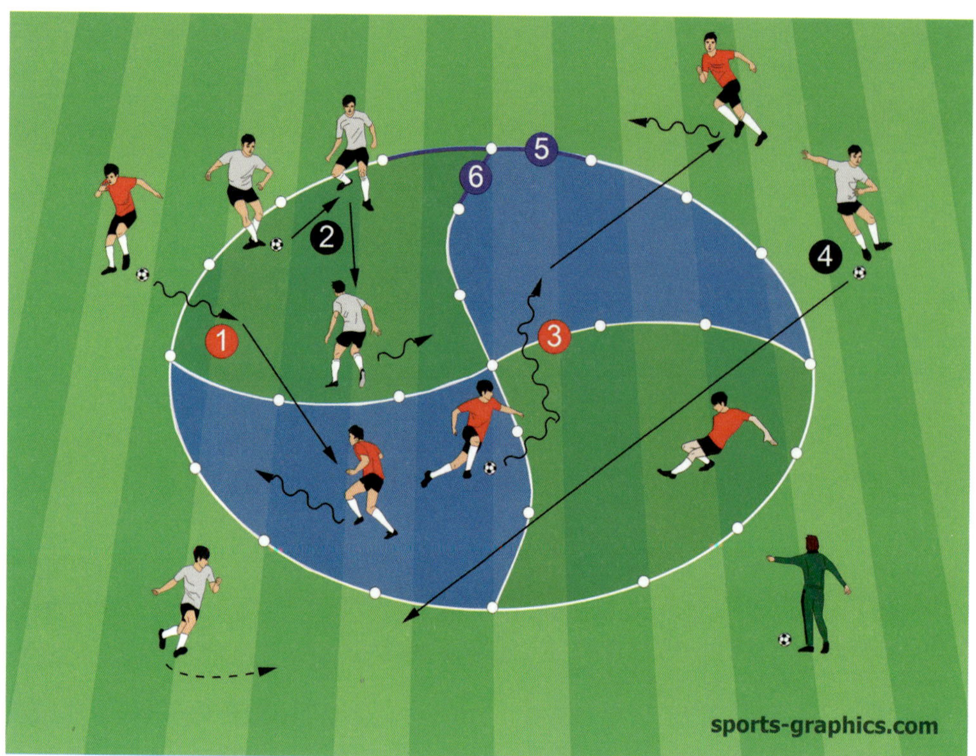

Spielprinzip

Das zentrale Kreisfeld ist aus dem Zentrum heraus mit geschwungenen Linien in vier Sektoren geteilt. Auf der Grundlage dieser vier Sektoren und den dazugehörigen Verbindungslinien werden variable Spielziele formuliert und vom ballbesitzenden Team angesteuert.

Provokationsregeln, Punktesystem und Varianten

Das ballführende Team erreicht eine Wertung, wenn ein ballbesitzender Spieler von außen in den Kreis dribbelt und einen Pass auf einen Mitspieler in einem benachbarten Sektor spielt (vgl. 1), wenn zwei Pässe mit drei Spielern in einem Kreissektor realisiert werden (vgl. 2), wenn ein Dribbling über zwei Linien innerhalb des Kreises mit einem Pass aus dem Kreis heraus kombiniert wird (vgl. 3) oder wenn ein Pass durch den Kreis über zwei Linien (vgl. 4) gespielt wird. Die Spielziele können differenziert und gesteigert werden, indem der Pass über zwei Linien (vgl. 4) zwischen zwei Gegnern hindurchgespielt sein muss oder dem Dribbling über zwei Linien innerhalb des Kreises ein Pass auf einen ebenfalls im Kreis positionierten Spieler folgen muss (vgl. 3). Weiterführend können die Endpunkte der Verbindungslinien (vgl. 5 und 6) als Hütchentore genutzt werden, durch die eine mehrfache Punktewertung erreicht werden kann. So können allen Spielzielen technisch orientierte Anschlussaktionen angeschlossen werden. Eine doppelte Wertung könnte durch ein einfaches Dribbling (vgl. 5) aus dem Kreis heraus und eine dreifache Wertung könnte durch eine Dribblingkombination (vgl. 5 und 6) erzielt werden.

3.2.6 Wirbelsturm (Fortsetzung)

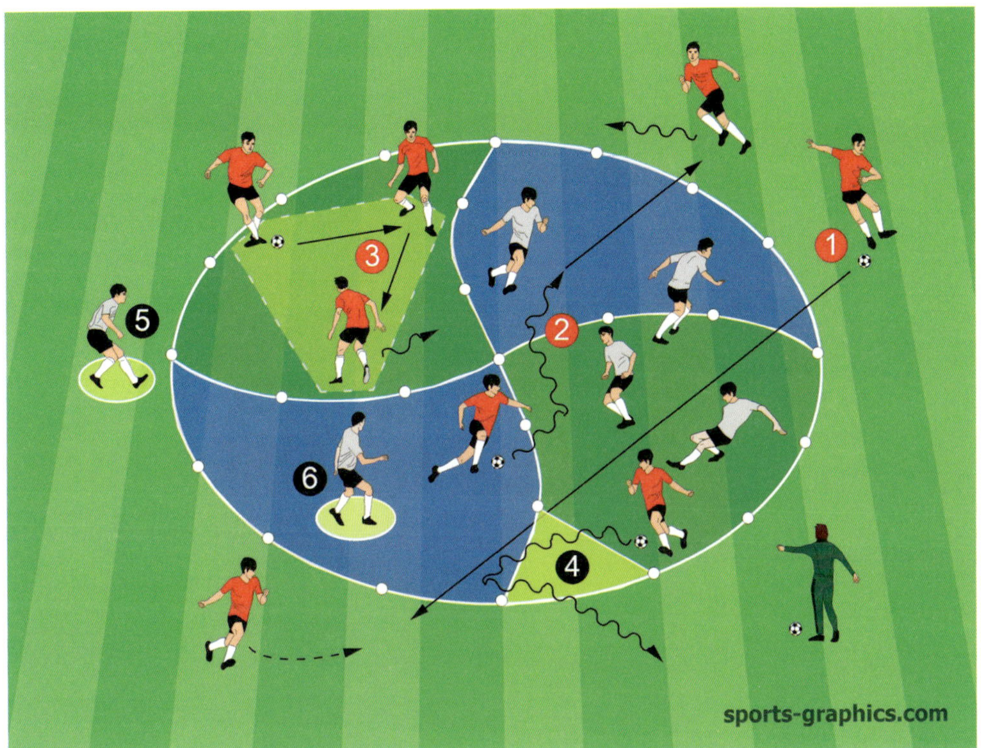

Spielelemente und Verhaltensweisen

Das grundsätzlich stark zu besetzende Zentrum wird vom ballbesitzenden Team nach Möglichkeit mit langen Pässen bewegt und auseinandergezogen oder sogar durch Lücken überspielt (vgl. 1). Die technischen Individualaktionen in engen Räumen sollten beidfüßig angenommen werden (vgl. 2) und unter der Option des öffnenden Passes mutig angesteuert werden. Das Verdichten und Schaffen von Überzahlsituationen wird speziell in den Räumen der vier Kreissektoren zielgerichtet und zonenorientiert abgefragt (vgl. 3). Die Möglichkeit, über die Endpunkte der Verbindungslinien, kleine Zonen zu definieren (vgl. 4), bietet Raum für präzises Tempodribbling mit Richtungswechseln unter Gegnerdruck. Das Einnehmen von spieltaktisch sinnvollen Offensiv- und Defensivpositionen ist in jeder Spielphase wichtig (vgl. 5 und 6).

Coachingpunkte und Instruktionen

- Laufe auf dem Vorderfuß!
- Bewege dich mit Ball schnell!
- Orientiere dich am Spielziel!

3.2.7 Propeller

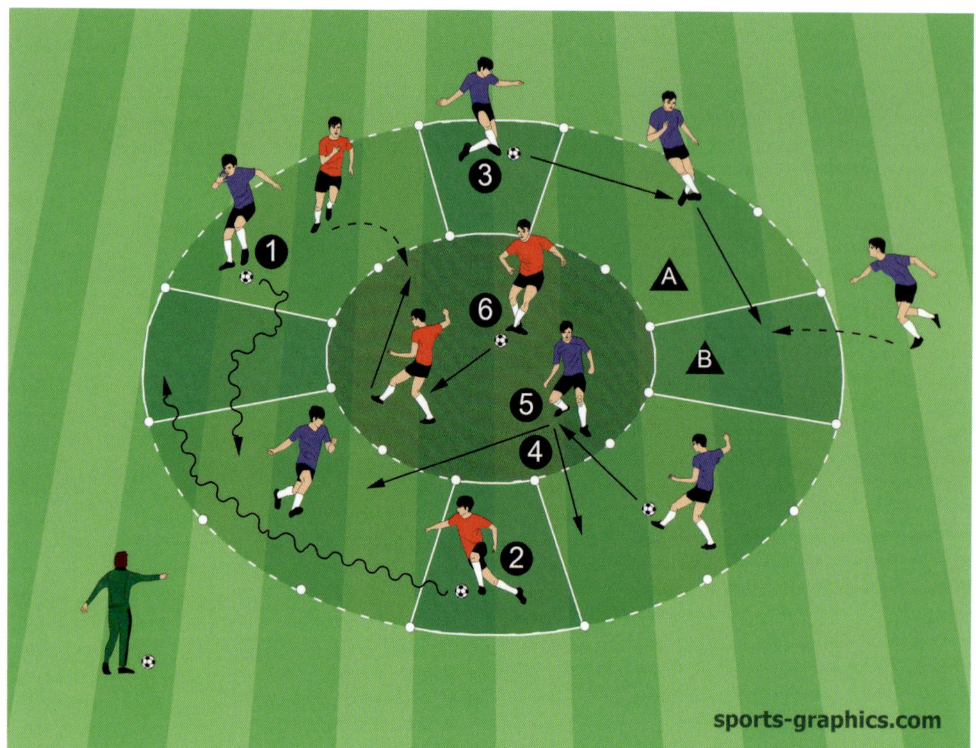

Spielprinzip

Das Kreisfeld besteht aus einem inneren Zentrum und breiten Korridoren (vgl. Zone A) und schmalen Korridoren (vgl. Zone B). Es agieren zwei Teams gegeneinander; sie versuchen, bei Ballbesitz unterschiedlichste Spielziele mit festgelegter Punktewertung zu erreichen.

Provokationsregeln, Punktesystem und Varianten

Ein individuelles Dribbling durch einen schmalen Korridor (vgl. 1) wird einfach und ein Dribbling durch einen breiten Korridor (vgl. 2) wird doppelt gewertet. Das Passspiel von einem kleinen Korridor in einen nächsten kleinen Korridor (vgl. 3) wird ebenso mit einem Punkt belohnt, wie ein Rückpass (vgl. 4) oder Spiel über den Dritten (vgl. 5) unter Einbezug des zentralen Kreisfeldes. Zwei aufeinanderfolgende Pässe im Zentrum (vgl. 6) werden aufgrund der Raummenge doppelt gewertet. Die individuellen und gruppenorientierten Spielziele können unabhängig voneinander oder gleichzeitig gelten. Je nach Schwerpunkt sollte das gewünschte Verhalten mit mehrfacher Punktewertung belegt sein, aber trotzdem mit sicheren Pässen vorbereitet werden. Das Zentrum kann auch genutzt werden, um lange Pässe durch den inneren Kreis hervorzurufen oder um ein individuelles Dribbling zu provozieren.

3.2.7 Propeller (Fortsetzung)

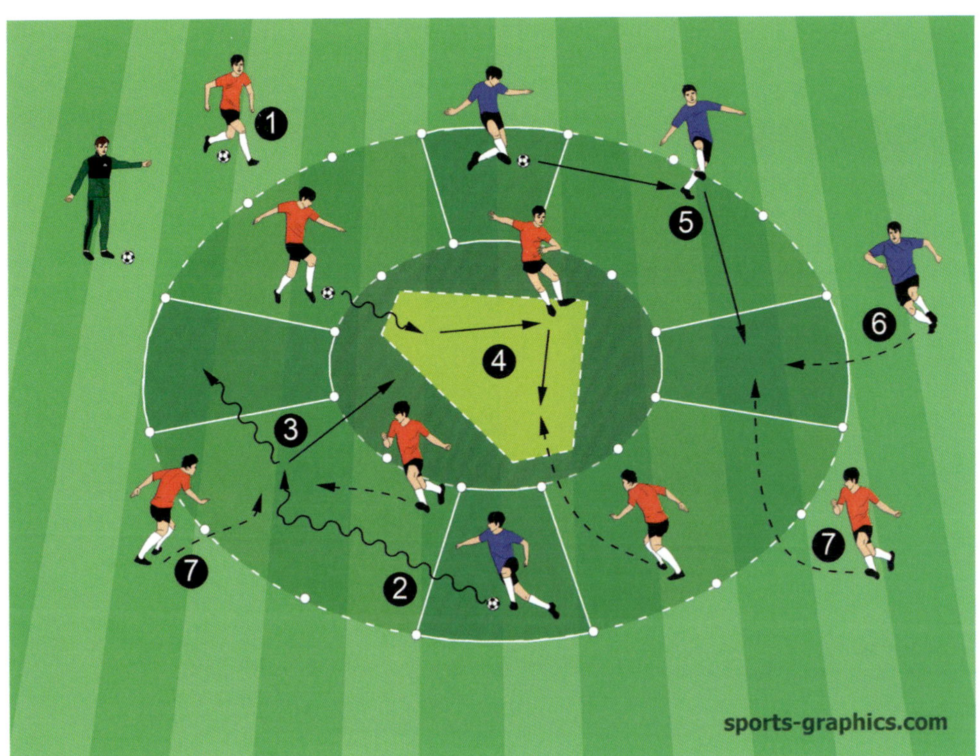

Spielelemente und Verhaltensweisen

Die ballführenden Spieler sind angehalten, ständig das Zentrum und die darin positionierten Spieler zu fokussieren und im Blick zu behalten (vgl. 1). Die individuellen Spielziele sind mit beherztem Dribbling und oft nur nach Gegnerüberwindung zu erreichen (vgl. 2). Dabei sollten die Spieler auch immer alternative Spielziele beachten und kluge Entscheidungen in Bezug auf die Realisierung des aktuellen Spielziels oder bezüglich Ausstieg und Ballsicherung bzw. Änderung des Spielziels treffen (vgl. 3). Das Zentrum als spielentscheidende Zone sollte nach Möglichkeit mit Überzahl besetzt sein (vgl. 4). Die Ausführung der Passtechniken ist präzise und temporeich gefordert (vgl. 5), um ein aktuell anvisiertes Spielziel zu erreichen. Dafür ist abgestimmtes und zielorientiertes Freilaufverhalten nötig (vgl. 6). In der Defensive ist es entscheidend, dass spieltaktisch entscheidende Spielzonen erkannt und besetzt werden, um die Gegner am Punktgewinn zu hindern (vgl. 7).

Coachingpunkte und Instruktionen

- Präzision in der Technik!
- Fokussiere das Spielziel!
- Zentrum stärken!

3.2.8 Sonnenrad

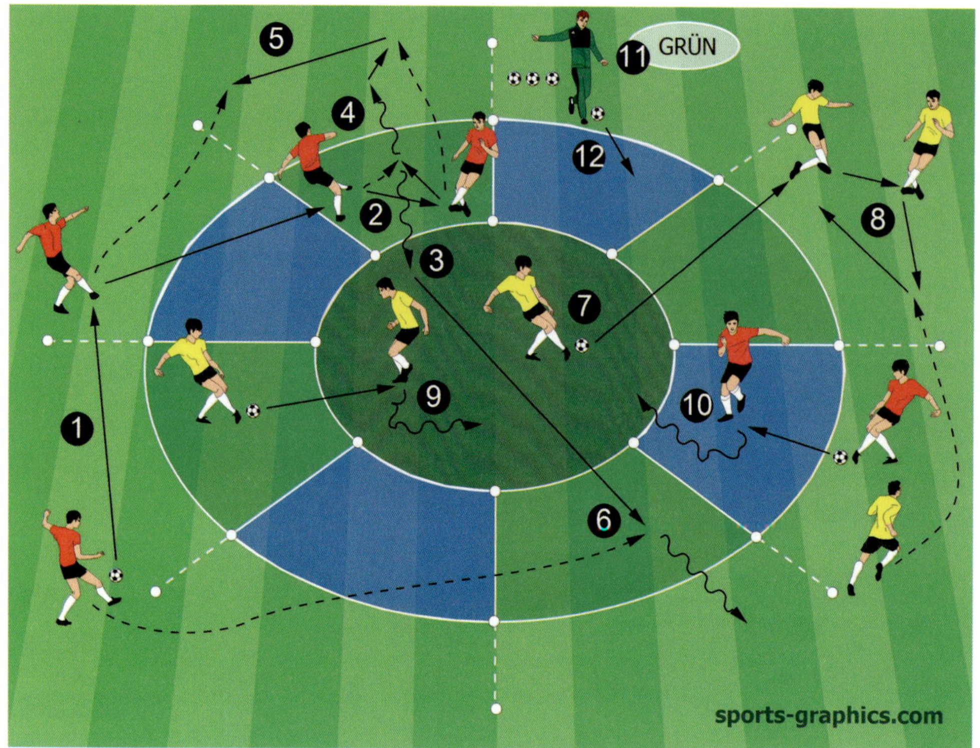

Spielprinzip

Das Feld besteht aus einem zentralen Kreis und mehreren gebogenen Kreissegmenten (vgl. grüne und blaue Felder). Die Spieler haben die Möglichkeit, durch sicheres Passspiel in den Außenzonen ihr Spiel aufzubauen (vgl. 1) und über verschiedene Zonen Punkte zu erzielen.

Provokationsregeln, Punktesystem und Varianten

Eine Differenzierung erfährt die Spielform, indem jedem Team entweder die grünen oder blauen Zonen zugeordnet werden oder der Trainer mit jedem Einspiel die aktuell zu bespielenden Felder benennt (vgl. 11). Durch die Vorgabe von direkten Pässen im Rahmen der Kombinationen zur Punktewertung (vgl. 2 und 8) kann mit Präzisionsdruck gearbeitet werden. Eine Punktewertung wird erzielt, wenn in einem Kreissegment zwei Pässe gespielt werden (vgl. 2) und danach das Segment im Dribbling nach innen (vgl. 3) oder nach außen (vgl. 4) verlassen wird. Um eine doppelte Wertung zu erreichen, muss das ballführende Team noch einen Pass im angrenzenden Spielfeld (vgl. 5) oder im gegenüberliegenden Segment anschließen (vgl. 6). Weiterhin wird eine Wertung erzielt, wenn nach einem Pass aus dem Zentrum (vgl. 7) ein Außenbereich mit drei Pässen bespielt wird (vgl. 8) oder sich ein Spieler im Zentrum erfolgreich aufdreht (vgl. 9) und das Spiel in Spielrichtung fortgesetzt wird. Das Aufdrehen kann auch entgegengesetzt in Richtung Zentrum umgesetzt werden (vgl. 10). Mit jedem neuen Trainerball wird die Umschaltfähigkeit angesprochen (vgl. 12).

3.2.8 Sonnenrad (Fortsetzung)

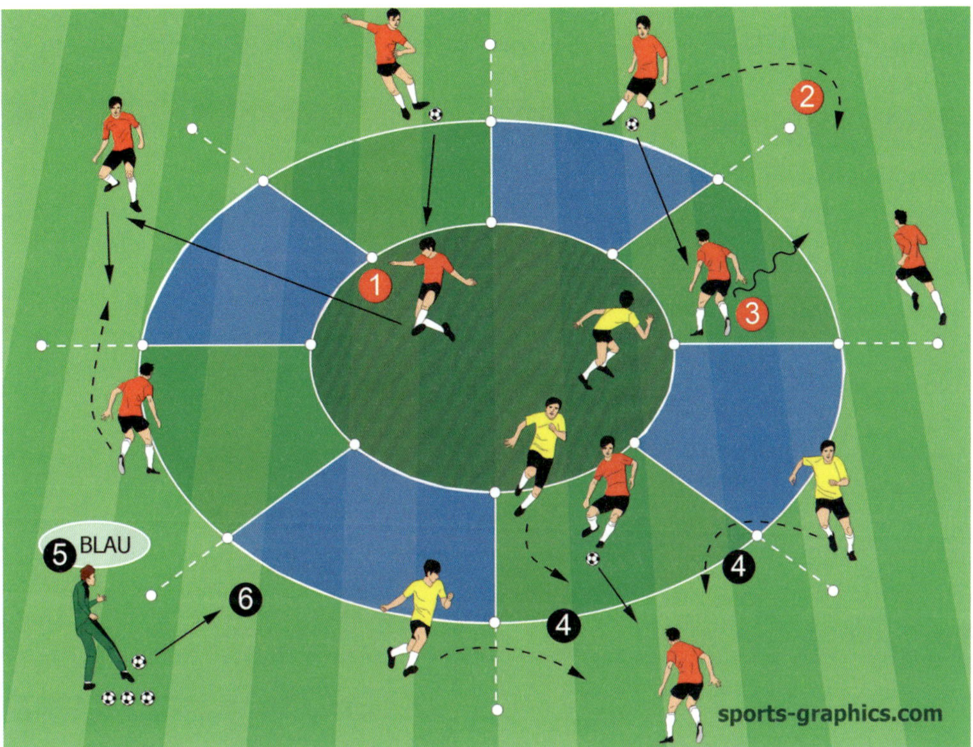

Spielelemente und Verhaltensweisen

Die Spielform beinhaltet das ständige Treffen von spieltaktischen Entscheidungen. Die Spieler sind permanent angehalten, die taktisch richtigen und Erfolg versprechenden Lösungswege einzuschlagen, um sich bietende Möglichkeiten zu nutzen und schnell Punktewertungen zu erzielen (vgl. 1). Dabei ist das Anbiet- und Freilaufverhalten mit dem Anzeigen von Laufwegen (vgl. 2) ebenso wichtig wie die permanente Unterstützung durch Coaching und helfende Kommandos. Speziell im zentralen Bereich sind ständige Schulterblicke und peripheres Sehverhalten nötig (vgl. 3), um auch unter hohem Gegnerdruck richtige Entscheidungen treffen zu können. Im Defensivverbund ist das gemeinsame Verdichten und vor allem das Nachschieben in die äußeren Feldbereiche zur Verhinderung gegnerischer Punkte elementar (vgl. 4). Neu eingespielte Trainerbälle und variable Trainerkommandos stellen die Spieler permanent vor sich verändernde Spielsituationen und halten zum ständigen Wahrnehmen, Reagieren und Orientieren an (vgl. 5 und 6).

Coachingpunkte und Instruktionen

- Verdichten! Nachschieben!
- Helft euch! Gebt Kommandos!
- Blicke über die Schulter!

3.2.9 Pentagon

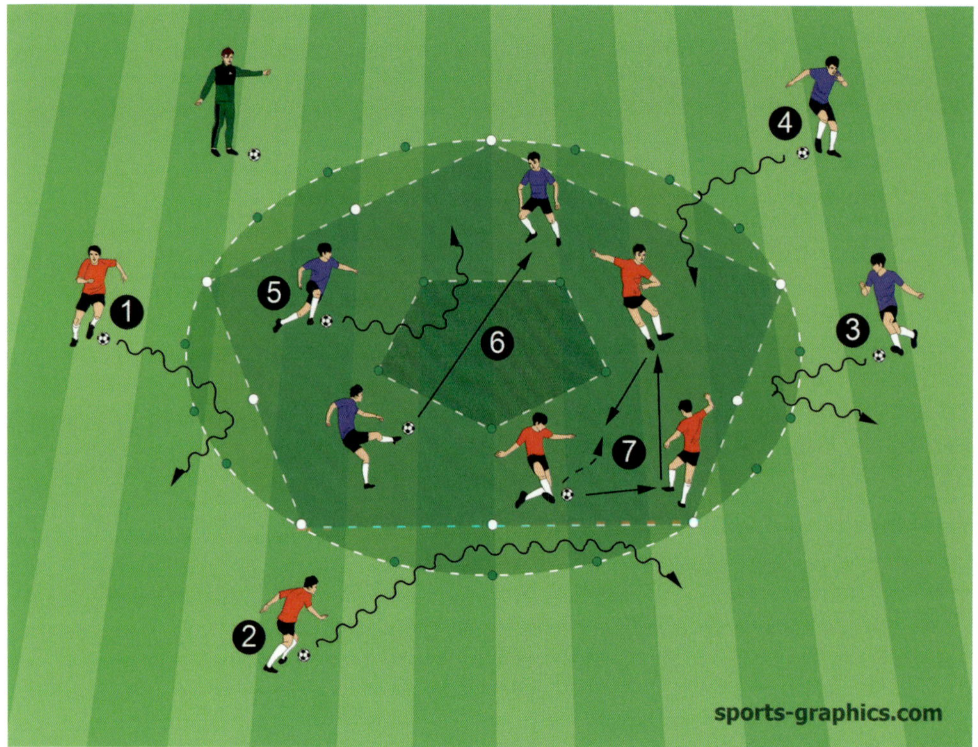

Spielprinzip

Das Spielfeld besteht aus einem inneren Zentrum, einem Ringfeld und fünf kleineren Randfeldern. Das jeweils ballführende Team kann durch individuelle oder gruppenorientierte Spielaktionen eine Punktewertung erzielen.

Provokationsregeln, Punktesystem und Varianten

Im Rahmen der individuellen Aktionen kann gepunktet werden, indem ein Spieler im Dribbling von außen in einen Randbereich einsteigt und ein Markierungshütchen (vgl. 1) oder zwei Markierungshütchen (vgl. 2) umdribbelt und anschließend das Feld wieder nach außen verlässt. Weiterhin kann durch eine Finte in einem der Randbereiche bei Spielfortsetzung nach außen (vgl. 3) oder nach innen (vgl. 4) gepunktet werden. Durch ein individuelles Dribbling durch das zentrale Feld (vgl. 5) kann eine doppelte Wertung erzielt werden. Das Zentrum kann ebenso mit einem Pass erfolgreich bespielt werden (vgl. 6). Weiterhin kann im Ringfeld durch eine Passkombination mit mindestens drei Pässen gepunktet werden (vgl. 7). Die individuellen Dribblingaktionen können durch das Hinzufügen einer Anschlusshandlung in Form eines Passes intensiviert werden. Über die Variation der Punktewertungen kann die Wertigkeit individueller oder gruppentaktischer Aktionen je nach Trainingsschwerpunkt angepasst und beeinflusst werden.

3.2.9 Pentagon (Fortsetzung)

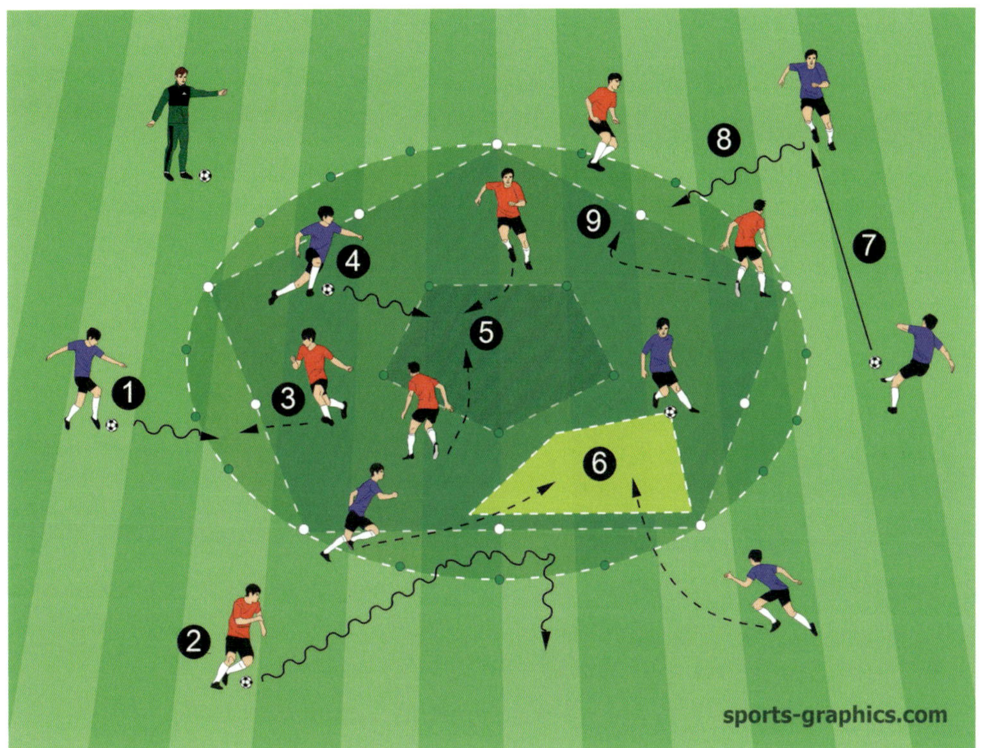

Spielelemente und Verhaltensweisen

Die ballführenden Spieler befinden sich ständig unter Entscheidungsdruck in Relation zum anvisierten Spielziel und der aktuellen Gegnerstellung (vgl. 1). Die individuellen Technikaktionen verlangen hohe Präzision auch unter Gegnerdruck in engen Räumen (vgl. 2). Im Randbereich sind die Defensivspieler ständig aufgefordert, Distanzen zu verkürzen, Ballbesitzer anzulaufen und nachzuschieben (vgl. 3). Grundsätzlich soll in Ballbesitz das Zentrum bedroht werden (vgl. 4). Entsprechend gilt es für die Defensive, diesen Bereich zu schützen und zu stärken (vgl. 5). Das Schaffen von Überzahlsituationen in strategisch wertvollen Spielzonen (vgl. 6) ist ebenso Erfolg versprechend wie vorbereitendes Passspiel in den Außenbereichen (vgl. 7). Das Ausnutzen sich bietender Lücken (vgl. 8) stellt Gegenspieler unter Zugzwang und ruft Tiefenstaffelung und gegenseitige Absicherung des Defensivteams hervor (vgl. 9).

Coachingpunkte und Instruktionen

- Nachschieben! Verdichten! Staffeln!
- Präzise Technikausführung!
- Gemeinsam agieren!

3.2.10 Pentagramm

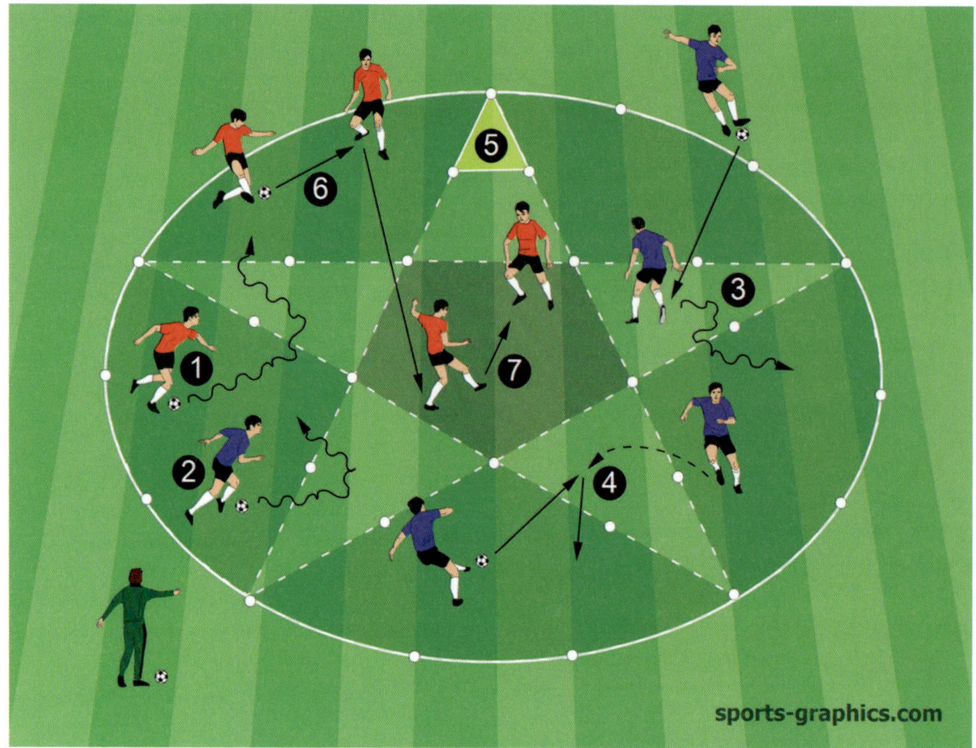

Spielprinzip

Das Spielfeld ist durch ein Sternfeld und entsprechende Randbereiche gekennzeichnet. Das ballbesitzende Team kann in den Sternspitzen, den Randbereichen oder im Zentrum nach bestimmten Vorgaben Punktewertungen erzielen.

Provokationsregeln, Punktesystem und Varianten

Eine individuelle Technikaktion führt zu einem Punktgewinn, wenn der ballführende Spieler durch eine Sternspitze mit Ausführung einer Finte dribbelt (vgl. 1), einen Fußwechsel in einer Sternspitze ausführt (vgl. 2), sich nach Passerhalt aufdreht (vgl. 3) oder ein Zuspiel getimt anläuft und direkt zum Passgeber oder auf einen dritten Spieler (vgl. 4) zurückspielt. Eine doppelte Wertung wird erreicht, wenn diese individuellen Technikaktionen in den kleinen Endbereichen der Sternspitzen (vgl. 5) ausgeführt werden. In den Randbereichen (vgl. 6) oder im Zentrum (vgl. 7) kann durch eine vorgegebene Passanzahl gepunktet werden. Im Rahmen der individuellen Technikaktionen (vgl. 1) können bestimmte Finten oder Techniken vorgegeben werden. Die Passanzahl in den Randbereichen und im Zentrum kann variiert werden. Weiterführend können auch in den Randbereichen oder im Zentrum individuelle Aktionen mit Ball abgefragt werden.

3.2.10 Pentagramm (Fortsetzung)

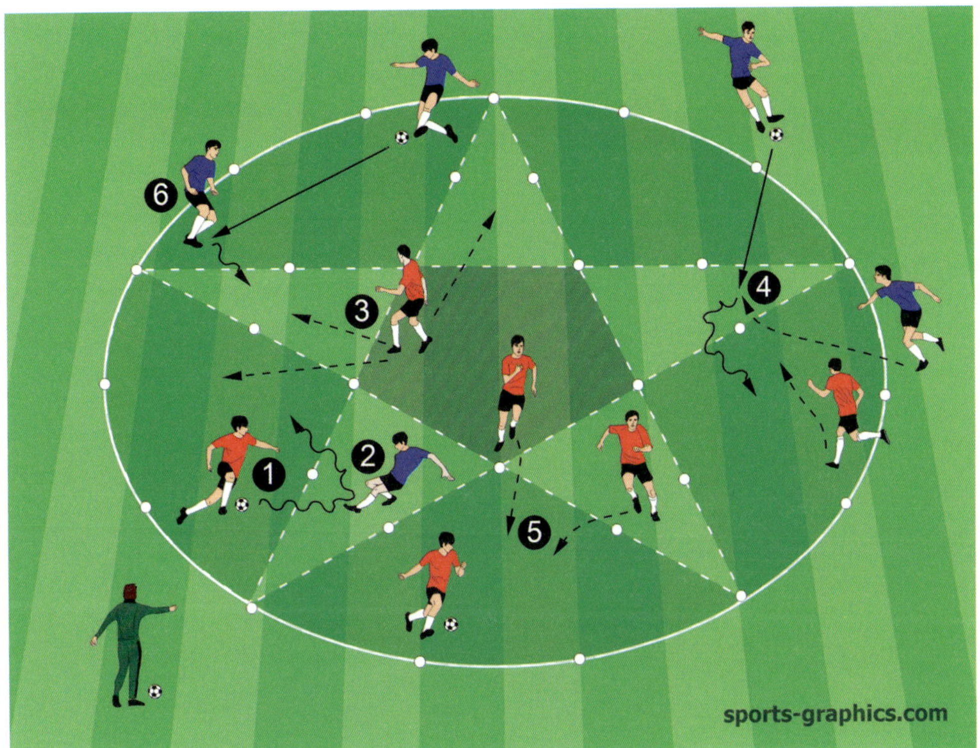

Spielelemente und Verhaltensweisen

Die diversen Spielziele im Rahmen technischer Individualaktionen müssen präzise und unter ständigem Gegnerdruck umgesetzt werden (vgl. 1). Die Vielzahl und Häufigkeit dieser Aktionen ruft aufseiten der verteidigenden Spieler Verantwortung zur Zweikampfführung und Verhinderung von einfachen Punktgewinnen hervor (vgl. 2). Um in der Defensive erfolgreich zu agieren, ist die individuelle Positionierung wichtig und sind entsprechend viele Eingriffsmöglichkeiten entscheidend (vgl. 3). Die Offensivspieler lernen das getimte Anlaufen von bestimmten Räumen (vgl. 4), um die Gegenspieler auf Distanz zu halten und sich Freiräume zu erlaufen. Die Schaffung von Überzahlsituationen in spielentscheidenden Handlungsräumen (vgl. 5) ist ebenso Erfolg versprechend wie die individuelle Positionierung in offenen Stellungen und in unmittelbarer Distanz zu strategisch wertvollen Spielfeldzonen (vgl. 6).

Coachingpunkte und Instruktionen

- Timing im Laufen! Offene Spielstellung!
- Überprüfe deinen Handlungsraum!
- Verbessere deine Spielposition!

3.2.11 Zielscheibe

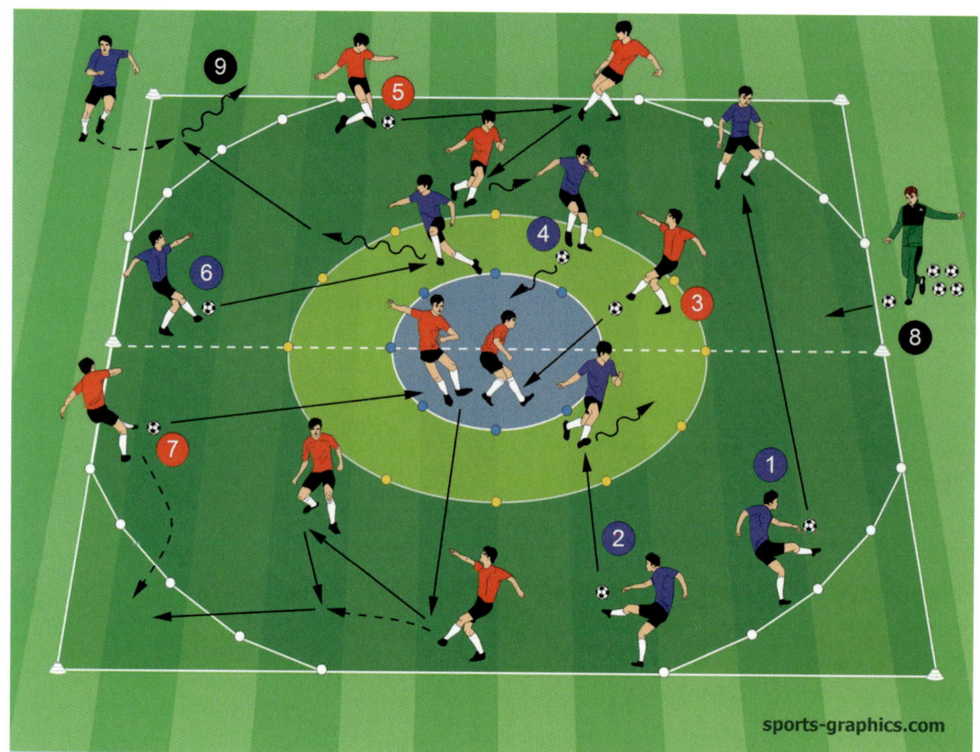

Spielprinzip

Die Spielform beinhaltet um das Zentrum herum verschiedene Bogenfelder, die mit diversen Regeln belegt werden. Die Spieler können verschiedene Spielziele wählen und verfolgen. Damit steigen technische, taktische und koordinative Anforderungen.

Provokationsregeln, Punktesystem und Varianten

Das ballführende Team punktet, indem die gelbe Scheibe überspielt wird (vgl. 1), die gelbe Scheibe angespielt wird (vgl. 2), das blaue Zentrum angespielt wird (vgl. 3) oder das blaue Zentrum angedribbelt wird (vgl. 4). Weiterführend kann auch durch eine vorgegebene Passanzahl innerhalb des äußeren grünen Rings gepunktet werden (vgl. 5). Außerdem sind diverse Kombinationen positiv belegt. So ergibt sich ein Punktgewinn, wenn das Bespielen des gelben Rings mit einem Eckfeld kombiniert (vgl. 6) oder in einer Hälfte nacheinander das Zentrum, der Ring und die Ecke bespielt wird (vgl. 7). Jeder Trainerball provoziert Umschalten und Neuorientierung (vgl. 8) und nach dem erfolgreichen Bespielen einer Ecke können Mini- oder Großtore nachgeschaltet werden, sodass sich Abschlussmöglichkeiten ergeben (vgl. 9). Die Kombinationsmöglichkeiten im Spiel auf die verschiedenen Zonen sind vielfältig. Nach dem Spiel auf die Scheibe kann das Bespielen des Zentrums und einer Ecke gefordert sein oder zwei Eckfelder können mit dem Bespielen des Zentrums miteinander verbunden werden. Außerdem können die verschiedenen Spielfelder (vgl. Feld GRÜN, GELB und BLAU) mit unterschiedlichen Ballkontaktzahlen belegt werden.

3.2.11 Zielscheibe (Fortsetzung)

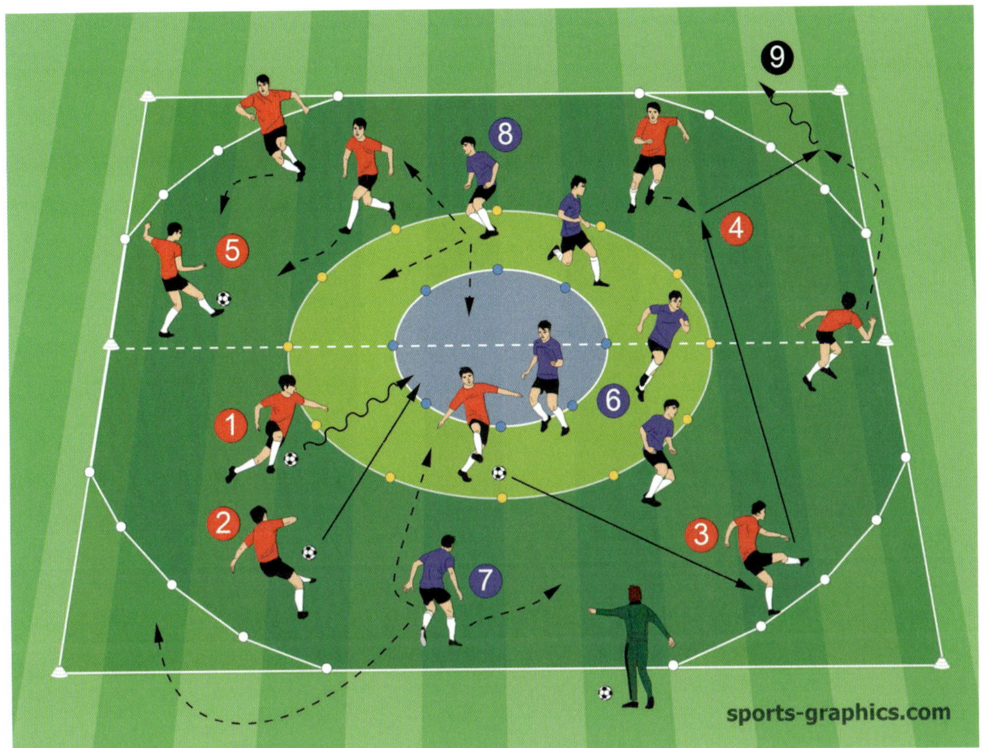

Spielelemente und Verhaltensweisen

In der Offensive ist ständiger Zug zum Zentrum, das Ausnutzen von Lücken und die Bedrohung der zentralen Zonen über ein Dribbling (vgl. 1) oder Pässe (vgl. 2) spielentscheidend. Bei einem zugestellten Zentrum ist das Überspielen mit langen Druckpässen ein alternatives Mittel (vgl. 3), um auf ein anderes Spielziel umzuschalten (vgl. 4). Grundsätzlich gilt das Schaffen von Überzahlsituationen in Ballnähe (vgl. 5) zum Erreichen des aktuell anvisierten Spielziels als erfolgversprechend. In der Defensive ist es entscheidend, dass die zentralen Zonen bewacht sind und der Defensivverbund gemeinsam, kompakt und gestaffelt agiert (vgl. 6). Dabei sollten strategisch wertvolle und spielentscheidende Positionen erkannt werden und besetzt sein (vgl. 7 und 8). Als ausbrechende und belohnende Anschlussaktion kann der Torschuss nach jedem Erreichen eines Spielziels über den Ausstieg an den Ecken motivierend einwirken (vgl. 9).

Coachingpunkte und Instruktionen

- Bindet die Gegner!
- Kombiniert zielstrebig!
- Überspielt das Zentrum!

3.2.12 Dartsscheibe

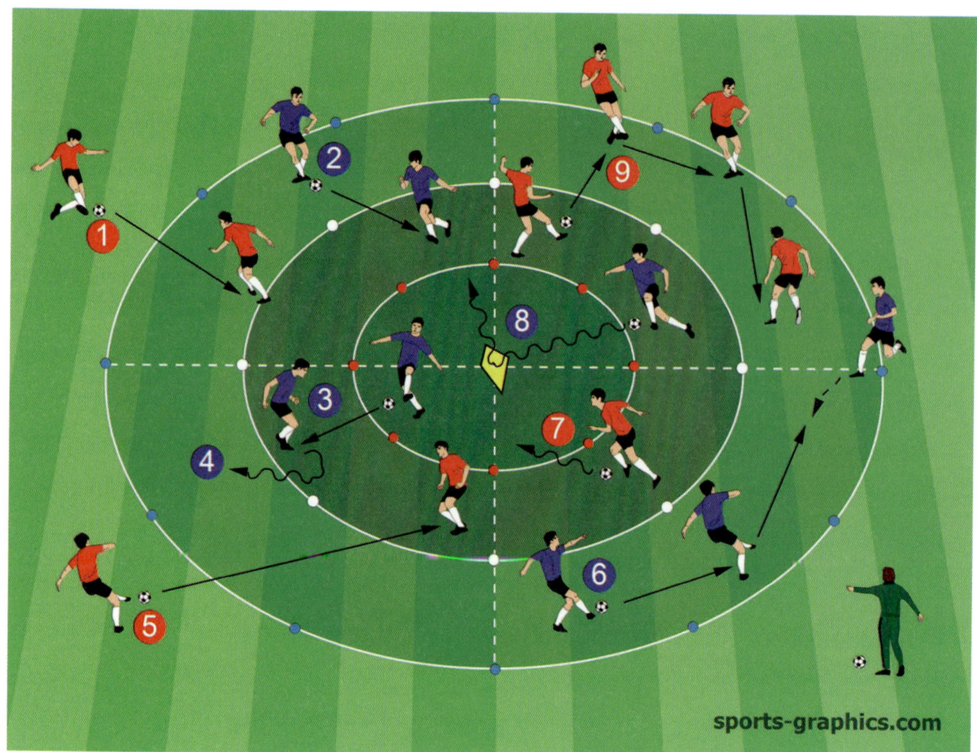

Spielprinzip

Das Spielfeld entspricht einer Dartsscheibe mit einem Zentrum und mehreren Ringen. Im Zentrum des Feldes ist ein Leibchen als Bulls Eye positioniert. Das ballbesitzende Team kann über individuelle oder gruppenbezogene Aktionen eine Punktewertung erzielen. Dabei können sowohl die Ringfelder, Verbindungslinien oder das Bulls Eye entscheidend sein.

Provokationsregeln, Punktesystem und Varianten

Das ballführende Team punktet mit einem einfachen Pass über eine Linie (vgl. 1, 2 und 3). Dabei kann die Wertigkeit dieser Pässe nach Nähe zum Zentrum oder der Spielrichtung angelegt werden. Nach einem Zuspiel kann der Passempfänger durch eine Ballmitnahme mit dem Außenrist über eine Linie in ein anderes Feld punkten (vgl. 4). Die Ballmitnahme nach innen ist dabei höher zu bewerten als eine Ballmitnahme nach außen. Gleiches gilt für das Passspiel. Pässe über innere Linien (vgl. 2 und 3) sind schwieriger als ein Pass über die äußerste Linie (vgl. 1). Weiterführend sind doppelte Wertungen denkbar, wenn mit einem Pass zwei Linien überspielt (vgl. 5) oder zwei Pässe in einem Ring (vgl. 6) realisiert werden. Ein individuelles Dribbling in den zentralen Kreis ist ebenfalls hoch zu bewerten (vgl. 7). Eine Sonderwertung kann erfolgen, wenn ein Spieler mit Ball am Fuß sogar das im Zentrum positionierte Leibchen berührt (vgl. 8). Darüber hinaus sind auch Kombinationen von z. B. einem Pass über eine Linie und zwei Pässen in einem Ring als Spielziele denkbar (vgl. 9).

3.2.12 Dartsscheibe (Fortsetzung)

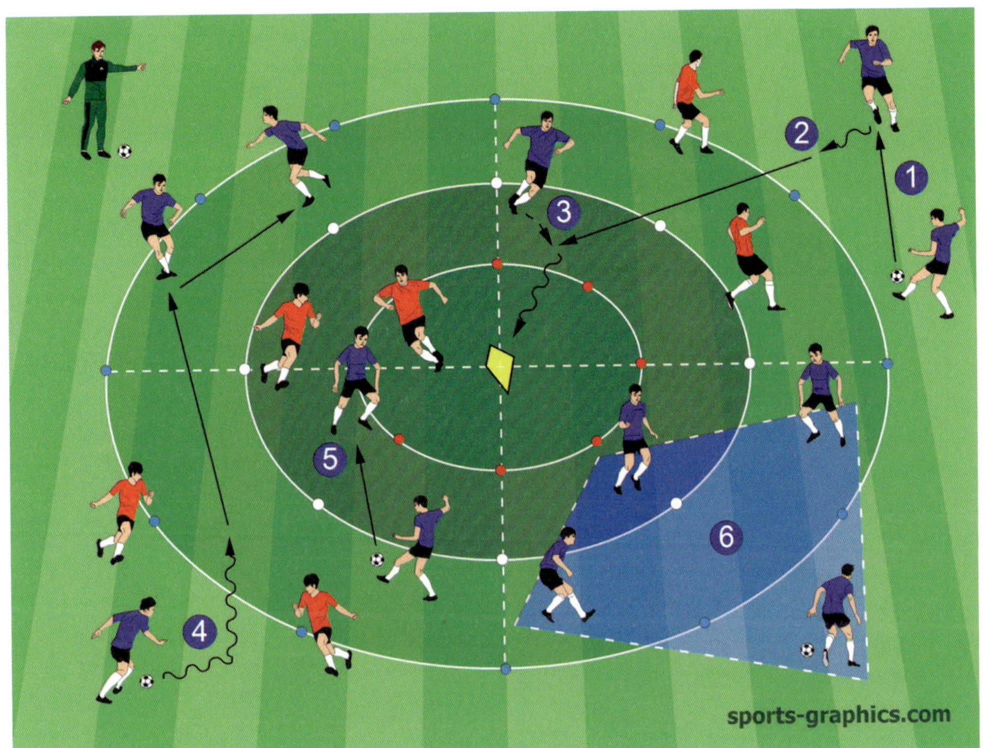

Spielelemente und Verhaltensweisen

Außerhalb des Kreisfeldes ist Ballsicherung und vorbereitendes Passspiel möglich (vgl. 1). Dabei ist ein gehobener Blick und ständige Zielorientierung Erfolg versprechend (vgl. 2). Mit zunehmender Nähe zum Zentrum ist Entschlossenheit und Mut, vor allem im Dribbling und speziell mit Fokussierung auf das Bulls Eye, gefordert (vgl. 3). Grundsätzlich ist eine schnelle Entscheidungsfindung in Bezug auf zu bespielende Linien oder Ringfelder und im Hinblick auf die unterschiedlich situativ zu bewertenden Spielziele gefragt. Die situationsspezifische Entscheidung muss dabei schnell getroffen und nachhaltig auch mit Gegnerdruck durchgespielt werden (vgl. 4). Im zentralen Spielbereich kommt dem peripheren Sehen, vielfachen Schulterblicken und situationsangemessenen Ballmitnahmen eine besondere Bedeutung zu (vgl. 5). Darüber hinaus ist eine gute räumliche Aufteilung in und an den Ringen Erfolg versprechend (vgl. 6).

Coachingpunkte und Instruktionen

- Ballmitnahme weg vom Gegner!
- Fokussiere das Zentrum!
- Entschlossene Dribblings!

3.2.13 Galaxie

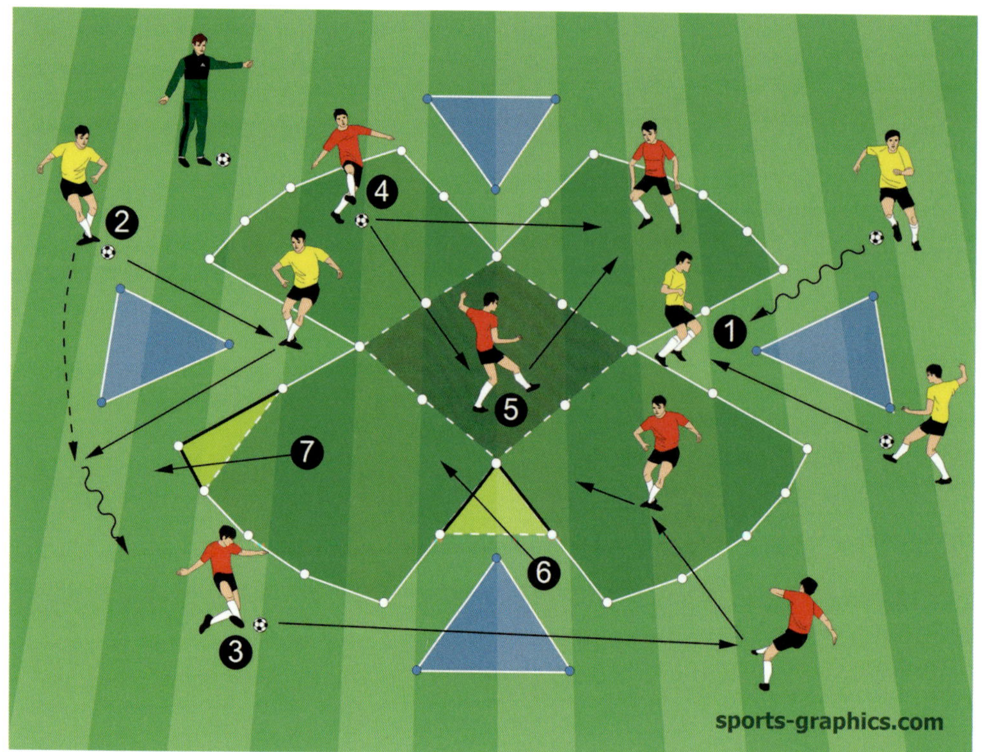

Spielprinzip

Das Spielfeld bietet zahlreiche Felder, Zonen und Zwischenräume, die von Einzelspielern im Dribbling oder in Gruppen bespielt werden können. Ein spezielles Augenmerk liegt dabei auf den schmalen Zwischenräumen zwischen den blauen und grünen Zonen.

Provokationsregeln, Punktesystem und Varianten

Ein Anspiel oder ein Dribbling in die Zwischenräume neben und hinter den blauen Dreiecken ergibt eine einfache Wertung (vgl. 1). Das komplette Umspielen eines Dreiecks ist weiterführend und könnte mit einer doppelten Wertung belegt sein (vgl. 2). Das Bespielen der Felder bietet Platz für Kombinationsmöglichkeiten. So können sich Wertungen ergeben, wenn eine Kombination aus blauem Dreieck und einem Kreissegment (vgl. 3) oder ein Pass von einem Kreissegment in ein anderes Kreissegment (vgl. 4) realisiert wird. Hierbei ist der Einbezug bzw. das Spiel über das Zentrum hochwertiger (vgl. 5). Die Komplexität kann gesteigert werden, indem Punktewertungen nur bei Passkombinationen mit drei verschiedenen Komponenten aus Dreieck, Zwischenraum, Kreissegment und Zentrum erreicht werden oder bestimmte Ballkontaktzahlen vorgegeben werden. Ein detailreicherer Einstieg (vgl. 6) oder Ausstieg (vgl. 7) in andere Felder oder Zwischenräume kann ebenso zur Verschärfung der Spielregeln genutzt werden.

3.2.13 Galaxie (Fortsetzung)

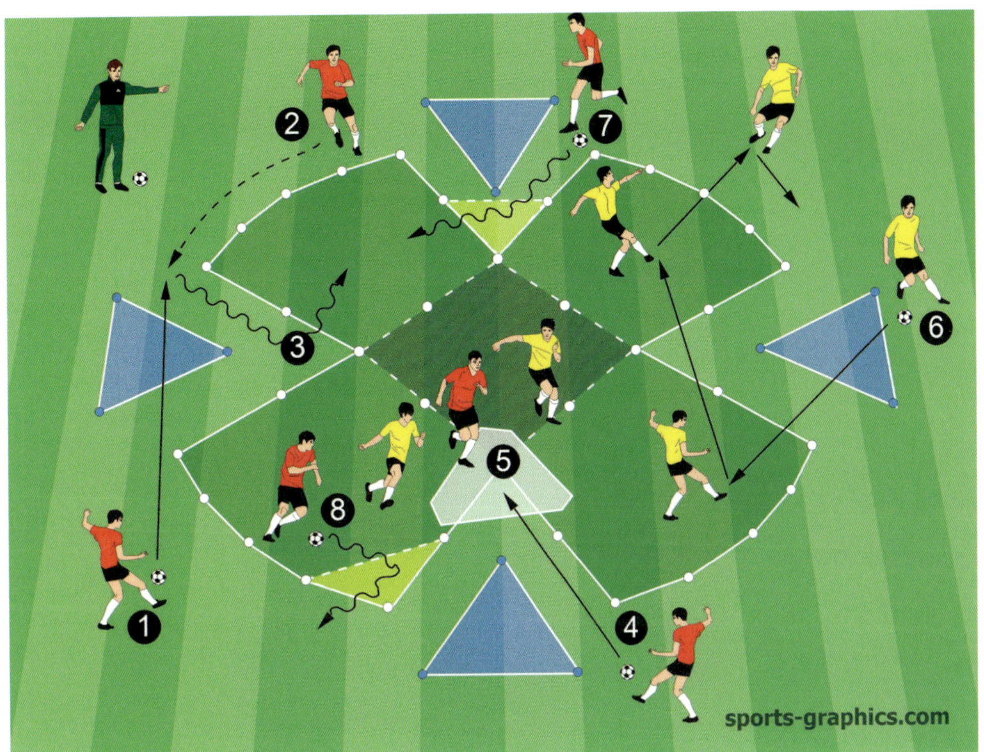

Spielelemente und Verhaltensweisen

Der Feldaufbau birgt trendige, neue und ungewohnte Formen und Gebilde. Über diese innovative Zoneneinteilung wird der Spielerblick auf Details und spezifische Räume gerichtet. Entsprechend geht es für den jeweiligen Ballbesitzer um das ständige Erkennen und Lesen der aktuellen Spielsituation mit Ball am Fuß (vgl. 1) und das automatische Erkennen der aktuell Erfolg versprechenden Zielfelder durch einen gehobenen Blick. Durch die gemischte Formgebung mit Rundungen und Ecken bzw. Kanten bieten sich Möglichkeiten, unterschiedliche Laufwege und Laufformen anzuwenden (vgl. 2) und den Fußeinsatz zu variieren (vgl. 3). Das mutige Anspiel (vgl. 4) und Freilaufverhalten (vgl. 5) von spieltaktisch entscheidenden Zonen wird mit Gegnerdruck geschult und führt letztlich zur Anwendung und zum Erreichung von Sicherheit und Selbstvertrauen in Spielformen allgemein (vgl. 6). Je nach Einsatz schulen die hervorgehobenen Einstiegs- und Ausstiegsmöglichkeiten zwischen einzelnen Markierungshütchen detailreiche und präzise Techniken.

Coachingpunkte und Instruktionen

- Nutze beide Füße!
- Offene Spielstellung!
- Meistert die Formen!

3.2.14 Virus

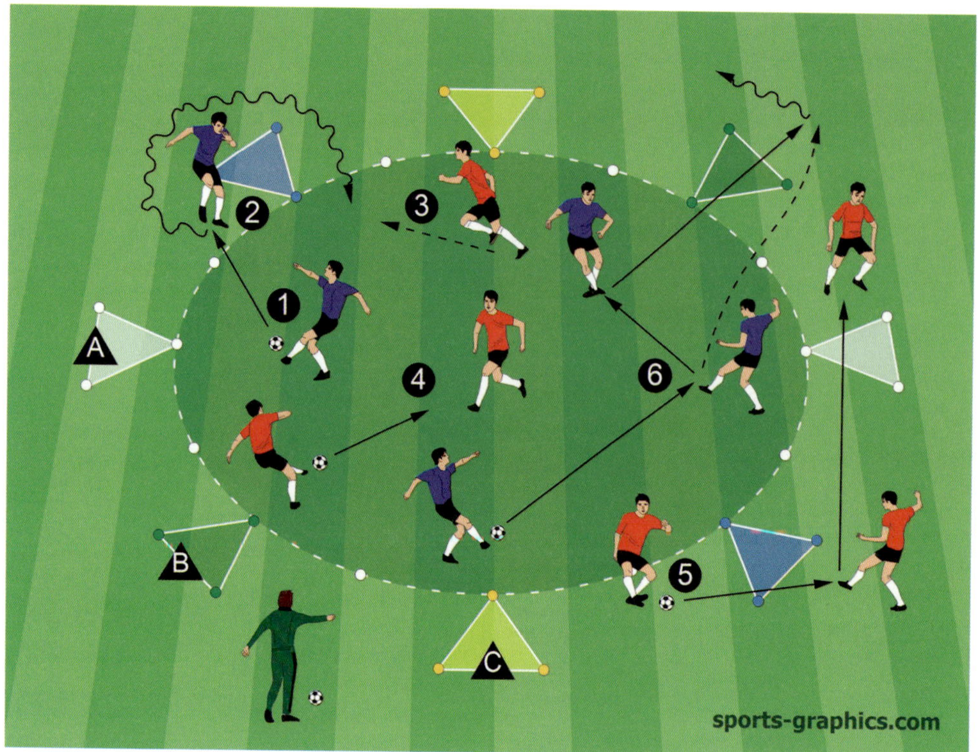

Spielprinzip

Das Spielfeld besteht aus einem großen Kreisfeld, an welches mehrere Dreieckzonen in verschiedenen Farben angeschlossen sind. Gemäß den vorgegebenen Punktewertungen können der zentrale Kreis und die äußeren Dreiecke unabhängig voneinander oder in Kombination bespielt werden.

Provokationsregeln, Punktesystem und Varianten

Das ballführende Team kann eine Punktewertung erzielen, indem ein Spieler aus dem Kreis heraus angespielt wird (vgl. 1), im Dribbling ein Dreieck umspielt und ohne Ballverlust wieder zurück in das zentrale Kreisfeld gelangt (vgl. 2). Dafür sind in Ballbesitz strategisch wertvolle und handlungsoffene Positionierungen (vgl. 2) und als Defensivspieler Nachschieben und aktives Verteidigen (vgl. 3) Erfolg versprechend. Die Punktewertungen können das zentrale Kreisfeld und die Dreiecke berücksichtigen, indem Wertungen erzielt werden, wenn eine vorgegebene Passanzahl im Inneren realisiert wird (vgl. 4), mehrere Dreieckfelder nacheinander bespielt werden (vgl. 5) oder Kreis und Dreiecke in Kombination bespielt werden (vgl. 6). Die Farbe der Dreiecke kann ebenfalls als Tool verwendet werden. Dadurch können zu bespielende Farbreihen vorgegeben werden (vgl. A, B und C).

3.2.14 Virus (Fortsetzung)

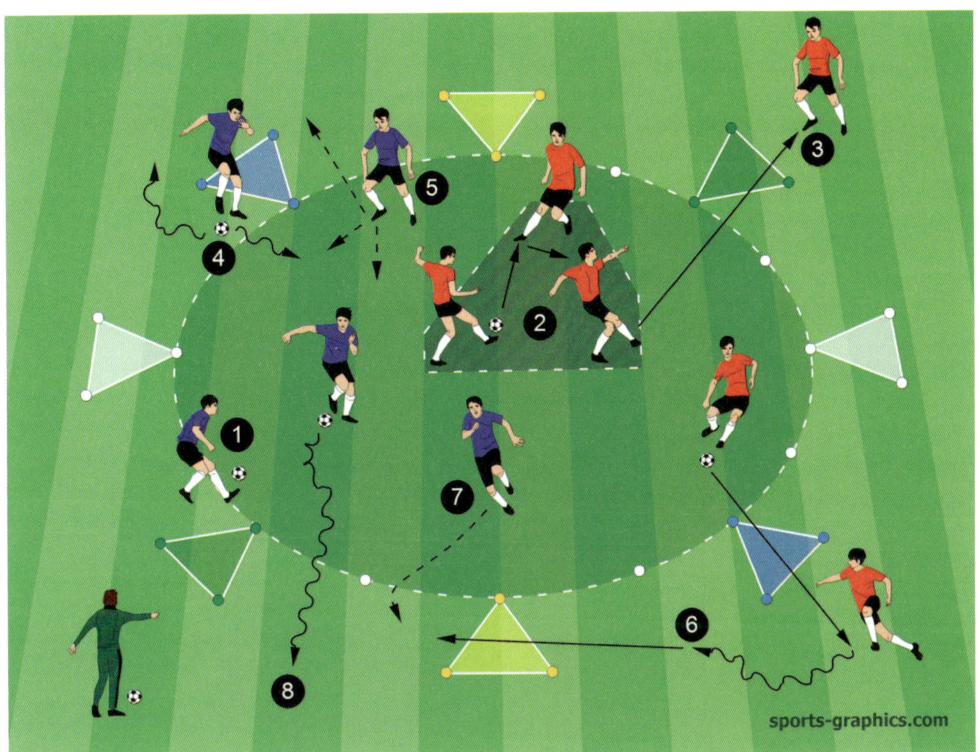

Spielelemente und Verhaltensweisen

Die Formgebung veranlasst die Spieler zu einer ständigen Entscheidungsfindung und entsprechender Umschaltfähigkeit zwischen dem Zentrum und dem äußeren Feldbereich (vgl. 1). Dieser Wechsel äußert sich in verdichteten Spielsituationen im Zentrum mit mehreren Spielern auf einer kleinen Zone (vgl. 2) und tiefem Freilaufverhalten auf den Außenbahnen (vgl. 3). Demnach ist die individuelle Spielstellung und Positionierung der einzelnen Spieler im offensiven (vgl. 4) und defensiven Verhalten (vgl. 5) spielentscheidend. Die Spieler sind ständig angehalten, zwischen verschiedenen Handlungsoptionen mit Abwägung der Ansteuerung verschiedener Spielziele zu entscheiden (vgl. 6). Dafür müssen die Mitspieler Passoptionen mit klugem Freilaufverhalten schaffen (vgl. 7). Nach dem Erreichen einzelner Spielziele kann sich ausbrechendes Abschlussverhalten auf nachgeschaltete Mini- oder Großtore im Außenbereich hinter den Dreiecken anschließen (vgl. 8).

Coachingpunkte und Instruktionen

- Verdichtet das Zentrum!
- Überprüfe deine Position!
- Wie könnt ihr punkten?

3.2.15 Glücksrad

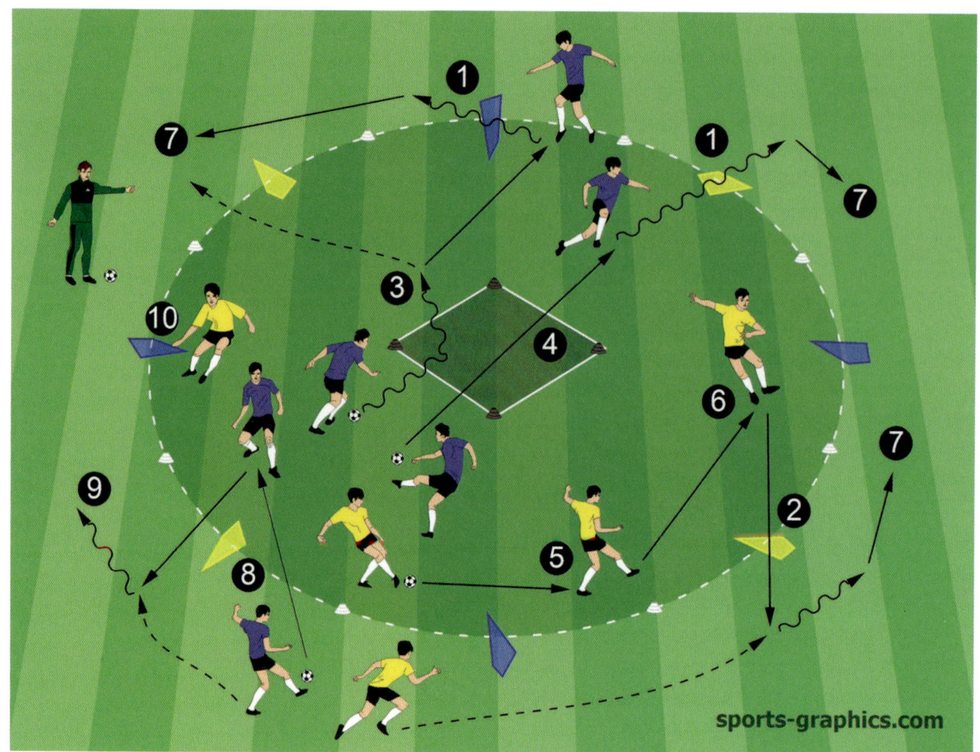

Spielprinzip

Um ein zentrales Rautenfeld ist ein Kreis durch liegende Markierungsleibchen gekennzeichnet. Die beiden Teams können punkten, indem die Leibchen mit einem Dribbling (vgl. 1) oder einem Pass über das Leibchen (vgl. 2) bespielt werden. Das Spiel auf die Leibchen muss durch das Bespielen des Kreises oder der Raute vorbereitet werden. Die Leibchen dürfen erst dann bespielt werden, wenn ein ballführender Spieler durch die zentrale Raute gedribbelt ist (vgl. 3), ein Pass über zwei Linien der Raute gespielt wurde (vgl. 4) oder zwei vollständige Pässe innerhalb des Kreises gespielt wurden (vgl. 5 und 6). Eine Steigerung erfährt die Spielform, indem der Punktgewinn erst dann gewertet wird, wenn nach dem Bespielen der Leibchen ein anschließender Pass (vgl. 7) realisiert wurde.

Provokationsregeln, Punktesystem und Varianten

Die Vorgaben im Bespielen der Raute oder des Kreises können variiert oder mit bestimmten Anschlussaktionen verknüpft werden. So kann es Vorgabe sein, dass auf ein Dribbling durch die Raute (vgl. 3) ein Pass über ein Leibchen (vgl. 2) folgen muss, dass auf einen Pass durch die Raute (vgl. 4) ein Dribbling über ein Leibchen (vgl. 1) folgen muss, dass nach einem Dribbling (vgl. 3) das Spiel auf die blauen Leibchen (vgl. 1) möglich wird, dass nach einem Pass (vgl. 4) das Spiel auf die gelben Leibchen (vgl. 1 und 2) möglich wird oder die Teams generell nur der eigenen Teamfarbe entsprechende Leibchen bespielen dürfen (vgl. 5, 6 und 2). Weiterführend kann das Bespielen der zentralen Raute durch die Vorgabe konkreter Angriffsmittel, wie Doppelpass, Spiel über den Dritten oder Ballmitnahme aus der Raute heraus, präzisiert werden. Die Leibchen können auch als gedachte Gegenspieler fungieren und umspielt werden (vgl. 8). Zusätzlich kann sich nach Erreichen der Spielziele auch ein Spiel auf Tore entwickeln (vgl. 9) oder ein Wettkampf entstehen, mit dem Ziel, schnellstmöglich Leibchen in der zentralen Raute abzulegen (vgl. 10).

3.2.15 Glücksrad (Fortsetzung)

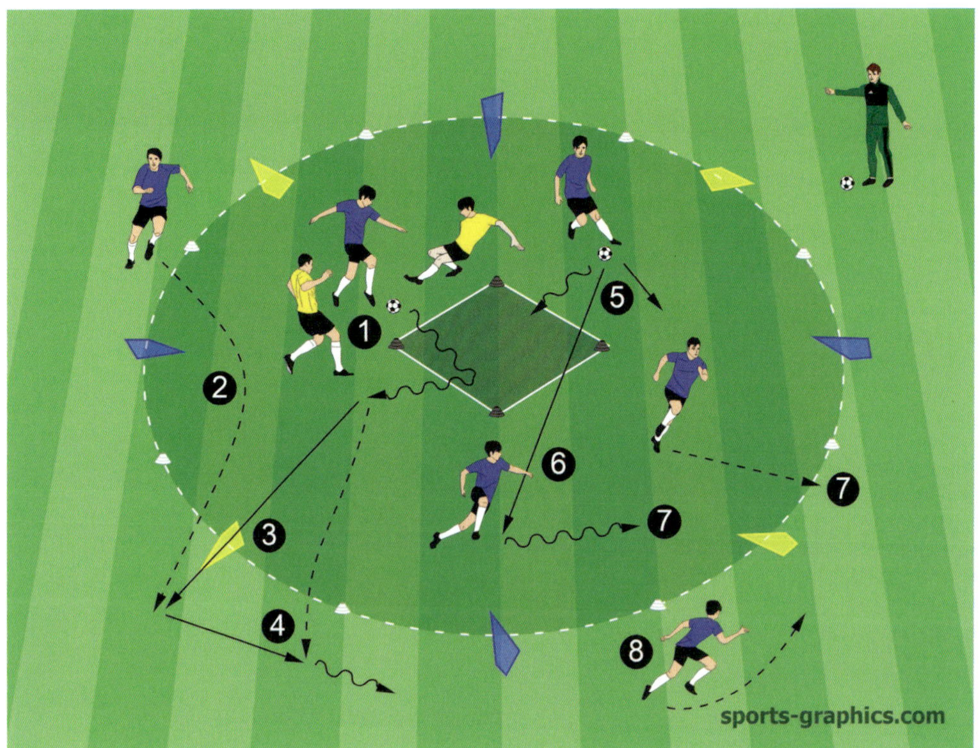

Spielelemente und Verhaltensweisen

Die Vielzahl an Handlungsoptionen und die eventuell ungewohnte Anordnung mit Leibchen erfordert grundsätzlich Ruhe am Ball, vor allem im Zentrum und besonders bei Gegnerdruck (vgl. 1). Zur Erreichung einiger Spielziele sind tiefe Läufe hinter die Kette und Bogen- bzw. Cutläufe Erfolg versprechend (vgl. 2). Das Spiel auf die Leibchen erfordert Präzision im Passspiel (vgl. 3) und generiert Anschluss- und bei nachgelagertem Spiel auf Minitore auch Abschlussverhalten nach der Befreiung aus dem Zentrum (vgl. 4). Die vielfältigen Handlungsoptionen und möglichen Spielziele erfordern adäquate und situationsangemessene Entscheidungen (vgl. 5). Die Spieler sind ständig angehalten, Zwischenräume zu erkennen, Lückenpässen anzugehen (vgl. 6), das Dribbling- und Spieltempo situativ zu verschärfen und beim Spiel nach außen aufrecht zu halten (vgl. 7) und kollektiv und abgestimmt umzuschalten (vgl. 8). Darüber hinaus ergeben sich gerade im Zentrum variable Drucksituationen für ballführende Spieler, in denen mit Ball am Fuß höchstes Tempo mit Richtungswechseln gefordert ist (vgl. 1). Die Läufe mit Ball im Dribbling und die eingeschlagenen Laufwege ohne Ball sind als Läufe hinter eine gedachte Verteidigungskette, Läufe im letzten Drittel und als auflösendes Mittel nach dem Spiel im Zentrum zu verstehen (vgl. 2).

Coachingpunkte und Instruktionen

- Spiele Pässe in die Lücken!
- Schnelle Drehungen mit Ball!
- Sprinten! Tempo! Aktion!

3.2.16 Tafelrunde

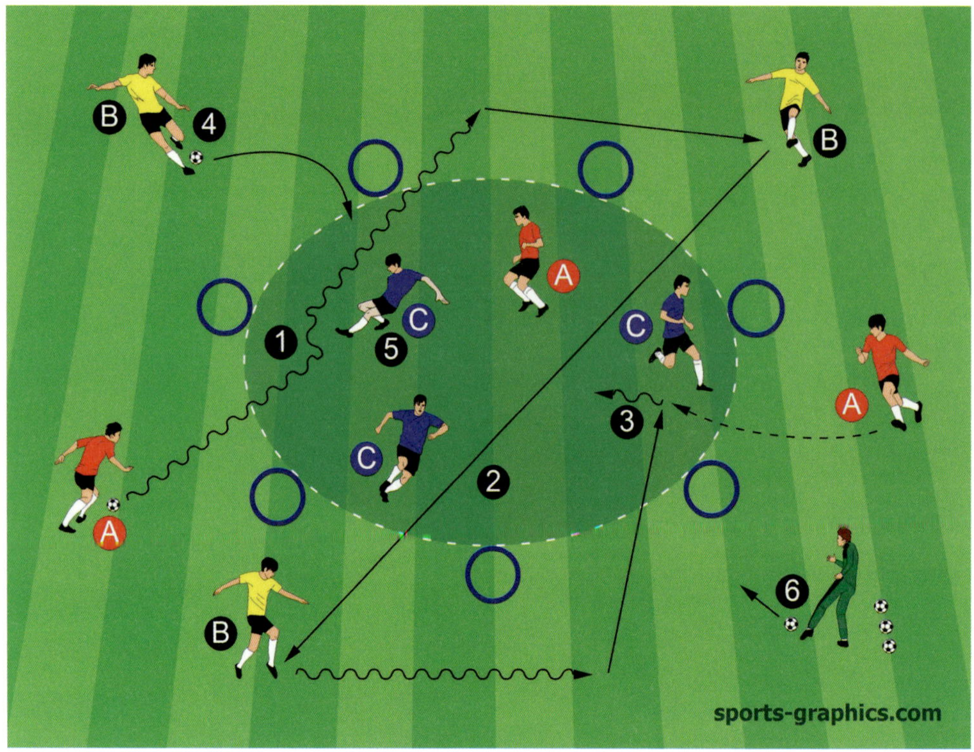

Spielprinzip

Das Spielfeld besteht aus einem mit Koordinationsreifen gelegten Kreis. Diesen Kreis gilt es, vom ballbesitzenden Team zu bespielen. Das Spiel ist in einem Überzahl- und Unterzahlverhältnis als 3 plus 3 gegen 3 angelegt. Jeweils zwei Teams agieren in Ballbesitz. Nach einem Fehlpass oder Ballverlust läuft das Spiel ohne Unterbrechung weiter und das ballabgebende Team wechselt in die Unterzahl. Alle Spieler können sich frei bewegen. Das ballbesitzende Team punktet, wenn ein Spieler im Dribbling durch den Kreis an mindestens zwei Koordinationsreifen vorbeikommt (vgl. 1), wenn ein Pass an mindestens zwei Koordinationsreifen vorbeigespielt wird (vgl. 2) oder wenn ein Spieler in den Kreis einläuft und dort einen Pass verarbeitet oder weiterleitet (vgl. 3). Der Trainer hat die Möglichkeit, neue Spielbälle einzuspielen und dadurch ein Umschaltmoment zu erzeugen und gleichzeitig ein Team durch ein Farbsignal zu benennen, welches in die Unterzahlsituation wechselt (vgl. 6).

Provokationsregeln, Punktesystem und Varianten

Die Trainingsform kann vereinfacht werden, indem zwei Teams mit einem Ball im freien Passen im Rahmen eines Wettkampfs agieren oder eine Steigerung erfahren, indem das Spiel mit neutralen Spielern (z. B. 4 gegen 4 plus 2) oder in Gleichzahl durchgeführt wird. Die Spielziele können differenziert werden, indem z. B. ein Lupfer in das Zentrum mit anschließender Ballverarbeitung (vgl. 4) durchgeführt wird, ein Dribbling in den Kreis mit einem Pass heraus kombiniert wird oder nach Anspiel in das Zentrum der ballerhaltende Spieler einen direkten Rückpass bzw. einen Pass auf einen dritten Spieler realisiert. Die Bedeutung zentrumsorientierter Dribblingaktionen kann durch eine Sonderaufgabe bei einem Scheitern gesteigert werden (vgl. 5).

3.2.16 Tafelrunde (Fortsetzung)

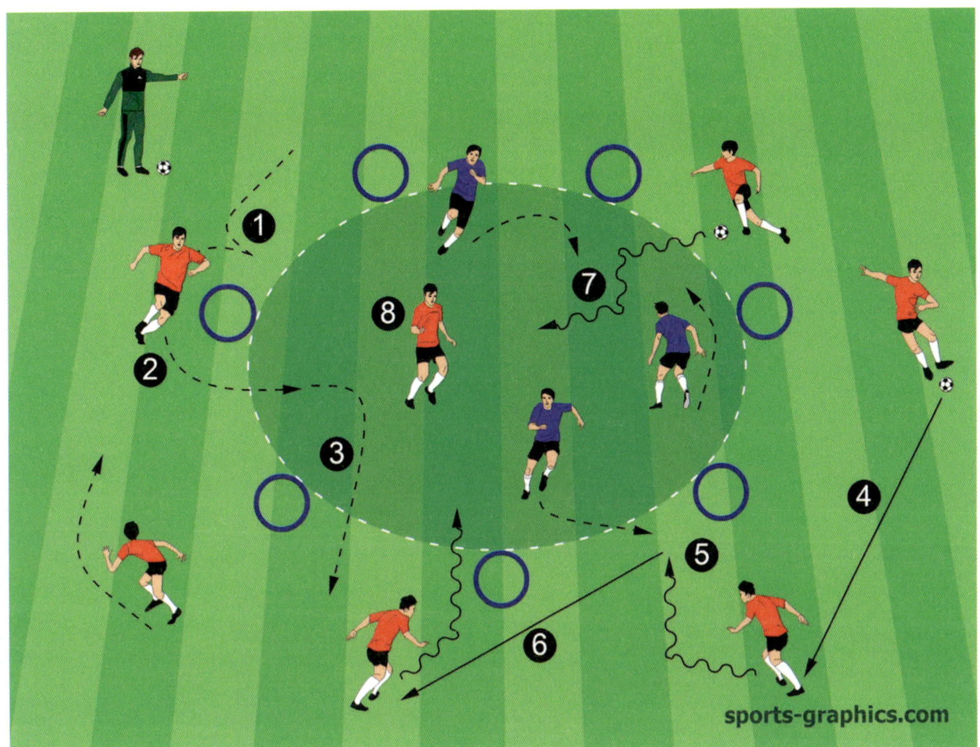

Spielelemente und Verhaltensweisen

Das Offensivverhalten birgt vor allem interessante Laufaspekte, die sich am Kreisrand in Form von Bogenläufen, Lauffinten und Lauftäuschungen äußern (vgl. 1). Gleichsam sind reinschneidende Tempoläufe (vgl. 2) und nachgeschaltete Anschlussläufe (vgl. 3) zu beobachten, wenn kein Zuspiel erfolgt ist. Entsprechend wird ein Fokus auf das Belaufen und Freiziehen von spielentscheidenden Räumen gelegt. Das Zentrumspiel kann mit langen, weiträumigen und gegnerüberspielenden Pässen in den Außenbereichen vorbereitet werden (vgl. 4) und beinhaltet täuschende und gegnerbindende Dribblings (vgl. 5). Der Fokus im Passspiel soll auf Druckpässen mit Botschaft zur Spielfortsetzung (vgl. 6) gelegt werden und im Kreisinneren sind intensive Spielaktionen mit hohem Gegner- und Zeitdruck auszuhalten und zu meistern (vgl. 7). Dabei können die ballführenden Spieler ihre technischen Möglichkeiten trainieren und ihr persönliches Repertoire anwenden und erproben. Gerade im Zentrum kommt dem Schulterblick eine besondere Bedeutung zu (vgl. 8).

Coachingpunkte und Instruktionen

- Wo sind die Lücken?
- Suche die Lücke! Finde die Lücke!
- Vorstoßen! Reinschneiden! Attackieren!

3.2.17 Irrgarten

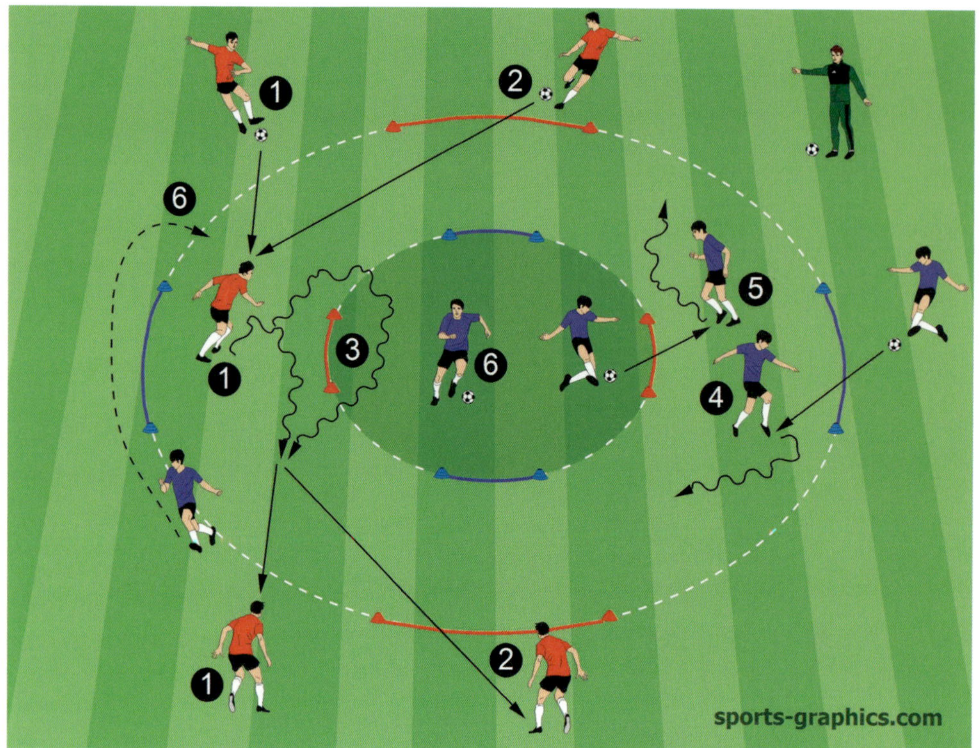

Spielprinzip

Das Spielfeld besteht aus einem inneren und einem äußeren Kreis. Auf beiden Kreisbögen sind mehrere, farblich verschiedene Hütchentore markiert. Das Punktesystem, die Provokationsregeln und die Spielziele können sich auf die Hütchentore, das innere Kreisfeld oder den äußeren Ring inklusive dem Außenbereich beziehen.

Provokationsregeln, Punktesystem und Varianten

Das ballbesitzende Team kann punkten, wenn es eine Kombination von Kreiseinstieg und Kreisausstieg auf der gegenüberliegenden Seite realisiert (vgl. 1). Gesteigerte Anforderungen können gelten, wenn dem Team dabei die farblich entsprechenden Hütchentore zugeordnet werden (vgl. 2) oder während dieser Kombination das Zentrum bespielt werden muss (vgl. 3). Die kleinen und zentrumnahen oder die großen, zentrumfernen Markierungstore können auch über individuelle Anforderungen genutzt werden. Den blauen Hütchentoren kann eine Ballmitnahme mit dem rechten Fuß (vgl. 4) und den roten Toren eine Ballmitnahme oder Technikaktion mit dem linken Fuß (vgl. 5) zugeordnet sein. Die Teams punkten, wenn diese Technikaktion nach einem Pass durch eines der Tore gelingt. Eine spezielle Wertung in Form einer Laufaufgabe kann angelegt werden, wenn es einem Spieler des ballbesitzenden Teams gelingt, außen um ein großes Hütchentor zu laufen (vgl. 6), während sich den ganzen Laufweg über das Team mit Ballbesitz im inneren Kreis aufhält (vgl. 6).

3.2.17 Irrgarten (Fortsetzung)

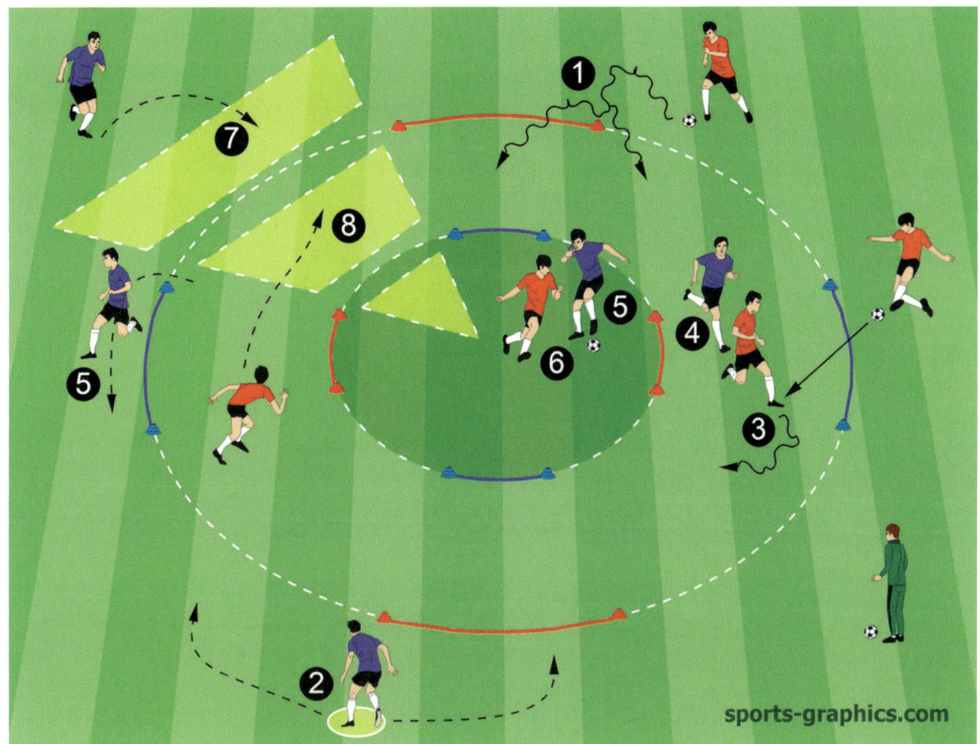

Spielelemente und Verhaltensweisen

Die verschiedenen Spielziele in Kombination mit der unterschiedlichen Farbigkeit stellen die Spieler unter ständigen Entscheidungsdruck und halten dazu an, genau die Entscheidung zu treffen, die in Bezug auf ein Spielziel Erfolg versprechend ist (vgl. 1). Dafür ist die Positionierung eines einzelnen Spielers an strategisch wertvollen Spielpositionen elementar (vgl. 2). Die Spielform generiert automatisch Schulterblicke und das Reagieren auf visuelle Signale (vgl. 3) sowie die Ausführung technisch anspruchsvoller Aktionen mit Gegnerdruck (vgl. 4). Darüber hinaus kommt es zu räumlich unabhängig aufeinander, aber abgestimmter Verhaltensweisen (vgl. 5). Speziell im Zentrum ist Durchsetzungsvermögen und Robustheit gefragt (vgl. 6). Die Teams lernen dabei, die Stärken und Schwächen der eigenen Spieler zu erkennen und gemäß Spielzonen und Spielzielen gewinnbringend einzusetzen. Über den Aufbau verschiedener Ringe und damit der entsprechenden Ebenen ist es möglich, Räume zwischen gegnerischen Ketten abzubilden und als Ebenen defensiv zu belaufen oder offensiv zu bespielen (vgl. 7 und 8).

Coachingpunkte und Instruktionen

- Finde die richtige Lücke!
- Ebenen erkennen! Ebenen besetzen!
- Ebenen belaufen! Ebenen freiziehen!

3.2.18 Drehscheibe

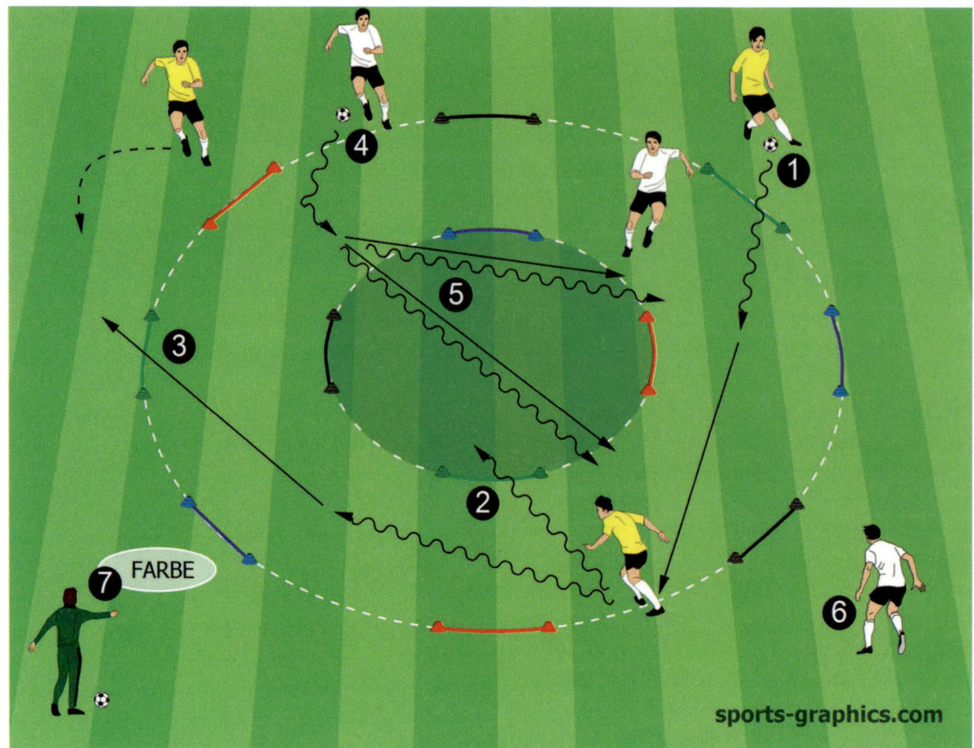

Spielprinzip

Das Spielfeld besteht aus einem inneren und einem äußeren Kreis. Auf beiden Kreisbögen sind farblich verschiedene Hütchentore positioniert. Das Punktesystem, die Provokationsregeln und die Spielziele beziehen sich in erster Linie auf die farbigen Hütchentore und die dazugehörigen Zwischenräume. Das ballführende Team punktet, wenn im Rahmen einer Kombination zwei oder drei gleichfarbige Hütchentore (vgl. 1, 2 und 3) bespielt werden. Dafür muss von außen in den Kreis eingestiegen (vgl. 1) und ohne Ballverlust entsprechend wieder ausgestiegen werden (vgl. 3). Der Einstieg ist auch von außen durch ein neutrales Hütchentor möglich (vgl. 4). Für einen Punktgewinn muss sich danach ein Pass oder ein Dribbling durch den zentralen Kreis anschließen (vgl. 5). Die Wertungen können weiterführend auch mit einem tiefen Pass aus dem Kreis auf einen außen positionierten Spieler abgeschlossen werden (vgl. 6). Alternativ kann die Vorgabe des Spielziels auch durch ein Farbsignal des Trainers erfolgen (vgl. 7). Demnach würde aktuell immer nur das Spiel auf die genannten Hütchentore zu einem Punktgewinn führen.

Provokationsregeln, Punktesystem und Varianten

Die Farbtore können variantenreich eingesetzt werden. So ist es möglich, dass Farbreihenfolgen vorgegeben werden und die genannten Hütchentore nacheinander zu bespielen sind. Außerdem ist es möglich, dass nach dem Einstieg durch ein frei wählbares Hütchentor immer nur die neben dem bespielten Tor links und rechts befindlichen Torfarben im Anschluss bespielt werden dürfen und zu einer Punktewertung führen. Außerdem können Pässe durch die äußeren Tore mit Dribblings durch die inneren Tore kombiniert werden.

3.2.18 Drehscheibe (Fortsetzung)

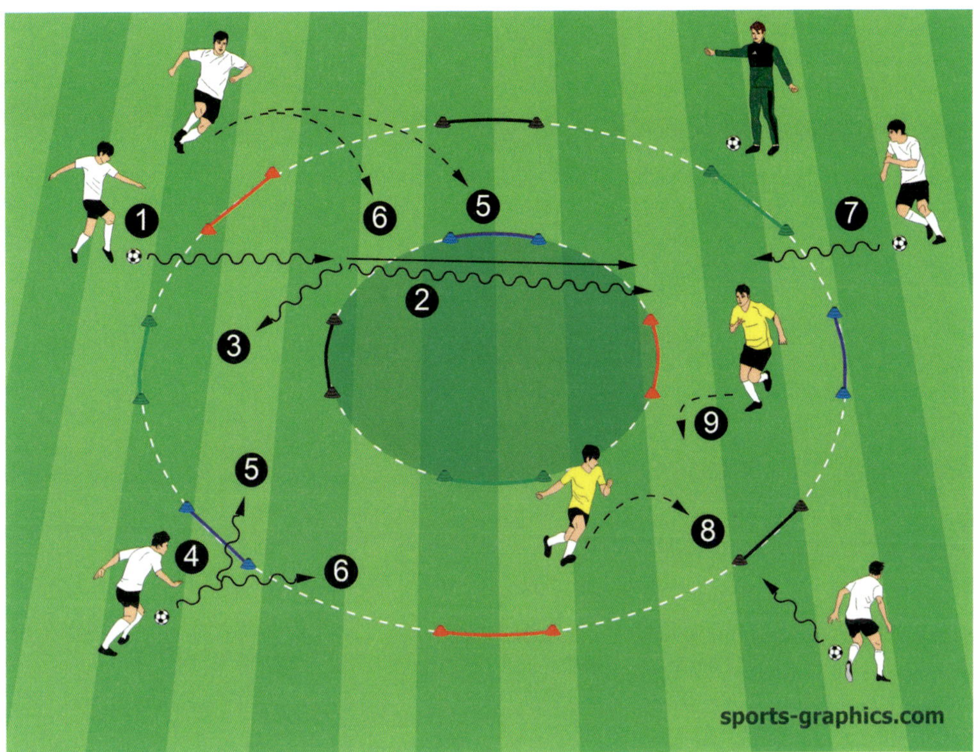

Spielelemente und Verhaltensweisen

Im Offensivverhalten sind spieltaktisch Erfolg versprechende und kluge Entscheidungen nötig (vgl. 1). Diese Entscheidungen gilt es, auch gegen Gegnerdruck umzusetzen (vgl. 2), ohne dabei die Ausstiegsmöglichkeiten zur Ballsicherung auszublenden (vgl. 3). Dabei ist es ratsam, strategisch entscheidende Spielzonen und Spielpositionen zu bedrohen und in diesen Räumen variabel und gegnerbindend zu agieren (vgl. 4). Die Suche nach optimalen Spielfortsetzungen im Sinne einer schnellen Entscheidungsfindung ist elementar (vgl. 5 und 6). Das ständige Bedrohen, Anvisieren und Andribbeln des zentralen Spielfeldbereichs ist ein übergeordnetes und wiederkehrendes Spielelement (vgl. 7). In der Defensive ist kluges Stellungsspiel und das Zustellen der spielentscheidenden Räume und Zonen nötig (vgl. 8). Der Defensivverbund sollte dabei möglichst abgestimmt und gemeinsam agieren (vgl. 9).

Coachingpunkte und Instruktionen

- Blick zum Kern! Bedrohe das Zentrum!
- Bedrohe die Lücken! Belaufe den Ring!
- Erkenne die Farben!

3.2.19 Labyrinth

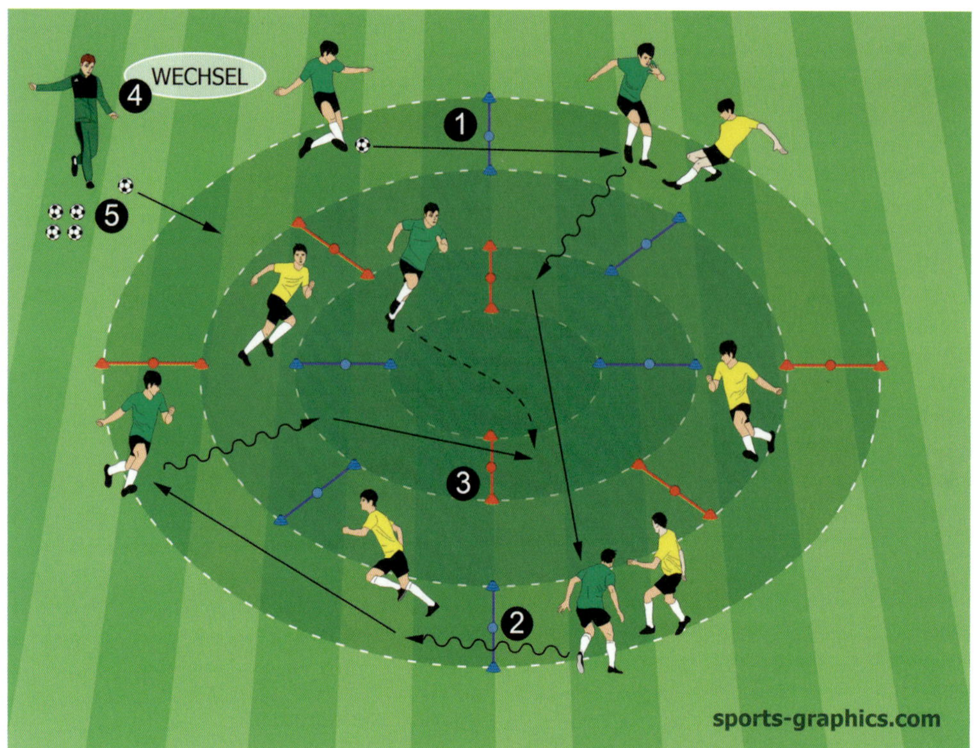

Spielprinzip

Das Spielfeld besteht aus mehreren gedachten Ringen, obwohl lediglich mehrere Hütchentore markiert werden. Diese Markierungstore sind gleichmäßig in den Farben ROT und BLAU angeordnet und verlaufen vom Zentrum sternförmig nach außen. Das grundlegende Spielziel besteht darin, die verschiedenen Hütchentore mit einem Pass (vgl. 1) oder einem Dribbling (vgl. 2) zu bespielen. Dabei ist eine Spielrichtung festgelegt. So dürfen die blauen Hütchentore nur im Uhrzeigersinn (vgl. 1 und 2) und die roten Hütchentore nur gegen den Uhrzeigersinn (vgl. 3) bespielt werden. Durch ein Trainersignal kann die Spielrichtung spontan gewechselt werden (vgl. 4). Ein neuer Trainerball (vgl. 5) bedeutet neue Ausrichtung und ein Umschaltmoment für alle Spieler.

Provokationsregeln, Punktesystem und Varianten

Das Bespielen der Hütchentore kann verschärft und präzisiert werden, indem die Pässe durch ein Tor nur direkt gespielt werden dürfen (vgl. 1) und ein Dribbling nur mit dem ersten Ballkontakt über die Linie zählbar gewertet wird (vgl. 2). Weiterführend können die Hütchentore im Dribbling auch für einen vorgegebenen Finteneinsatz oder Fußwechsel genutzt werden. Eine doppelte Punktewertung ist denkbar, wenn Kombinationen von Dribbling und Pass aufeinander folgen und damit zwei Hütchentore nacheinander bespielt werden (vgl. 1 und 2).

3.2.19 Labyrinth (Fortsetzung)

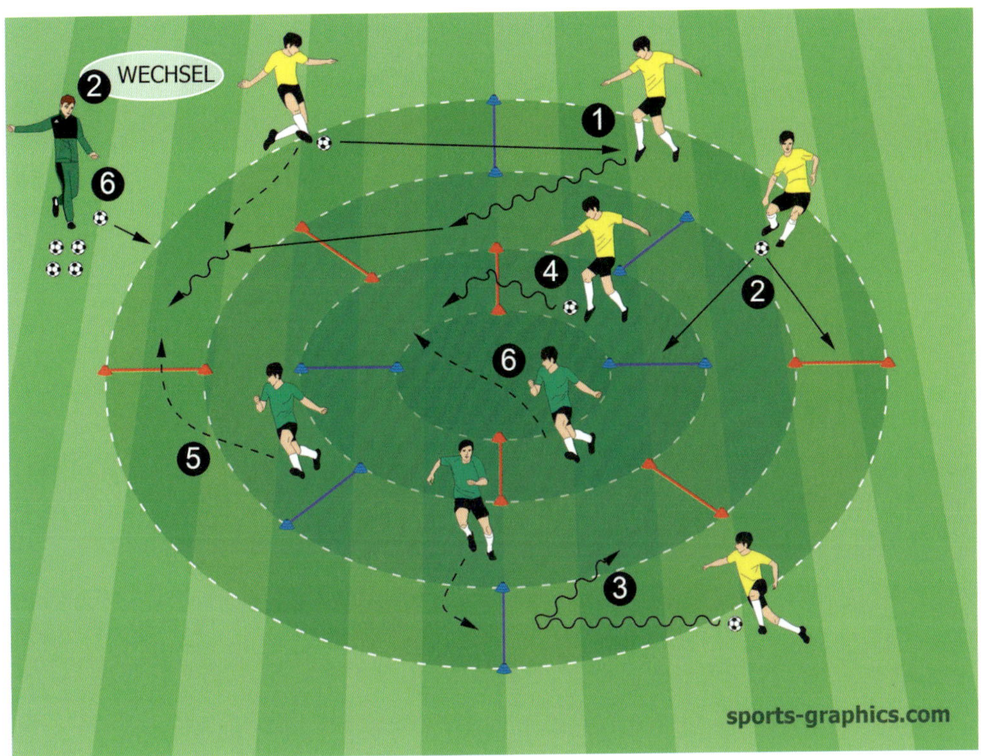

Spielelemente und Verhaltensweisen

Das Offensivverhalten beinhaltet in erster Linie Umschaltverhalten zwischen den verschiedenen Toren und möglichen bzw. sich ändernden Spielrichtungen (vgl. 1). Es fordert den Spielern eine Transferleistung in Bezug auf die Wahl der aktuell anzuspielenden Farbtore ab und lässt der Wahl und Findung von punktebringenden Entscheidungen eine besondere Bedeutung zukommen. Dies gilt speziell unmittelbar nach einem Trainersignal (vgl. 2). Der einzelne Ballbesitzer hat zudem die Möglichkeit, im Spiel mit den verschiedenen Toren abwehrende Gegner zu binden, zu lenken und entsprechende Täuschungen zu vollziehen (vgl. 3), um letztlich einen anderen Raum bzw. ein anderes Markierungstor freizuspielen. Auf individueller Ebene werden Technikaktionen, wie Finteneinsatz oder Fußwechsel, oft unter unmittelbarem Gegnerdruck abgefragt (vgl. 4). In der Defensive werden verteidigende Bogenläufe und das Zulaufen von spielentscheidenden Handlungsräumen gefordert (vgl. 5). Das schnelle Umschalten in Richtung neuer Spielbälle gilt für Offensive und Defensive (vgl. 6) gleichermaßen.

Coachingpunkte und Instruktionen

- Überprüfe deine Position!
- Punkte verhindern!
- Tore zustellen!

3.2.20 Zellkern

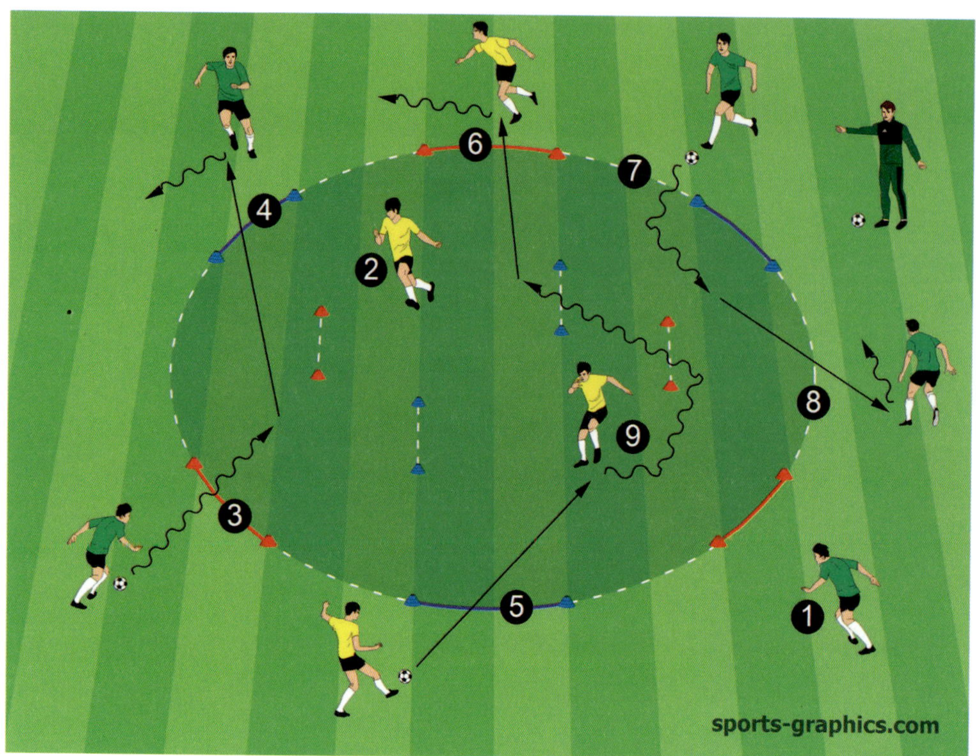

Spielprinzip

Zwei Teams agieren gegeneinander und versuchen, die verschiedenfarbigen Hütchentore auf dem Kreisbogen und im Kreis zu bespielen. Dabei dürfen die Spieler jederzeit außerhalb des Kreises (vgl. 1) oder innerhalb des Kreises (vgl. 2) agieren. Das ballbesitzende Team punktet, indem von außen in den Kreis eingestiegen wird (vgl. 3, 5 oder 7) und von innen wieder ausgestiegen wird (vgl. 4, 6 und 8). Dabei wird ein Punkt erzielt, wenn nach dem Einstieg durch ein rotes Tor (vgl. 3) der Ausstieg durch ein blaues Tor (vgl. 4) erfolgt, dem Einstieg durch ein blaues Tor (vgl. 5) der Ausstieg durch ein rotes Tor (vgl. 6) folgt oder Ein- und Ausstieg durch die neutralen bzw. nicht farbigen Tore (vgl. 7 und 8) erfolgen. Eine dreifache Wertung wird erreicht, wenn es einem Spieler gelingt, im Kreisinneren hintereinander die beiden Hütchentore zu durchdribbeln (vgl. 9).

Provokationsregeln, Punktesystem und Varianten

Als Variante können die Farbvorgaben verändert werden. So kann die Punktewertung angepasst werden und Ein- und Ausstiege müssen z. B. durch ein gleichfarbiges Hütchentor erfolgen (vgl. 3 und 6). Außerdem können Pass- und Dribblingvorgaben festgelegt werden. So kann der Einstieg als Dribbling und der Ausstieg als Pass festgesetzt werden (vgl. 3 und 6).

3.2.20 Zellkern (Fortsetzung)

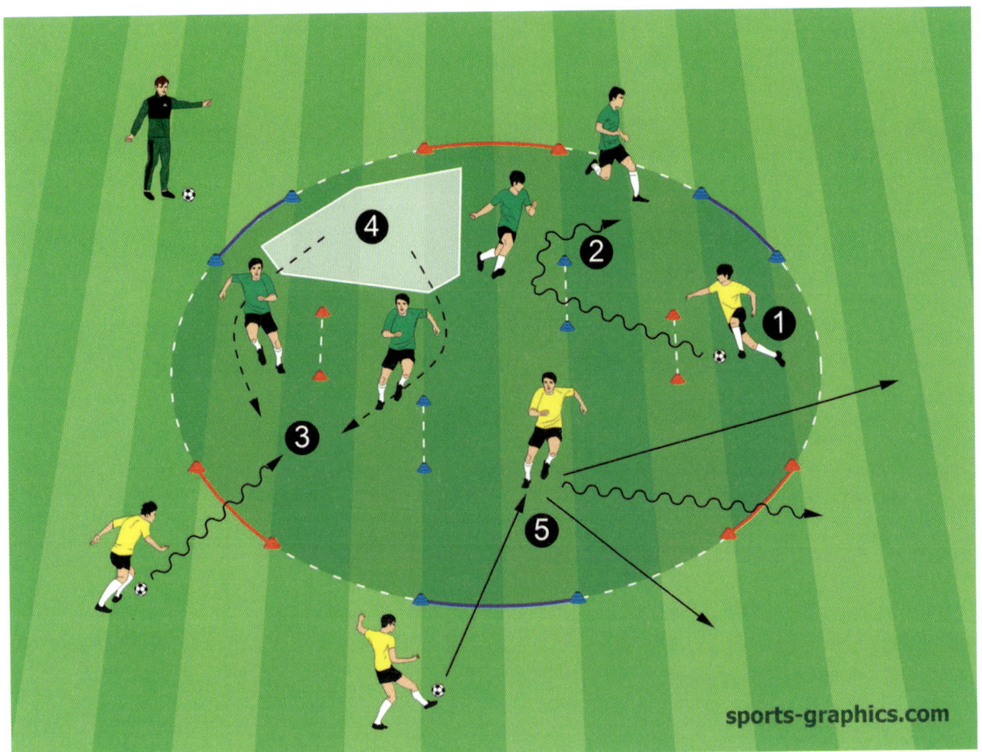

Spielelemente und Verhaltensweisen

Die Zielräume und Zielzonen sollen durch zielgerichtetes Lauf- und Anspielverhalten ständig bedroht und anvisiert werden. Das wiederkehrende Andribbeln und Anpassen der spielentscheidenden Zonen soll, gepaart mit den häufig auftretenden 1-gegen-1-Situationen, als Hinführung für zielgerichtetes Spiel im letzten Drittel dienen. Gerade im Zentrum sind bei hohem Gegnerdruck mutige Dribblings gefordert (vgl. 1) und die Spieler sind darüber hinaus angehalten, ihre Läufe auch gewinnbringend gegen Widerstände durchzusetzen und zu Ende zu führen (vgl. 2). Die Dribblingeinstiege in Richtung Zentrum (vgl. 3) binden oder locken Defensivspieler und öffnen dadurch Räume (vgl. 4), die nach Möglichkeit erkannt und genutzt werden. Das Zentrum gilt als Dreh- und Angelpunkt (vgl. 5), in dem die Entscheidungsfindung für die situativ sinnvollste Spielrichtung oder Spielfortsetzung unter hohem Gegner- und Zeitdruck vollzogen werden muss.

Coachingpunkte und Instruktionen

- Ziehe deinen Lauf durch!
- Bejubele die Punkte!
- Mutige Aktionen!

3.2.21 Karussell

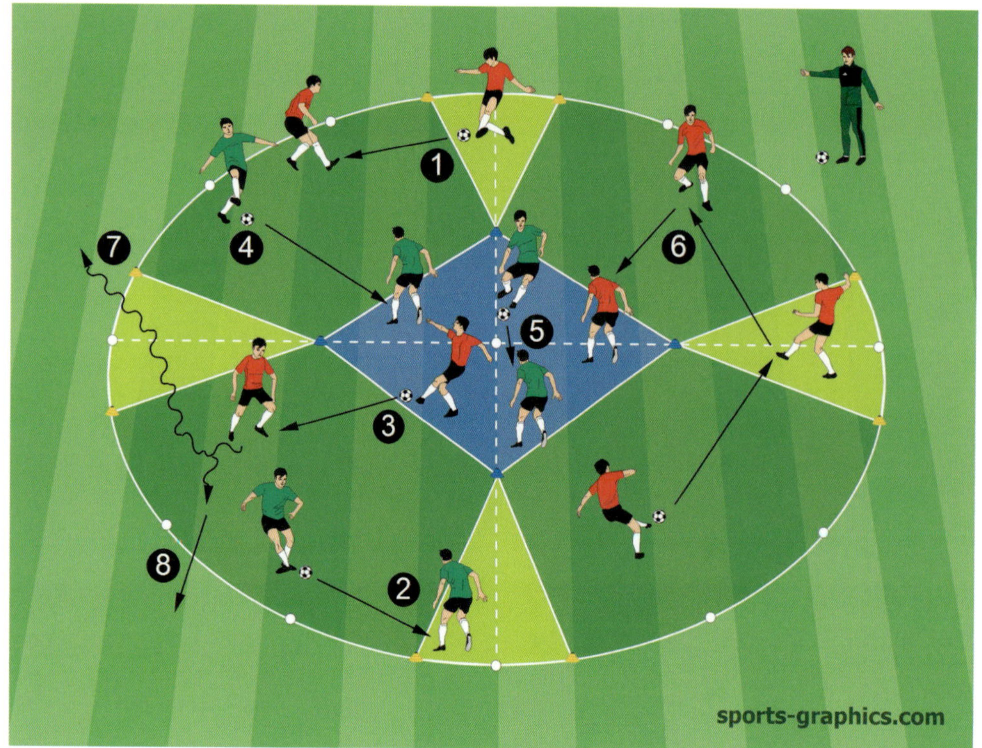

Spielprinzip

Das ballführende Team versucht, möglichst lange am Ball zu bleiben und dabei die verschiedenen Kreissegmente und Felder (vgl. blaue Raute, gelbe Dreiecke und grüne Zwischenräume) in vorgegebener Weise zu bespielen, um eine Punktewertung zu erhalten. Ein Pass aus einem Dreieck heraus (vgl. 1), ein Pass in ein Dreieck hinein (vgl. 2), ein Pass aus der zentralen Raute heraus (vgl. 3) und ein Pass in die zentrale Raute hinein (vgl. 4) liefern jeweils einen Punkt. Ein Pass innerhalb der zentralen Raute (vgl. 5) bringt zwei Punkte und eine Kombination zwischen Dreieck, Zwischenraum und Raute (vgl. 6) zählt drei Punkte. Die Spieler sind aufgefordert, viele rotierende Laufwege zu vollziehen und regelmäßig und vor allem nach Ballaktionen in andere Felder zu wechseln.

Provokationsregeln, Punktesystem und Varianten

Die Spielform kann in unterschiedlichen Zahlenverhältnissen vom 3 gegen 3 bis hin zum 6 gegen 6 oder mit neutralen Spielern organisiert werden. Zudem können auch vier Teams zeitgleich in einem Kreis jeweils gegeneinander agieren, sodass es stets zu Störspielern und Störfaktoren kommt. Über eine Begrenzung der Ballkontakte für den ballbesitzenden Spieler oder Vorgaben im Passspiel können technische Aspekte erschwert und in den Vordergrund gestellt werden. Um die Spielform zu entzerren und vom Zentrum zu lösen, können ausbrechende Anschlussaktionen nach außen angelegt werden. Nachdem das zentrale Feld (vgl. Feld BLAU) mit einem Dribbling oder Pass bespielt wurde, kann eine doppelte Punktewertung aufgerufen werden, wenn im Anschluss der Kreis im Dribbling (vgl. 7) über ein gelbes Feld oder im Passspiel über ein grünes Feld verlassen wird (vgl. 8). Nach erfolgreichem Ausbrechen (vgl. 7 oder 8) bieten sich belohnende Abschlussmöglichkeiten auf Mini- oder Großtore an.

3.2.21 Karussell (Fortsetzung)

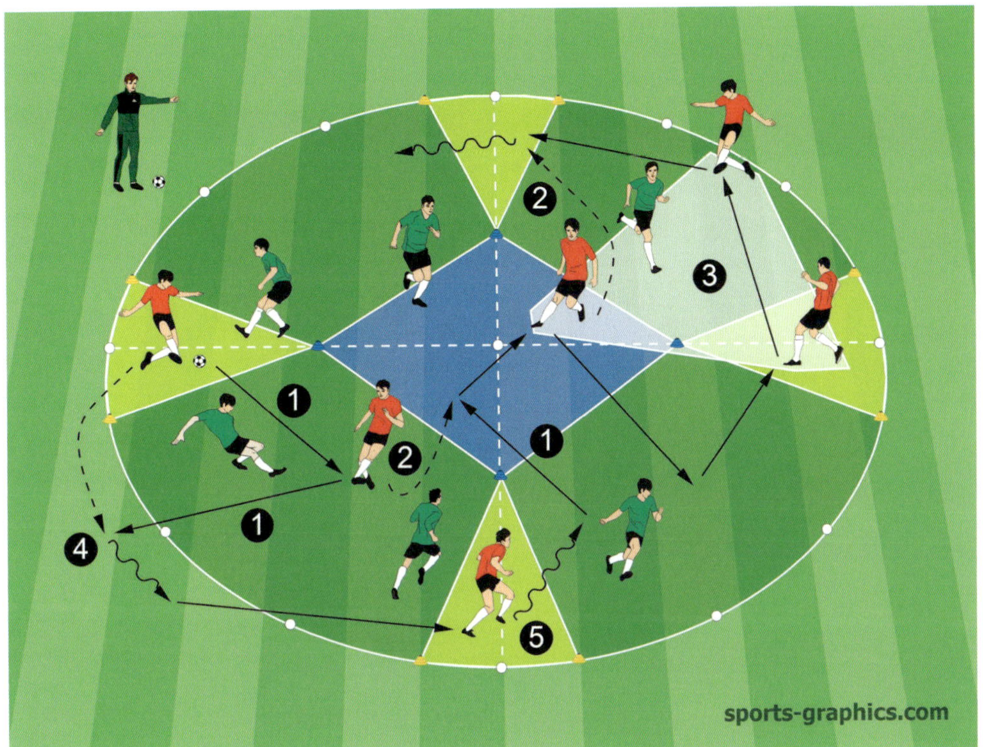

Spielelemente und Verhaltensweisen

Die Organisation dieser Spielform lässt den wenig Erfolg versprechenden geraden Pass die Linie entlang wegfallen. Vielmehr sind die Spieler durch die Rundungen des Spielfeldes angehalten, diagonale und schräge Pässe (vgl. 1) zu spielen. Die Spielform zielt auch darauf ab, dass viele Wiederholungen generiert werden und Passsicherheit in Spielformen aufgebaut und erworben werden kann. Im Speziellen ist gutes Anbiet- und Freilaufverhalten (vgl. 2) gefragt, welches in zahlreichen und wiederkehrenden Dreieckformationen (vgl. 3) mündet. Die Spielsituationen werden auch außerhalb des Kreises fortgesetzt (vgl. 4), das implementierte Punktesystem lässt die Spieler aber in Richtung Zentrum agieren und provoziert das Spiel durch die Mitte (vgl. 5).

Coachingpunkte und Instruktionen

- Orientiert euch an den Formen!
- Das Runde muss in das Eckige!
- Finde Formen! Finde Felder!

3.2.22 Molekül

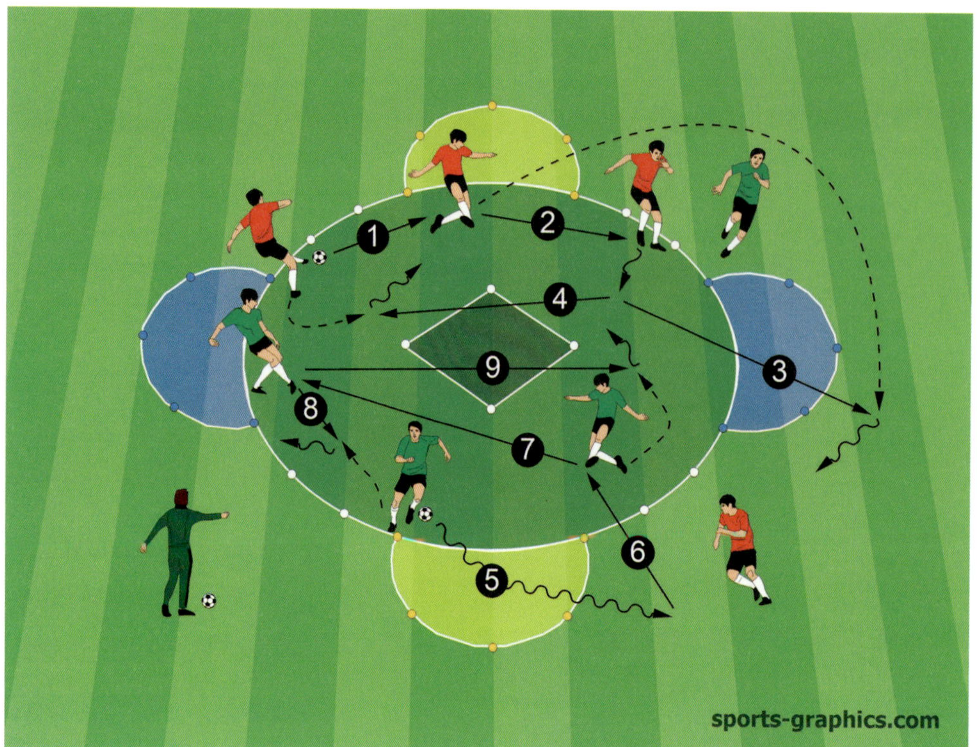

Spielprinzip

Das ballführende Team hat die Wahl zwischen zwei einleitenden Optionen, um in einer Anschlussaktion eine Punktewertung zu erzielen. Die Punktewertung kann entweder durch zwei Pässe innerhalb des Kreises (vgl. 1 und 2) oder durch ein Dribbling aus dem Kreis durch einen Halbkreis heraus (vgl. 5) eingeleitet werden. Für einen Punktgewinn muss den zwei vollständigen Pässen (vgl. 1 und 2) ein weiterer Pass entweder aus dem Kreis heraus durch einen Halbkreis (vgl. 3) oder durch die zentrale Raute (vgl. 4) gelingen. Der Anschlusspass durch den Halbkreis wird einfach, der Pass durch die Raute doppelt gewertet. Dem einleitenden Dribbling aus dem Halbkreis heraus (vgl. 5) muss für einen Punktgewinn ein Rückpass in den Kreis und zudem zwei weitere Pässe innerhalb des Kreises gelingen. Die zwei anschließenden Pässe können für eine einzelne Wertung beide innerhalb des Kreises stattfinden (vgl. 7 und 8) oder im Kreis und durch die Raute realisiert werden (vgl. 7 und 9). Die beiden Pässe im Kreis liefern eine Wertung, eine Kombination über die Raute bringt eine doppelte Wertung.

Provokationsregeln, Punktesystem und Varianten

Der Fokus kann in Richtung Technikanforderung gelegt werden, indem den Spielern Pässe mit dem schwachen Spielbein für entscheidende Aktionen (vgl. 3, 4, 6 und 9) abgefordert werden oder die Vorgabe besteht, beim Ausstieg in einem Halbkreis (vgl. 5) eine vorgegebene Finte (Fußwechsel, Übersteiger, Schusstäuschung etc.) anzuwenden.

3.2.22 Molekül (Fortsetzung)

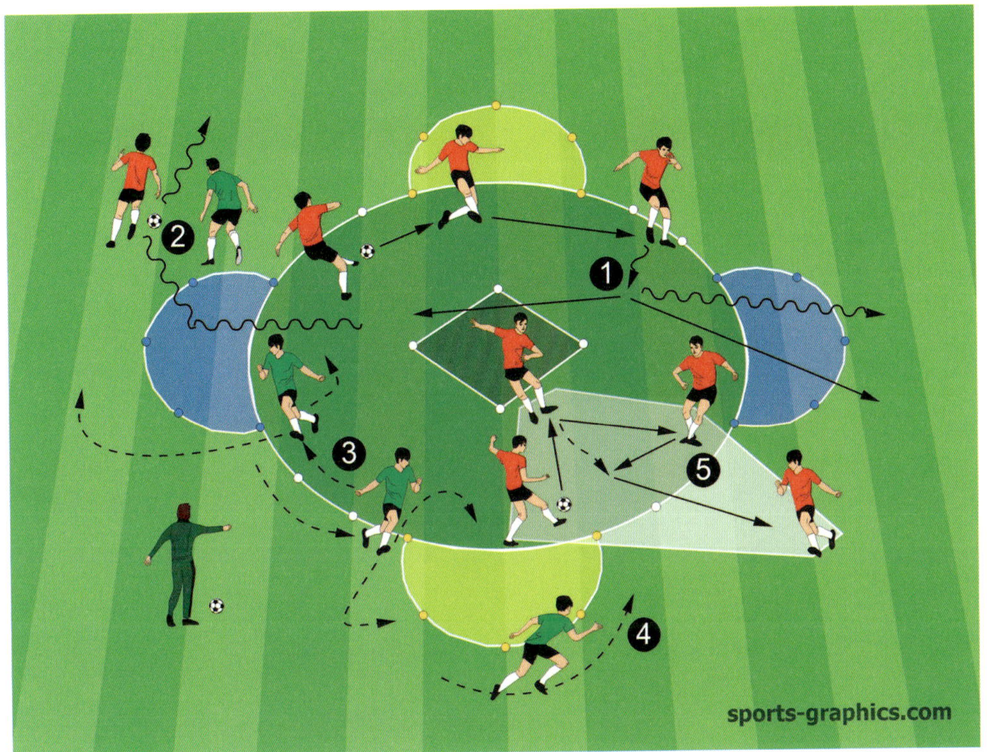

Spielelemente und Verhaltensweisen

Die ungewohnte Formgebung der einzelnen Zonen und Felder ermöglicht neue Lernwege in vielschichtigen Spielsituationen mit mehrdimensionalen Entscheidungsmöglichkeiten (vgl. 1). Einige Spielziele erfordern umkehrende Spielfortsetzungen und damit Aktionen zurück in Richtung des gegnerischen Verbunds. Diese Aktionen sind oft mit Gegnerdruck verbunden und beinhalten optimalerweise Schulterblicke und Vororientierung (vgl. 2). Im Rahmen des Freilaufverhaltens ist das Ansteuern der Halbkreise wünschenswert (vgl. 3 und 4). Das an den Rundungen orientierte Anbiet- und Freilaufverhalten ist motorisch herausfordernd (vgl. 3) und zielt auf offene Spielstellungen (vgl. 4) und strategisches Positionsverhalten ab. Innerhalb des eigenen Teams ergeben sich Dreieckbildung, Rautenbildung, das Schaffen von Überzahlsituationen in Ballnähe und nach Möglichkeit sicheres Kombinationsspiel und taktisch kluge und abgestimmte Positionierungen (vgl. 5).

Coachingpunkte und Instruktionen

- Optimale Passschärfe! Pässe mit Botschaft!
- Achte auf den erster Ballkontakt!
- Mitnahme im Tempo!

3.2.23 Seifenblase

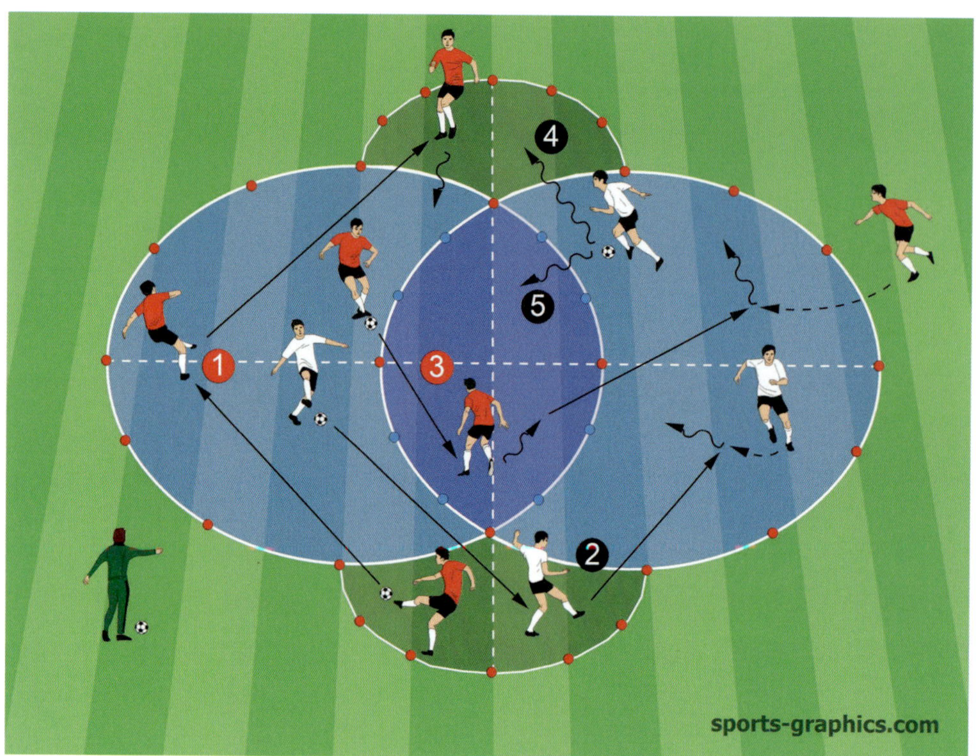

Spielprinzip

Das Spielfeld besteht aus mehreren Kreisfeldern. Diese Kreisfelder können nach verschiedensten Regeln bespielt werden. So kann das ballbesitzende Team eine Punktewertung erreichen, wenn eine Kombination durch drei Kreise gelingt (vgl. 1, 2 und 3). Dabei ist es möglich, dass ein kleines Feld über ein großes Feld in Richtung eines kleinen Felds (vgl. 1) bespielt wird, die Kombination von einem großen Feld über ein kleines Feld in ein großes Feld (vgl. 2) verläuft oder das Passspiel von Kreis zu Kreis bei Nutzung des Zentrums (vgl. 3) realisiert wird. Eine Punktewertung ist auch auf individueller Ebene denkbar, wenn sich ein Einzelspieler im Dribbling von Kreis zu Kreis bewegt (vgl. 4) und eine doppelte Wertung erreicht, wenn dabei das Zentrum genutzt wird (vgl. 5).

Provokationsregeln, Punktesystem und Varianten

Die vielen Spielziele können einzeln vom Trainer mit einem Signal belegt werden. Je nach aktuellem Trainersignal gilt nur ein Spielziel und erleichtert die Gesamtsituation für die Defensiv- und Offensivspieler. Der Trainer hätte auch die Möglichkeit, konkrete Spielzielfolgen in Bezug auf die Kreisfelder (z. B. groß/klein/groß oder groß/Zentrum/klein) zu benennen. Eine andere und noch intensiver auf das Zentrum fokussierte Ausrichtung erfährt die Spielform, wenn für eine Punktewertung nach einem Einstieg per Dribbling von außen in einen Kreis das Zentrum bespielt werden muss.

3.2.23 Seifenblase (Fortsetzung)

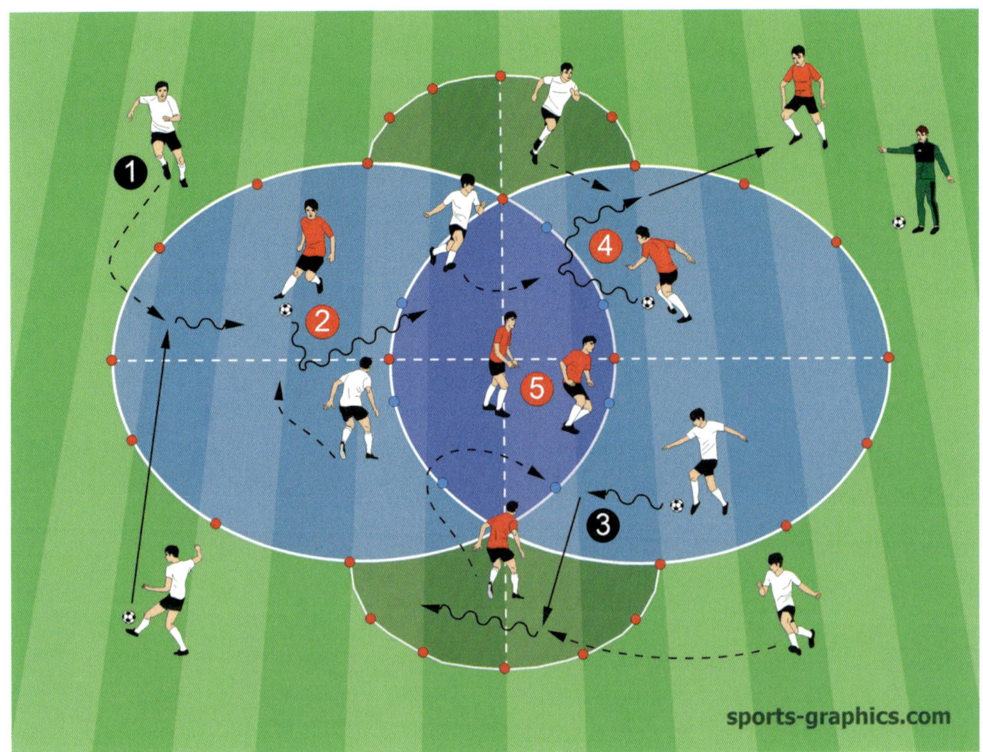

Spielelemente und Verhaltensweisen

Im Offensivspiel ist das Freilaufverhalten mit offenen Spielstellungen in Richtung der Kreisfelder und für eine optimale Spielfortsetzung zielgerichtet angelegt (vgl. 1). Dieses Freilaufverhalten wird nach Möglichkeit mit ständigen Blicken für das Zentrum gekoppelt. Als Grundhaltung ist ständige Gefahr und Anpeilung des Zentrums einzufordern (vgl. 2). Die taktischen Entscheidungen werden in erster Linie zwischen der Wahl eines Dribblings oder Kurzpasses getroffen (vgl. 3). Die Möglichkeiten des Aufdrehens und Abbrechens (vgl. 4) sollten zur Vermeidung einfacher Ballverluste Beachtung finden. In der Defensive geht es vor allem darum, dass der Verbund kompakt agiert und das Zentrum gemeinsam verdichtet und stark besetzt hält (vgl. 5).

Coachingpunkte und Instruktionen

- Belaufe das Zentrum! Laufe dich in jedem Kreis frei!
- Dribbling oder Kurzpass? Entscheide dich schnell!
- Beschütze den Ball!

3.2.24 Umlaufbahn

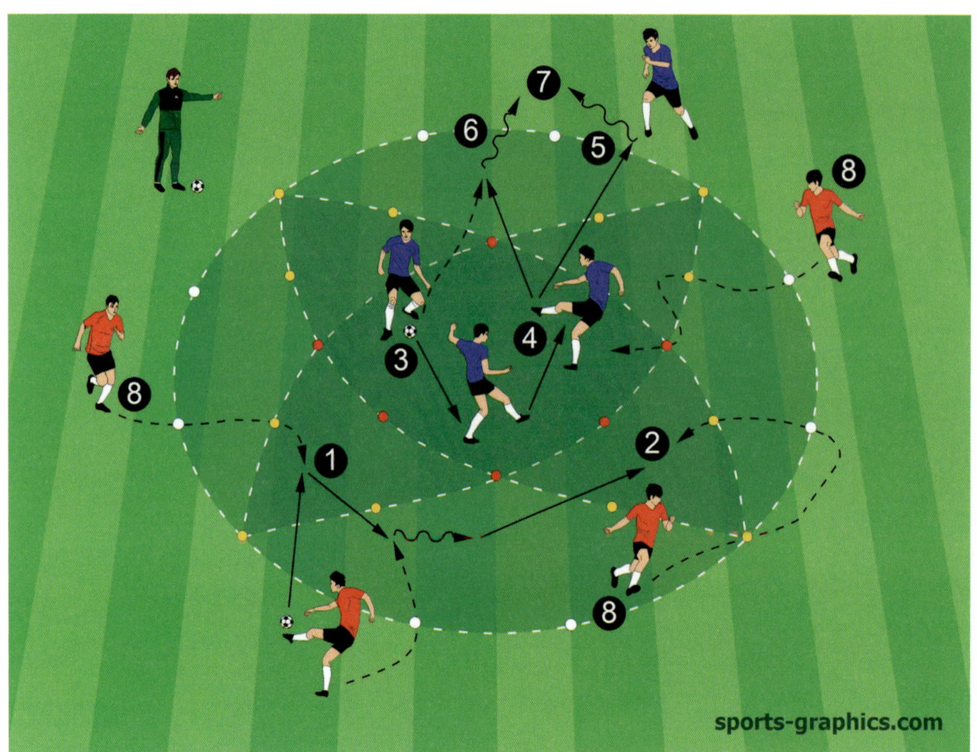

Spielprinzip

Das Spielfeld besteht neben dem äußeren Bereich aus einem zentralen Kreis, welcher in neun Zonen eingeteilt ist. Der Schwerpunkt liegt in erster Linie im Passspiel. Entsprechend gilt für das ballführende Team, die verschiedenen Zonen mit Passkombinationen zu bespielen.

Provokationsregeln, Punktesystem und Varianten

Das ballführende Team kann punkten, wenn nacheinander zwei der spitzen Randfelder bespielt werden (vgl. 1 und 2). Außerdem wird eine Wertung erzielt, wenn nach zwei Pässen in der zentralen Zone (vgl. 3 und 4) der Kreis per Pass (vgl. 5) oder im Dribbling (vgl. 6) verlassen wird. Hier kann sich ein Spiel auf Groß- oder Minitore anschließen (vgl. 7). Die Möglichkeit von Abschlüssen kann auch nach Erreichen des zuvor beschriebenen Spielziels ermöglicht werden (vgl. 2). Die verschiedenfarbigen Pads oder Hütchen, mit welchen die Zonen markiert werden, können für ständiges Freilaufen mit koordinativen Aspekten genutzt werden. So können die Spieler angehalten werden, nacheinander über einzelne Markierungen zu laufen (vgl. 8) oder dabei sogar Farbreihenfolgen abzulaufen.

3.2.24 Umlaufbahn (Fortsetzung)

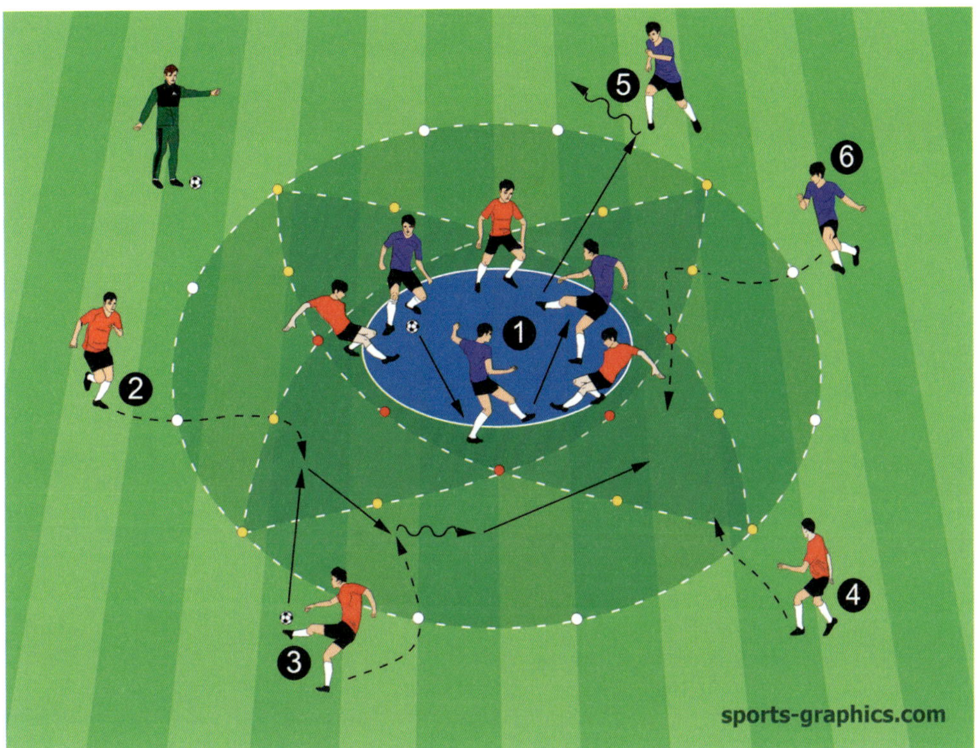

Spielelemente und Verhaltensweisen

Das Zentrum ist von vielen Offensiv- und Defensivspielern besetzt (vgl. 1). Für die Offensive gilt es, Drucksituationen auszuhalten, Bälle zu behaupten, Bälle abzusichern und auch das Abbrechen eines Spielzugs in Betracht zu ziehen, um einfache Ballverluste zu vermeiden. Die Defensivspieler sollten den zentralen Raum stets besetzt halten, strategisch wichtige Passwege zustellen und, vom Zentrum ausgehend, mit einem kompakten Verbund agieren. Grundsätzlich sind die offensiven Spielziele mit gut getimten Freilaufaktionen (vgl. 2), dem Erkennen freier Räume mit Blick auf ein Spielziel (vgl. 3) und dem frühzeitigen Anbieten von Optionen zur Anschlusshandlung der ballbesitzenden Spieler (vgl. 4) zu erreichen. Das Positionsspiel in den Außenbereichen sollte stets tiefe Anspielpunkte ermöglichen, um den ballbesitzenden Spielern im Zentrum stets die Option langer Bälle zu ermöglichen (vgl. 5) und um Spielziele zu erreichen oder Drucksituationen aufzulösen. Das Freilaufverhalten in Verbindung mit den farbigen Markierungen schult auch ohne Ball kognitive und koordinative Aspekte (vgl. 6).

Coachingpunkte und Instruktionen

- Biete tiefe Anspielpunkte!
- Laufe dich zielorientiert frei!
- Verdichten oder auffächern?

3.2.25 Seerose

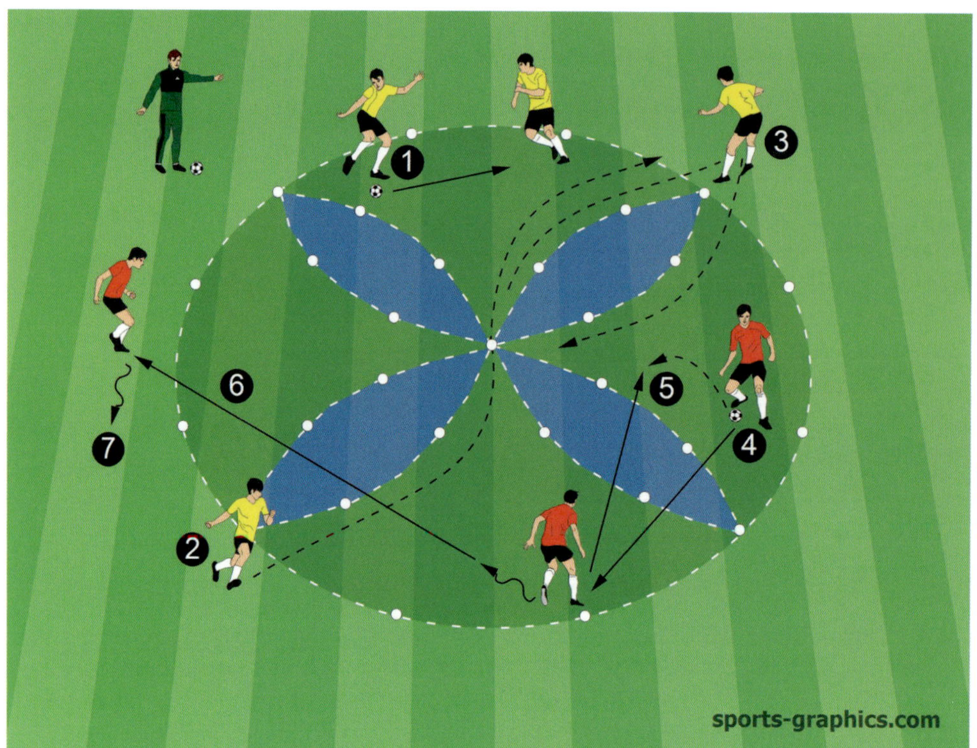

Spielprinzip

Das zentrale Kreisfeld ist durch vier ovalförmige Felder aufgegliedert. Die grünen Zwischenräume bieten sich für Spielziele mit mehreren Spielern in Bezug auf Passen und Kombinieren an und die blauen, eher lang gezogenen Felder können für Laufwege, kurze Pässe oder individuelle Technikaktionen genutzt werden. Die Spieler dürfen zu jeder Zeit alle Bereiche des Spielfeldes, unabhängig vom Ballbesitz, belaufen.

Provokationsregeln, Punktesystem und Varianten

Innerhalb der grünen Felder kann das ballbesitzende Team punkten, wenn eine vorgegebene Passanzahl erreicht wird (vgl. 1). Während der Ballbesitzphasen kann ein Team auch über einen Laufweg eines weit weg vom Ball positionierten Spielers punkten. Hier entsteht eine Wertung, wenn ein Spieler zwei blaue Felder in einem Bogenlauf umläuft (vgl. 2) oder, von der Mitte aus startend, ein blaues Feld im Vorwärts- und Rückwärtslauf zurück zum Zentrum umläuft (vgl. 3). Die blauen Felder können mit eher kurzen Pässen durchspielt werden (vgl. 4). Eine Wertung kann durch einen erneuten Rückpass durch das gleiche blaue Feld (vgl. 5) oder durch einen Anschlusspass durch ein anderes Feld (vgl. 6) erreicht werden. Nach dem Erreichen der einzelnen Spielziele kann eine Abschlussmöglichkeit auf Mini- oder Großtore nachgeschaltet werden.

3.2.25 Seerose (Fortsetzung)

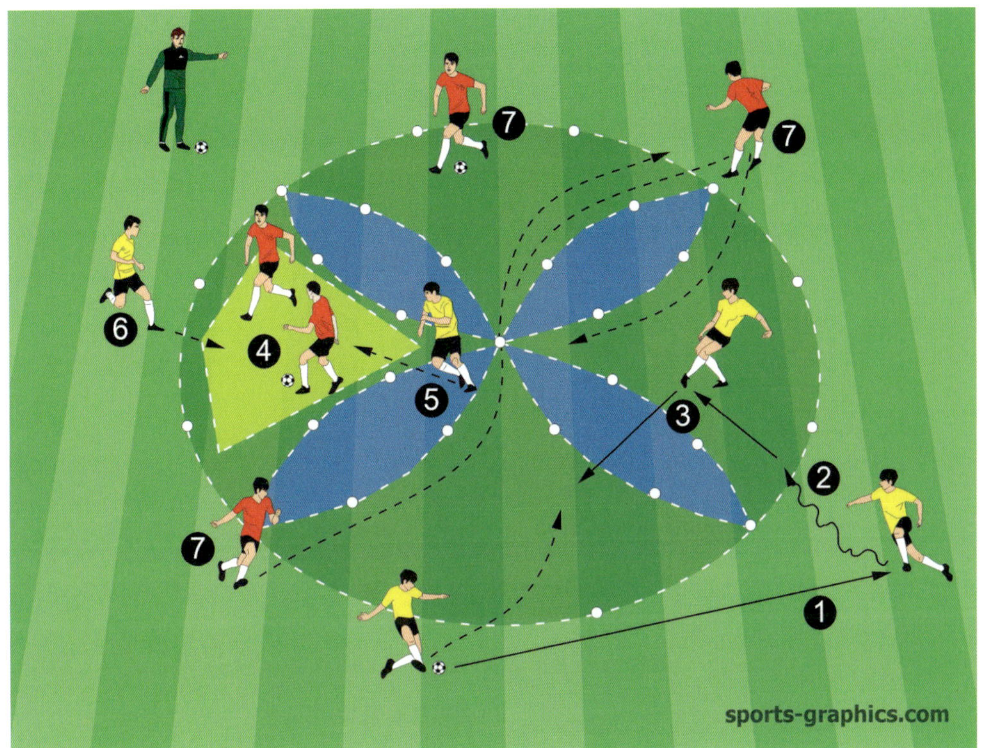

Spielelemente und Verhaltensweisen

Die Vorbereitung von Pässen in das Zentrum wird optimalerweise mit langen Anspielen (vgl. 1) und bedrohenden Dribblings (vgl. 2) vorbereitet. Die Spielziele beinhalten das Wechselspiel zwischen langen Pässen (vgl. 1), zielgerichteten Ballmitnahmen mit kurzen, fintenreichen Dribblings (vgl. 2) und kurzen Pässen (vgl. 3). In bestimmten Spielzonen ist es wichtig, zu verdichten bzw. Überzahlsituationen herzustellen (vgl. 4). Das defensive Stellungsspiel erfolgt nach Möglichkeit aus einem gestärkten Zentrum heraus in die aktuell spielentscheidende Zone (vgl. 5). Die Spieler der Defensive sind angehalten, Spielpositionen fern vom Zentrum zu vermeiden und speziell nach Umschaltmomenten in Form von Ballverlusten zügig die Distanz zum Zentrum zu verringern und den Defensivverbund in Zentrumnähe zu schließen (vgl. 6). Die Spielziele und Punktewertungen im Rahmen der ballfernen Laufwege forcieren das Coaching der Spieler untereinander. Es ist wünschenswert, wenn Ballführer aus einer gesicherten Spielposition heraus Mitspieler durch Kommandos zu punktebringenden Läufen auffordern (vgl. 7).

Coachingpunkte und Instruktionen

- Laufe für die Punkte!
- Bildet einen Defensivverbund!
- Variiert die Passdistanz!

3.2.26 Kleeblatt

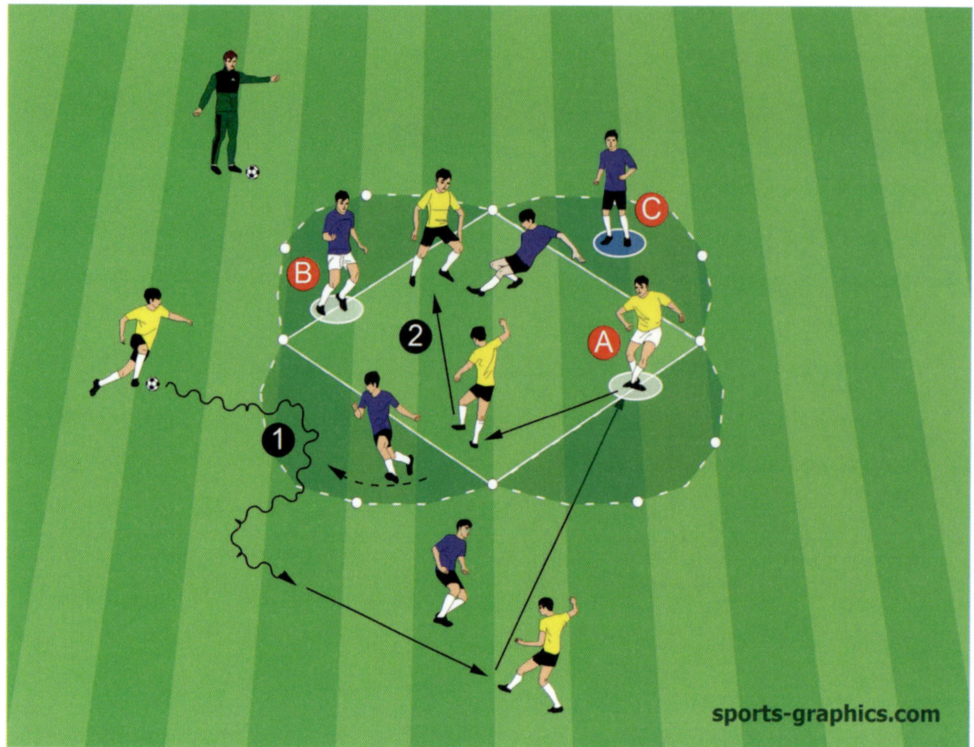

Spielprinzip

Die Teams bespielen das zentrale Quadrat und die vier anschließenden Halbkreise nach verschiedenen Regeln und mit unterschiedlichen Punktewertungen. Die Spielziele ergeben intensive Spielsituationen speziell im inneren Zentrumsbereich. Jedes Team hat einen Spieler, welcher sich nur auf den Linien des zentralen Quadrats bewegen darf (vgl. Spieler A und B). Diese Spieler dürfen sich gegenseitig nicht bedrohen bzw. stören. Sofern ein Team den Ball verliert, läuft das Spiel ohne Unterbrechung mit Ballbesitz für das andere Team weiter. Wenn sich dieser Ballverlust im zentralen Quadrat abspielt, dann muss ein Spieler auf eine Strafposition in einen Halbkreis (vgl. Spieler C) und darf diesen im Anschluss nicht mehr verlassen.

Provokationsregeln, Punktesystem und Varianten

Das ballbesitzende Team kann einen Punkt erzielen, indem ein Spieler von außen in einen Halbkreis eindringt, einen Fußwechsel im Halbkreis vollzieht und diesen ohne Ballverlust wieder nach außen verlässt (vgl. 1). Eine doppelte Punktewertung erhält das Team, welches zwei Pässe in Folge im zentralen Quadrat realisieren kann (vgl. 2). Im Rahmen dieser Wertung steigt die Punktzahl mit der Anzahl der Pässe innerhalb des Zentrums. Die Bestrafung bei einem Ballverlust im Zentrum (vgl. Spieler C) kann nach einer festgelegten Zeit (z. B. 20 Sekunden) ablaufen, durch ein Anspiel auf den bestraften Spieler oder bis zu einem nächsten Ballverlust im Zentrum andauern.

3.2.26 Kleeblatt (Fortsetzung)

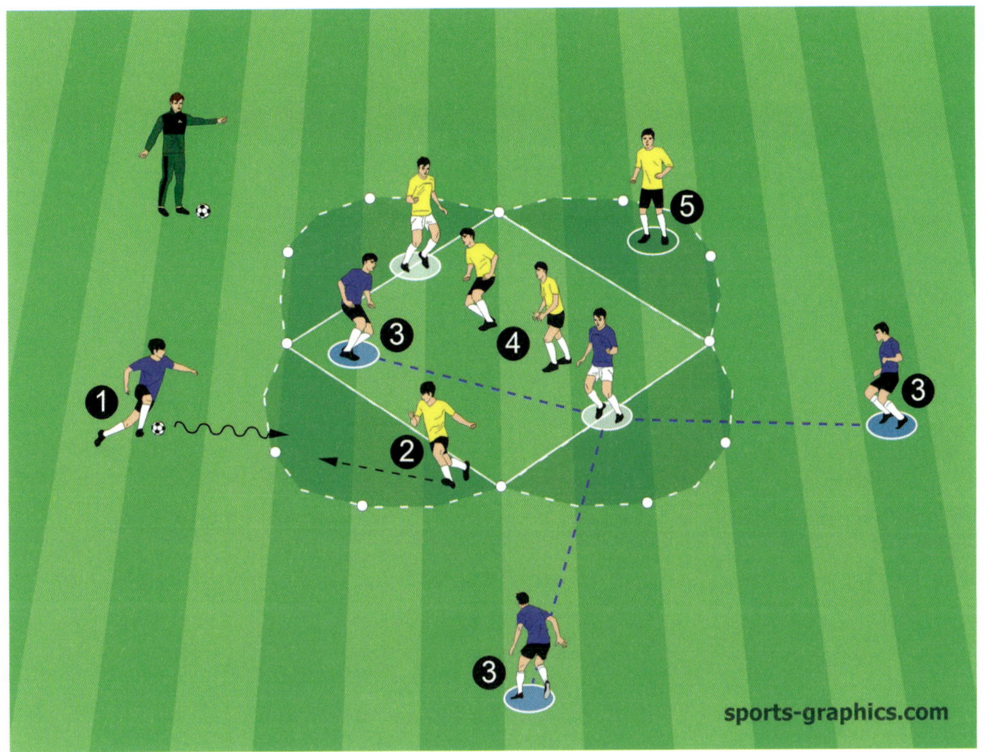

Spielelemente und Verhaltensweisen

Jeder Spieler ist aufgefordert, die vorgegebenen Spielziele umzusetzen, sich bietende Möglichkeiten in Ballbesitz mutig zu nutzen (vgl. 1) und im Defensivverhalten verantwortungsvoll und engagiert Punktewertungen für den Gegner zu verhindern (vgl. 2). Jeweils ein Spieler bewegt sich auf der Linie des zentralen Feldes. Dieser Spieler ist in seinem Stellungsspiel stark eingeschränkt. Die Mitspieler sind daher stets aufgefordert, ihre eigene Spielposition in Relation zu überprüfen (vgl. 3). In diesem Rahmen halten die Spieler kluge und gleichmäßige Abstände zueinander und besetzen nach Möglichkeit keine Positionen doppelt. Im Defensivverbund sollte vor allem das Zentrum stark besetzt sein (vgl. 4). Die Intensität im Zentrum ist besonders hoch, da durch die Provokationsregel nach Ballverlust ein bedeutsamer Nachteil entsteht (vgl. 5). Die Offensivspieler sind aufgefordert, einfache Ballverluste im zentralen Bereich zu verhindern und den eigenen Ballbesitz besonders zu verteidigen.

Coachingpunkte und Instruktionen

- Beschütze den Ball!
- Haltet die Abstände!
- Zentrum aufbrechen!

3.2.27 Festung

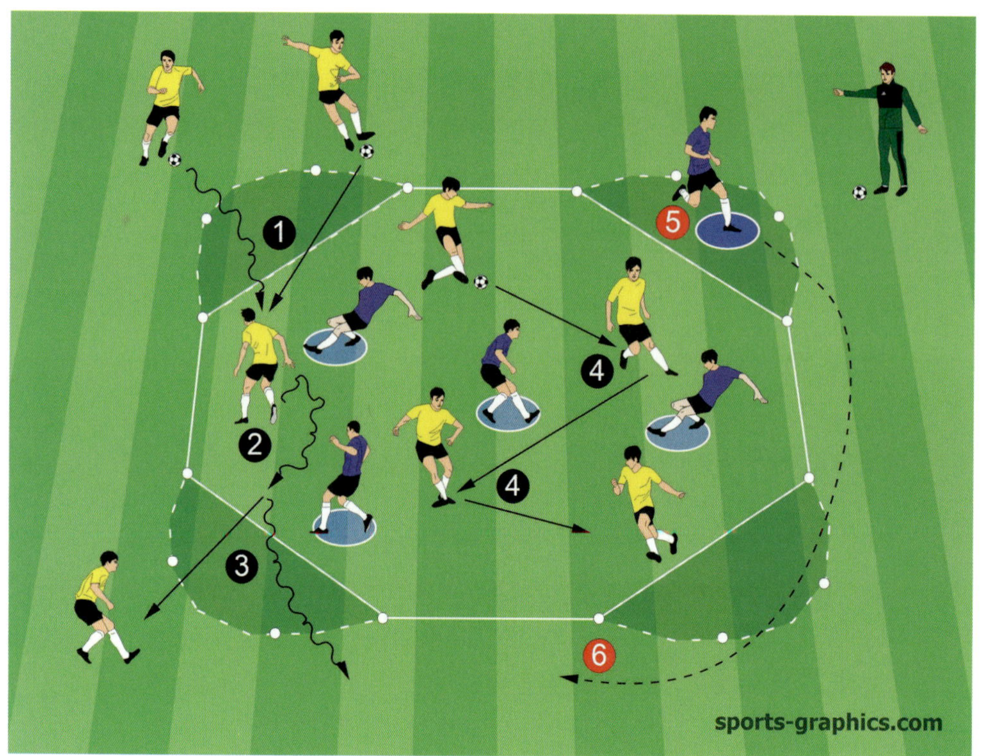

Spielprinzip

Das Spielfeld mit einem zentralen und vier äußeren Feldern wird als Festung (vgl. zentrales Hexagon) mit vier Türmen (vgl. äußere Halbkreise) interpretiert. Alle Spieler können sich zu jederzeit in allen Bereichen und Zonen des Spielfeldes aufhalten und diese belaufen. Das ballführende Team versucht, die Festung zu stürmen und das verteidigende Team beschützt die Festung. Die Eindringlinge versuchen, im Dribbling oder mit Pässen über einen Turm einzusteigen (vgl. 1), mit weiteren Pass- und Dribblingmöglichkeiten im Inneren (vgl. 2) über einen anderen Turm wieder auszusteigen (vgl. 3). Außerdem zielt die Offensive auf eine vorgegebene Passanzahl im inneren Bereich der Festung ab (vgl. 4). Die Defensive versucht, das Erreichen der Spielziele zu verhindern und den Ball zu erobern, um im direkten Anschluss mit eigenem Ballbesitz zu punkten. Sobald ein ballbesitzendes Team ein Spielziel erreicht, muss ein Spieler der Verteidigung eine Strafaufgabe erfüllen.

Provokationsregeln, Punktesystem und Varianten

Die Spielziele können gesteigert werden, indem in den Zonen gruppentaktische Angriffsmittel, wie Hinterlaufen oder Spiel über den Dritten, gefordert werden. Die Strafaufgabe kann variabel gestaltet werden. Es ist denkbar, dass ein Spieler für eine vorgegebene Dauer (z. B. 10 Sekunden) in einen der Türme verbannt wird und solange nicht am Spiel teilnehmen darf (vgl. 5) oder erst nach einem Tempolauf durch alle vier Türme (vgl. 6) wieder in das Spiel einsteigen darf.

3.2.27 Festung (Fortsetzung)

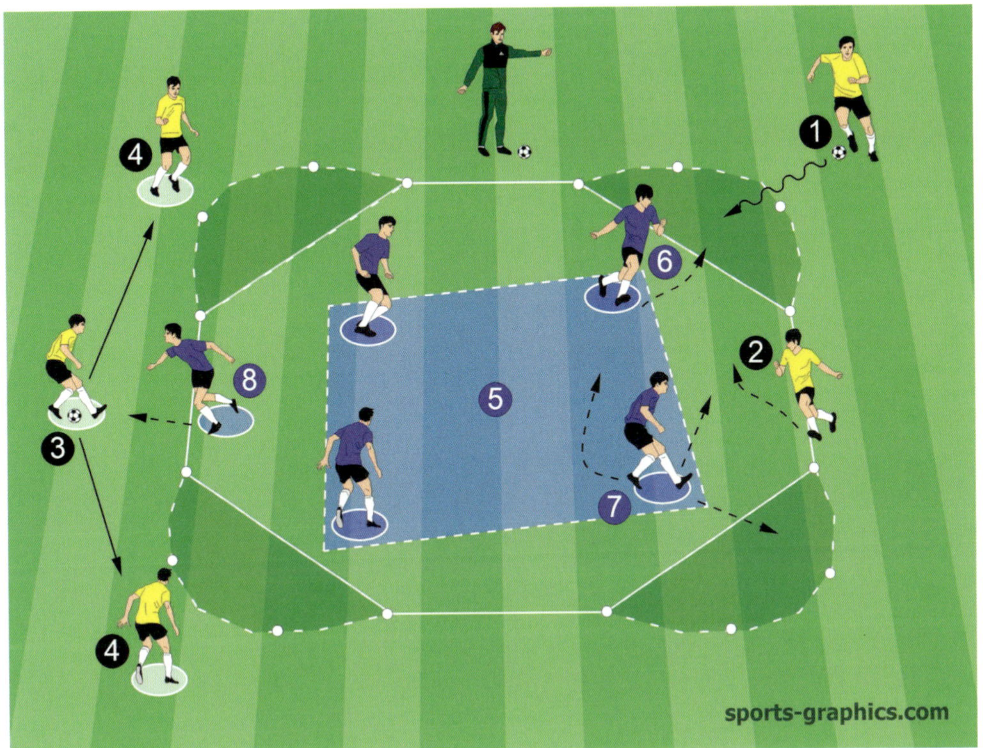

Spielelemente und Verhaltensweisen

Die Offensivspieler sind mit Blick auf die Spielziele angehalten, strategisch wertvolle Spielpositionen einzunehmen und abgestimmt aufeinander zu agieren. Das gilt für den individuellen Einstieg über die Türme (vgl. 1), das Schaffen von Erfolg versprechenden Anspielstationen (vgl. 2), für eine Positionierung mit möglichst vielen Passoptionen (vgl. 3) und für das Einnehmen von Spielpositionen nahe an entscheidenden Zonen für eine optimale Spielfortsetzung nach Ballerhalt (vgl. 4). Die Defensivspieler agieren nach Möglichkeit in einem Verbund mit optimalen Abständen (vgl. 5), um das Zentrum zu stärken und, davon ausgehend, situativ zu reagieren. Einzelne Spieler können aus diesem Verbund heraus- und vortreten, um Gegenspieler zu stellen und gefährliche Räume zuzustellen (vgl. 6) oder Passwege zuzustellen und Mitspieler abzusichern (vgl. 7). Grundsätzlich sollte die Defensive die ballbesitzenden Gegenspieler unter permanenten Druck setzen (vgl. 8).

Coachingpunkte und Instruktionen

- Besetzt die Festung! Verteidigt die Türme!
- Stürme den Turm! Stürme die Festung!
- Festung einnehmen!

3.2.28 Kolosseum

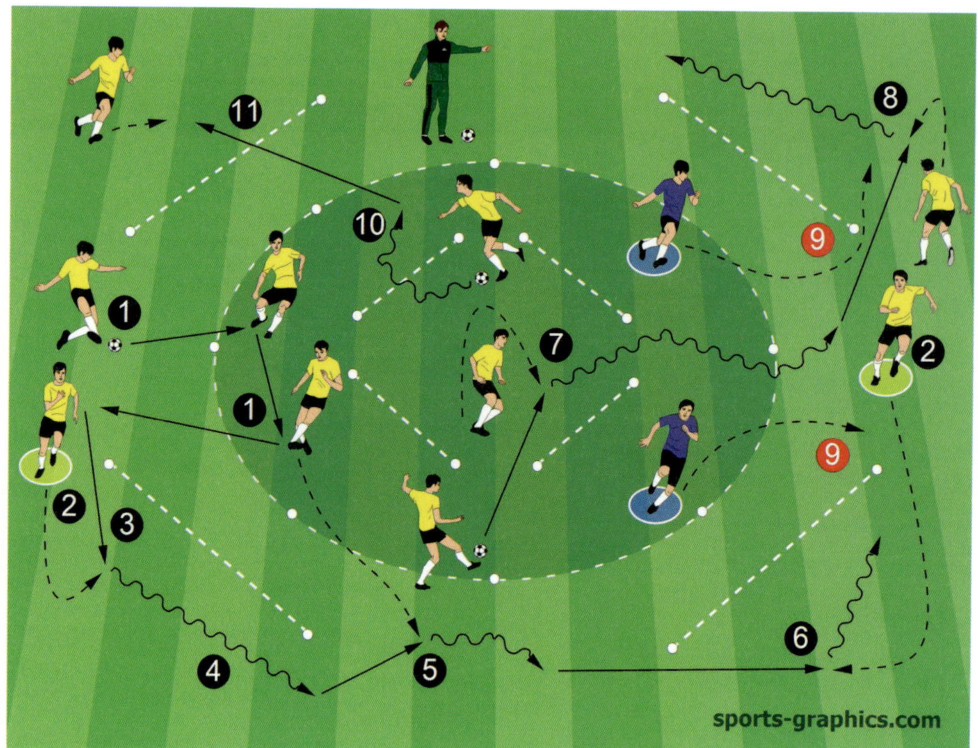

Spielprinzip

Die Spielform richtet die Aufmerksamkeit der Spieler auf das Spiel in den Rücken des Gegners und zielt auf Ballmitnahmen hinter eine der gestrichelten Linien ab. Zur Vorbereitung können im und außerhalb des Kreises Pässe gespielt werden (vgl. 1) und einzelne Spieler nehmen spieltaktisch entscheidende Positionen an den Linienkanten ein (vgl. 2). Eine Punktewertung wird erzielt, wenn nach einem Zuspiel (vgl. 3) eine Ballmitnahme hinter eine der Linien (vgl. 4) und eine Spielfortsetzung realisiert wird (vgl. 5). Die Beherrschung des inneren Raums mit beiden Füßen ist das übergeordnete Spielziel. Mit der ständigen Wahrnehmung zentral positionierter Spieler, offener Lücken, spieltaktischer Spielzonen an den Linien oder der Überprüfung eigener Positionierungen im engen Raum bestehen indirekte Lernziele.

Provokationsregeln, Punktesystem und Varianten

Die Punktewertung kann erschwert werden, indem das ballbesitzende Team nacheinander zwei frei wählbare Linien (vgl. 4 und 6) oder eine Kombination von einer Linie im Kreis und einer Linie außerhalb des Kreises (vgl. 7 und 8) realisiert haben muss. Zur Vereinfachung kann den Defensivspielern der Lauf über eine Linie verboten werden (vgl. 9) oder den Offensivspielern nur der Pass neben den Linien ermöglicht werden (vgl. 3). Weiterführend kann das Bespielen der Linien durch Ballmitnahmen auch mit Passvorgaben im oder durch den Kreis kombiniert werden. So kann es Punktewertungen geben, wenn nach zwei Pässen im Kreis eine Linie bespielt wird, nach dem Bespielen einer Linie ein Pass durch den Kreis oder durch einen Zwischenraum gespielt wird. Außerdem ist es denkbar, dass die Linien auch im individuellen Dribbling (vgl. 10) und mit einfachen Pässen (vgl. 11) bespielt werden dürfen. Nach dem Erreichen der einzelnen Teilziele sind anschließende Aktionen auf Mini- und Großtore denkbar.

3.2.28 Kolosseum (Fortsetzung)

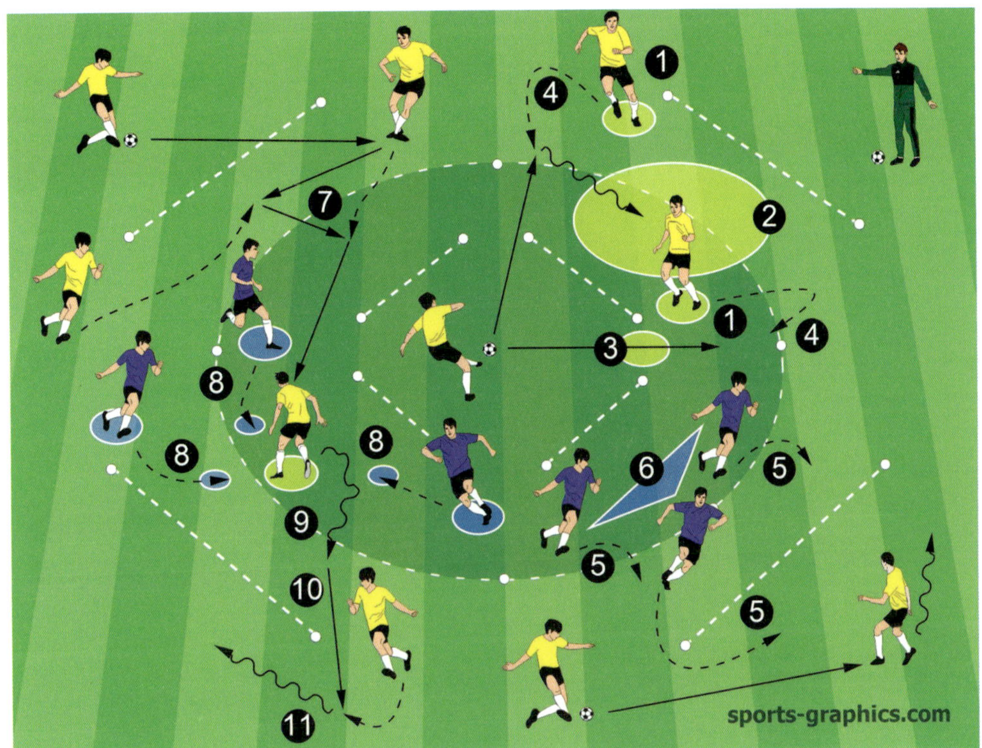

Spielelemente und Verhaltensweisen

Mit dieser Form wird in Ballbesitz das Einnehmen von spieltaktisch sinnvollen Positionen an den Linienkanten (vgl. 1), das Erkennen von Zwischenräumen (vgl. 2) und das bewusste Spiel auf Lücken (vgl. 3) mit getimtem Absetz- und Freilaufverhalten (vgl. 4) kombiniert. In der Defensive gilt es, aktiv in Richtung Ball zu verteidigen (vgl. 5) und gleichzeitig gruppentaktisch das Zentrum abzuschirmen (vgl. 6). Grundsätzlich wird den Spielern hohe Agilität als Weichenstellung für Intensität und Handlungsdichte abverlangt. Zur Erzielung von Spieldominanz durch effektiven Ballbesitz wird von den Spielern variables und qualitativ hochwertiges Passspiel verlangt. Zur Qualitätsentwicklung der beidseitigen Innenseitverwendung im engsten Raum werden über die Spielziele verschiedene Passdistanzen und unterschiedlichste Technikausprägungen, wie Diagonalpässe, Vertikalpässe oder verdeckte Pässe, aufgerufen (vgl. 7). Die Wahrnehmung wird speziell auf das Erkennen und Erfassen von bestimmten Spielsituationen gelenkt, in denen sich zu hoher Gegnerdruck aufbaut (vgl. 8). Für diese Situationen gilt es, Wege aus dem Gegnerdruck zu entwickeln (vgl. 9) und neben der Ballsicherung während Pressingsituationen weiterhin die Spiel- und Punktziele anzusteuern (vgl. 10). Dabei spielt der erste Ballkontakt als gutes Mittel zur effektiven Punkteerzielung hinter den Linien eine bedeutsame Rolle (vgl. 11). Er gilt dabei als Gradmesser zur Einschätzung der Spielleistung einzelner Spieler und Teams und hat entscheidenden Einfluss auf nachgelagerte Aktionen, wie bewegungsschnelle Ballbehandlung, variable Körperfinten oder durchbrechende Dribblings.

Coachingpunkte und Instruktionen

- Schaue zum Zentrum! Finde die Mitte! Bedrohe den Zwischenraum!
- Dribble an! Vernetzt euch! Entfliehe dem Gegnerdruck!

3.2.29 Kreisverkehr

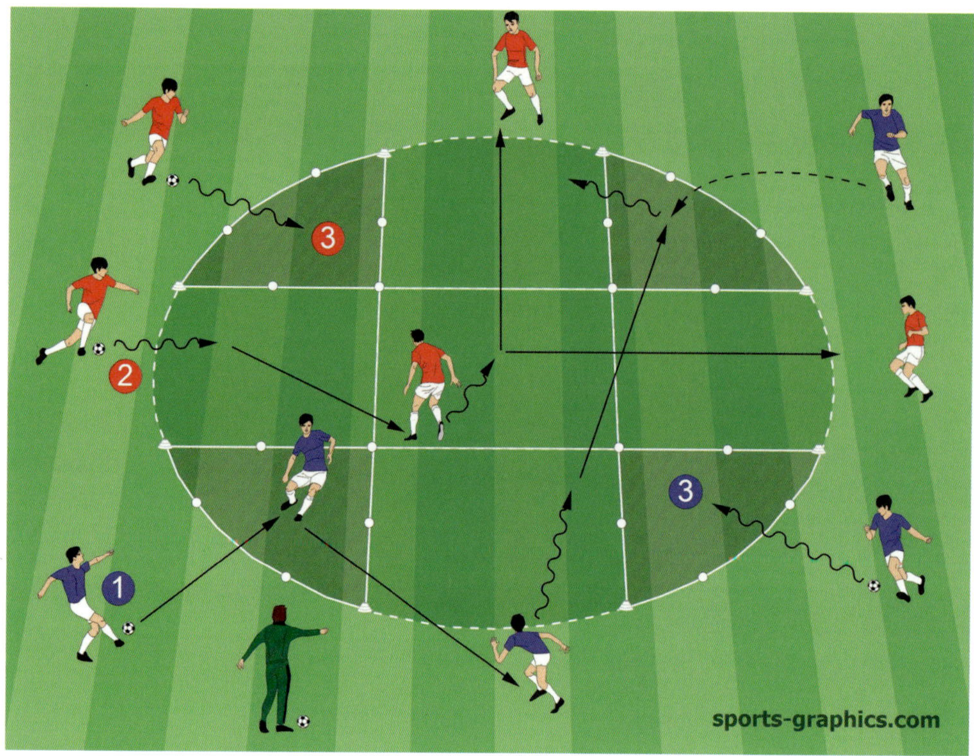

Spielprinzip

Das Spielfeld besteht neben den Außenbereichen aus einem kreisförmigen Spielfeld mit neun inneren Feldern. Die inneren Felder sind wiederum in ein zentrales Feld, vier seitliche Felder und vier Eckfelder zu gliedern. Der Kreis als Ganzes, einzelne Felder oder Kombinationen von verschiedenen Feldern bieten zahlreiche Möglichkeiten, um Spielziele mit Punktewertungen vorzugeben. So kann das ballbesitzende Team eine Punktewertung erhalten, wenn es nacheinander per Dibbling oder im Passspiel zwei Eckfelder bespielt (vgl. 1). Dabei ist lediglich entscheidend, dass der Ball im Feld gewesen ist. Außerdem kann eine Wertung erzielt werden, wenn die zentrale Kreuzung bespielt wird und nach Einstieg der Ausstieg über eine andere Begrenzungslinie erfolgt (vgl. 2) oder ein ballbesitzender Spieler im Dribbling in ein Dreieck von außen eindringt und durch das Zentrum in ein anderes Dreieck gelangt (vgl. 3).

Provokationsregeln, Punktesystem und Varianten

Die Spielziele können variantenreich verändert werden. So kann es Vorgaben geben, nach denen zwei nebeneinander positionierte Eckfelder, zwei diagonal versetzt positionierte Eckfelder, die zentrale Kreuzung im 90°-Winkel, die zentrale Kreuzung gerade hindurch oder zwei Dreiecke im Dribbling von einem Spieler bespielt werden. Zudem ist ein hinführender Teil denkbar, in dem jedes Team mit einem eigenen Ball alle Felder bespielt. Aus dieser Form kann sich als Technikeinstieg auf Schnelligkeit der Ballbesitz für die dann direkt nachgeschaltete Spielform ergeben.

3.2.29 Kreisverkehr (Fortsetzung)

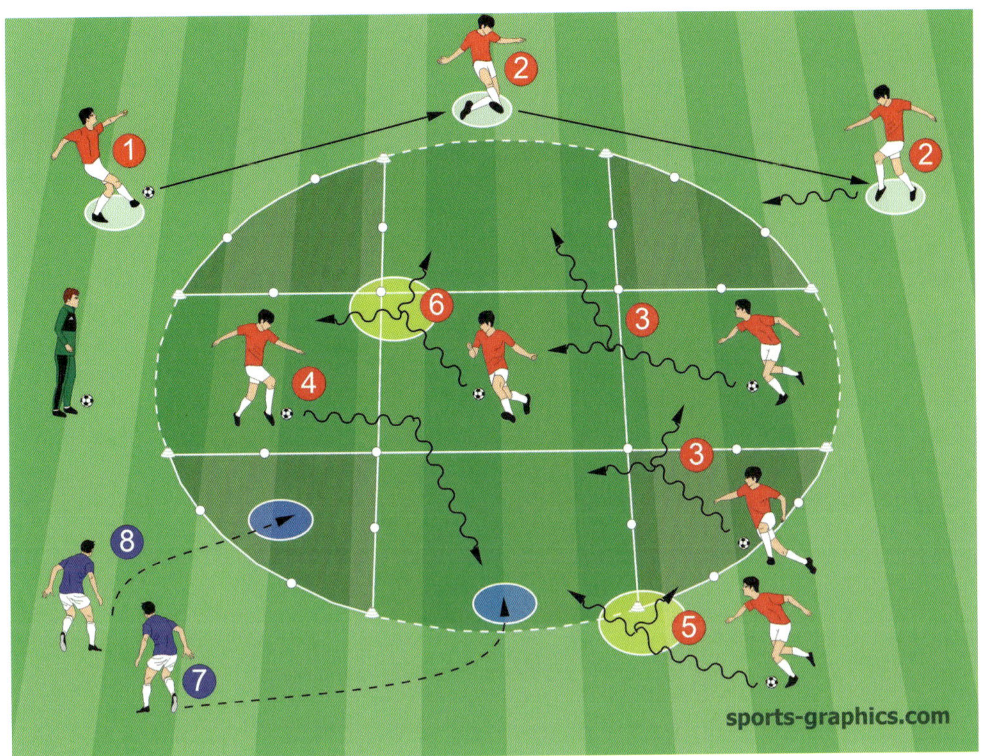

Spielelemente und Verhaltensweisen

In den ballbesitzenden Offensivphasen ist es gewinnbringend, wenn zwischen den einzelnen Spielern zur Vorbereitung des Zentrumsspiels eine breite Auffächerung besteht (vgl. 1). Zudem sollte die individuelle Positionierung an spielentscheidenden Zonen (vgl. 2) mit situativ angemessenen, zielgerichteten und situationsadäquaten Entscheidungen einhergehen. Schnelle Entscheidungen für Erfolg versprechende und damit richtige Spielfortsetzungen (vgl. 3) sind ebenso wichtig, wie individuelle und distanzüberwindende Tempodribblings in freie Räume (vgl. 4). Das Spielfeld bietet strategisch wichtige Punkte und Zonen (vgl. 5 und 6), an denen Gegner gebunden und gelockt werden können, um optimale Spielzugeinstiege (vgl. 5) oder Spielzugfortsetzungen (vgl. 6) realisieren zu können. Der Abbruch eines aktuellen Spielzugs zur Ballsicherung mit Neuorientierung kann sofort zu einem neuen Einstieg mit besseren Möglichkeiten führen. Die Defensivspieler sollten ihre Handlungen situationsadäquat abstimmen, um strategisch wichtige Punkte, Zonen und Felder zuzulaufen oder zuzustellen (vgl. 7 und 8).

Coachingpunkte und Instruktionen

- Verteidigt strategisch!
- Spielzug durchziehen!
- Fokussiere das Zentrum!

3.2.30 Schachbrett

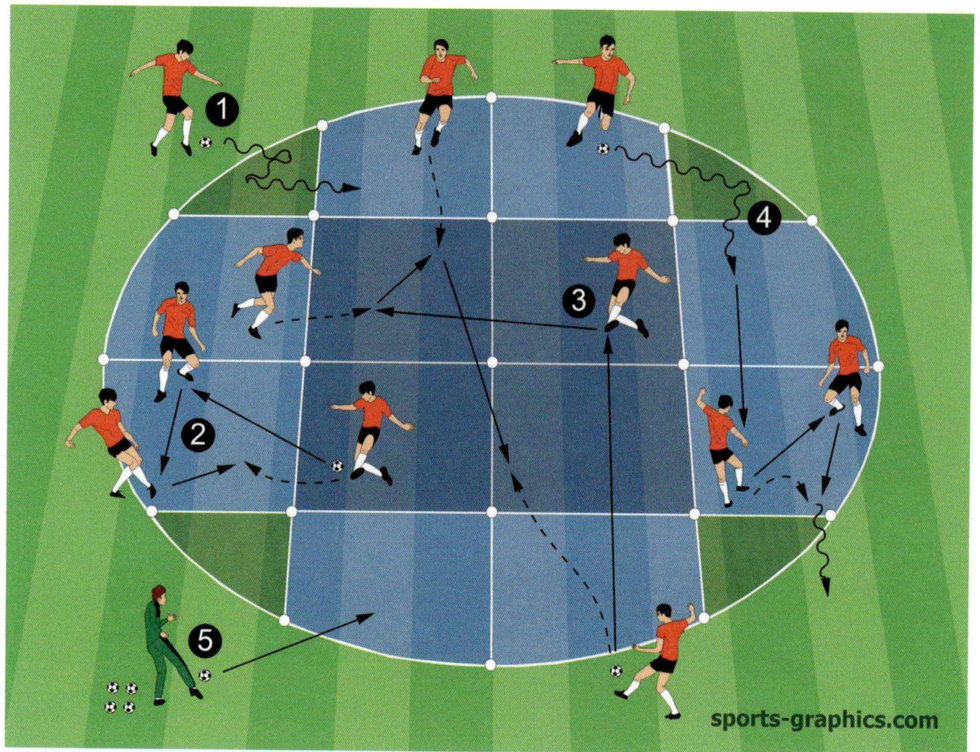

Spielprinzip

Das Spielfeld besteht aus einem Kreis mit vier Quadratfeldern im Zentrum, acht Feldern an den Seiten und vier Eckfeldern. Die Felder können einzeln nach zahlreichen Regeln bespielt werden. Außerdem können mehrere Felder (vgl. die vier Felder im Zentrum) zusammengeführt werden und eine größere Feldfläche markieren. Gemäß diesen zahlreichen Möglichkeiten ergeben sich verschiedene Spielziele. Die kleinen Eckfelder sind optimal für individuelle Technikaktionen, wie Fußwechsel oder Finten, einsetzbar (vgl. 1). In einem Außenfeld können zwei Pässe gefordert sein (vgl. 2) und in den vier zusammengefassten Zentrumsfeldern können drei Pässe zu einem Punktgewinn führen (vgl. 3). Weiterführend können die Spielziele miteinander verknüpft werden, sodass für einen Punktgewinn auf eine Finte in einem Eckfeld zwei Pässe in einem Außenfeld folgen müssen (vgl. 4). Mit jedem Trainerball kann ein Umschaltmoment und ein Ballbesitzwechsel provoziert werden (vgl. 5).

Provokationsregeln, Punktesystem und Varianten

Es sind die unterschiedlichsten Varianten und Kombinationen von einzelnen Spielzielen denkbar. Die Vorgabe im Bespielen der Eckfelder könnte der Ballbesitz und die zeitgleiche Besetzung des Feldes mit zwei Spielern oder die Realisierung von zwei Pässen innerhalb des Felds sein. Im Außenfeld könnten zwei direkte Pässe, zwei Pässe mit drei verschiedenen Spielern oder ein Dribbling aus dem Feld in Richtung Zentrum gefordert sein. Die vier zentralen Felder können genutzt werden, um dort drei direkte Pässe oder ein Dribbling in ein angrenzendes Feld zu fordern. Die Verknüpfung von Eckfeld und Zentrum ist ebenso wie die Kombination von Außenfeld und Zentrum denkbar.

3.2.30 Schachbrett (Fortsetzung)

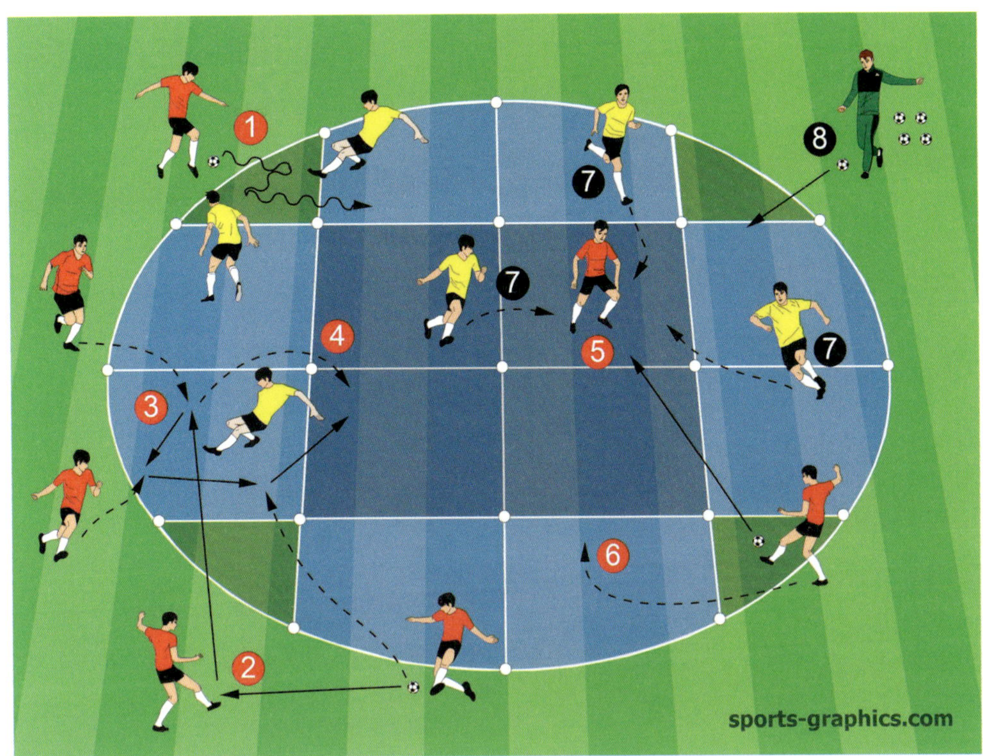

Spielelemente und Verhaltensweisen

Während des ballbesitzenden Offensivspiels können sich die Einzelspieler an feinen Ballaktionen unter Gegnerdruck probieren (vgl. 1). Um einzelne Spieler freizuspielen oder sich Spielraum zu verschaffen, ist es Erfolg versprechend, das Zentrumspiel über außen strategisch vorzubereiten, um im Inneren einfache Punktewertungen zu erreichen (vgl. 2). Aufgrund des Raum- und Gegnerdrucks ist es entscheidend, wenn das Offensivverhalten abgestimmt und getimt Überzahlsituationen entstehen lässt (vgl. 3). Das individuelle Freilaufverhalten sollte zudem Ausstiegsmöglichkeiten als befreiende Pässe für den Ballbesitzer bei zu hohem Gegnerdruck generieren (vgl. 4). Die diversen Spielziele und vielen Felder beinhalten komplexe Anforderungen und mehrdimensionale Entscheidungsmöglichkeiten (vgl. 5). Das gegenseitige Coaching, Kommandos als Hilfestellungen und ständiges Anbiet- und Freilaufverhalten (vgl. 6) helfen dem ballbesitzenden oder ballerhaltenden Spieler. Die Defensivspieler sind aufgefordert, gemeinsam zu agieren, entscheidende Räume zu verdichten und die ballbesitzenden Spieler unter Druck zu setzen und zu attackieren (vgl. 7).

Coachingpunkte und Instruktionen

- Attackiere den Ballbesitzer!
- Überprüfe das Spielziel!
- Zentrumspiel vorbereiten!

3.2.31 Planetarium

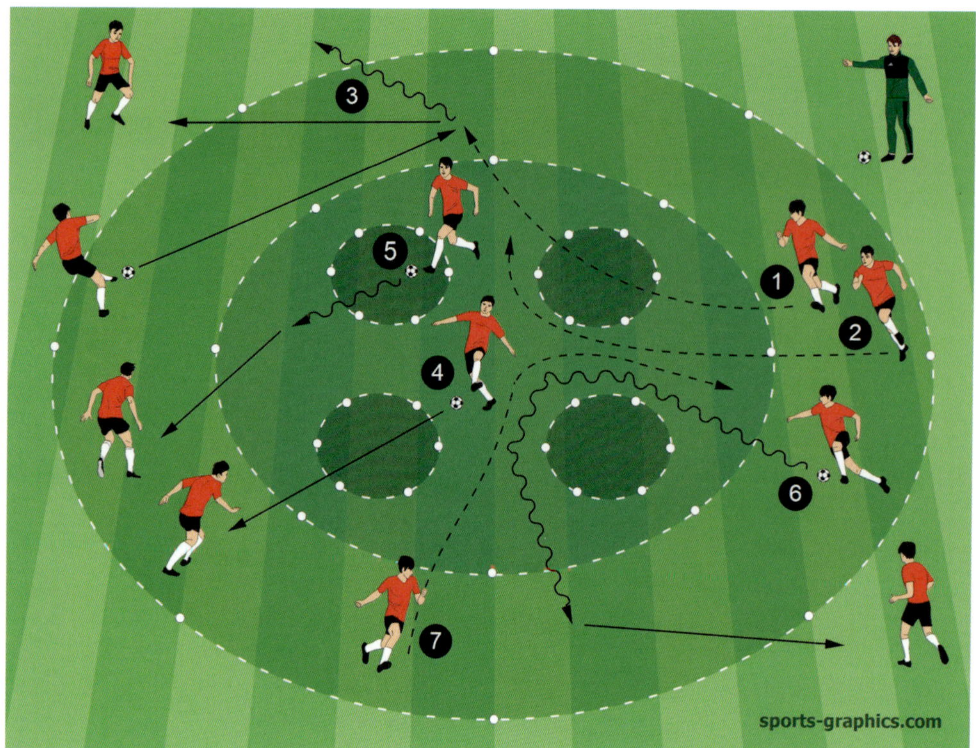

Spielprinzip

Das Spielfeld besteht neben dem äußeren Feld ohne Begrenzung aus einem Kreisbogen und einem inneren Bereich mit vier kleinen Kreisen. Für das ballbesitzende Team bestehen über die verschiedenen Formen zahlreiche Spielziele.

Provokationsregeln, Punktesystem und Varianten

Es kann der Passerhalt im Bogen nach Lauf durch einen Kreis (vgl. 1) oder Lauf um einen Kreis (vgl. 2) gewertet werden. Diese Aktionen können mit einer Anschlusshandlung aus dem Kreis heraus in Form eines Dribblings oder eines Passes kombiniert werden (vgl. 3). Die inneren Kreise können zudem genutzt werden, um Pässe durch einen Kreis in den Bogen (vgl. 4) oder Pässe in den Bogen nach einem Dribbling durch einen Kreis (vgl. 5) zu generieren. Weiterführend kann auch ein individuelles Dribbling, beginnend vom Bogen um einen Kreis und zurück in den Bogen, ohne Ballverlust als Punkt gewertet werden (vgl. 6). Außerdem kann der Lauf ohne Ball aus dem Bogen durch das Zentrum und zurück bei Ballbesitz des eigenen Teams (vgl. 7) eine Punktewertung zur Folge haben.

3.2.31 Planetarium (Fortsetzung)

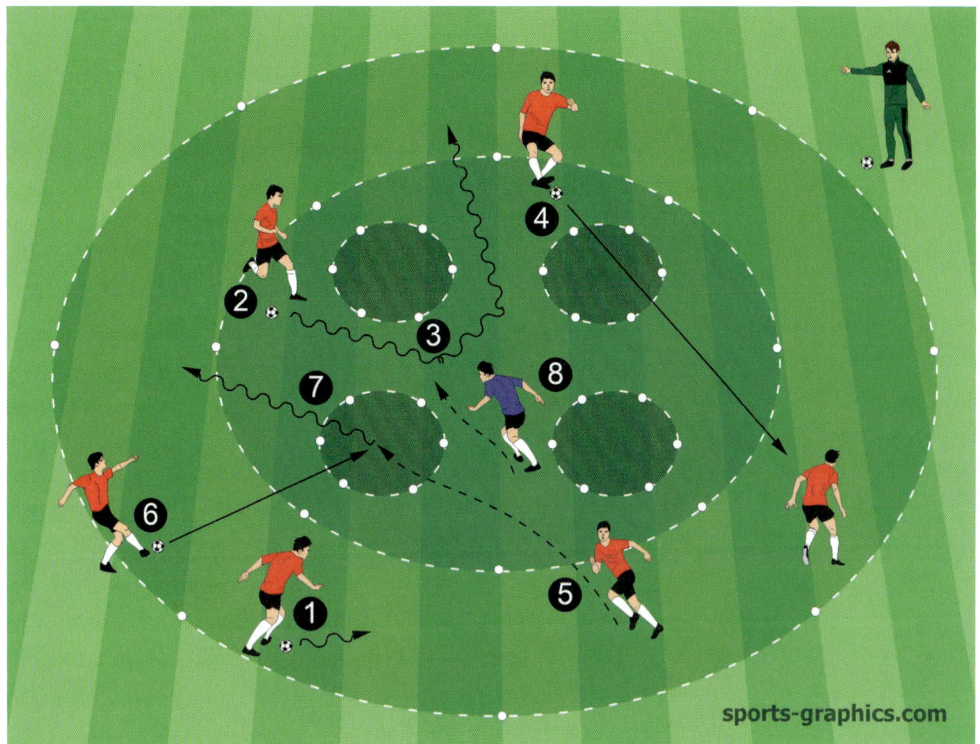

Spielelemente und Verhaltensweisen

Die über das Zentrum zu erreichenden Spielziele rufen eine Fokussierung auf die Spielfeldmitte hervor. Gleichsam wird der Blick vom Ball in Richtung Mitte erhoben, um dort die eigenen Teammitglieder wahrzunehmen (vgl. 1). Mutige Dribblings und bedrohende Aktionen Richtung Spielfeldmitte sind Erfolg versprechend (vgl. 2). Die Entscheidungen in den relevanten Spielsituationen sind dabei meistens unter hohem Gegnerdruck zu treffen (vgl. 3). Erfolg versprechen hierbei druckvolle Diagonalpässe durch das Zentrum mit raumüberbrückender Wirkung (vgl. 4). Dem Timing im Passspiel und Laufverhalten zum Freiziehen und Anlaufen bestimmter Räume kommt eine besondere Bedeutung zu (vgl. 5). Präzision und Timing ist darüber hinaus bei allen Pässen in das Zentrum (vgl. 6), Ballverarbeitungen unter Gegnerdruck (vgl. 7) und bei entsprechenden Anschlusshandlungen gefragt. Die Defensive sollte ihr Spiel danach ausrichten, dass spieltaktisch entscheidende Räume erkannt und zugelaufen werden, um Gegner frühzeitig zu stellen und Punktewertungen verhindert werden können (vgl. 8).

Coachingpunkte und Instruktionen

- Finde die Lücke!
- Starte in die Lücke!
- Belaufe das Zentrum!

3.2.32 Pulsarion

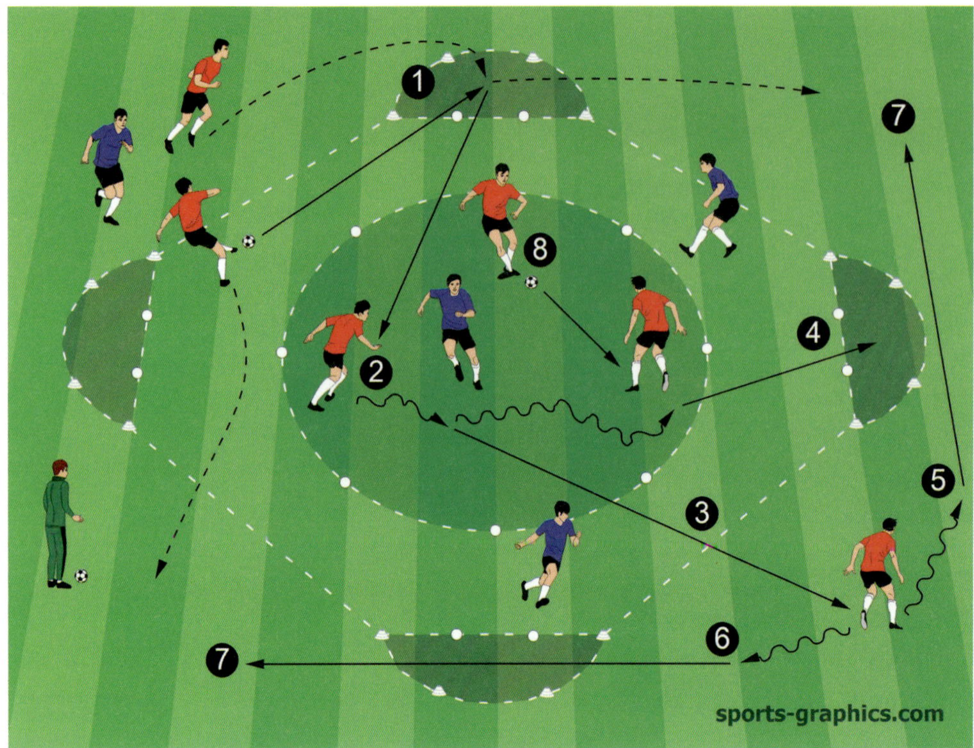

Spielprinzip

Das Spielfeld besteht aus einem inneren Kreis mit Ringfeld und vier Halbkreisen im äußeren Bereich. Die Spielform versucht, schnelles, zielgerichtetes und überbrückendes Spiel durch das Zentrum mit Ein- und Ausstiegen über bestimmte Zonen zu generieren. Das ballbesitzende Team punktet über eine Kombination von Teilzielen. Es ist gefordert, dass ein äußerer Halbkreis im Passspiel oder per Dribbling bespielt wird (vgl. 1), im Anschluss der zentrale Kreis unter hohen technischen Anforderungen samt Gegnerdruck bespielt wird (vgl. 2) und anschließend ein tiefer Pass zur Punktewertung führt. Der tiefe Pass kann zwischen zwei Halbkreise hindurch (vgl. 3) für eine einfache und durch einen Halbkreis hindurch (vgl. 4) für eine doppelte Wertung gespielt werden. Die Spielfortsetzungen (vgl. 3 und 4) wären in flüssiger Spielrichtung wünschenswert.

Provokationsregeln, Punktesystem und Varianten

Nach dem Spiel durch das Zentrum können weitere Anschlussaktionen gefordert sein, sodass Distanzpässe im Sinne des Überspielens von Ebenen durch ein Spiel hinter (vgl. 5) oder durch die Halbkreise (vgl. 6) angelegt werden. Nach diesen Pässen kann sich ein Spiel auf Mini- oder Großtore anschließen (vgl. 7). Das Zentrum kann ebenfalls für eine Punktewertung genutzt werden, indem eine vorgegebene Passanzahl innerhalb des inneren Kreises realisiert werden muss (vgl. 8). Zusätzlich sind Regeln denkbar, die Kontaktbegrenzungen vorgeben, Finteneinsatz im Zentrum verlangen oder die Anzahl von Angreifern oder Verteidigern im Zentrum begrenzen.

3.2.32 Pulsarion (Fortsetzung)

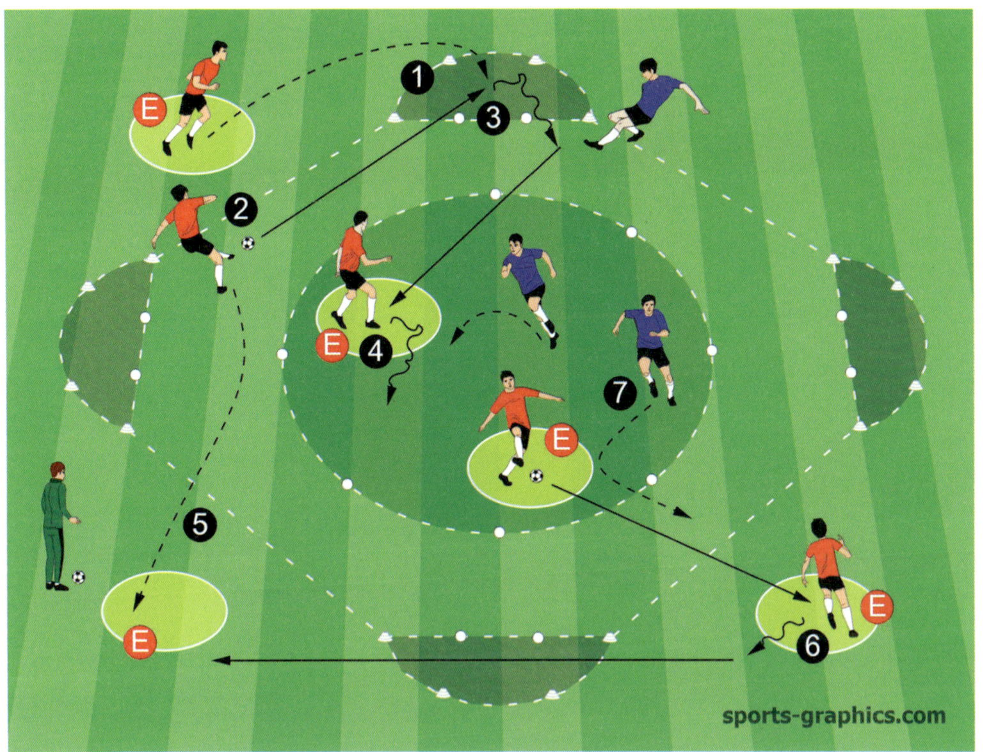

Spielelemente und Verhaltensweisen

Neben dem Kombinieren durch ein stark besetztes Zentrum trainieren die Spieler in dieser Spielform das Verhalten und die Positionierung in verschiedenen Spielebenen (vgl. E). Diese Ebenen müssen zur Erreichung der Spielziele besetzt sein und angelaufen werden. Die Offensivspieler entwickeln gutes Timing im Anlaufen der Halbkreise und der entscheidenden Räume und sind gefordert, Entscheidungen für situativ gut bespielbare Felder zu treffen (vgl. 1). Grundsätzlich sind präzise und gut getimte Pässe (vgl. 2) Erfolg versprechend. Das Spiel in den Halbkreisen beinhaltet individuelle Technikaktionen auf engsten Räumen mit Gegner-, Präzisionsdruck und zielgerichteten Anschlussaktionen in das Zentrum (vgl. 3). Auch im zentralen Bereich sind individuelle Technikaktionen mit hohem Gegner-, Zeit- und Präzisionsdruck (vgl. 4) nötig. Die Spieler sind ständig angehalten, Anspielmöglichkeiten gemäß der Punktevergabe in Bezug auf die Zielfelder zu schaffen (vgl. 5). Die Spielform beinhaltet viele Umschaltmomente und ständige Anschlusshandlungen. Die Entscheidungsfindung zur Erreichung der Spielziele ist elementar und notwendig, um Spielzüge abzuschließen und eine Punktewertung zu erzielen (vgl. 6). In der Defensive ist wechselnde Fokussierung auf die Außenbereiche und das Zentrum gefragt (vgl. 7).

Coachingpunkte und Instruktionen

- Überbrückt das Zentrum!
- Tiefe Pässe! Tiefe Läufe!
- Besetzt die Ebenen!

3.2.33 Stonehenge

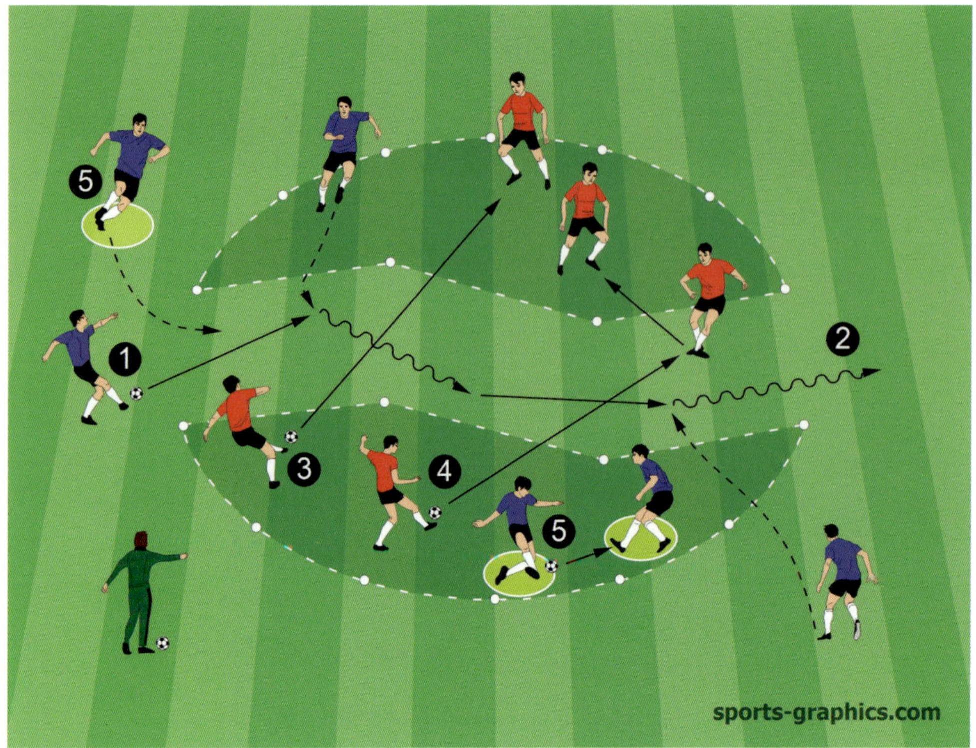

Spielprinzip

Das Spielfeld besteht, neben dem Außenbereich, aus einem Kreisfeld, welches durch einen versetzten Tunnel gekennzeichnet ist. Über das Spiel mit Ballbesitz im Kreis wird das Spiel im Zentrum abgebildet und die Form des ebenfalls zu bespielenden Tunnels lässt eine diagonal versetzte Positionierung zu.

Provokationsregeln, Punktesystem und Varianten

Das ballführende Team punktet, indem der Tunnel ohne Ballverlust durchspielt wird (vgl. 1 und 2). Dabei können Pässe (vgl. 1) und Dribblings (vgl. 2) genutzt werden. Zur Ballsicherung bieten sich in die Halbkreise Ausstiegsmöglichkeiten ohne Punktewertung. Außerdem wird das Spiel von Halbkreis zu Halbkreis mit einer Wertung belohnt. Ein langer Pass durch den zentralen Korridor zählt einfach (vgl. 3) und eine Kombination mit Kontakt im zentralen Tunnel zählt doppelt (vgl. 4). Weiterführend kann gepunktet werden, wenn ein Spieler den kompletten Tunnel durchläuft, während das eigene Team in einem der Halbkreise den eigenen Ballbesitz behauptet (vgl. 5).

3.2.33 Stonehenge (Fortsetzung)

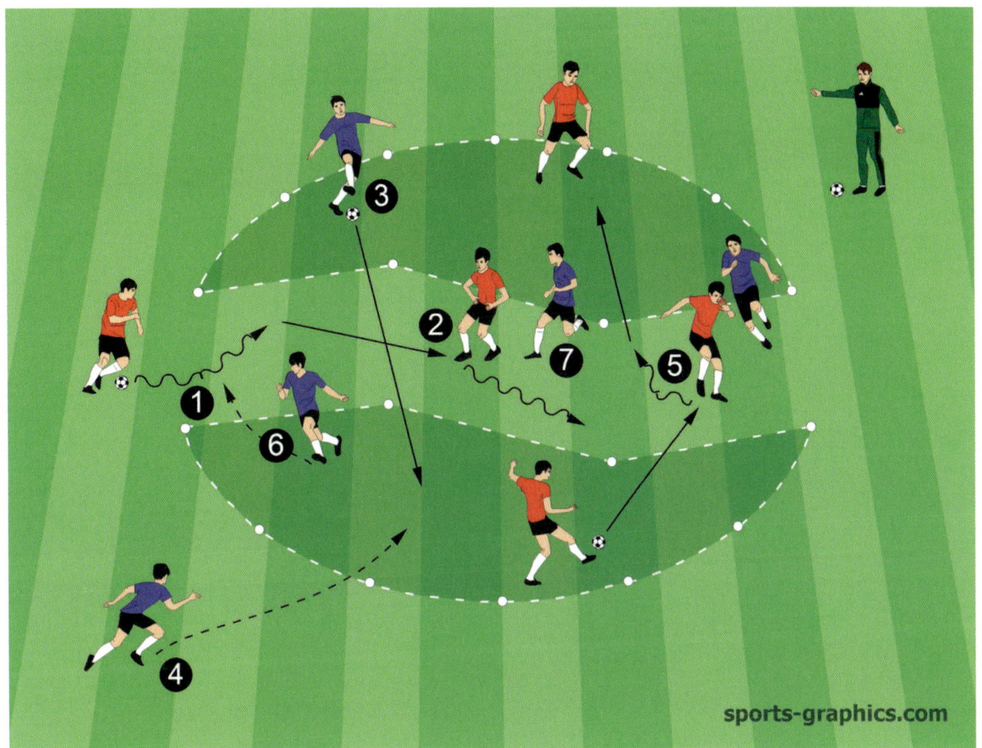

Spielelemente und Verhaltensweisen

Im Offensivspiel sind mutige Dribblings als Einstieg auch bei unmittelbarem Gegnerdruck gewollt (vgl. 1). Das Augenmerk liegt auf der Risikobereitschaft für 1-gegen-1-Situationen. Weiterführend ist das beherzte Durchsetzen eines Spielzugs durch das Zentrum gefragt (vgl. 2). Dabei geht es darum, Bälle zu behaupten, Gegner abzuschütteln und in Zweikämpfen zu überwinden. Während des geforderten Passspiels wird ständig der Blick für offene Räume und Lücken geschult (vgl. 3). Aufseiten der Passempfänger bedeutet es, dass die Lücken und Räume mit situativen und getimten Anbiet- und Freilaufverhalten besetzt werden (vgl. 4). Während Spielzüge über das Zentrum stattfinden, ist Vororientierung mit Schulterblicken unabdingbar (vgl. 5). Während des Defensivspiels müssen ständig spieltaktische Entscheidungen getroffen werden, damit vor allem die Bereiche der Ein- und Ausstiege zugelaufen und zugestellt werden (vgl. 6). Grundsätzlich ist die Defensive angehalten, einfache Punktgewinne durch den Gegner zu vermeiden und Spielzüge und Kombinationen zu unterbinden (vgl. 7).

Coachingpunkte und Instruktionen

- Suche die Lücke! Finde die Lücke!
- Zieht den Spielzug durch!
- Auf Lücke anbieten!

3.2.34 Pyramidion

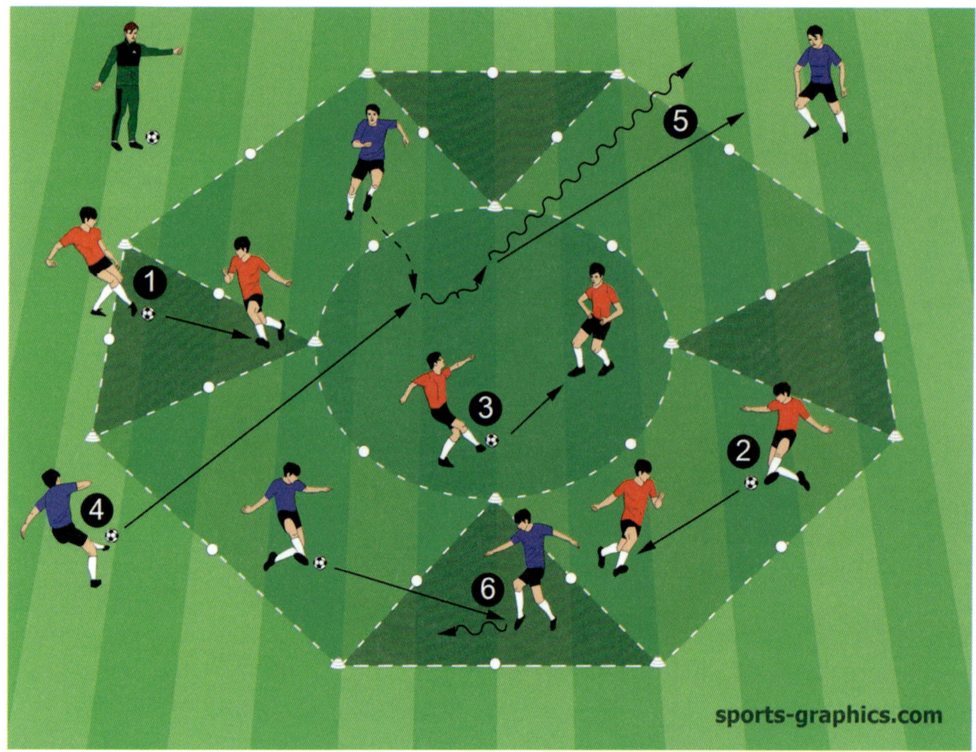

Spielprinzip

Das Spielfeld besteht aus einem inneren Kreis, vier anschließenden Dreiecken, vier ebenfalls an den zentralen Kreis anschließenden, länglichen Feldern und dem Außenbereich. Im Rahmen der Spielziele geht es darum, das Zentrum gemäß einer eingeschlagenen Spielrichtung zu überspielen oder in bestimmten Zonen kurzzeitig Überzahlsituationen zu schaffen, um eine vorgegebene Passanzahl zu realisieren.

Provokationsregeln, Punktesystem und Varianten

Das ballbesitzende Team punktet, indem drei Pässe in einem Dreieck (vgl. 1), einem Rechteck (vgl. 2) oder dem inneren Kreis (vgl. 3) realisiert werden. Außerdem ist es möglich, durch eine Kombination über das Zentrum zu punkten. Dafür muss ein Pass aus dem Außenbereich in den Kreis gespielt werden (vgl. 4) und im Anschluss bei gleichbleibender Spielrichtung das Feld auf der gegenüberliegenden Seite mit einem Pass oder im Dribbling (vgl. 5) wieder verlassen werden. Außerdem wird eine Wertung erzielt, wenn ein Spieler einen Pass in einem der Dreiecke verarbeitet (vgl. 6) und im Dribbling aus dem Dreieck führt. Als Steigerung kann das vorbereitende Spiel im Außenbereich durch eine maximale Passanzahl eingeschränkt werden, sodass das Spiel in und durch das Zentrum beschleunigt wird.

3.2.34 Pyramidion (Fortsetzung)

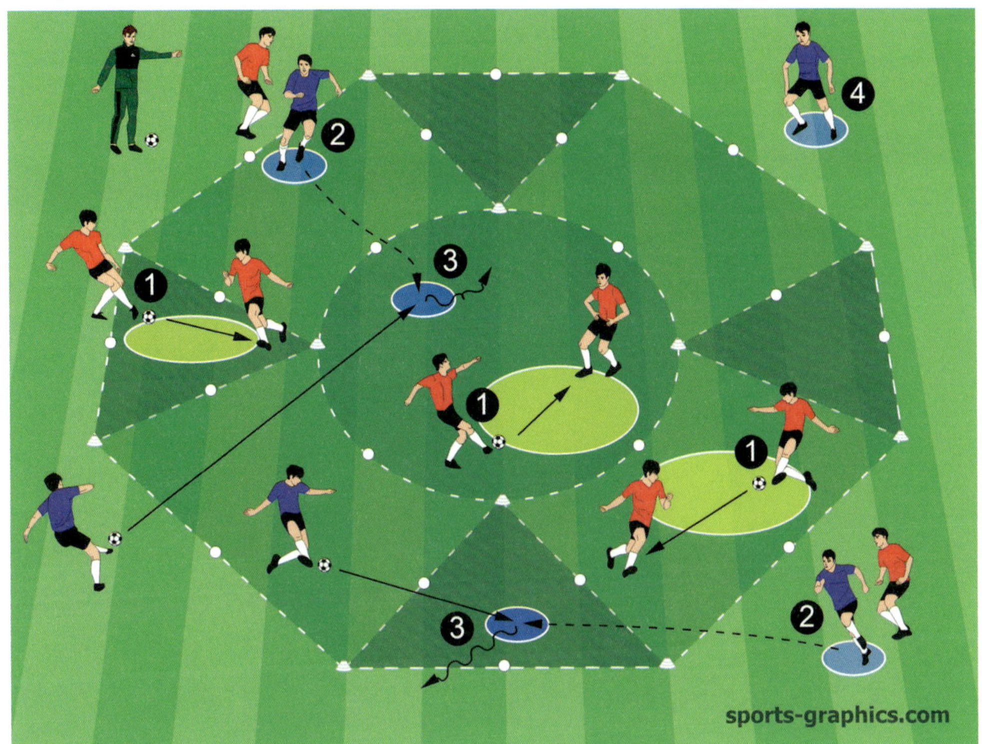

Spielelemente und Verhaltensweisen

Die Spielhandlungen in der Offensive sind geprägt vom Schaffen einer situativen Überzahlsituation und gut getimtem Anbiet- und Freilaufverhalten. In verschiedenen Zonen kann über kurze Pässe gepunktet werden. Es ist daher entscheidend, dass in diesen Räumen zeitweise eine Überzahlsituation hergestellt wird (vgl. 1). Das Bespielen der Dreiecke und des Zentrums sollte gut abgestimmt werden. Für die einlaufenden Spieler ist das Timing entscheidend (vgl. 2), um sich etwas Platz vom Gegenspieler zu verschaffen und eine zielorientierte Spielfortsetzung umsetzen zu können (vgl. 3). Um Spielsituationen auflösen zu können, sich aus zunehmendem Gegnerdruck im Zentrum zu lösen oder Spielziele mit einem abschließenden Pass zu erreichen, ist das Anbieten von tiefen Anspielpunkten wichtig (vgl. 4). Die Defensive ist ständig dazu angehalten, dass die anvisierten Spielziele der Offensive erkannt und entsprechende Zonen und Felder zugestellt werden, um zumindest einfache Punktewertungen mit abgestimmtem Defensivverhalten zu verhindern.

Coachingpunkte und Instruktionen

- Timing im Laufen!
- Unterstütze den Ballbesitzer!
- Wo sind die Zonen?

3.2.35 Lotusblume

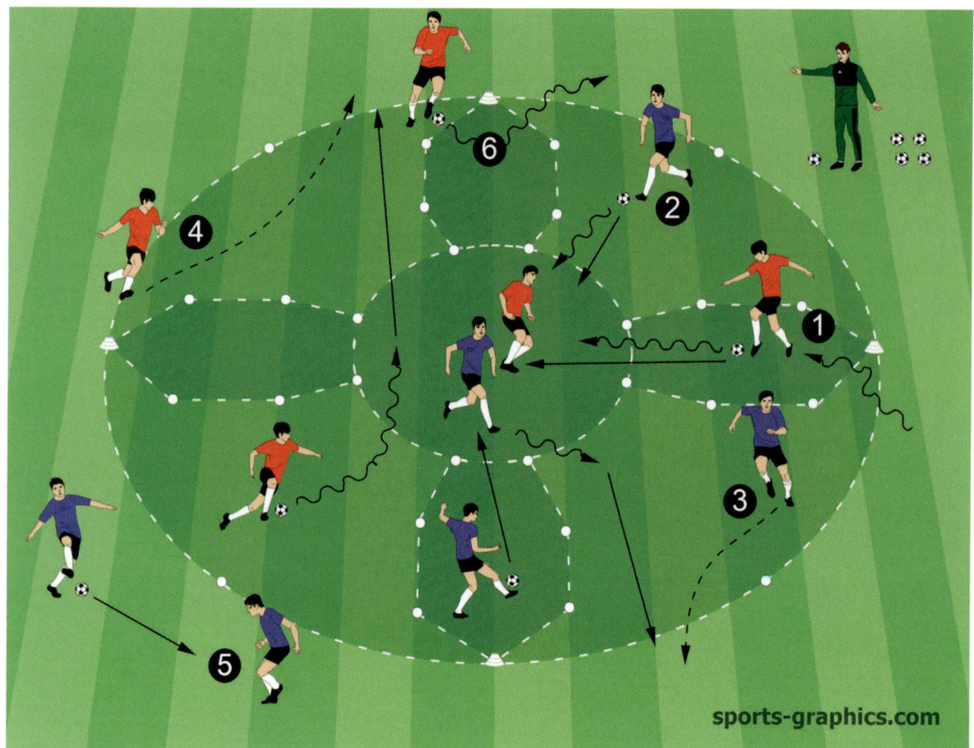

Spielprinzip

Das Spielfeld besteht aus einem kleinen Kreisfeld im Zentrum, vier kleinen, ovalen Feldern, vier größeren Zwischenräumen und dem Außenbereich. Die Felder werden für individuelle Dribblings Richtung Zentrum und diverse Passkombinationen genutzt.

Provokationsregeln, Punktesystem und Varianten

Das ballbesitzende Team erhält eine doppelte Wertung, wenn ein Spieler mit Ball in ein ovales Feld dribbelt (vgl. 1) und im direkten Anschluss das Zentrum im Dribbling oder mit einem Pass bespielt wird. Eine einfache Wertung wird vorgenommen, wenn das ballbesitzende Team das Zentrum direkt aus einem der Zwischenräume bespielt (vgl. 2). Die Spielziele können mit weiteren Anschlusshandlungen angereichert werden, indem ein abschließender Pass aus dem Kreis heraus (vgl. 3 und 4) erfolgt. Die Spielform erfährt eine Steigerung, wenn im Außenbereich maximal fünf Pässe gespielt werden dürfen (vgl. 5). So wird das Spiel in das Zentrum beschleunigt. Bei mehr als fünf Pässen würde es zu einem sofortigen Ballbesitzwechsel kommen. Eine individuelle Variante für eine Punktewertung kann ebenfalls über die ovalen Felder angelegt werden, indem ein Spieler im Dribbling in ein derartiges Feld eindringt und es über eine andere Seite wieder verlässt (vgl. 6). Als Steigerung könnten in dem Feld Finten abgefragt werden.

3.2.35 Lotusblume (Fortsetzung)

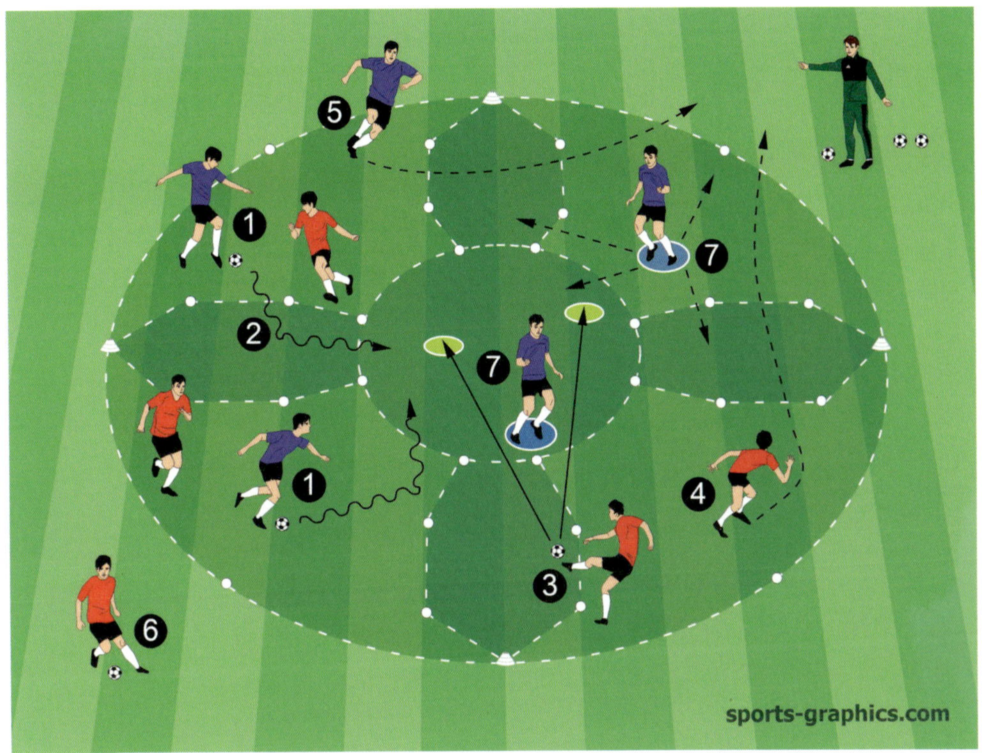

Spielelemente und Verhaltensweisen

Die Offensivspieler sind gezwungen, präzise Aktionen für einen Einstieg über die ovalen Felder auszuführen (vgl. 1). In den ovalen Feldern wird es zu erhöhtem Gegnerdruck kommen (vgl. 2), den es auszuhalten und mit fintenreichen Dribblings zu beantworten gilt. Die Zuspiele in das Zentrum müssen druckvoll und präzise angelegt sein (vgl. 3). Sich bietende Lücken und Freiräume sollten schnell und mutig angespielt und ausgenutzt werden. Die Spielziele rufen viele Tempoläufe in die Tiefe (vgl. 4) und im Bogen (vgl. 5) hervor. Die Vorbereitung der Spielzüge und der Einstiege in Richtung Zentrum kann in den Außenbereichen mit weniger Gegnerdruck (vgl. 6) vorbereitet werden. Die Defensivspieler sind aufgefordert, spieltaktisch kluge Positionen einzunehmen (vgl. 7), um auf die Vorgehensweise der Offensive möglichst schnell reagieren und das Erreichen der Spielziele verhindern zu können.

Coachingpunkte und Instruktionen

- Nutze die Lücke! Spiele in die Lücke!
- Beweise Mut im Dribbling!
- Überprüfe deine Position!

3.2.36 Atlas

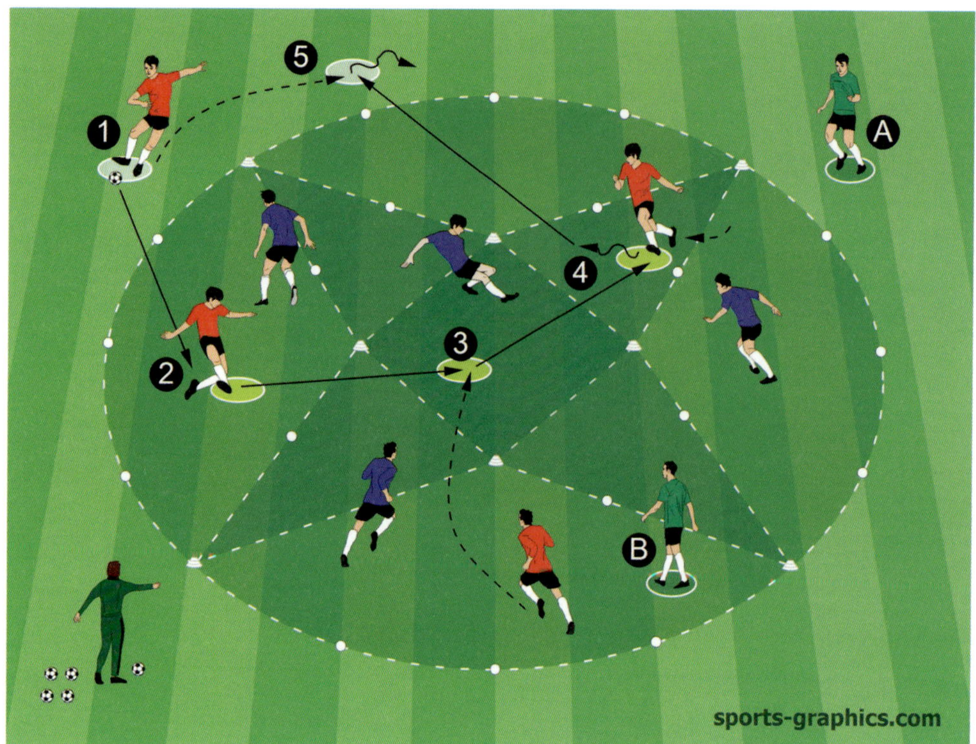

Spielprinzip

Das Spielfeld besteht, neben dem Außenbereich, aus einem zentralen Kreis mit insgesamt neun Feldern. Das ballführende Team kann eine Wertung erzielen, indem es den Ball von außen in den Kreis einspielt (vgl. 1), im Anschluss im Kreisinneren Felder bespielt und den Ball erneut zu einem Mitspieler aus dem Kreis hinauspasst (vgl. 5). Jedes bespielte Feld wird einfach gewertet (vgl. 2, 3 und 4). Ein Feld gilt dann als bespielt, wenn ein beliebiger Spieler des eigenen Teams in dem Feld in Ballbesitz war. Die Punkte zählen erst, wenn der Pass aus dem Kreis heraus verarbeitet wurde (vgl. 5). Bei einem Ballverlust verfallen die nicht mit einem abschließenden Pass (vgl. 5) gesicherten Punkte.

Provokationsregeln, Punktesystem und Varianten

Der Einstieg (vgl. 1) kann als Dribbling oder Pass ausgeführt werden oder nur auf eine Möglichkeit beschränkt sein. Gleiches kann für den Ausstieg gelten (vgl. 5). Der direkte Rückpass nach einem einsteigenden Pass kann verboten werden oder zumindest nicht in die Punktewertung mit einfließen. Es können konkrete Vorgaben zum Bespielen der Felder (vgl. 2, 3 und 4) aufgestellt werden. So ist es denkbar, dass zwingend zwei unterschiedliche Felder, mindestens drei verschiedene Felder oder mindestens zwei aneinandergrenzende Felder bespielt werden müssen. Es können weitere Spieler als neutrale Spieler für ständige Überzahlsituationen und zur Vereinfachung hinzugezogen werden (vgl. Spieler A und B). Diese Spieler dürfen sich frei bewegen, auf den Außenbereich (vgl. Spieler A) oder das Kreisinnere (vgl. Spieler B) beschränkt sein.

3.2.36 Atlas (Fortsetzung)

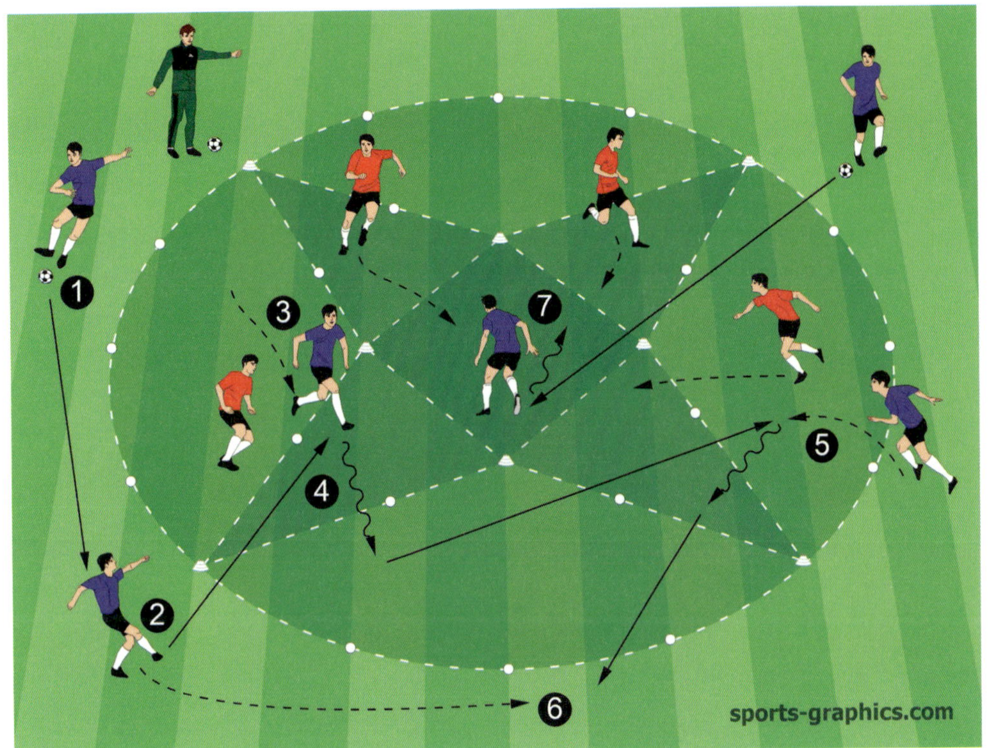

Spielelemente und Verhaltensweisen

Die ballbesitzende Offensive kann das Zentrumspiel über außen mit langen und sicheren Pässen vorbereiten (vgl. 1). Der Startpass in das Zentrum sollte mit Hinblick auf mögliche Spielfortsetzungen für den Passempfänger bewusst gewählt und getimt sein (vgl. 2). Um gute Optionen zur Spielfortsetzung im Zentrum zu haben, ist optimales Timing im Freilaufverhalten im Sinne einer offenen Spielstellung und einer sich vom Gegner lösenden Positionierung Erfolg versprechend (vgl. 3). Die Entscheidung zur Spielfortsetzung sollte an den Spielzielen ausgerichtet sein und vorausschauend getroffen werden (vgl. 4). Die Passempfänger sind angehalten, sich zielgerichtet freizulaufen (vgl. 5), um die Spielziele im Sinne des Bespielens unterschiedlichster Felder zu erreichen. Permanent sollte im Außenbereich eine tiefe Anspielmöglichkeit vorhanden sein, damit Punkte gesichert werden können und die Spieler im Zentrum auflösende Pässe spielen können. Die Spielform beinhaltet mit dem einleitenden Pass (vgl. 2) einen entscheidenden Pressingmoment für alle Defensivspieler. Die Felder im Kreisinneren gilt es zu verteidigen, dort müssen Punktewertungen der Gegner unterbunden und Ballverluste provoziert werden.

Coachingpunkte und Instruktionen

- Sammelt die Punkte! Sichert die Punkte!
- Setzt euren Spielzug durch!
- Pressing im Zentrum!

3.2.37 Revolver

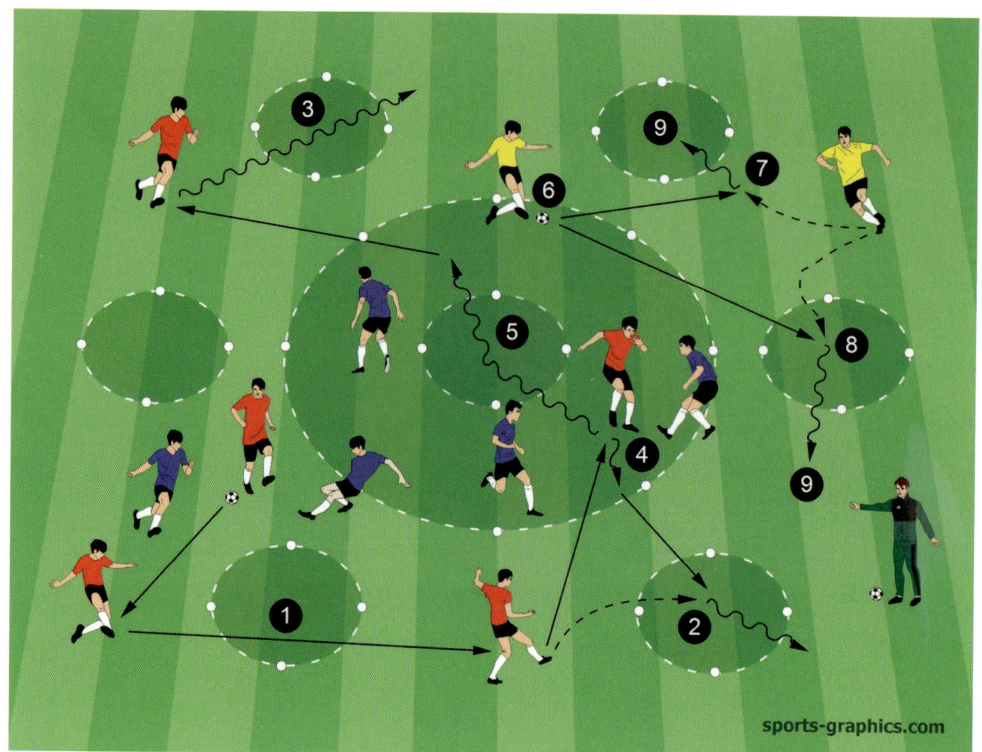

Spielprinzip

Das Spielfeld besteht aus einem großen Kreisfeld, sechs äußeren Kleinfeldern und einem inneren Kleinfeld. Es agieren zwei Teams gegeneinander. Sie versuchen, in Ballbesitz bestimmte Spielziele zu erreichen und somit Punkte zu erzielen. Grundlegend geht es darum, Zielspieler in Zielfeldern zu platzieren und diese dort in Ballbesitz zu bringen.

Provokationsregeln, Punktesystem und Varianten

Das ballbesitzende Team erreicht eine Punktewertung, wenn ein äußerer Kreis durchpasst wird (vgl. 1), ein Spieler im äußeren Kreis angespielt wird (vgl. 2) oder ein Spieler durch einen äußeren Kreis dribbelt (vgl. 3). Außerdem sammelt ein Spieler einen Punkt, wenn er im großen Kreisfeld im Zentrum vier Ballkontakte realisieren kann (vgl. 4). Eine doppelte Wertung kann aufgerufen werden, wenn ein Spieler durch den kleinen Kreis im Zentrum dribbelt (vgl. 5). Der Feldaufbau kann vorbereitend für technische Übungsformen oder koordinative Laufaufgaben genutzt werden. So können im freien Passen Flugbälle zielgenau in die Kreisfelder gespielt werden oder nach einer Ballaktion Bogenläufe um die einzelnen Kreise gefordert sein. Ein sehr präzises Spielziel kann darin bestehen, dass ein Pass aus dem zentralen Kreis (vgl. 6) auf einen außerhalb positionierten Mitspieler gespielt wird und dieser den Ball entweder mit seinem ersten Kontakt in einen äußeren Kreis verarbeitet (vgl. 7) oder das Zuspiel im Kreis verarbeitet (vgl. 8). In beiden Fällen könnte eine Abschlussmöglichkeit auf Mini- oder Großtore nachgeschaltet werden (vgl. 9).

3.2.37 Revolver (Fortsetzung)

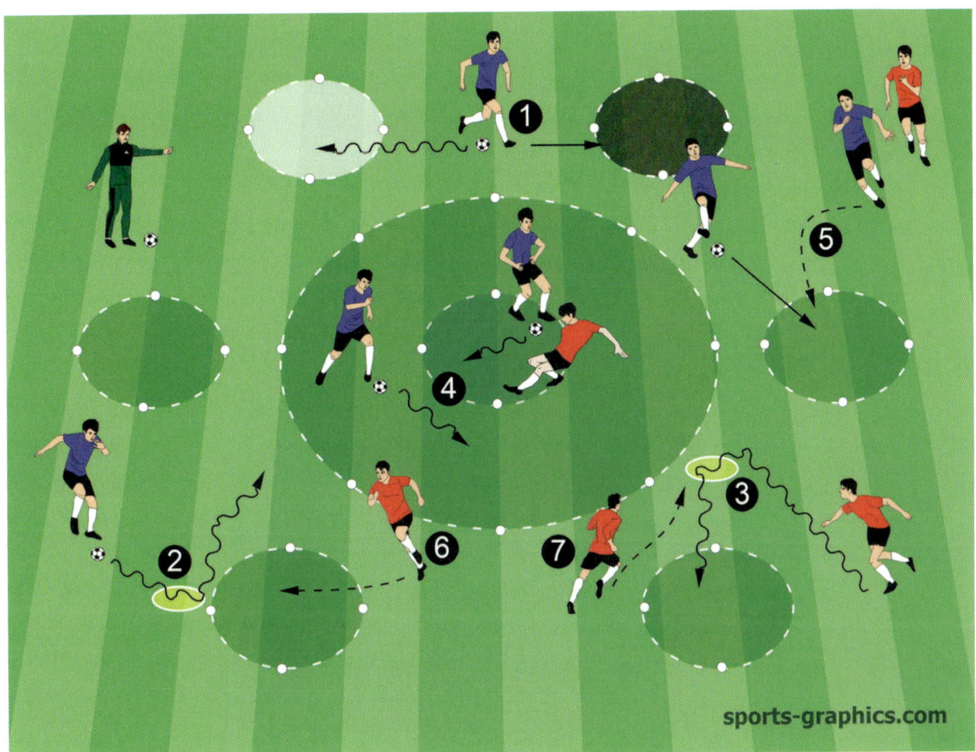

Spielelemente und Verhaltensweisen

In Ballbesitz sind die Offensivspieler stets angehalten, die situativ beste Technik im Sinne von Pass oder Dribbling zu wählen (vgl. 1), um somit das Spielziel zu erreichen und Punktewertungen zu erzielen. Auf individueller Ebene ist es wünschenswert, wenn ballbesitzende Spieler fintenreich mit den Spielzonen interagieren, Kreisfelder außerhalb bedrohen, um Gegenspieler zu täuschen und ins Zentrum agieren (vgl. 2) oder das Zentrum bedrohen, um außen Freiräume zu generieren (vgl. 3). Im zentralen Bereich sind die individuellen Technikaktionen unter hohem Gegner- und Zeitdruck und mit Präzision zu absolvieren (vgl. 4). Um sich im Rahmen des Anbiet- und Freilaufverhaltens Distanz zum verteidigenden Gegenspieler zu verschaffen, ist Timing gefragt und sind Lauffinten hilfreich (vgl. 5). Für die Defensivspieler ist es entscheidend, dass gefährliche Räume zugestellt und zugelaufen werden. Dabei wird die Antizipationsfähigkeit angesprochen (vgl. 6 und 7), um das Vorhaben des Gegners vorauszuahnen und entsprechend zu unterbinden.

Coachingpunkte und Instruktionen

- Gegner locken! Gegner täuschen!
- Laufend präzise sein!
- Räume zustellen!

3.2.38 Tornado

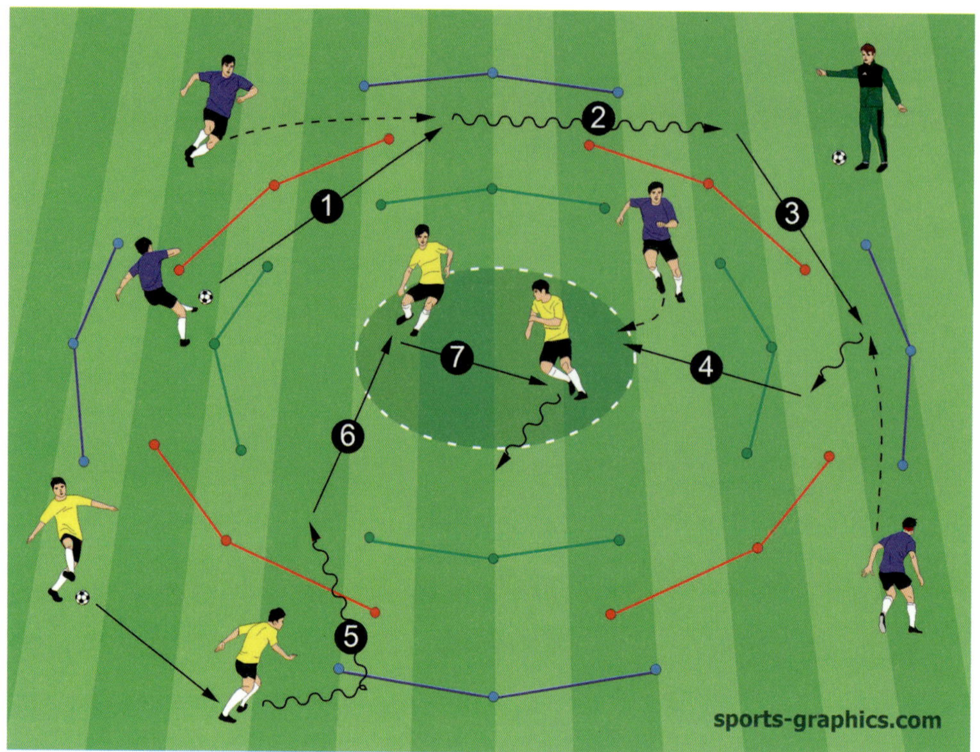

Spielprinzip

Das Spielfeld besteht aus einem inneren Kreis und mehreren bogenähnlichen und verschiedenfarbigen Markierungslinien, die auf unterschiedlichen Ebenen bzw. Ringen angeordnet sind. Es agieren zwei Teams gegeneinander. Dabei darf kein Spieler über die Linien laufen. Als Ausnahme gilt das Dribbling (vgl. 5).

Provokationsregeln, Punktesystem und Varianten

Das ballbesitzende Team erhält einen Punkt, wenn ein Pass zwischen zwei Linien in den Lauf eines Mitspielers realisiert wird (vgl. 1), ein Dribbling durch einen Zwischenraum von zwei Linien gelingt (vgl. 2), ein Pass zwischen zwei Linien auf einen entgegenkommenden Mitspieler (vgl. 3) gespielt wird, ein Pass über eine Linie in den inneren Kreis zu einem Mitspieler (vgl. 4) gelingt, ein Dribbling über zwei Linien von innen nach außen oder von außen nach innen (vgl. 5) durchgeführt wird, ein Pass in den Kreis auf einen Mitspieler (vgl. 6) gespielt wird oder ein Pass innerhalb des Kreises zwischen zwei Spielern (vgl. 7) realisiert werden kann. Die Spielziele können an verschiedene Trainersignale gekoppelt werden. So gilt aktuell immer ein Spielziel, welches sich situativ ändern kann. Für mehr Bewegung ohne Ball können die Spieler angehalten werden, ihre Position nach jeder Ballaktion in eine andere Ebene zu verändern.

3.2.38 Tornado (Fortsetzung)

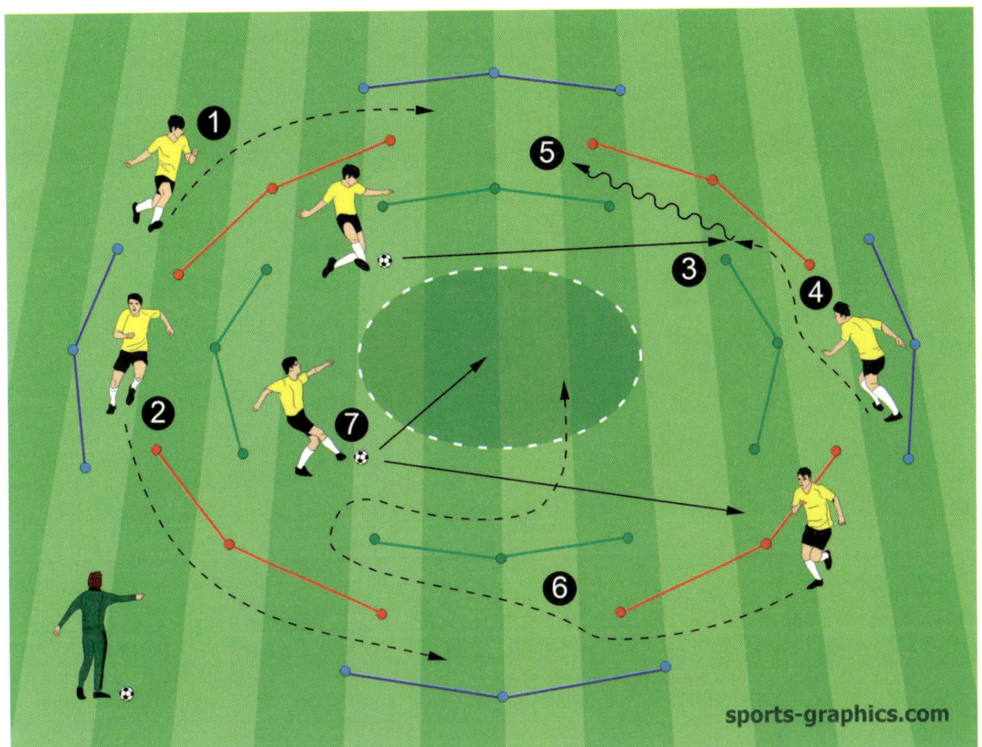

Spielelemente und Verhaltensweisen

Die angesetzten Spielziele stellen das Anbieten und Freilaufen auf Basis von Positionsänderungen, Timing und abgestimmtem Verhalten in den Vordergrund und bilden dabei Besonderheiten des Spielaufbaus ab. Die Spielfeldanordnung generiert Freilaufverhalten im und am Bogen (vgl. 1), tiefe Läufe in Zwischenräume (vgl. 2) und Präzision bzw. Timing vor allem im Passspiel (vgl. 3), im Freilaufverhalten (vgl. 4) und während der Ballverarbeitung bzw. im Dribbling (vgl. 5). Die Spieler sind aufgefordert, stets in Bewegung zu bleiben, nicht auf einer Spielposition zu verharren, sondern ständige Positionsveränderungen durchzuführen, um Räume zu öffnen (vgl. 6). Im Passspiel kommt es zum Wechselspiel von Diagonalpässen und tiefen Pässen vornehmlich in das Zentrum (vgl. 7). Entsprechend steht eine qualitative Entscheidungsfindung im Mittelpunkt.

Coachingpunkte und Instruktionen

- Biete dich laufend an! Variiert eure Positionen!
- Kontrolliert die Passschärfe!
- Laufe im Bogen!

3.2.39 Fahrstuhl

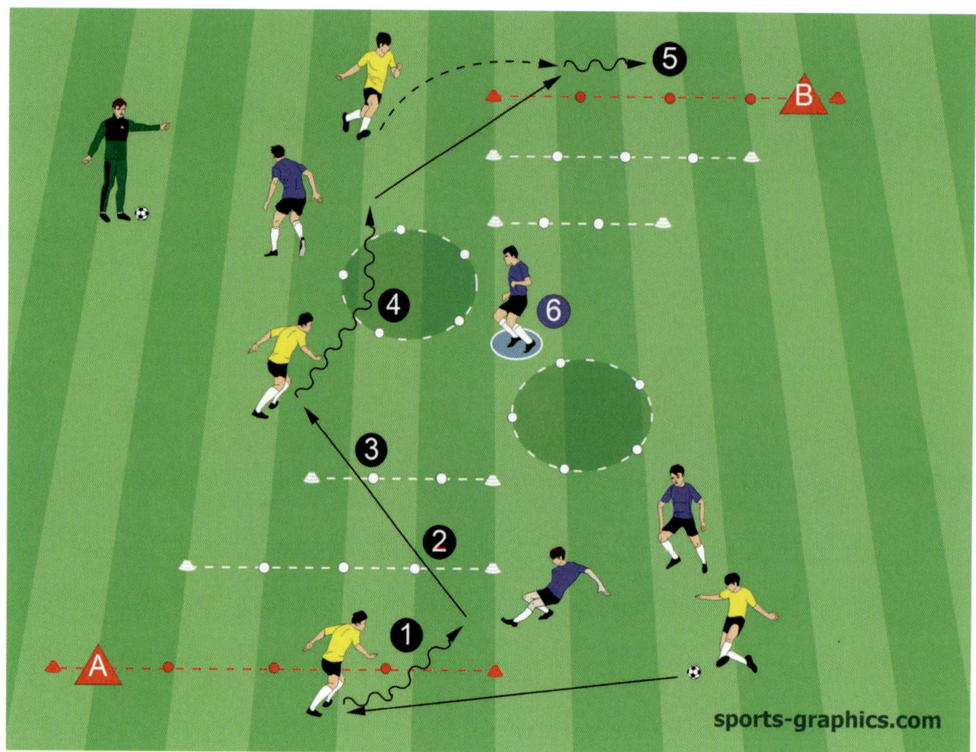

Spielprinzip

Das Spielfeld ist von den entscheidenden Linien A und B gerahmt und besteht im Zentrum aus zwei Kreisen und weiteren Linien. Das ballbesitzende Team kann über die äußeren Linien A oder B (hier Linie A) Richtung Zentrum von außen nach innen mit einem Dribbling oder einem Pass einsteigen (vgl. 1). Im Folgenden wird das Zentrum für das Sammeln von Punktewertungen mit Pass- und Dribblingaktionen bespielt. Die während des Spiels durch das Zentrum gesammelten Punkte sind nur gültig, wenn auf der gegenüberliegenden Seite korrekt ausgestiegen wird (vgl. 5), ohne dass das gegnerische Team eine Balleroberung realisieren konnte. Um zu verhindern, dass die Defensive lediglich die Ziellinie zustellt, ist es für das ballbesitzende Team möglich, auch über die Einstiegslinie wieder auszusteigen und die Punkte zu sichern. Das ist dann möglich, wenn im Zentrum beide Kreise bespielt wurden (vgl. 4).

Provokationsregeln, Punktesystem und Varianten

Im Spiel durch das Zentrum können Punktewertungen gesammelt werden, wenn eine Linie oder ein Kreis im Dribbling oder mit einem Pass bespielt wurde (vgl. 2, 3 und 4). Jede bespielte Linie oder jeder bespielte Kreis wird einfach gewertet. Maximal sind demnach sechs Punkte möglich. Die Einstiegs- und Ausstiegslinien (vgl. Linie A und B) zählen nicht mit zur Punktewertung. Die abgebildete Passfolge ergibt drei Punkte. Eine besondere Wertung könnte vorgenommen werden, wenn innerhalb der Passkombination ein Pass zwischen den beiden Kreisen gespielt wurde, ohne dass ein Kreis mit einbezogen wurde (vgl. 6).

3.2.39 Fahrstuhl (Fortsetzung)

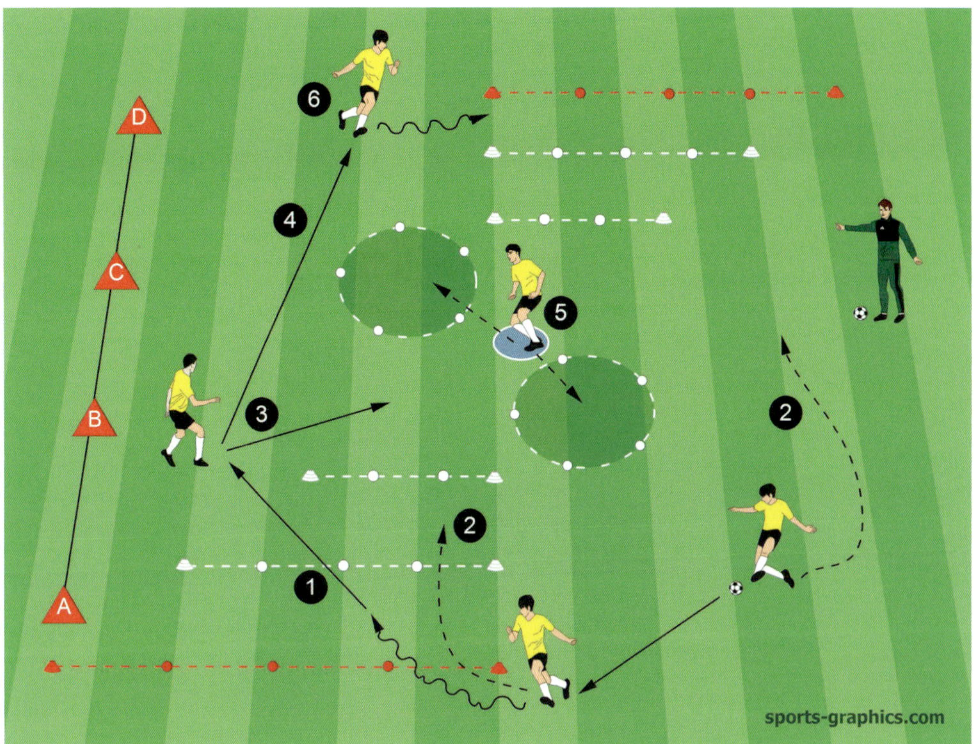

Spielelemente und Verhaltensweisen

Das Spielprinzip veranlasst alle Spieler, auf die verschiedenen Ebenen zu achten und diese abgestimmt zu besetzen. Das Spielverhalten bildet Situationen aus dem Spielaufbau und dem Spiel im letzten Drittel ab. Um Ebenen und Linien zu überspielen, sind druckvolle Diagonalpässe wünschenswert (vgl. 1). Das Besetzen der unterschiedlichen Ebenen (vgl. Ebenen A, B, C und D) und das entsprechende Nachsetzen, Nachschieben, Verdichten und Absichern (vgl. 2) gilt dabei für Offensiv- und Defensivspieler. Im Besonderen sind während der Spielzüge situativ richtige Entscheidungen für Erfolg versprechende Spiellösungen (vgl. 3), das Überspielen von Ebenen (vgl. 4) und spieltaktisch kluge Positionierungen gefragt (vgl. 5 und 6). Dabei sind die zentralen Positionen von herausgehobener Bedeutung.

Coachingpunkte und Instruktionen

- Besetzt die Ebenen! Bespielt die Ebenen!
- Nutze Räume im Rücken des Gegners!
- Sichert die Punkte!

3.2.40 Quattro

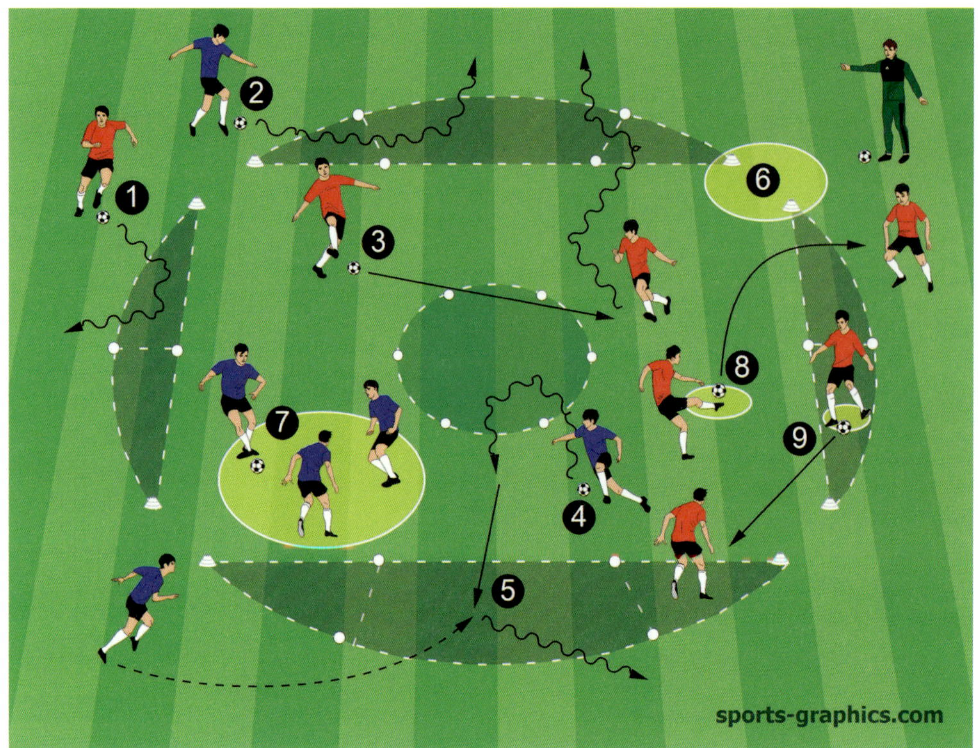

Spielprinzip

Es agieren zwei Teams gegeneinander. Im Zentrum ist ein Kreis markiert. Im äußeren Bereich grenzen mehrere Felder aneinander. Die Teams können Punkte erzielen, indem die Felder nach bestimmten Vorgaben bespielt werden. Ein Team erreicht einen Punkt, wenn ein ballbesitzender Spieler einen Fußwechsel oder eine Finte in einem Feld außen durchführt und dieses Feld wieder im Dribbling verlässt (vgl. 1), ein ballbesitzender Spieler einen Fußwechsel oder eine Finte in zwei Feldern hintereinander realisieren kann (vgl. 2), ein Team einen Pass durch den zentralen Kreis spielt (vgl. 3) oder ein Team eine Kombination realisiert und nach dem Dribbling in den Kreis einen Passempfänger in einem der Felder anspielen kann (vgl. 4 und 5).

Provokationsregeln, Punktesystem und Varianten

Die Vorgaben zum Bespielen der Felder und die Punktewertung können variabel ausgestaltet und präzisiert werden. Eine Präzision kann dadurch hervorgerufen werden, dass Passkombinationen mit einem individuellen Technikteil kombiniert werden oder ein Passablauf konkretisiert wird und z. B. als flüssiger Ballerhalt in einem Feld und direktes Weiterleiten angelegt wird (vgl. 5). Die vier Zwischenräume können genutzt werden, um Ziellinien für nötige Anschlusspässe zur Punktesicherung zu definieren (vgl. 6). Weiterführend können komplexere Spielziele formuliert werden, indem drei Spieler drei Pässe im Zwischenraum realisieren müssen (vgl. 7), ein Randfeld mit einem Lupfer überspielt (vgl. 8) oder ein Pass von einem Randfeld in ein anderes Randfeld gespielt werden muss (vgl. 9).

3.2.40 Quattro (Fortsetzung)

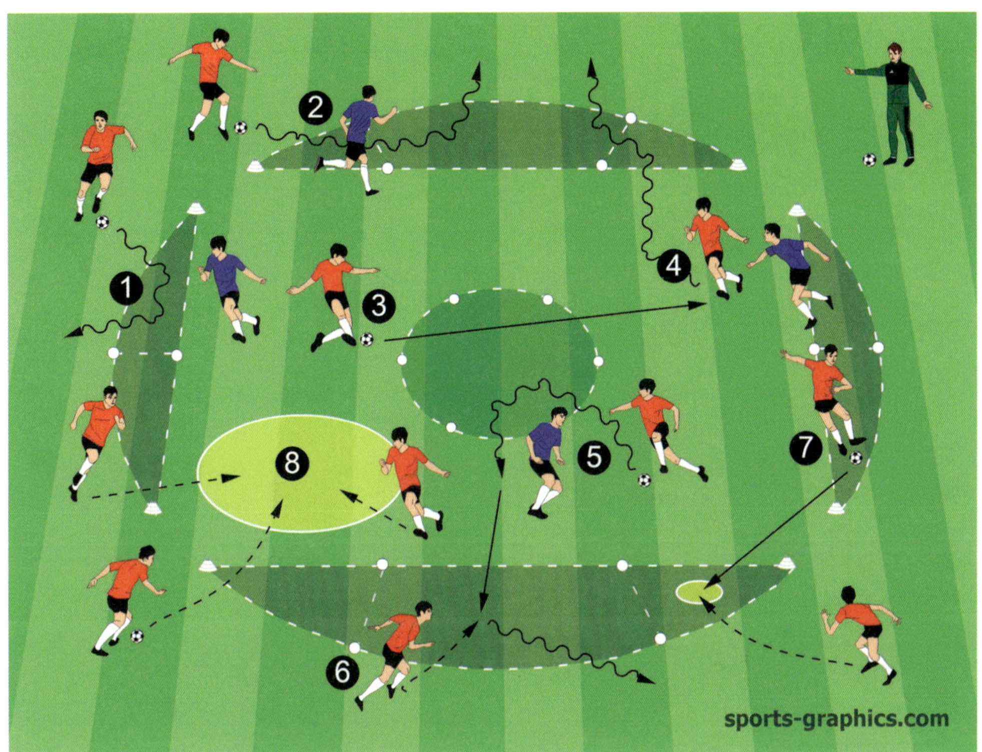

Spielelemente und Verhaltensweisen

Die Spielform generiert schnelle Entscheidungsfindungen in Bezug auf Dribblingwege, freie Räume und Einschätzung des Gegnerdrucks (vgl. 1 und 2). Die technischen Aspekte, wie Fußwechsel, Richtungsänderungen und Finten, laufen auf engstem Raum und unter hohem Gegnerdruck ab (vgl. 1). Im Zweikampf geht es für den Ballführer darum, zu entkommen, Gegner abzuschütteln und den Ball zu behaupten (vgl. 2) und nach Möglichkeit eine zielgerichtete Anschlusshandlung durchzuführen. Die Passgeber sind angehalten, aussagekräftige Pässe zu spielen und dem Passempfänger durch Anspiel auf das situativ besser einzusetzende Spielbein einen Vorteil zu verschaffen (vgl. 3). Den Passempfängern hilft bei Gegnerdruck ein vororientierter Schulterblick (vgl. 4) und Mut sowie Risikobereitschaft in der offensiven Zweikampfführung (vgl. 5). Das Timing im Freilaufverhalten (vgl. 6) ist ebenso entscheidend wie präzise und punktgenaue Druckpässe (vgl. 7). Weiterführend beinhalten die Spielziele situativ zu verengende Räume und das Schaffen von Überzahlsituationen in spielentscheidenden Zonen (vgl. 8).

Coachingpunkte und Instruktionen

- Setze beide Füße ein! Kontrolliert die Passschärfe!
- Beherrsche die Zonen! Findet die Räume!
- Mutige Dribblings! Zocken und zucken!

3.2.41 Bullauge

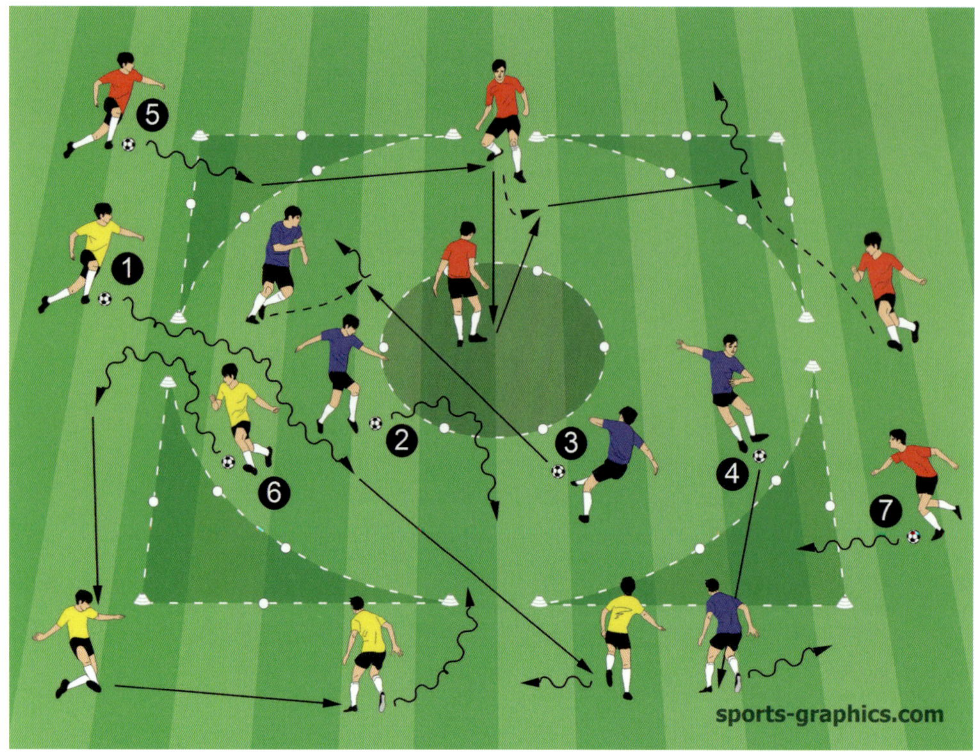

Spielprinzip

Es agieren zwei Teams gegeneinander. Im Zentrum ist ein Kreis markiert. Im äußeren Bereich sind vier Felder um den Kreis herum positioniert, sodass zusätzlich ein Ringfeld zwischen Zentrum und Außenfeldern entsteht. Die Teams können Punkte erzielen, indem die Felder nach bestimmten Vorgaben erzielt werden. Es sind Spielziele zu verschiedensten Themen denkbar.

Provokationsregeln, Punktesystem und Varianten

Das ballführende Team kann eine Punktewertung erspielen, wenn ein Spieler von außen durch einen der kleinen Zwischenräume in das Ringfeld dribbelt und einen Pass aus dem Halbraum nach außen durch einen zweiten Zwischenraum spielt (vgl. 1), wenn ein Spieler durch den Kreis um mindestens ein Markierungshütchen dribbelt (vgl. 2), wenn ein Pass durch den mittleren Kreis gespielt wird (vgl. 3), wenn ein Pass durch ein äußeres Feld gespielt wird (vgl. 4) oder wenn eine Kombination aus aufeinanderfolgendem Spiel über mehrere Felder realisiert wird (vgl. 5). Weiterführend kann es Vorgaben geben, nach denen die Eckfelder umspielt werden müssen (vgl. 6) und in den Eckfeldern individuelle Technikaktionen abgefordert werden (vgl. 7). Die Punktewertung kann variabel ausgestaltet werden, sodass verschiedene technisch-taktische Abläufe in den Fokus gestellt werden. Die Kombination von individuellen und gruppentaktischen Aktionen kann als Tool zur Steigerung verwendet werden. Zu Erleichterung ist die Spielform mit ständiger Überzahl durch den Einsatz von neutralen Spielern denkbar.

3.2.41 Bullauge (Fortsetzung)

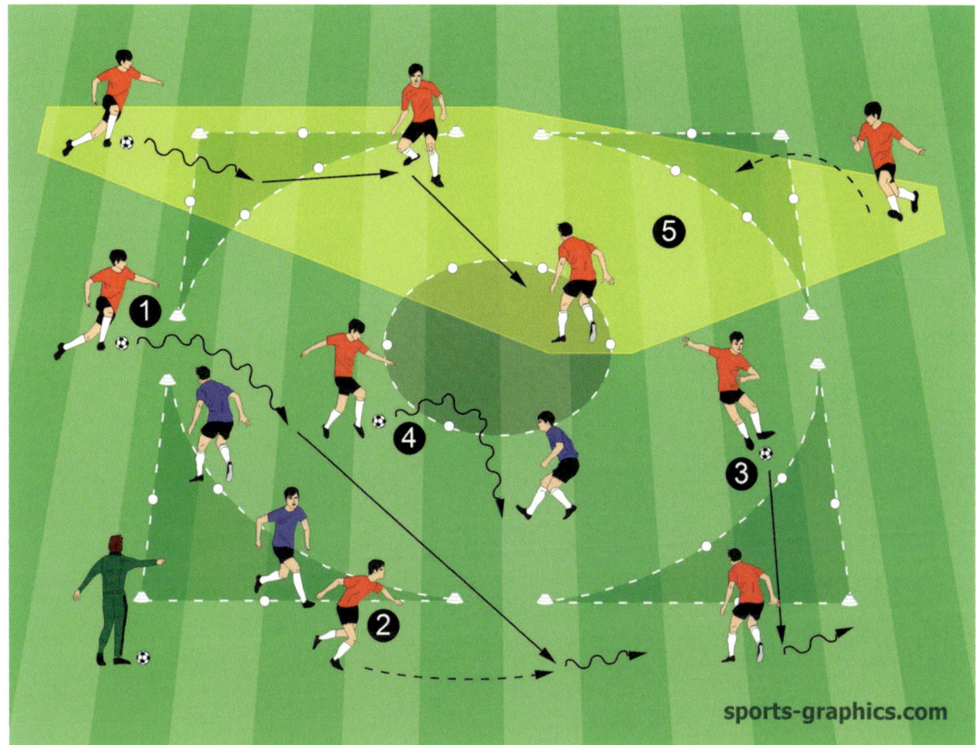

Spielelemente und Verhaltensweisen

Die Spielziele halten anspruchsvolle Aktionen auf individueller Ebene bereit. So ist im Dribbling Präzision in festgelegten Zielfeldern bei hohem Gegnerdruck gefragt (vgl. 1). Zudem ist gut getimtes und abgestimmtes Freilaufverhalten nötig, um Anschlussaktionen zu ermöglichen und die Spielziele zu erreichen (vgl. 2). Die zu überspielenden Felder provozieren Druckpässe auf Distanz (vgl. 3) und im Rahmen der offensiv geführten Zweikämpfe sind fintenreiche Dribblings, Abkappbewegungen und Richtungswechsel Erfolg versprechend (vgl. 4). Gemäß den zwischen den Feldern gewählten Distanzen wird eine optimale Staffelung, eine sinnvolle Raumaufteilung und das Besetzen der verschiedenen Ebenen eingefordert (vgl. 5).

Coachingpunkte und Instruktionen

- Laufend Mut beweisen! Laufend Passoptionen schaffen!
- Staffelt euch! Vernetzt euch!
- Kleinste Räume nutzen!

3.2.42 Triangel

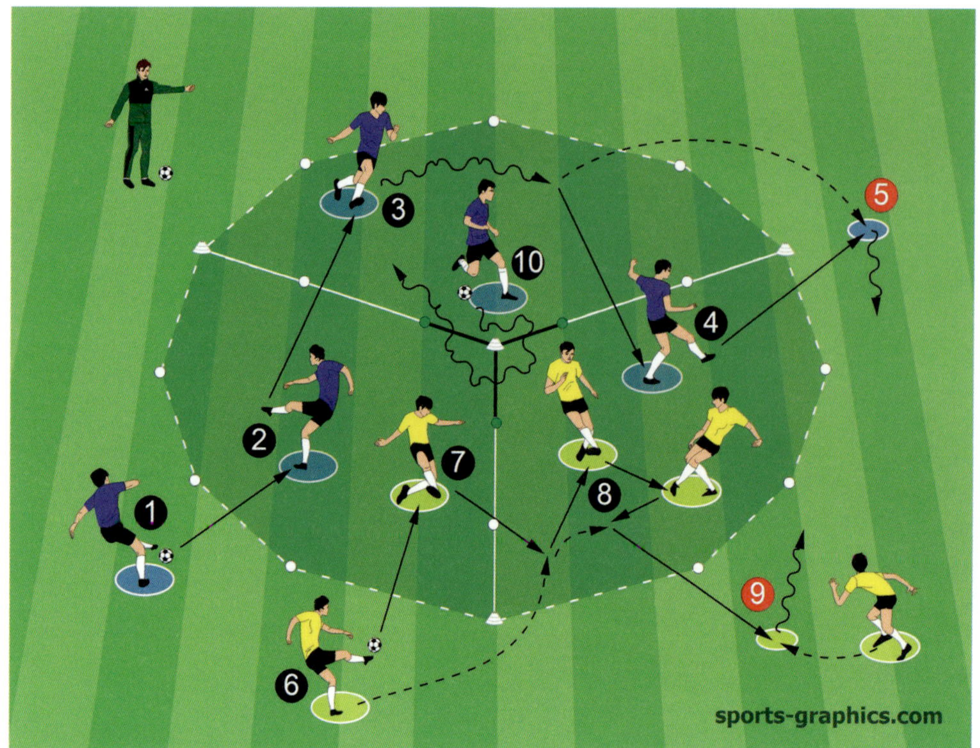

Spielprinzip

Das Spielfeld besteht aus einem in drei Bereiche geteilten Kreis und dem äußeren Spielfeldbereich. Das ballbesitzende Team muss mit einem Pass von außen in den Kreis starten (vgl. 1 und 6), vorgegebene Spielziele erreichen, dadurch Punkte erzielen und diese dann durch einen ebenfalls vorgegebenen Ausstieg (vgl. 5 und 9) sichern. Sofern während des Spielzugs ein Ballverlust entsteht, gehen die bis dato erreichten Punkte verloren.

Provokationsregeln, Punktesystem und Varianten

Das ballbesitzende Team hat drei Möglichkeiten, eine Punktewertung zu erhalten. Zum einen kann das Team mit einem Pass in ein frei wählbares Kreisfeld einsteigen (vgl. 1), gemäß oder gegen den Uhrzeigersinn die anderen beiden Felder bespielen (vgl. 2, 3 und 4) und mit einem abschließenden Pass aus dem Kreis heraus die Punkte sichern (vgl. 5). Zum anderen entsteht auch eine Wertung, wenn nach dem Einstieg (vgl. 6) ein anderes Feld angespielt wird (vgl. 7), dort drei vollständige Pässe realisiert werden (vgl. 8) und der Ausstieg gelingt (vgl. 9). Als dritte Option besteht die Möglichkeit für einen einzelnen Spieler, ein Dribbling in Zentrumsnähe über die drei Verbindungslinien zu absolvieren (vgl. 10).

3.2.42 Triangel (Fortsetzung)

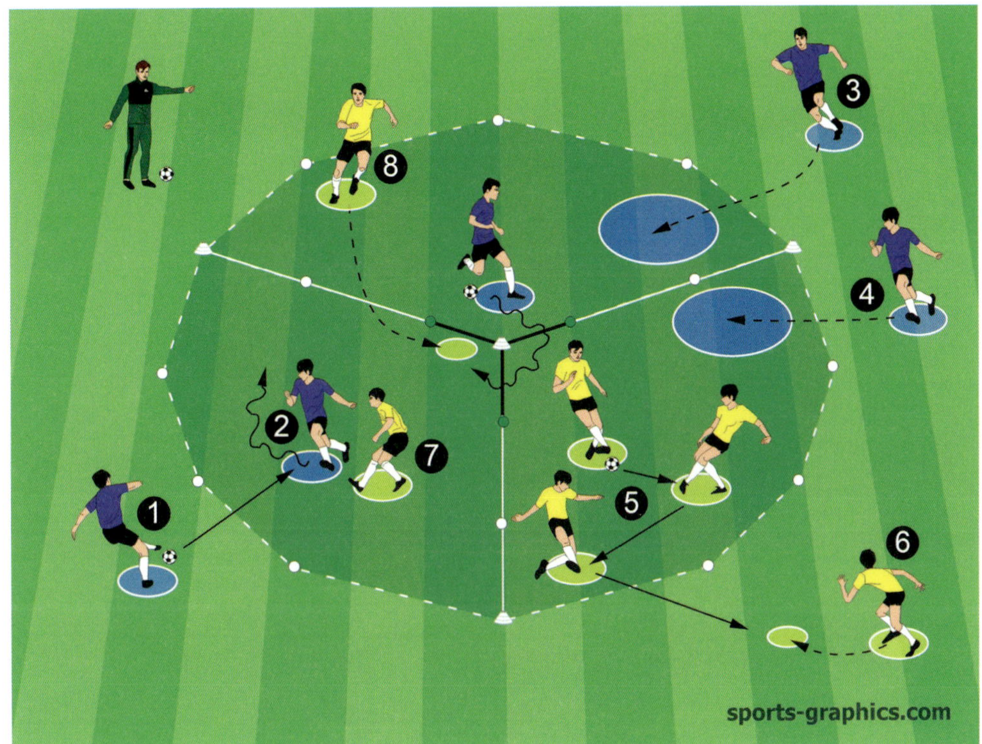

Spielelemente und Verhaltensweisen

Der Einstieg in den Kreis muss vorbereitet, zeitlich gut gewählt und bestimmt durchgeführt werden (vgl. 1). Der ballerwartende Spieler muss mit Gegnerdruck rechnen und kann sich durch gute Vororientierung und Schulterblicke die optimale Richtung zur Spielfortsetzung auswählen (vgl. 2). Gemäß den Spielzielen ist es entscheidend, dass Anschlussaktionen ermöglicht werden, sodass der Ballführer Passoptionen besitzt (vgl. 3). Die zu bespielenden Zielräume dürfen dabei nicht frühzeitig zugelaufen, sondern müssen getimt angelaufen werden (vgl. 4). Situativ müssen bestimmte Zonen überbesetzt werden, um Überzahl herzustellen (vgl. 5). Tiefe Anspielpunkte sind zur Punktesicherung und zum etwaigen Ausstieg aus dem Kreis bei zu viel Gegenwehr entscheidend (vgl. 6). Das Defensivverhalten muss sich in erster Linie an spielentscheidenden Handlungen der Offensivspieler orientieren (vgl. 7 und 8).

Coachingpunkte und Instruktionen

- Blicke laufend über die Schultern!
- In der Tiefe anspielbar sein!
- Einlaufen! Reinschneiden!

3.2.43 Diamant

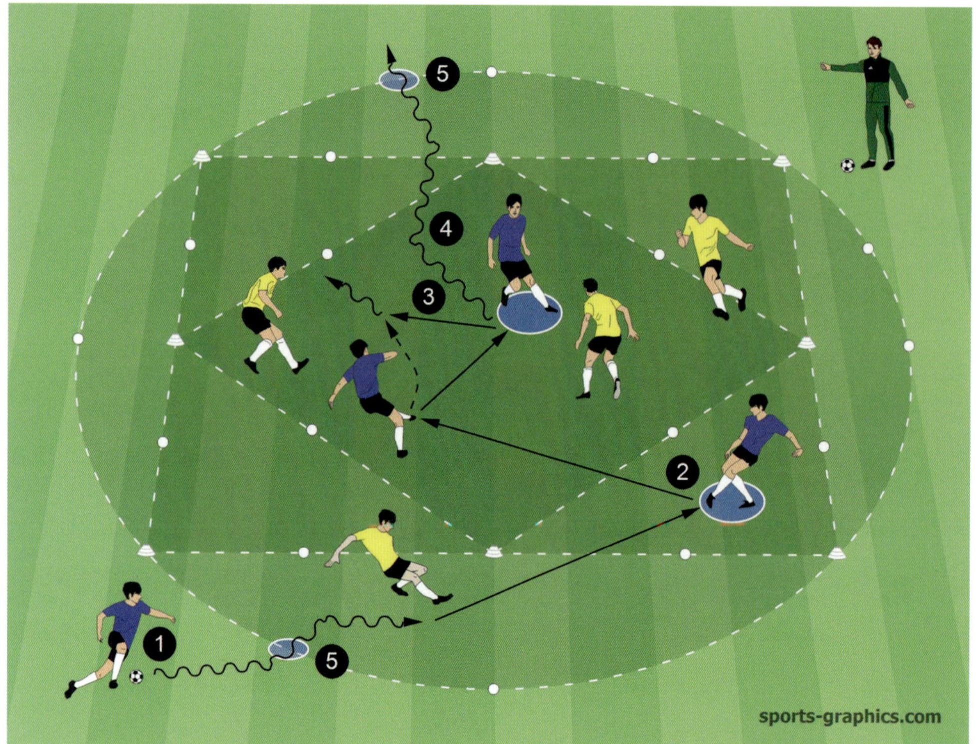

Spielprinzip

Das Spielfeld besteht neben dem Außenfeld aus einem großen Kreisfeld, welches durch zwei Quadrate in insgesamt neun Felder unterteilt ist. Das ballführende Team hat die Möglichkeit, innerhalb des Kreises durch drei vorgegebene Spielziele einen Punkt zu erzielen.

Provokationsregeln, Punktesystem und Varianten

Das ballbesitzende Team muss zunächst über ein Dribbling in den Kreis einsteigen (vgl. 1). Zuvor kann dieses Spiel in Richtung Zentrum außen vorbereitet werden. Im Anschluss kann ein Punkt erzielt werden, wenn ein Passempfänger in einem Dreieckfeld einen direkten Pass spielt (vgl. 2). Dieser Pass muss in das zentrale Quadratfeld gespielt werden. Es kann ebenfalls im zentralen Quadratfeld gepunktet werden. Auch hier ist ein direkter Pass nötig (vgl. 3). Die dritte Möglichkeit, einen Punkt zu erzielen, besteht darin, dass ein Passempfänger im zentralen Quadrat einen Pass erhält, sich aufdreht (vgl. 4) und auf der gegenüberliegenden Seite zum Einstieg (vgl. 5) das Spielfeld im Dribbling verlässt, ohne den Ball zu verlieren. Die Spielziele können variiert und verschärft werden, indem die Pässe (vgl. 2 und 3) direkt oder mit zwei Ballkontakten gespielt werden müssen, der Pass im Zentrum auch im Zentrum wieder verarbeitet werden muss (vgl. 3), der einsteigende Spieler im Zentrum in die Passfolge mit einbezogen werden muss (vgl. 1) oder auch nach den Pässen (vgl. 2 und 3) ein Ausstieg (vgl. 5) erfolgen muss.

3.2.43 Diamant (Fortsetzung)

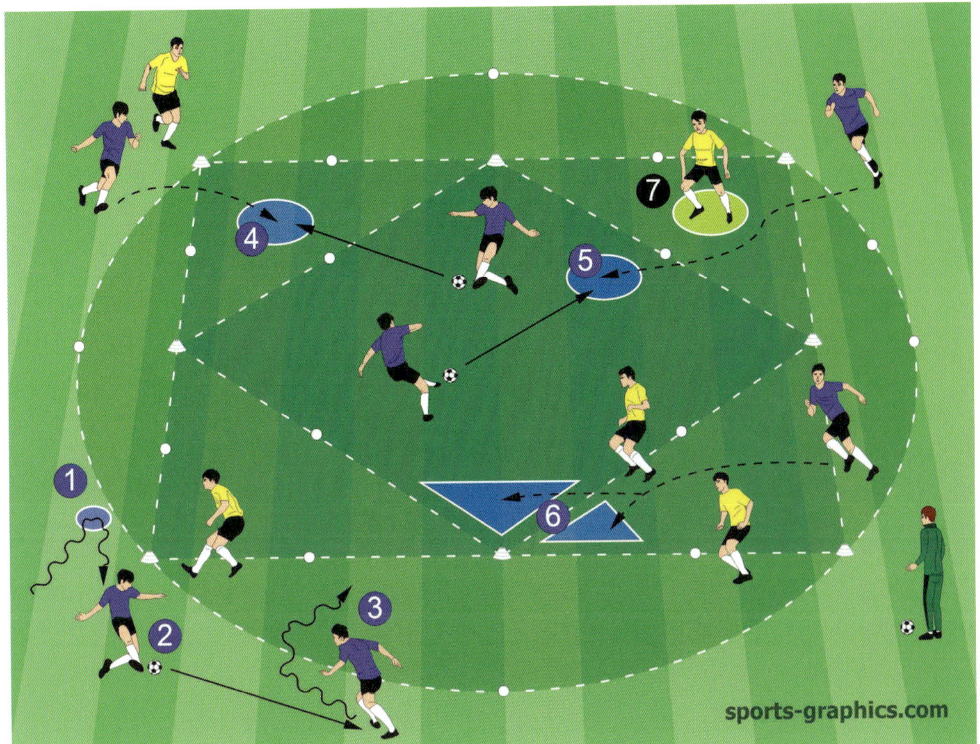

Spielelemente und Verhaltensweisen

Die Einstiegsaktionen sollten von täuschenden und gegnerbindenden Dribblings (vgl. 1), längeren Druckpässen (vgl. 2) und mutigen Dribblings (vgl. 3) geprägt sein. Um bestmögliche Spielfortsetzungen und Anschlussaktionen zu ermöglichen, ist das Anbiet- und Freilaufverhalten entscheidend. Wichtig ist, dass die spielentscheidenden Zonen mit gutem Timing angelaufen werden (vgl. 4), um den Gegnerdruck möglichst zu minimieren. Mit den Laufwegen können Gegner in bestimmten Zonen gebunden werden. Freie Zonen und mögliche Punkteerzielungen müssen schnell erkannt und angelaufen werden (vgl. 5). Das Freilaufverhalten sollte ebenfalls mutig auch im Zentrum bei erhöhtem Gegneraufkommen angegangen werden (vgl. 6). Dabei ist auch Präzision für Kleinsträume gefragt. Das Defensivverhalten orientiert sich an den spielentscheidenden Zonen im Zentrum (vgl. 7). Diese sollten abgestimmt und im Verbund zugestellt bzw. jederzeit angelaufen werden können.

Coachingpunkte und Instruktionen

- Präzises Freilaufen! Präzises Anbieten!
- Passe mit Botschaft in das Zentrum!
- Benutze die Zonen!

3.2.44 Pantheon

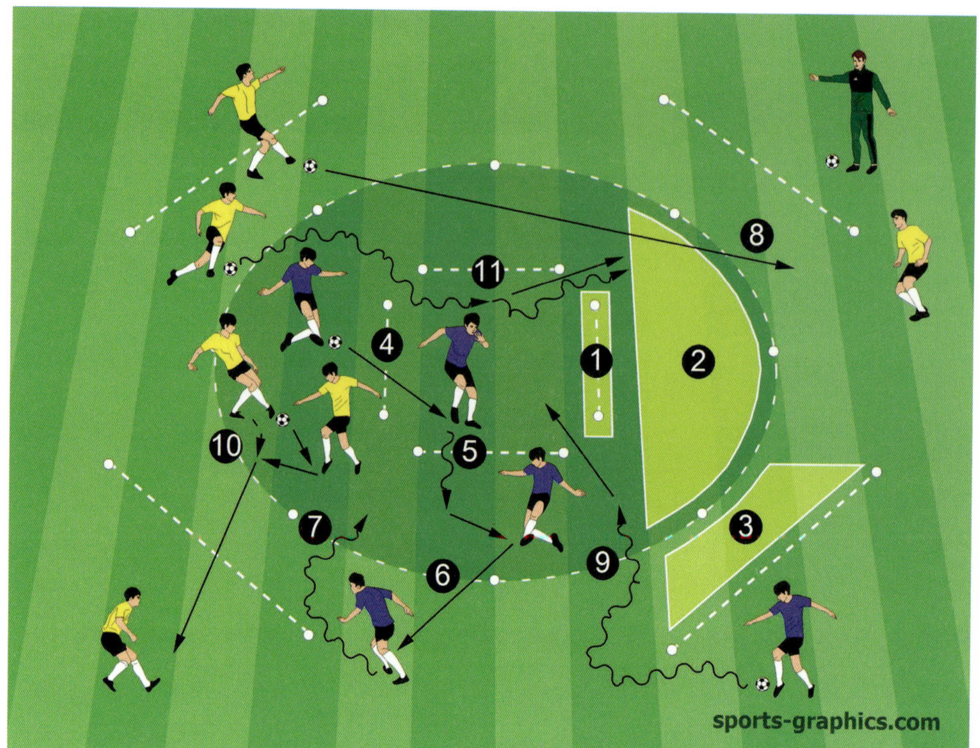

Spielprinzip

Das Spielprinzip beinhaltet das Bespielen von Linien (vgl. 1), Zwischenräumen (vgl. 2) und Spielzonen um das zentrale Kreisfeld herum (vgl. 3). Dabei gilt es, in bestimmte Zonen zu kombinieren, Ebenen zu überspielen oder Dribbling- und Passaufgaben zu kombinieren, um vorgegebene Spielziele anzusteuern und Punktewertungen zu erreichen. Die Zielsetzungen beinhalten die Vorbereitung der Angriffe über den zentralen Raum des Kreises. Anstatt ein weiträumiges Passspiel fern vom Zentrum aufzuziehen, gilt es, nach Möglichkeit zügig das Kreiszentrum anzuspielen. Zum Spielprinzip zählt zudem, dass die verschiedenen Provokationsregeln miteinander gekoppelt werden und immer neue Spielregeln entstehen können. Als Effekt wird der Grad der Variabilität aufgestockt und ausdifferenziert, um damit eine schnelle Anpassung der Spieler zu erwirken und entsprechend positiv auf die Fähigkeit zur Flexibilität einzuwirken.

Provokationsregeln, Punktesystem und Varianten

Eine einfache Punktewertung wird erzielt, wenn ein Pass über eine Linie gespielt (vgl. 4), ein Dribbling über eine Linie realisiert (vgl. 5), ein Pass über eine Kreislinie gespielt (vgl. 6), ein Dribbling über eine Kreislinie realisiert (vgl. 7) oder ein raumüberwindender Pass durch den Kreis gespielt wird (vgl. 8). Eine doppelte Wertung wird erzielt, wenn ein Dribbling in den Kreis mit einem Pass durch einen Zwischenraum kombiniert wird (vgl. 9), zwei Pässe in einem Halbkreis mit einem Pass durch eine äußere Linie kombiniert werden (vgl. 10) oder nach einem Dribbling in das Zentrum über eine Linie der Ausstieg durch einen Zwischenraum im Dribbling oder per Pass gelingt (vgl. 11). Eine dreifache Wertung wird erzielt, wenn ein Dribbling in das Zentrum mit zwei Pässen über zwei verschiedene Linien kombiniert wird, ein Dribbling in das Zentrum mit zwei Pässen über die Kreislinien verbunden wird oder das Bespielen von drei unterschiedlichen Zwischenräumen, wie Zentrum, Halbfeld oder Außenbereich, realisiert wird.

3.2.44 Pantheon (Fortsetzung)

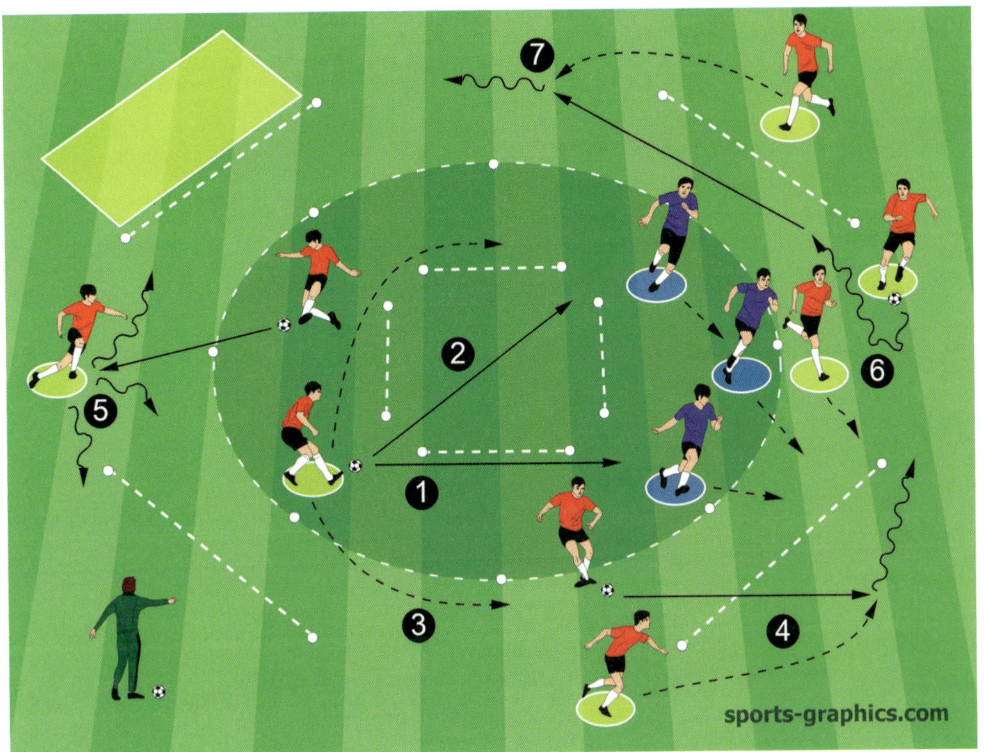

Spielelemente und Verhaltensweisen

Die Ansteuerung der verschiedenen Spielziele und die Anpassung an Raumenge und Spielgeschwindigkeit fordert von den Spielern unterschiedlichste Aktionen im Sinne variabler Pässe und Dribblings. Die Linienführung des Feldaufbaus, ausgehend von allen denkbaren Spielpositionen, gilt für jeden einzelnen Spieler als komplexer Wahrnehmungsauftrag in Bezug zu den geraden (vgl. 1), diagonalen (vgl. 2) oder gebogenen Linien (vgl. 3) und sich daraus ableitenden Zonen. Die Spielregeln fordern situationsangemessenes Anbiet- und Freilaufverhalten (vgl. 4) sowie schnelle Bewegungen zur Seite an den Linien und der Kreisform, mutiges Bedrohen der verschiedenen Spielziele vor allem mit einem präzisen ersten Ballkontakt (vgl. 5), ständige Variation, Mischung und Dosierung des Antrittsverhaltens, mit Ball und ohne Ball, um Punktewertungen kräftesparend zu erzielen oder zu verhindern. Die Ansteuerung des kräftesparenden Spielverhaltens gewinnt mit zunehmender Nähe zum Kreisgebilde an Bedeutung und sollte im Bedarfsfall auch vom Trainer durch die Pausengestaltung reguliert werden. Weiterführend kann das ballbesitzende Team den Gegner sogar bewusst zu übertriebenem Verhinderungsverhalten provozieren (vgl. 6), um dann strategisch vorausdenkend an anderen Stellen ein Spielziel anzusteuern (vgl. 7). Grundsätzlich lohnt aufgrund der vielen Lösungsoptionen die Beobachtung und Beurteilung einzelner Spieler in Bezug auf die Qualität ihrer Entscheidungsfindung und Spielstrategie.

Coachingpunkte und Instruktionen

- Schirmt das Zentrum ab! Lasst keinen in den Kreis!
- Nachstarten! Nachrücken! Nachsetzen!
- Renne! Rette! Bringe den Lauf durch!

3.2.45 Triade

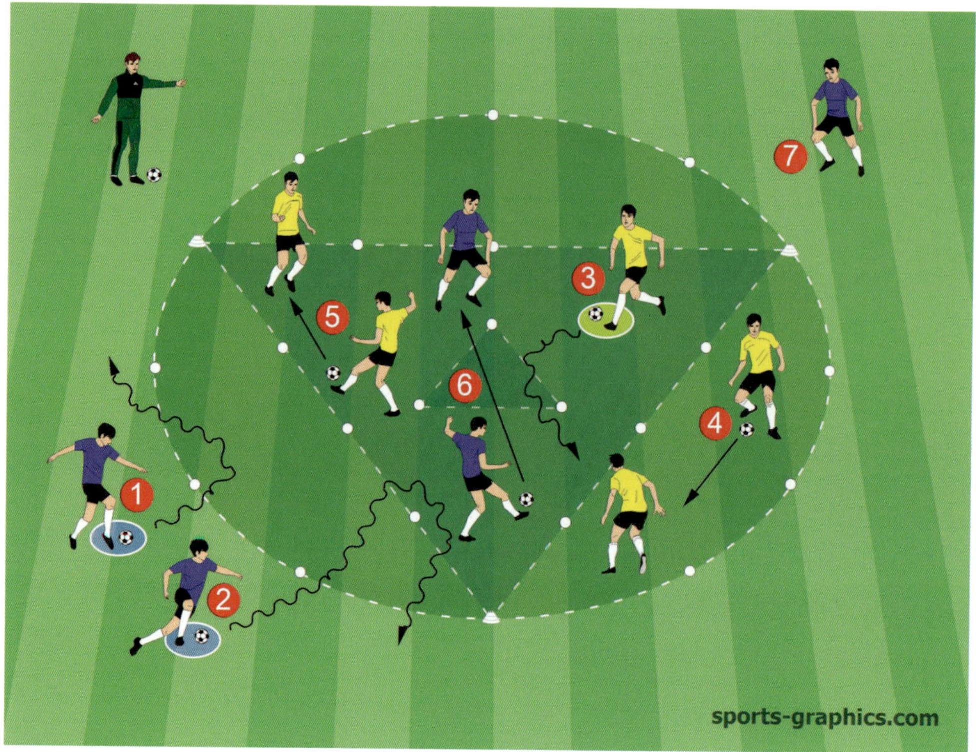

Spielprinzip

Das Spielfeld besteht neben dem Außenbereich aus einem Kreis, in den zwei Dreiecke gefasst sind. Dadurch ergeben sich fünf Felder im Kreisinneren. Die Teams können über individuelle Aktionen oder Kombinationen in der Gruppe Punkte erzielen.

Provokationsregeln, Punktesystem und Varianten

Auf individueller Ebene kann ein ballführender Spieler punkten, indem er von außen in den Kreis einsteigt, ein Markierungshütchen auf der Kreislinie umdribbelt und wieder aus dem Kreis gelangt (vgl. 1). Eine doppelte Wertung erreicht ein Spieler, wenn er sogar um ein Hütchen des großen Dreiecksfeldes (vgl. 2) dribbelt und aus dem Feld gelangt oder wenn ein Spieler durch das kleine Dreieck im Zentrum dribbelt (vgl. 3). Das ballbesitzende Team kann auch über das Passspiel punkten und erhält eine Wertung, wenn in einem Randbereich drei Pässe gespielt werden (vgl. 4), im großen Dreieck drei Pässe gespielt werden (vgl. 5) oder ein Pass durch das zentrale kleine Dreieck gespielt wird (vgl. 6). Als Variante müssen die Punkte durch einen abschließenden Pass im Außenfeld gesichert werden (vgl. 7).

3.2.45 Triade (Fortsetzung)

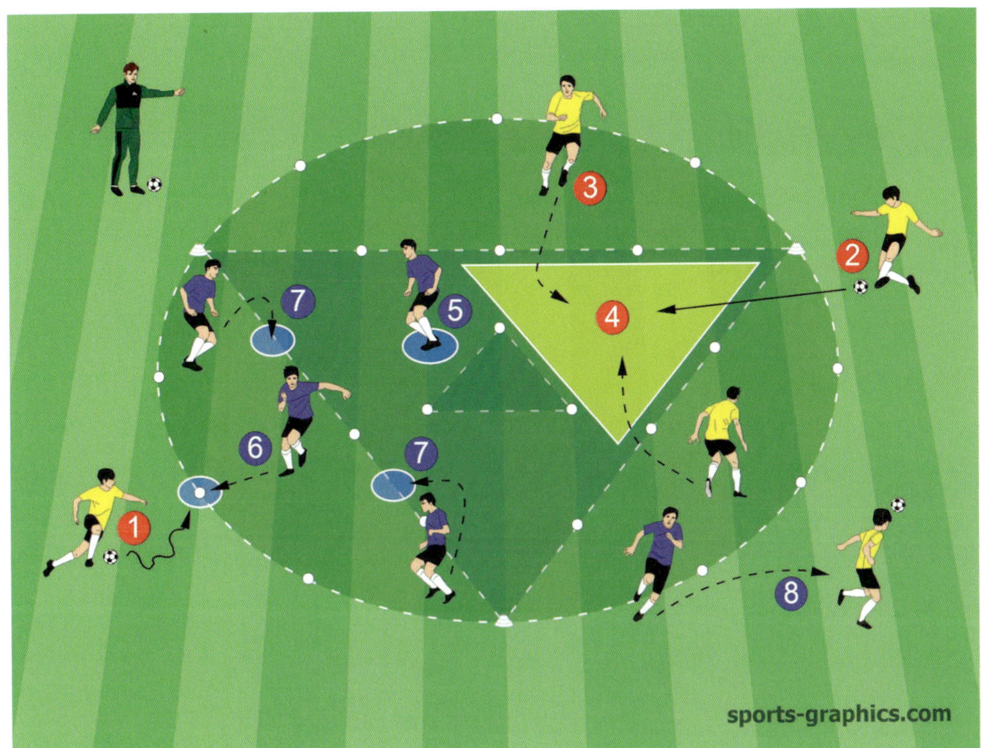

Spielelemente und Verhaltensweisen

Im Offensivspiel sind die Spieler ständig aufgefordert, das Zentrum zu bedrohen und spieltaktisch entscheidende Zonen anzusteuern (vgl. 1). Die Passgeber können mit mutigen Pässen in das Zentrum Spielzüge vorausschauend einleiten und Passempfänger in die entscheidenden Zonen lenken (vgl. 2). Das Timing im Anbiet- und Freilaufverhalten (vgl. 3) ist ebenso entscheidend wie das kurzzeitige Überlagern relativ kleiner Spielfeldzonen zur Herstellung von Überzahlsituationen (vgl. 4). Das Defensivspiel ist geprägt von der ständigen Suche nach einer spieltaktisch sinnvollen Positionierung, um in alle Richtungen schnell reagieren zu können (vgl. 5). Dabei sollte in erster Linie das Zentrum geschützt sein. Trotzdem müssen die ballbesitzenden Spieler angelaufen und unter Druck gesetzt werden (vgl. 6). Aus der Kette oder dem Verbund austretende und vorschiebende Defensivspieler sollten mit einer Tiefenstaffelung und dem Herstellen von Abwehrdreiecken abgesichert sein (vgl. 7).

Coachingpunkte und Instruktionen

- Zielräume überlagern! Zielpunkte andribbeln!
- Agiere laufend in Richtung Zentrum!
- Überprüfe laufend deine Spielposition!

3.2.46 Hexagon

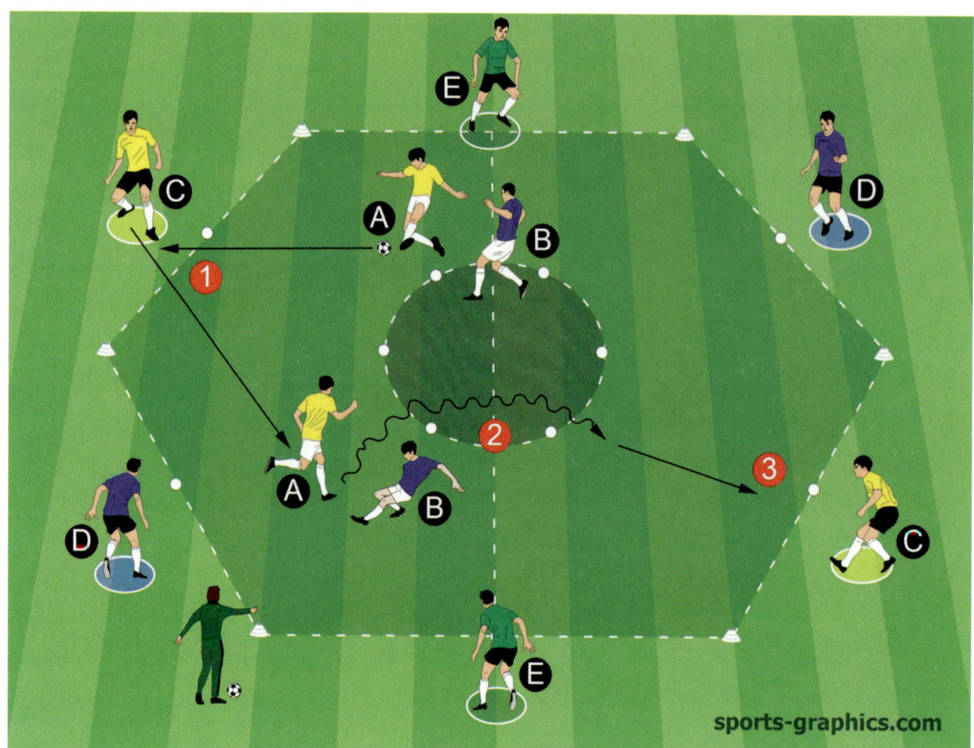

Spielprinzip

Das Spielfeld besteht aus einem Hexagon mit einem zentralen Kreis und einem Außenbereich. Innerhalb des Spielfeldes wird in einer 2-gegen-2-Situation gespielt (vgl. Spieler A und B). Jedes Team hat diagonal versetzt jeweils zwei Außenspieler (vgl. Spieler C und D), sodass sich immer ein 2 gegen 2 plus 2 ergibt (vgl. 1). Das ballbesitzende Team punktet, indem der zentrale Kreis einbezogen wird (vgl. 2) und im Anschluss noch ein weiterer Pass realisiert werden kann (vgl. 3).

Provokationsregeln, Punktesystem und Varianten

Eine Punktewertung wird erzielt, wenn der zentrale Kreis durch ein Dribbling (vgl. 2) oder einen Pass bespielt wird und im Anschluss ein weiterer Pass gelingt (vgl. 3). Eine doppelte Wertung kann aufgerufen werden, wenn ein Dribbling oder ein Pass von der einen in die andere Spielfeldhälfte gelingt. Es sind Varianten in Bezug auf die Ballkontaktanzahl pro Spieler denkbar, sodass die Außenspieler immer direkt spielen müssen oder nicht zu einem anderen Außenspieler passen dürfen. Zur Vereinfachung ist es möglich, zwei weitere Spieler als neutrale Anspieler hinzuzufügen. Außerdem wäre es eine Vereinfachung für die ballbesitzende Mannschaft, wenn die zwei Verteidiger im Zentrum den inneren Kreis nicht belaufen dürfen.

3.2.46 Hexagon (Fortsetzung)

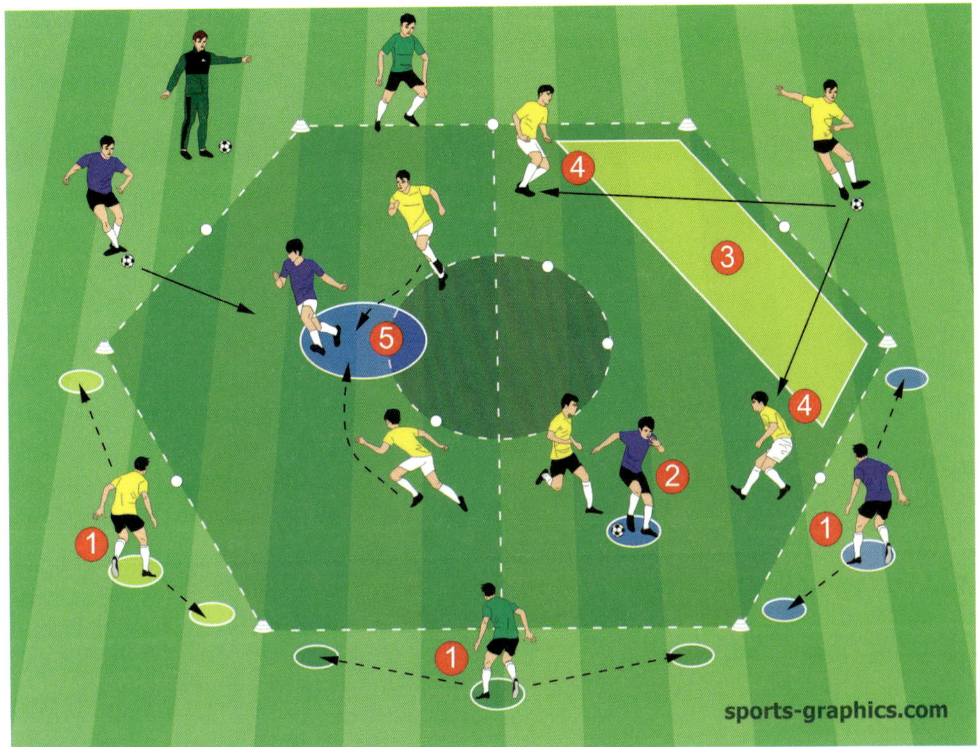

Spielelemente und Verhaltensweisen

Die Spielform macht es nötig, dass sich die Außenspieler situativ klug und taktisch sinnvoll verhalten, um den Mitspielern im Zentrum in der ständigen 2-gegen-2-Situation zu helfen. Die Außenspieler können und müssen dabei ihre Seitenlinie komplett nutzen und ballorientiert verschieben (vgl. 1). An die Spieler im Zentrum werden hohe Anforderungen im Sinne der Handlungsschnelligkeit, Entscheidungsfindung und in Bezug auf Gegner-, Raum- und Zeitdruck gestellt (vgl. 2). Der Raum vor den Außenspielern sollte nach Möglichkeit frei und bespielbar gelassen werden (vgl. 3), damit Platz zum Passen ist und möglichst viele Passoptionen bestehen (vgl. 4). Die Defensive ist aufgefordert, spielentscheidende und taktisch wertvolle Zonen zu erkennen und schnellstmöglich zuzulaufen und zu verteidigen.

Coachingpunkte und Instruktionen

- Positioniere dich ballorientiert!
- Blicke laufend über die Schulter!
- Agiere mutig in Richtung Kreismitte!

3.2.47 Perspektive

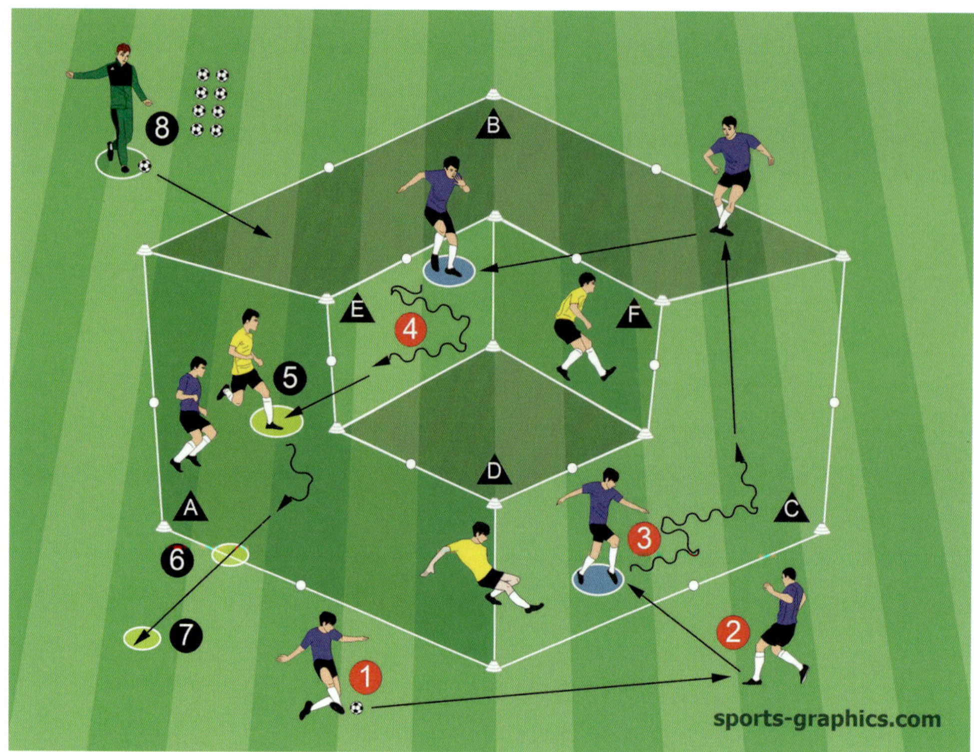

Spielprinzip

Das Spielfeld besteht aus drei größeren Feldern (vgl. Feld A, B und C), drei kleineren Feldern im Zentrum (vgl. Feld D, E und F) und dem Außenbereich. Das ballbesitzende Team spielt mit sechs Spielern gegen die mit drei Spielern in Unterzahl agierende Defensive. Der Trainer spielt nacheinander 10 Bälle in das Spiel. Während dieser 10 Bälle kann das Überzahlteam punkten. Nach den 10 Bällen werden die drei Defensivspieler gewechselt.

Provokationsregeln, Punktesystem und Varianten

Das ballführende Team kann im Außenbereich frei kombinieren (vgl. 1) und einen ausgewählten Moment nutzen, um in das Zentrum zu spielen (vgl. 2), und dort zu punkten. Das ballbesitzende Team kann nur im Zentrum über individuelle Aktionen punkten. Eine Wertung ergibt sich, wenn ein Spieler in den Feldern A, B oder C fünf Ballkontakte erzielt (vgl. 3) oder in den Feldern D, E und F vier Ballkontakte realisiert werden (vgl. 4). Das Team in Unterzahl versucht, den Ball zu erobern (vgl. 5) und aus dem Feld zu spielen (vgl. 6). Gelingt das, bringt der Trainer sofort den nächsten Spielball in das Spiel (vgl. 8). Alternativ kann sich nach einer Balleroberung ein Abschluss auf Minitore ergeben (vgl. 7). Außerdem können die verschiedenen Felder mit konkreten Aufgaben unterschiedlich belegt sein: Feld A (5 Ballkontakte links), Feld B (5 Ballkontakte rechts), Feld C (2 Finten), Feld D (3 Kontakte links), Feld E (3 Kontakte rechts) und Feld F (eine Finte).

3.2.47 Perspektive (Fortsetzung)

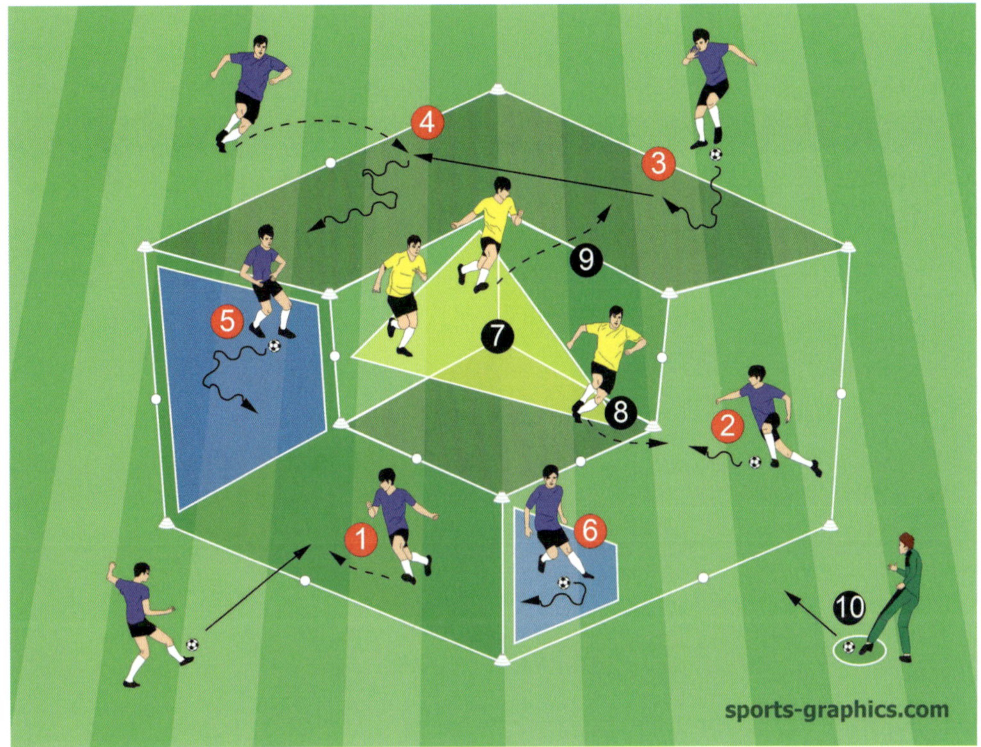

Spielelemente und Verhaltensweisen

In der Offensive ist im Zentrum gut getimtes Freilaufverhalten, Vororientierung durch Schulterblicke und Anbietverhalten auf Lücke notwendig (vgl. 1). Das Zentrum sollte häufig mit Ball bedroht werden (vgl. 2). Dabei sollten Defensivspieler gelockt und gebunden werden (vgl. 3), um Mitspieler freizuspielen und Raum für die Ballkontakte oder Finten zu generieren (vgl. 4). Die individuellen Ballkontakte oder das Fintieren sollten mit höchstem Tempo (vgl. 5) und auch in kleinen Räumen (vgl. 6) angewendet werden. Die Defensive agiert optimalerweise aus einem geschlossenen und sich gegenseitig absichernden Verbund heraus (vgl. 7). Dabei müssen auch die Außenbereiche und vor allem ballführende Spieler angelaufen werden (vgl. 8), ohne dass sich einzelne Spieler zu sehr locken lassen oder der Verbund verloren geht und zu große Lücken oder Abstände entstehen (vgl. 9).

Coachingpunkte und Instruktionen

- Gemeinsam verteidigen!
- Zeige deine Technik!
- Alle Räume nutzen!

3.2.48 Himmelsscheibe

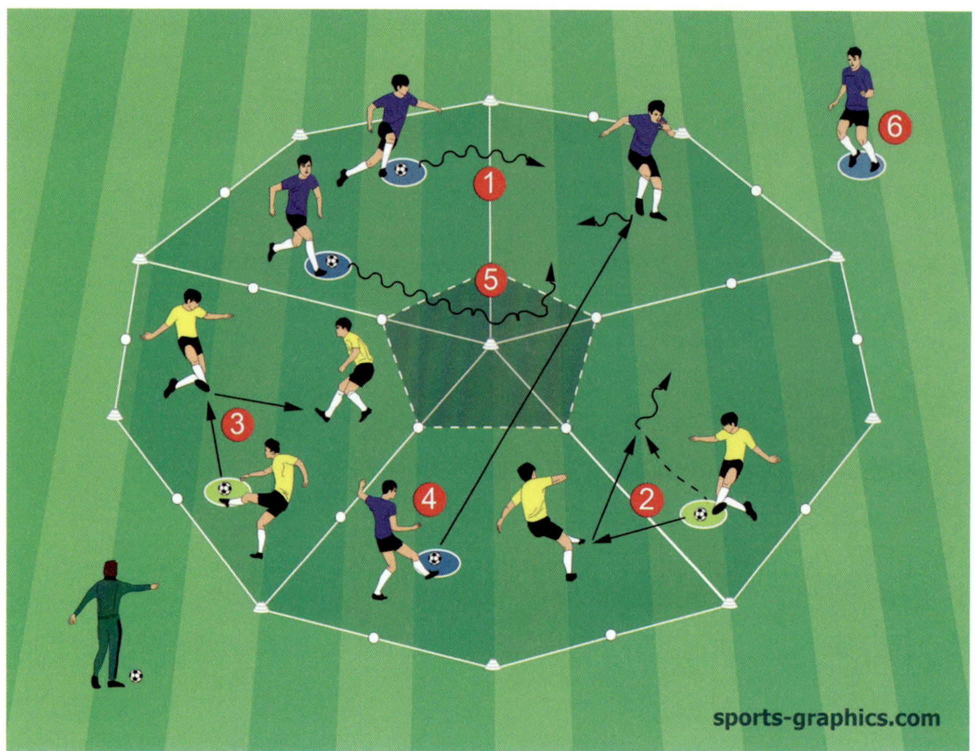

Spielprinzip

Das Spielfeld besteht neben dem Außenbereich aus insgesamt 10 Feldern. Die fünf Außenfelder sind relativ groß und die fünf zentralen Felder nahe am Mittelpunkt sind relativ klein angelegt. Das ballbesitzende Team kann durch das Erreichen vorgegebener Spielziele Punktewertungen erlangen.

Provokationsregeln, Punktesystem und Varianten

Eine Punktewertung wird erzielt, wenn ein Spieler über eine der fünf Feldlinien dribbelt (vgl. 1), ein Doppelpass über eine der Feldlinien gespielt wird (vgl. 2), ein Spiel über einen Dritten in einem der fünf großen Felder realisiert werden kann (vgl. 3), ein Pass durch die zentralen kleinen Felder gelingt (vgl. 4) oder ein Spieler durch die zentralen kleinen Felder dribbeln kann (vgl. 5). Es kann die Vorgabe gegeben werden, dass jedes Spielziel mit einem Pass in das Außenfeld (vgl. 6) abgeschlossen werden muss. Außerdem ist es denkbar, dass die Punktewertung variiert wird und Spielziele durch das kleine Zentrum doppelt gewertet werden. Weiterführend sind diverse Variationen der Spielziele auf individueller Ebene oder innerhalb der Teams und Kleingruppen möglich.

3.2.48 Himmelsscheibe (Fortsetzung)

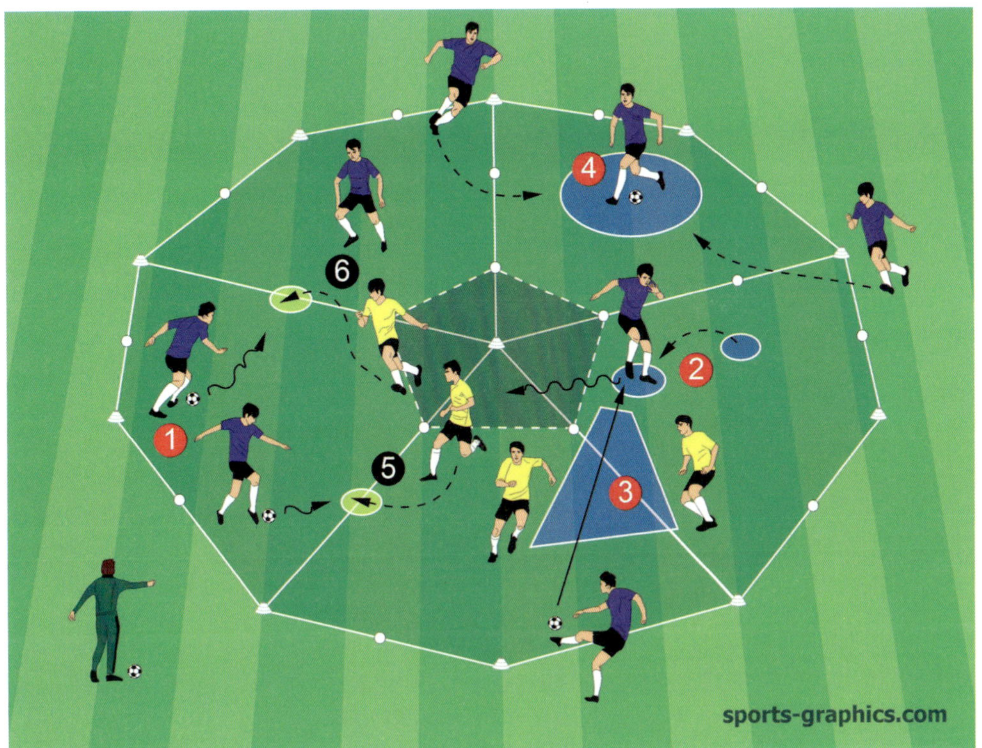

Spielelemente und Verhaltensweisen

Die Vorgabe der Spielziele generiert eine Fokussierung auf das Zentrum und mutige Dribblings Richtung Mitte (vgl. 1). Um die im Zentrum zu realisierenden Spielziele zu erreichen, ist es für potenzielle Passempfänger in der Mitte wichtig, dass sie sich aus den Deckungsschatten der Verteidiger lösen (vgl. 2), sich offen und optimal zur Ansteuerung eines Spielziels positionieren und sich auf Lücke zwischen zwei Verteidigern anbieten (vgl. 3). Außerdem geht es für die Offensivspieler darum, bestimmte Spielfeldzonen und vorgegebene Räume getimt anzulaufen und kurzzeitig zu überlagern, um in Überzahl die Spielziele zu erreichen (vgl. 4). Aufseiten der Verteidigung ist es elementar wichtig, dass ballbesitzende Spieler angelaufen und gestellt werden (vgl. 5) und Passwege zugestellt und zugelaufen werden (vgl. 6).

Coachingpunkte und Instruktionen

- Stellt die Gegner! Erzeuge Druck beim Ballführer!
- Stehe auf Lücke! Verlasse den Deckungsschatten!
- Versperre die Passwege! Verhindert Dribblings!

3.2.49 Sonnenuhr

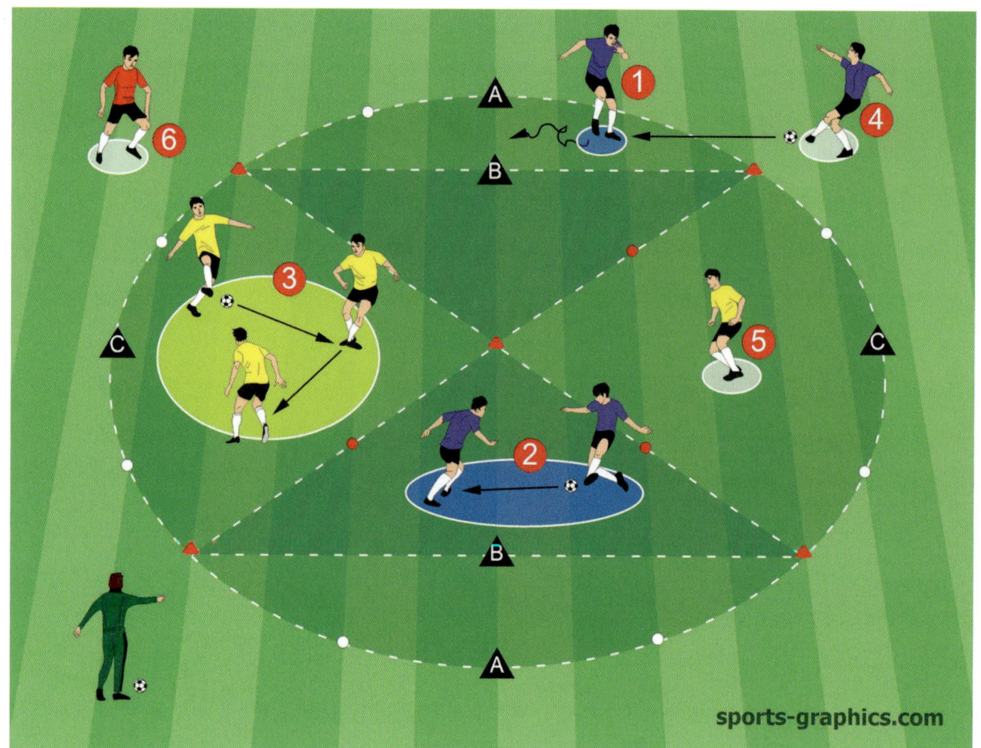

Spielprinzip

Das Spielfeld besteht neben dem Außenbereich aus einem Kreis, der in sechs Felder unterteilt ist. Es sind zwei kleine Felder (vgl. A), zwei mittelgroße Felder (vgl. B) und zwei große Felder (vgl. C) zu unterscheiden. Das ballbesitzende Team kann in den Feldern A nur mit einer individuellen Aktion (vgl. 1) punkten, in den Feldern B nur mit einer Aktion, an der genau zwei Spieler beteiligt sind (vgl. 2) und in den Feldern C nur mit einer Aktion, an der genau drei Spieler beteiligt sind (vgl. 3).

Provokationsregeln, Punktesystem und Varianten

Im Rahmen der individuellen Aktionen (vgl. 1) können Ballkontaktzahlen, bestimmte Finten oder konkrete Technikaufgaben vorgegeben werden. Die von zwei Spielern auszuführenden Aktionen (vgl. 2) können durch einen einfachen Direktpass, einen Doppelpass oder einen einfachen Pass mit dem schwachen Spielbein vorgegeben werden. Die Spielhandlungen, an denen drei Spieler beteiligt sein müssen (vgl. 3), können als Spiel über den Dritten, eine Kombination mit Hinterlaufen oder als Steil-Klatsch-Kombination vorgegeben werden. Als Variante ist es möglich, dass bestimmte Spieler nur im Außenbereich (vgl. 4), nur im zentralen Kreis (vgl. 5) oder als neutrale Spieler stets in Ballbesitz (vgl. 6) für eine Spielform in Über- bzw. Unterzahl eingesetzt werden.

3.2.49 Sonnenuhr (Fortsetzung)

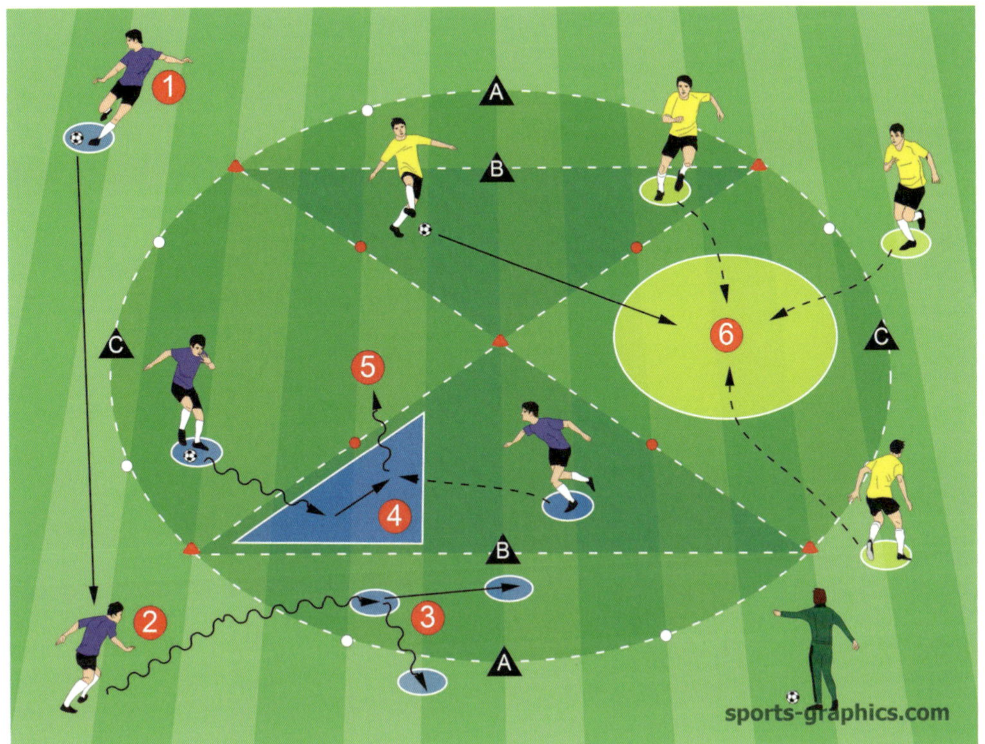

Spielelemente und Verhaltensweisen

Im Außenbereich zur Vorbereitung des Zentrumsspiels sind raumüberwindende und über mehrere Ebenen gespielte Pässe sinnvoll (vgl. 1). Die Aktionen in Richtung Zentrum sollten mutig und beherzt angegangen werden (vgl. 2). Für alle Aktionen im Zentrum gilt höchstmögliches Tempo, präzise Ausführung, auch bei Raum- und Gegnerdruck, und das Ausführen von Anschlusshandlungen (vgl. 3), im Sinne von Dribblings oder Pässen zur Ballsicherung oder dem Ansteuern eines nächsten Spielziels. Auch die Spielhandlungen, an denen mehrere Spieler beteiligt sind, können auf engstem Raum durchgeführt werden (vgl. 4). Im direkten Anschluss sollte der zuvor bespielte Raum wieder verlassen werden, um dem Gegnerdruck zu entfliehen (vgl. 5). Das Verdichten der spielentscheidenden Räume zur Schaffung von Überzahlsituationen und das Erreichen einzelner Spielziele muss abgestimmt und getimt ablaufen (vgl. 6).

Coachingpunkte und Instruktionen

- Schaue in das Zentrum!
- Räume freiziehen!
- Räume bespielen!

3.2.50 Rhombus

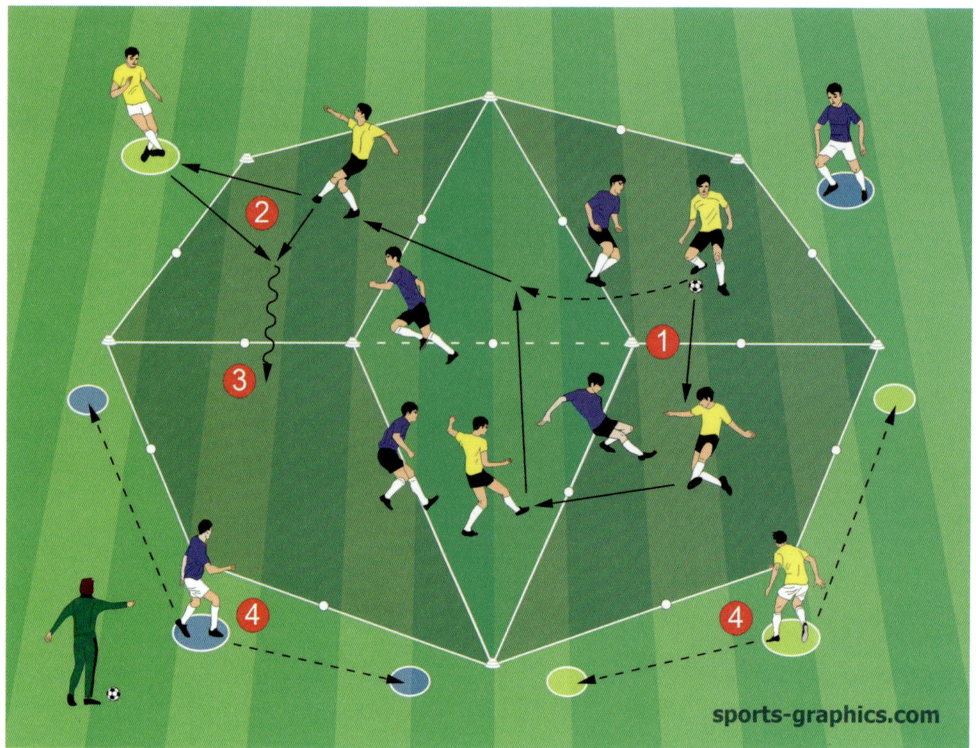

Spielprinzip

Das Spielfeld besteht aus sechs aneinandergefügten Feldern. Im Außenbereich agieren neutrale Spieler. Die Spielform ist im 4 plus 2 gegen 4 plus 2 organisiert. Jedes Team besitzt zwei diagonal versetzte Außenspieler. Das ballführende Team versucht, den Ball möglichst lange in den eigenen Reihen zu halten und darf dabei die beiden Außenspieler einbeziehen. Dabei muss die Regel beachtet werden, dass ein Pass immer nur in ein benachbartes Feld und nur über eine Feldlinie gespielt werden darf (vgl. 1). Auch die Außenspieler dürfen den Rückpass immer nur in das Feld spielen, aus dem sie den Pass erhalten haben (vgl. 2).

Provokationsregeln, Punktesystem und Varianten

Zur Vereinfachung ist es möglich, dass den Spielern auch ein Felderwechsel durch Dribbling erlaubt wird (vgl. 3). Die Außenspieler dürfen und müssen sich situativ anbieten und können dabei die gesamte Breite des eigenen Feldes nutzen und belaufen (vgl. 4). Es kann eine Punktewertung angelegt werden, nach der es für jede überspielte Feldlinie einen Punkt gibt (vgl. 1 und 3).

3.2.50 Rhombus (Fortsetzung)

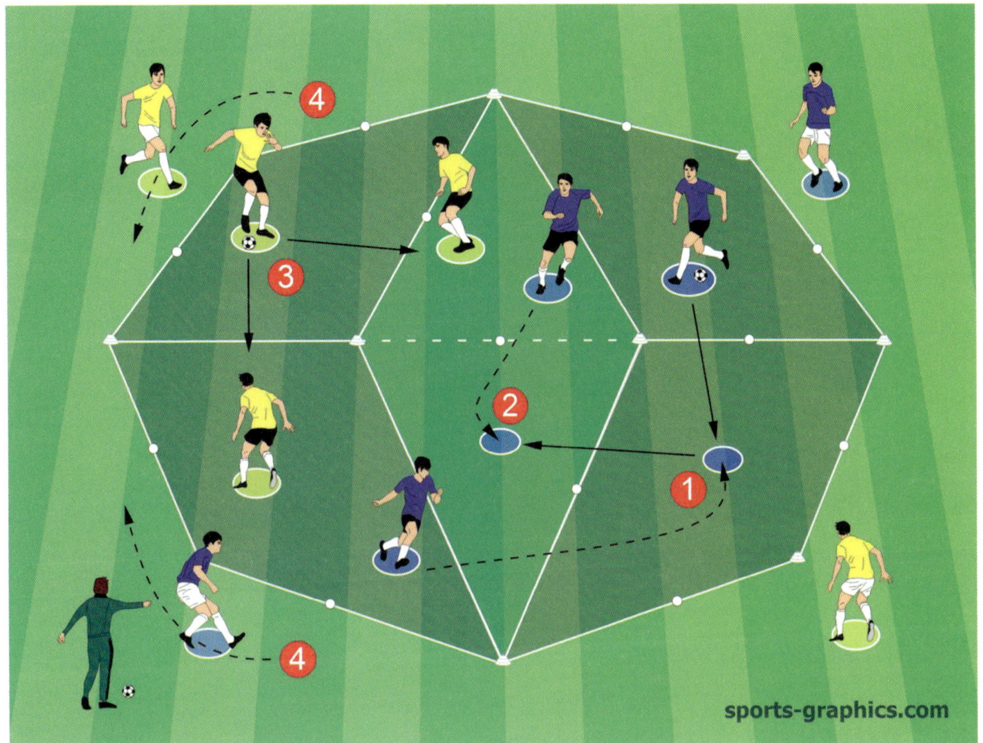

Spielelemente und Verhaltensweisen

Dem aktuellen Ballbesitzer müssen Passoptionen in den angrenzenden Feldern angeboten werden. Daher ist es entscheidend, dass die Mitspieler ihr Anbiet- und Freilaufverhalten an den Feldern ausrichten und Möglichkeiten für Anschlussaktionen schaffen (vgl. 1). Dabei ist Antizipieren und Reagieren nötig, damit es auch weiterführende Handlungsoptionen gibt (vgl. 2). Es ist gewünscht und stellt sich automatisch ein, dass die ballbesitzenden Spieler sich immer wieder in Dreiecken positionieren und der aktuelle Ballbesitzer dadurch jeweils mindestens zwei Anspielstationen hat. Die Außenspieler sind aufgefordert, situativ zu verschieben und sich entsprechend laufend anzubieten.

Coachingpunkte und Instruktionen

- Biete dich laufend an!
- Schaffe Passoptionen!
- Bildet Dreiecke!

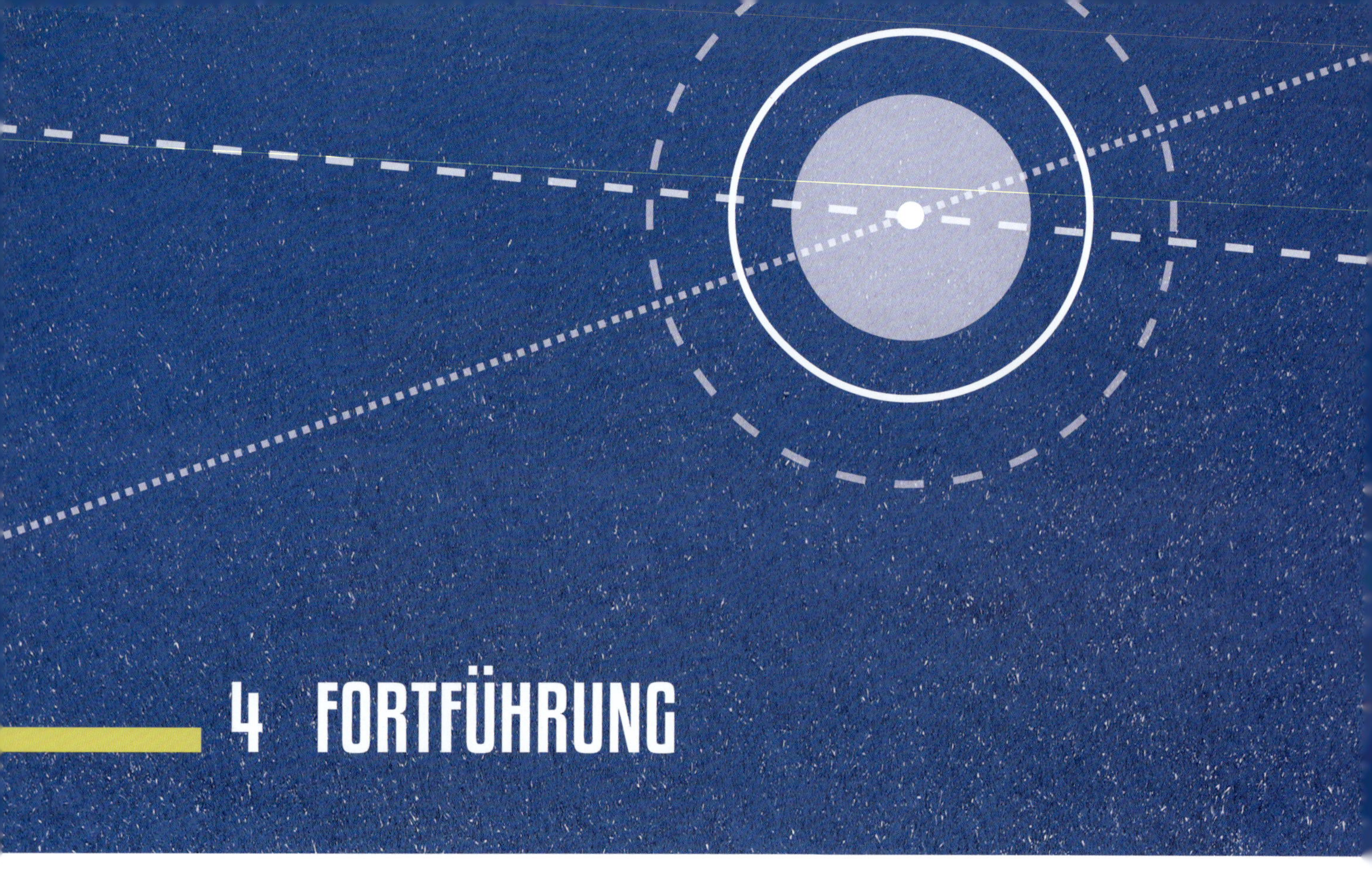

4 FORTFÜHRUNG

4.1 KONZEPTIONELLE FORTSETZUNG

Diese Fortführung schließt direkt an die 50 zentralen Kreisspielformen an und entwickelt im Sinne des Spielkonzepts weiterführende Spielideen. Diese Fortsetzung erweitert die zentralen Kreisspielformen um Mini-, Klein- oder Großtore, kombiniert die Felder mit gleichen oder anderen Kreisformationen oder eröffnet zusätzliche Lösungsmöglichkeiten durch den Einsatz von farbigen Markierungshütchen. Die fortführenden Konzepte beinhalten die Nutzung des Aufbaus für gruppenorientierte oder individuelle Technikformen, indem die Felder mit technischen Vorgaben, aber ohne Gegnerdruck, bespielt werden (vgl. Trainingsform 4.1.1).

Außerdem wird die Möglichkeit vorgestellt, dass die Vorbereitung, Annäherung und Gewöhnung an Feldaufbau und Regelwerk durch eine Vereinfachung im Handballspiel erfolgen kann (vgl. Trainingsform 4.1.2). Die Generierung von Abschlussmöglichkeiten nach dem Erreichen einzelner Spielziele ist ein wesentlicher Bestandteil des Spielkonzepts und wird durch die Kombination des Kreisfeldes mit Mini-, Klein- oder Großtoren realisiert (vgl. Trainingsform 4.1.3).

Die Kombination und mehrfache Anordnung der Kreisfelder erweitert Handlungsoptionen sowie Auswahlmöglichkeiten (vgl. Trainingsform 4.1.4) und kann je nach Ausrichtung auf zielgerichtete Einstiege und Ausstiege Einfluss nehmen (vgl. Trainingsform 4.1.5). Die Verbindung von mehreren Feldern und zusätzlichen Toren (vgl. Trainingsform 4.1.6) kann, ähnlich wie die Verwendung von Farbmarkierungen (vgl. Trainingsform 4.1.7), weitere Spielrichtungen und komplexere Handlungsoptionen generieren.

Durch einen asymmetrischen Feldaufbau wird Abwechslung geschaffen und eine Wirkung auf Spielfähigkeit (vgl. Trainingsform 4.1.8) und Spielverständnis (vgl. Trainingsform 4.1.9) erzielt. Abschließend wird der Gedanke unterstrichen, dass ein innovativer Feldaufbau mit kreativen Formen zur Schaffung von Interesse, Begeisterung, Vorstellungskraft, Kreativität und letztlich Spaß beitragen kann (vgl. Trainingsform 4.1.10).

FORMGEBUNG VORBEREITUNG
ANSCHLUSSAKTION
FARBMARKIERUNGEN
ZIELRICHTUNG ABSCHLUSSMÖGLICHKEIT
SPIELVERSTÄNDNIS ASYMMETRIE GEWÖHNUNG
TECHNIKFORMEN VEREINFACHUNG
HANDLUNGSOPTIONEN HANDBALL
ANORDNUNG BEGEISTERUNG HANDLUNGSVIELFALT
KREATIVE FORMEN KOMPLEXITÄT
SPIELFÄHIGKEIT

4.1.1 Würfelfünf – Gewöhnung (Technikformen)

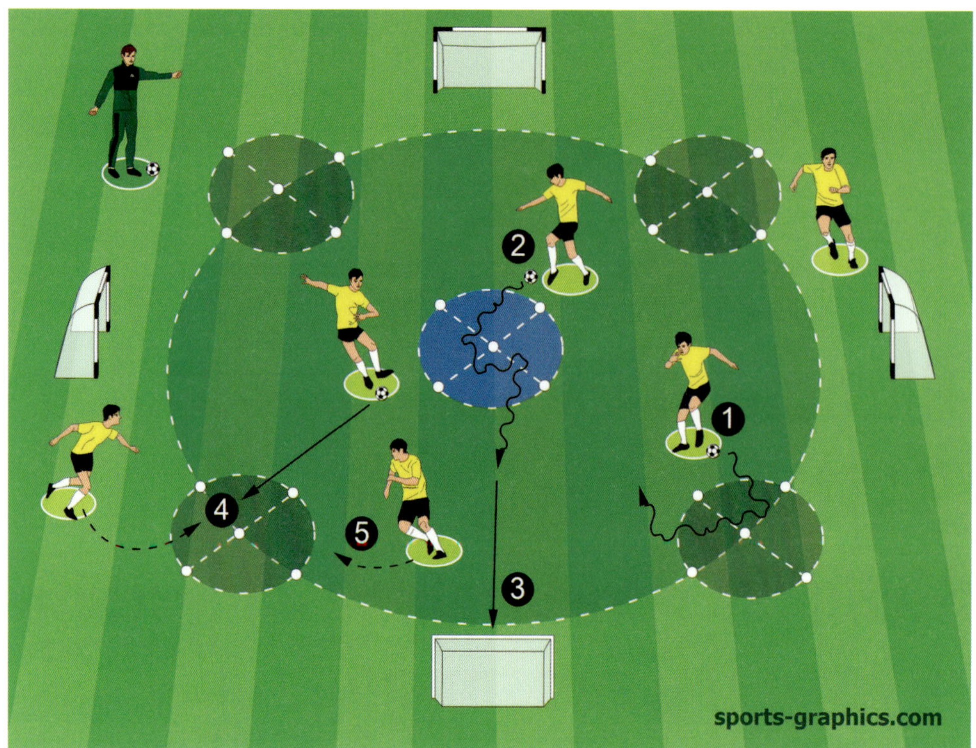

Durchführung, Prinzipien und Elemente

Die zentrale Spielidee dieser Trainingsform besteht in der Fokussierung auf Präzisierung technischer Abläufe über die Feldkonzeption. Zu diesem Zweck sind mehrere kreisförmige Felder angeordnet, die jeweils mit einer Trennlinie markiert und unterteilt werden. Die Spieler müssen technische Aufgaben in genau diesen relativ kleinen Kreisformen durchführen. Dabei lassen die Spieler in einer kleinen Gruppe einen Ball zirkulieren und steuern aus dem freien Passen die einzelnen Zielfelder an, um dort Bewegungsvorgaben auszuführen und die Technikabläufe umzusetzen. Eine Anschlussaktion ist als Abschluss auf die Minitore denkbar (vgl. 3). In den kreisförmigen Feldern und Kreissegmenten können die Spieler aufgefordert werden, Finten, Richtungswechsel oder Abkappbewegungen auszuführen (vgl. 1). Der Kreis im Zentrum hat aufgrund des wahrscheinlich hohen Gegnerdrucks eine besondere Bedeutung (vgl. 2), hier sollten die Aktionen mit höchstem Tempo ausgeführt werden.

Provokationsregeln, Punktesystem und Varianten

Je nach gewünschtem Schwerpunkt können die Kreisfelder auch zur präzisen Ballmitnahme (vgl. 4) genutzt werden. Um auf die Minitore abschließen zu können, kann die Ballmitnahme innerhalb des Kreisfeldes erfolgen. Weiterführend kann die Vorgabe bestehen, dass die Kreise nur mit Ball im Dribbling belaufen werden dürfen. Mithilfe der Trennlinien können noch detailliertere Fintenabfolgen oder mehrfache Richtungswechsel vorgegeben werden.

4.1.2 Heimathafen – Vorbereitung (Handballspiel)

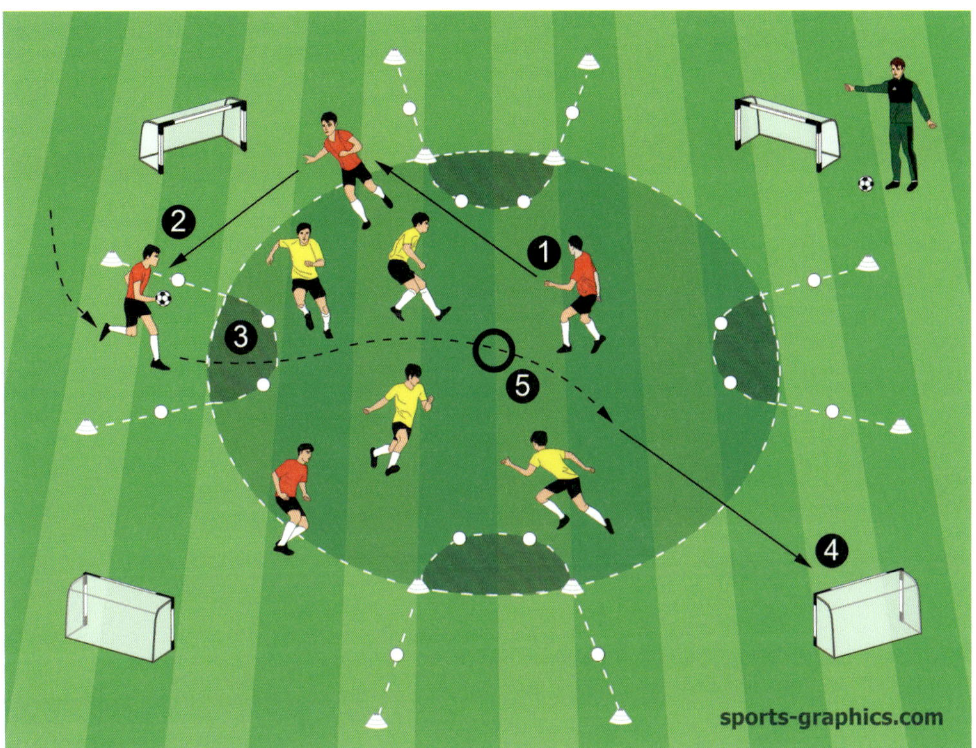

Durchführung, Prinzipien und Elemente

Die dargestellte Trainingsform beinhaltet die Vorbereitung einer Fußballspielform durch das Spiel per Hand und soll verdeutlichen, dass alle vorgestellten Kreisspielformen per Handball vorbereitet werden können. Die Spieler werden darüber einfacher an unbekannte Feldformen herangeführt. Durch die Vereinfachung im Spiel mit der Hand besitzen die Spieler bessere Chancen, die Feldformen zu erkennen und wahrzunehmen. Im Anschluss kann das Spiel per Fuß angesetzt werden. Die Spieler lassen den Ball in den eigenen Reihen zirkulieren (vgl. 1). Sobald der Ball den Boden berührt, ein gegnerischer Spieler einen Pass abfängt oder ein gegnerischer Spieler einen ballbesitzenden Spieler mit einer Hand berührt, wechselt sofort der Ballbesitz. Das Ziel ist es, einen Pass in einem der außen markierten Bereiche vor den inneren Bögen zu erhalten (vgl. 2), um dann durch den Bogen in den Kreis zu laufen (vgl. 3). Im Anschluss ist das Spiel auf die Minitore möglich (vgl. 4).

Provokationsregeln, Punktesystem und Varianten

Der im Zentrum platzierte Koordinationsreifen kann durch einen Lauf durch den Reifen ebenfalls bespielt werden (vgl. 5). Ein Treffer nach dem Bespielen des zentralen Koordinationsreifens kann aufgrund des vermeintlich hohen Gegnerdrucks im Zentrum doppelt gewertet werden.

4.1.3 Ying und Yang – Anschlusshandlung (Torschuss)

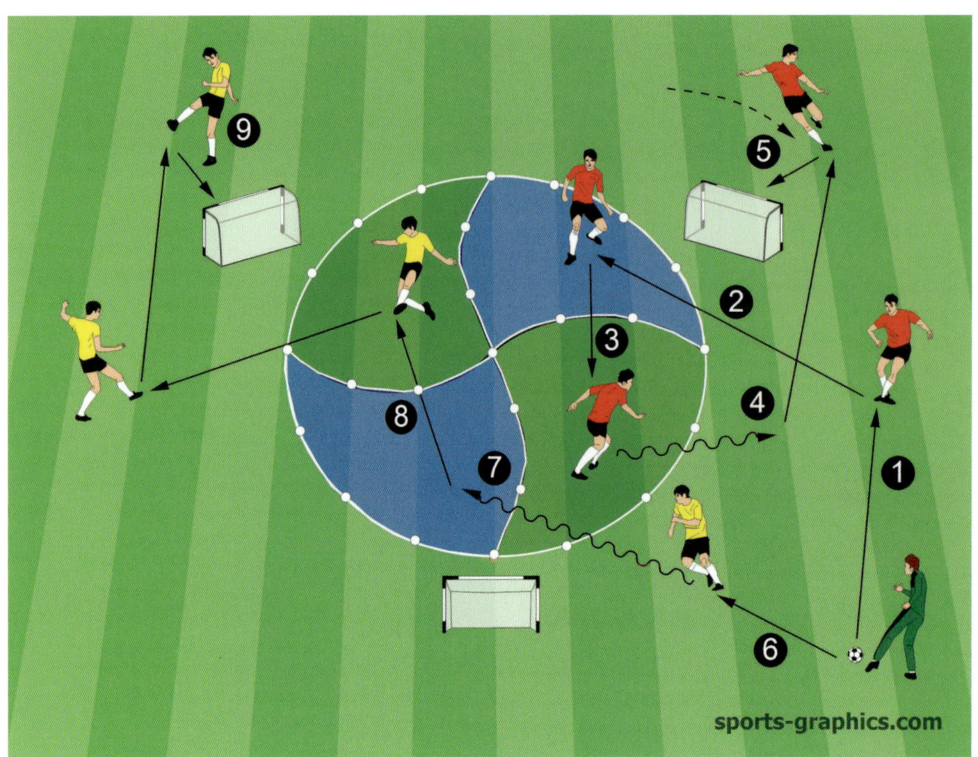

Durchführung, Prinzipien und Elemente

Die dargestellte Trainingsform legt den Fokus auf Anschlusshandlungen Richtung Tor und soll verdeutlichen, dass alle Kreisspielformen mit Mini- oder Großtoren und entsprechenden Abschlussmöglichkeiten kombiniert werden können. Die Minitore können dabei variabel um die Kreisform angeordnet werden. Es agieren zwei Teams gegeneinander und versuchen, durch Bespielen des zentralen Kreises, die Minitore zu öffnen und einen Treffer zu erzielen. Der Trainer bringt jeden neuen Spielball nach außen fern des Kreises ins Spiel (vgl. 1). Das erste Teilziel für das ballbesitzende Team besteht darin, den Ball in den Kreis zu passen (vgl. 2). Nun kann durch einen vorgegebenen Ablauf das Spiel auf die Minitore eingeleitet werden. Durch einen Pass aus einem der vier Kreisfelder in ein angrenzendes Kreisfeld (vgl. 3) ist das Spiel auf die Minitore möglich (vgl. 4). Das ballbesitzende Team versucht nun, einen Treffer zu erzielen (vgl. 5). Nach jedem Abschluss bringt der Trainer einen neuen Ball ins Spiel (vgl. 6). Durch das Dribbling über eine innere Kreislinie (vgl. 7), mit anschließendem Pass über eine zweite innere Kreislinie (vgl. 8), ist ebenfalls das Spiel auf die Minitore möglich (vgl. 9). Der Lerneffekt über die geometrischen Formen zielt auf optimales Freilaufverhalten und das Einnehmen von Erfolg versprechenden Spielpositionen an den Kreislinien ab. Der enge Spielraum im Zentrum soll trotz Gegnerdruck möglichst präzise und temporeich bespielt werden. Der Trainerball leitet die Vorbereitung der tiefen Aktionen in das Zentrum ein.

Provokationsregeln, Punktesystem und Varianten

Das Bespielen der vier Kreisfelder kann variabel ausgestaltet und erweitert werden. Weiterführend kann auch die Torschusstechnik (Direktabnahme, Vollspannstoß oder Innenseitstoß) vorgegeben (vgl. 5 und 9) und das Spiel auf die Minitore mit einem Zeitlimit belegt werden.

4.1.4 Kornkreise – Spielfortsetzung (Handlungsalternativen)

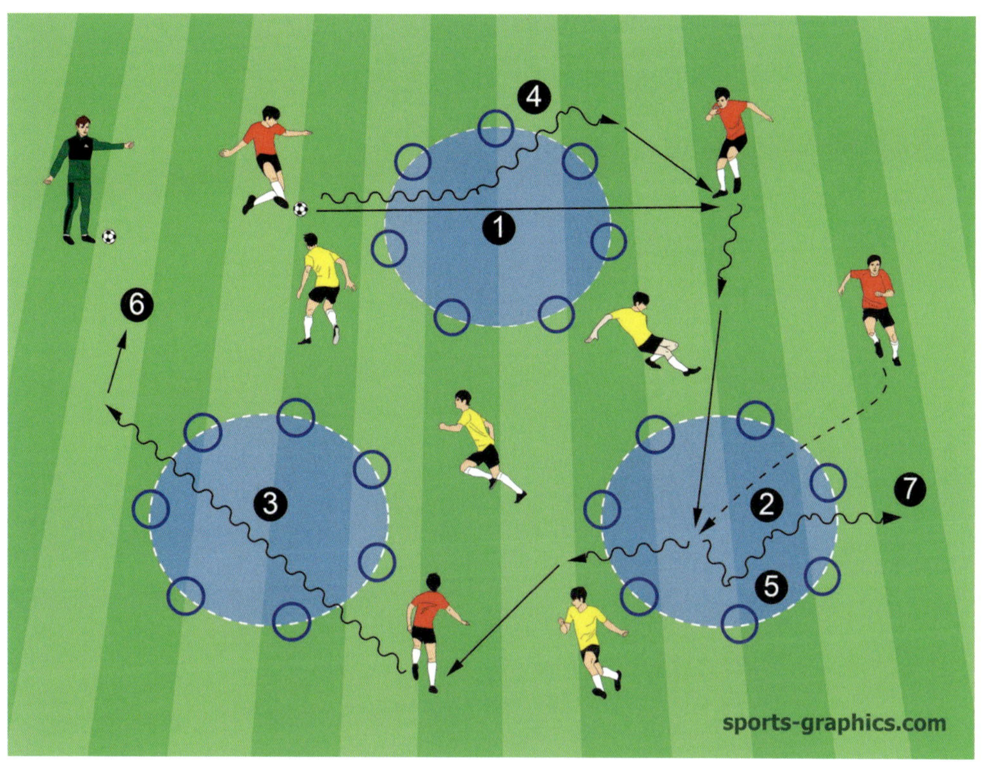

Durchführung, Prinzipien und Elemente

Die dargestellte Trainingsform ist durch die mehrfache Anordnung von Kreisformen charakterisiert und soll verdeutlichen, dass einzelne Kreisformen auch häufiger nebeneinander angeordnet werden können und sich somit weitere Spielziele im Sinne des Kombinationsspiels aufstellen lassen. So kann das ballbesitzende Team nur dann punkten, wenn zwei oder mehrere Kreisformen gemäß der Spielziele bespielt werden. Als Ziel kann bestehen, dass ein Pass durch einen Kreis gespielt wird (vgl. 1), ein Pass auf einen in einen Kreis hineinstartenden Spieler (vgl. 2) gespielt wird, ein Dribbling durch den Kreis (vgl. 3) absolviert wird, ein Ausstieg im Dribbling mit anschließendem Pass erfolgt (vgl. 4) oder die Ballmitnahme in einem Kreis rückwärts verarbeitet werden muss (vgl. 5). Das korrekte Bespielen mehrerer Kreise in Folge führt zum Punktgewinn. Das Spiel wird nach einem Punktgewinn flüssig fortgesetzt. Die Spielform folgt Prinzipien des Räumeerkennens, -bespielens und fokussiert das Eindringen und Ausbrechen aus diesen Räumen. Die Spieler sind angehalten, laufend zu antizipieren. Sie lernen anhand der Spielkonzeption das bewusste Bewegen an Feldrändern. Das Spiel ruft temporeiche und tiefe Läufe hervor und spricht Elemente des getimten Anbiet- und Freilaufverhaltens an.

Provokationsregeln, Punktesystem und Varianten

Die Regel zum Bespielen der Kreise per Pass auf einen hineinstartenden Mitspieler (vgl. 2) kann verschärft werden, indem der ballerhaltende Spieler den Ball nur in den Rücken mitnehmen darf und nach dem Um- bzw. Aufdrehen nach hinten aus dem Kreis dribbeln muss (vgl. 5). Alle Regeln können zudem mit einer Anschlussaktion im Sinne eines anzubringenden Passes (vgl. 6) oder der Abschlussmöglichkeit auf Tore (vgl. 7) belegt werden.

4.1.5 Mandarine – Spielfortsetzung (Zielrichtung)

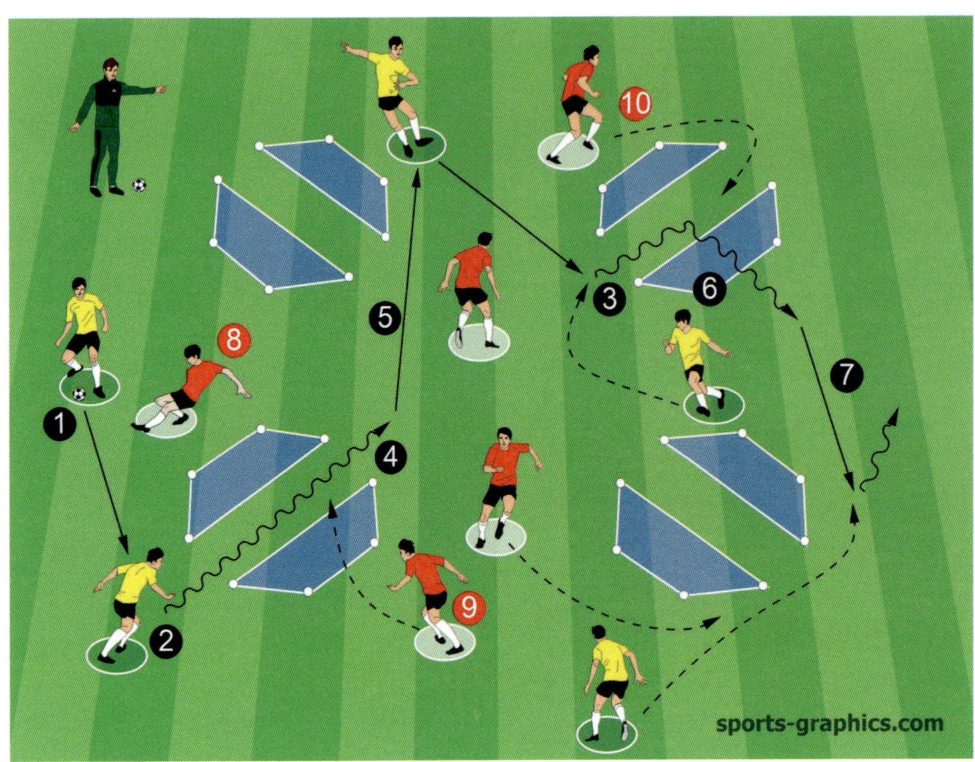

Durchführung, Prinzipien und Elemente

Die dargestellte Trainingsform ist durch die mehrfache Anordnung von Kreisformen charakterisiert und soll verdeutlichen, dass den Spielern darüber noch weitere Lösungsmöglichkeiten und Handlungsalternativen eröffnet werden können. Aufgrund der gesteigerten Komplexität sind die Spieler grundsätzlich aufgefordert, schnell die verschiedenen Formen zu erkennen und zielgerichtet anzusteuern. In der dargestellten Spielform versucht das ballbesitzende Team, über ein zielgerichtetes Passspiel das Bespielen der Halbkreisformen vorzubereiten (vgl. 1) und schnell einzuleiten (vgl. 3). Ein Tunnel bzw. Korridor wird bespielt, indem ein Spieler komplett hindurchdribbelt (vgl. 2) oder nach dem Einstieg seitlich mit einem Fußwechsel aus der blauen Zone aussteigt (vgl. 6). Das Bespielen ist erst dann gültig und zählt für eine Punktewertung, wenn ein Anschlusspass (vgl. 5 oder 7) realisiert wurde. Das gegnerische Team versucht, den Ball zu erobern (vgl. 8) und kann das Bespielen der Kreisformen stören und verhindern (vgl. 9 und 10). Die mehrfache Anordnung der Formen lässt insgesamt acht Einstiegs- bzw. Ausstiegsmöglichkeiten zu und entsprechend viele Optionen offen. Durch die innovative Formgebung und komplexe Anordnung werden die Spieler zu unerwarteten, kreativen und mutigen Spielhandlungen inspiriert.

Provokationsregeln, Punktesystem und Varianten

Für die verteidigenden Spieler kann die Regel vorgegeben und variiert werden, dass die Kreisformationen nur seitlich (vgl. 9) oder nur frontal durch den Ein- bzw. Ausstieg (vgl. 10) belaufen werden dürfen. Im Rahmen der Punktewertung kann das komplette Dribbling durch den gesamten Korridor (vgl. 2 und 4) doppelt und der Ausstieg (vgl. 6) einfach zählen. Der Anschlusspass (vgl. 5 und 7) kann zur Vereinfachung nicht zwingend gefordert werden.

4.1.6 Cheeseburger – Handlungsraum (Mehrdimensionalität)

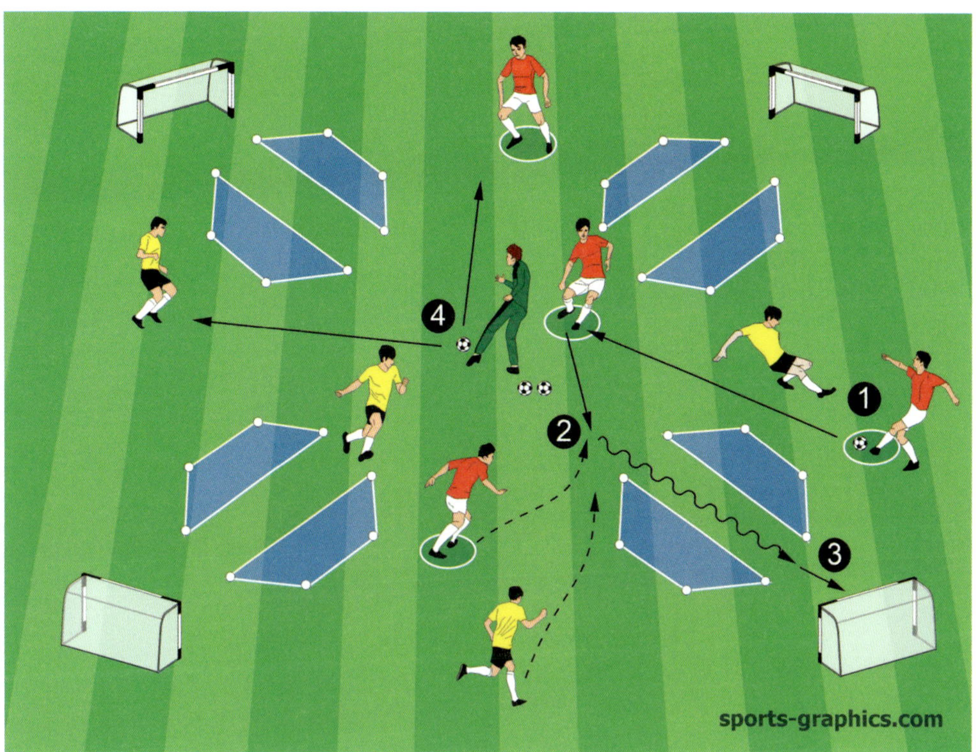

Durchführung, Prinzipien und Elemente

Die dargestellte Trainingsform ist durch die mehrfache Anordnung von Kreisformen in Kombination mit Toren charakterisiert und soll verdeutlichen, dass über die Ausrichtung von Feldern und Toren eine Vielzahl an Spielzielen und Handlungsalternativen generiert werden kann. Das ballbesitzende Team versucht, den Ball in den eigenen Reihen zu halten und über zielgerichtetes Passspiel das Bespielen der Kreisformen vorzubereiten (vgl. 1). Ein Kreisfeld wird bespielt, indem ein Spieler in den mittleren Korridor einsteigt und komplett durchdribbelt oder nach dem Einstieg seitlich mit einem Fußwechsel aus der blauen Zone aussteigt. Nach dem erfolgreichen Bespielen einer Kreisform (vgl. 2) ist als Anschlussaktion das Spiel auf die Minitore möglich (vgl. 3). Nach einem Ballbesitzwechsel ist erneut das Bespielen eines Kreisfeldes nötig, um durch einen Treffer in eines der Minitore einen Punkt zu erzielen. Nach jedem Abschluss bringt der Trainer einen neuen Ball ins Spiel und kann dabei entscheiden, welches Team das Zuspiel erhält (vgl. 4). Die Kopplung der Feldformen mit den Minitoren bildet spielnahe Situationen ab, die es abschließend zu meistern gilt und die mit einem Treffer und Punktgewinn belohnt werden. Durch die Kombination von vier Kreisformen mit den vier frei wählbaren Minitoren im Anschluss werden die Möglichkeiten und Handlungsoptionen vervielfacht.

Provokationsregeln, Punktesystem und Varianten

Die Spielform kann durch Ballkontaktvorgaben pro Spieler, Vorgaben der Passtechnik, Größe der Teams, durch Hinzufügen von neutralen Spielern und durch die Vorgabe von Torschusstechniken variiert werden.

4.1.7 Hamburger – Handlungsraum (Komplexität)

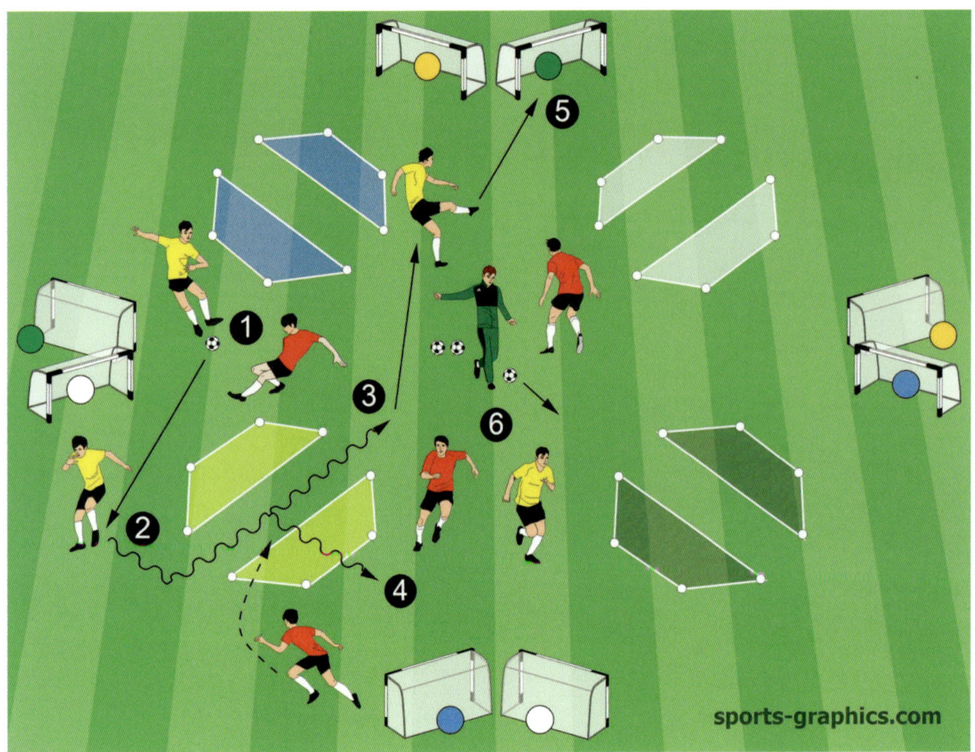

Durchführung, Prinzipien und Elemente

Die Spielform ist durch die mehrfache Anordnung der Kreisformen und variabel einsetzbare Minitore charakterisiert. Es soll verdeutlicht werden, dass die Kreisformen und Tore mit Farbmarkierungen versehen sein können und damit Spielziele weiterführend ausdifferenziert werden können. In der dargestellten Trainingsform sind die Farbmarkierungen mit den Feldern verbunden. Das ballbesitzende Team versucht, den Ball in den eigenen Reihen zu halten (vgl. 1) und das Bespielen der Kreisformen vorzubereiten (vgl. 2). Eine Kreisform wird bespielt, indem ein Spieler in den mittleren Korridor einsteigt und komplett durchdribbelt oder nach dem Einstieg seitlich aussteigt. Nach dem erfolgreichen Bespielen eines Kreisfeldes (vgl. 3 oder 4) ist als Anschlussaktion das Spiel auf die Minitore möglich. Dabei können die farblich unterschiedlich markierten Kreisfelder mit den ebenfalls farblich markierten Minitoren verbunden werden und entsprechende Vorgaben gelten. Nach einem Ballbesitzwechsel ist erneut das Bespielen einer Kreisform nötig, um durch einen Treffer in eines der Minitore einen Punkt zu erzielen (vgl. 5). Nach jedem Abschluss bringt der Trainer einen neuen Ball ins Spiel und kann dabei entscheiden, welches Team das Zuspiel erhält (vgl. 6). Die farbige Kopplung der Feldformen mit den Minitoren stellt die Spieler vor komplexere Anforderungen auf kognitiver Ebene in den Bereichen der Handlungsschnelligkeit.

Provokationsregeln, Punktesystem und Varianten

Die Kombination von Kreisform und Minitor ist variabel, so kann z. B. das vollständige Bespielen des Kreisfeldes (vgl. 3) das Spiel auf die andersfarbigen Minitore erlauben (vgl. 5) und der seitliche Ausstieg (vgl. 4) nur die zwei gleichfarbigen (hier gelben) Minitore öffnen. Die Minitore können mit einem Markierungshütchen oder Leibchen farblich markiert werden.

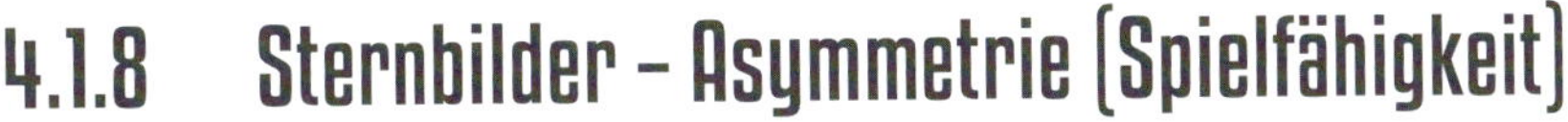

4.1.8 Sternbilder – Asymmetrie (Spielfähigkeit)

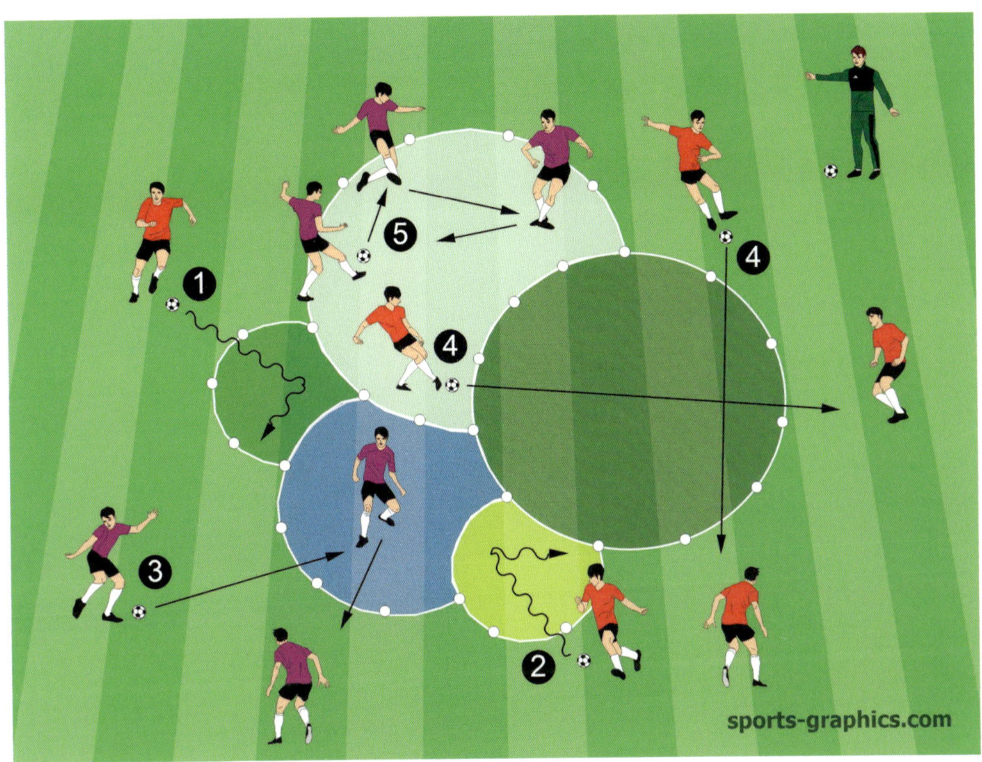

Durchführung, Prinzipien und Elemente

Die zentrale Spielidee dieser Feldkonzeption besteht in der asymmetrischen Anordnung unterschiedlich zu bespielender Kreisfelder. Die einzelnen Felder sind mit voneinander abweichenden Spielzielen belegt und müssen von den zwei Teams gemäß den Vorgaben in verschiedenen Variationen bespielt werden. Das ballbesitzende Team kann in den verschiedenen Kreisfeldern nach bestimmten Vorgaben punkten. Ein Team punktet über den grünen Kreis, indem ein Spieler innerhalb des Kreises eine Finte ausführt (vgl. 1). Ein Team punktet über den gelben Kreis, indem ein Spieler innerhalb des Kreises vier Ballkontakte realisiert (vgl. 2). Ein Team punktet über den blauen Kreis, indem ein Spieler innerhalb des Kreises einen direkten Pass auf einen dritten Spieler spielt (vgl. 3). Ein Team punktet über den dunklen Kreis, indem ein Pass durch den Kreis hindurchgespielt wird (vgl. 4). Ein Team punktet über den weißen Kreis, indem drei Pässe innerhalb des Kreises gespielt werden (vgl. 5).

Provokationsregeln, Punktesystem und Varianten

Die Vorgaben zu den Punktewertungen können variabel ausgestaltet werden. Zudem können zusätzliche Wertungen aufgerufen werden, indem zwei Kreisfelder hintereinander als Kombination bespielt werden.

4.1.9 Schmetterling – Asymmetrie (Spielverständnis)

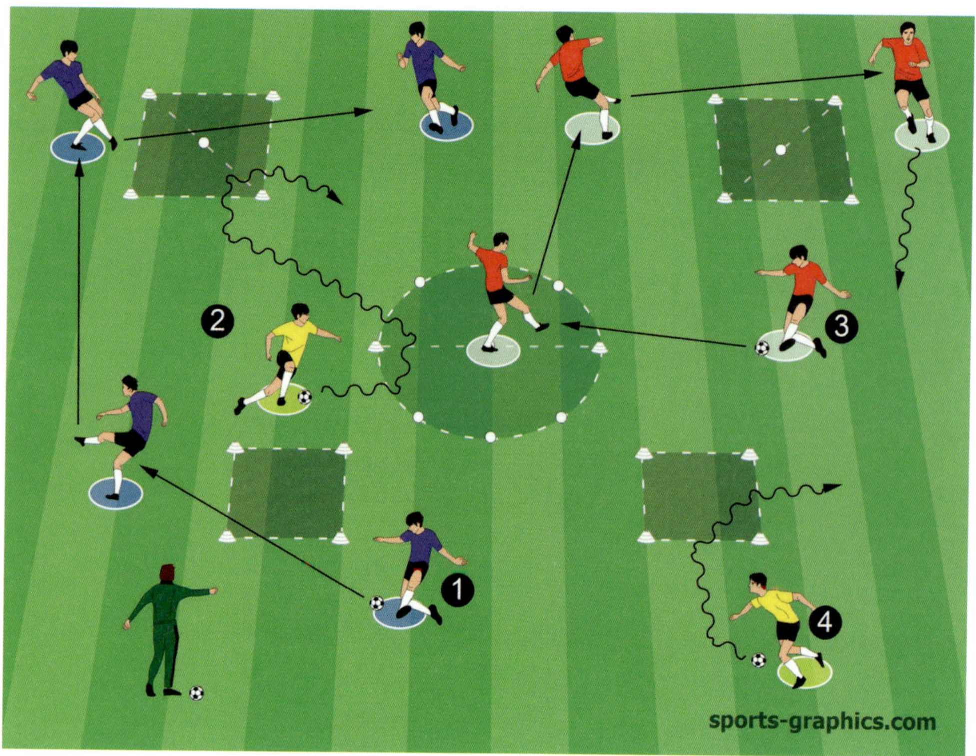

Durchführung, Prinzipien und Elemente

Die zentrale Spielidee besteht in der asymmetrischen Anordnung geometrisch unterschiedlicher Feldformen. Es agieren zwei Teams gegeneinander. Die mit verschiedenen Abständen zum Zentrum angeordneten Felder müssen verschiedenartig und nacheinander bespielt werden. Das ballbesitzende Team kann über die verschiedenen Felder nach bestimmten Vorgaben punkten. Ein Punkt kann erzielt werden, indem ein Team ein kreisnahes Quadrat und im Anschluss ein kreisfernes Quadrat bespielt (vgl. 1), ein Spieler des ballbesitzenden Teams über zwei Linien (vgl. Kreis und kreisferne Quadrate) in Folge dribbelt (vgl. 2), ein Team den zentralen Kreis bespielt und im Anschluss ein kreisfernes Quadrat umspielt (vgl. 3) oder ein Spieler über zwei Linien eines kreisnahen Quadrats gedribbelt ist (vgl. 4).

Provokationsregeln, Punktesystem und Varianten

Die individuellen und gruppentaktischen Vorgaben zur Erzielung von Punkten können vereinfacht oder gesteigert werden. Zudem sind zahlreiche Kombinationsmöglichkeiten je nach gewünschtem Schwerpunkt denkbar. Die Anordnung der Felder kann in Bezug auf die Größe der Zwischenräume ebenfalls variiert werden.

4.1.10 Pac Man© – Formgebung (Kreativität)

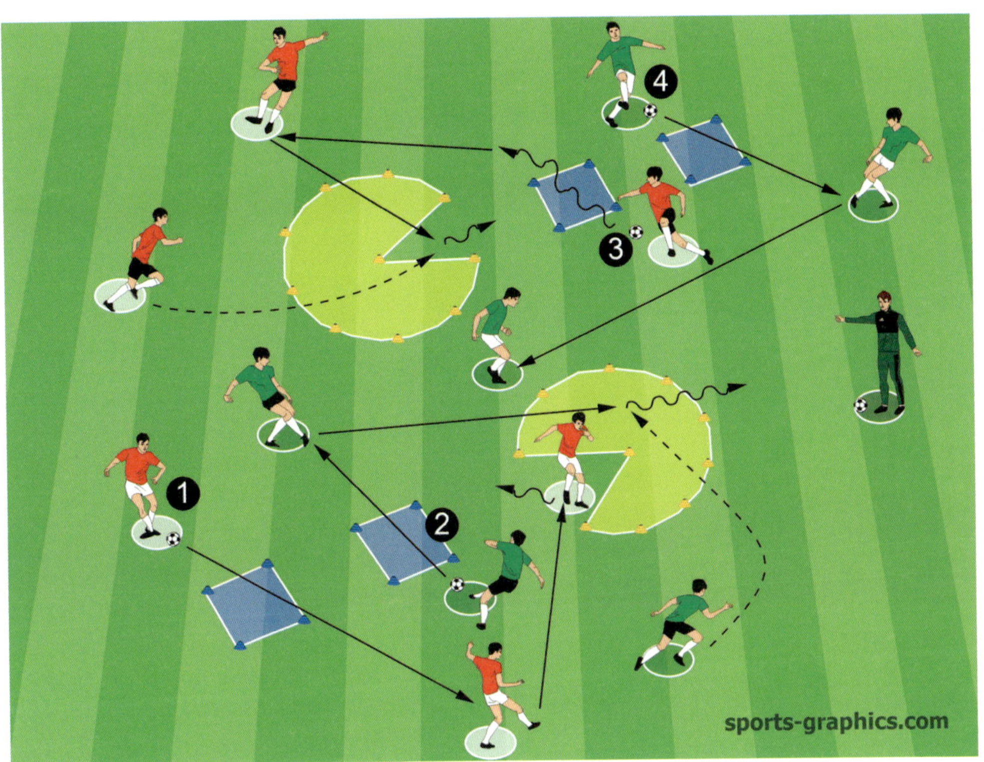

Durchführung, Prinzipien und Elemente

Die zentrale Spielidee besteht in dem innovativen, kreativen und für die Spieler neuartigen Feldaufbau. Diese Formen bieten Raum für originelle Handlungen. Die Spieler werden durch die kreative Feldform ihn ihrem Vorstellungsvermögen angesprochen und es ergeben sich teils unerwartete Spielszenen und Spielhandlungen. Das ballbesitzende Team versucht, die gelben Pac-Man©-Formen und die blauen Quadratformen als Kombination zu bespielen. Eine Punktewertung wird realisiert, wenn nach dem erfolgreichen Bespielen eines blauen Quadrats ein Pass in die Mundöffnung des Pac Mans© (vgl. 1), in den Kopf des Pac Mans© (vgl. 2), durch den Kopf in die Mundöffnung (vgl. 3) oder zwischen die beiden Figuren (vgl. 4) gespielt wird. Die Quadrate können mit einem Pass (vgl. 1, 2 und 4) oder im Dribbling (vgl. 3) bespielt werden. Ein weiträumig angelegter Feldaufbau bietet Platz für lange Pässe, Verlagerungsbälle und das Einnehmen von Zwischenstationen bzw. Drehspielern.

Provokationsregeln, Punktesystem und Varianten

Die Punktewertung erfährt eine Steigerung, indem die Pässe durch das Quadrat bzw. in Richtung Figur nur in direkter Form gespielt werden dürfen. Zur Gewöhnung an die neuartige Feldformgebung kann der Ballbesitz durch das Hinzufügen von neutralen Spielern beispielsweise zu einem 4 gegen 4 plus 2 vereinfacht werden.

5 AUSBLICK

Die zentralen Kreisspielformen können gemäß der konzeptionellen Fortführung, wie beschrieben, ausdifferenziert und variabel umgesetzt werden. Die Ausrichtung der Kreisspielformen gemäß Spielrichtung kann sich darüber hinaus auch im Rahmen der Positionierung auf dem Platz am realen Wettkampfgeschehen orientieren (vgl. Abb. 55). So lassen sich die offensiven und defensiven Handlungsräume in spielnahen Situationen abbilden. Das zielgerichtete Training am Ort des Wettkampfgeschehens eröffnet den Spielern einen einfacheren Transfer der Trainingsinhalte in den Spielkontext und akzentuiert das gewünschte Wettkampfverhalten.

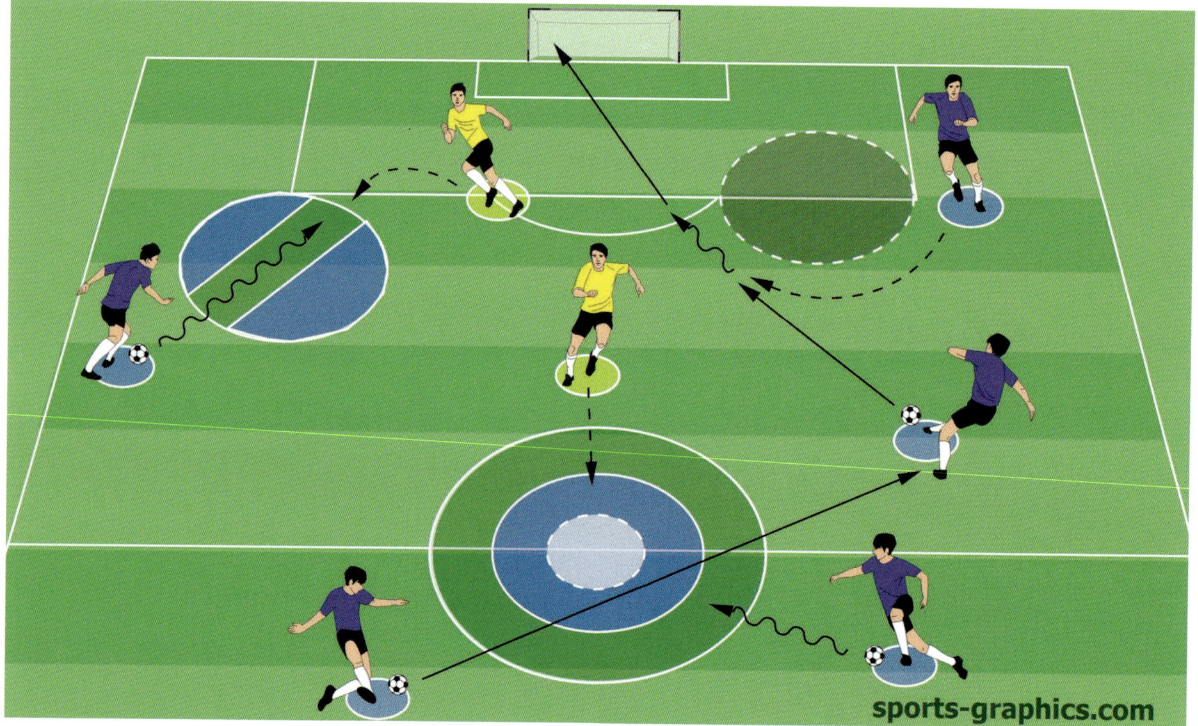

Abb. 55: Wettkampfgemäße Kreisausrichtung

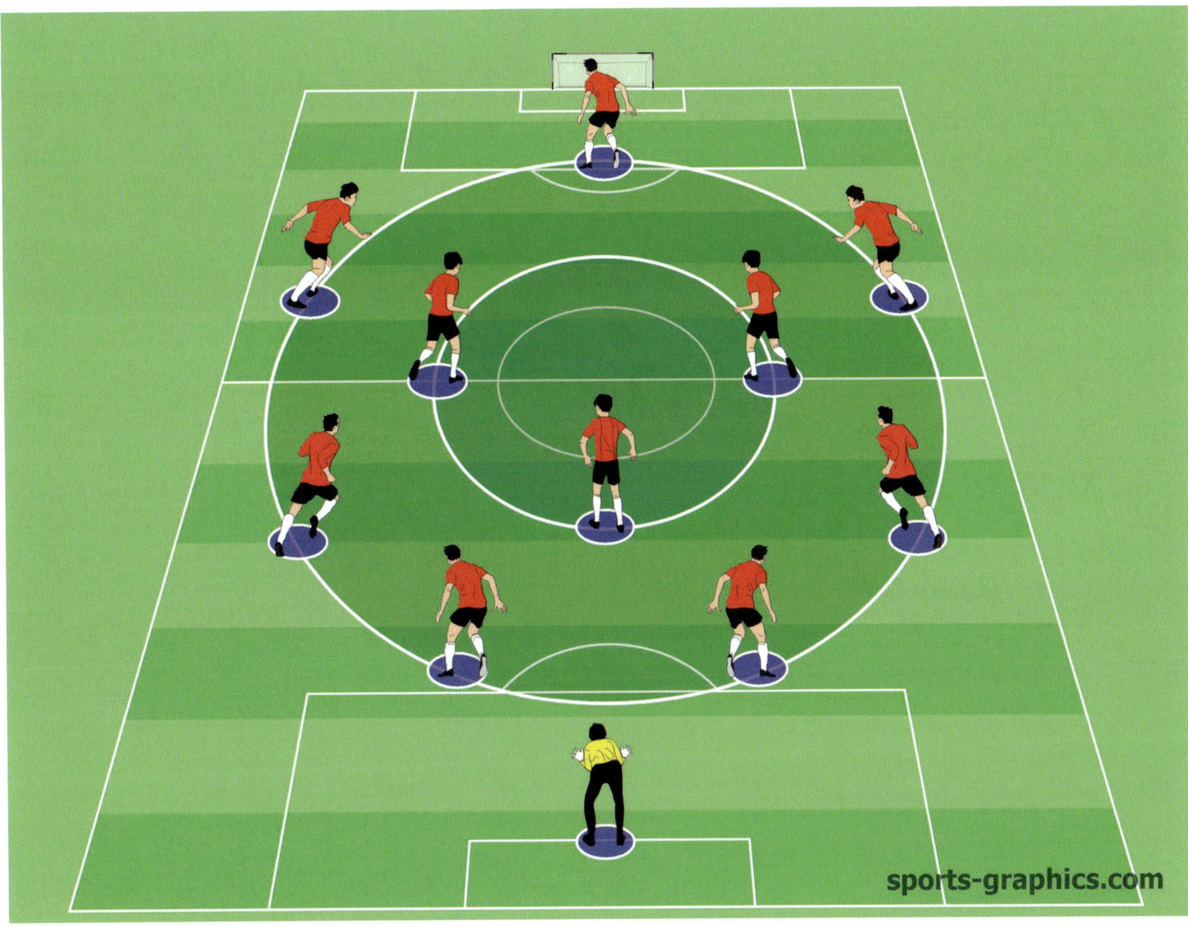

Abb. 56: Kreisordnung

Die zahlreichen Spielziele der verschiedenen Kreisspielformen lasen sich auch auf das große Spiel im 11 gegen 11 übertragen (vgl. Abb. 56). Im Rahmen der Grundordnungen und Spielsysteme lassen sich Verbindungen zu den Kreisformen knüpfen. So werden einzelne Aspekte des Spielkonzepts visualisiert und die im Training erarbeiteten gruppentaktischen Verhaltensweisen können auf die mannschaftstaktische Ebene übertragen werden.

Bei weiterführendem Interesse an den Konzepten und Inhalten der Autoren besteht für Trainer oder auch Vereine die Möglichkeit der Kontaktaufnahme über den Meyer & Meyer Sportverlag. Nach Prüfung der Kapazitäten und Bedingungen kann sich daraus eine abgestimmte Maßnahme zur Implementierung der Inhalte in die Trainingssteuerung von Vereinen ergeben. Die Spielformen mit den variantenreichen Spielregeln und Spielprinzipien können für einzelne Trainingseinheiten Verwendung finden, noch konsequenter ist in diesem Rahmen eine Umsetzung in Trainingszyklen zu empfehlen.

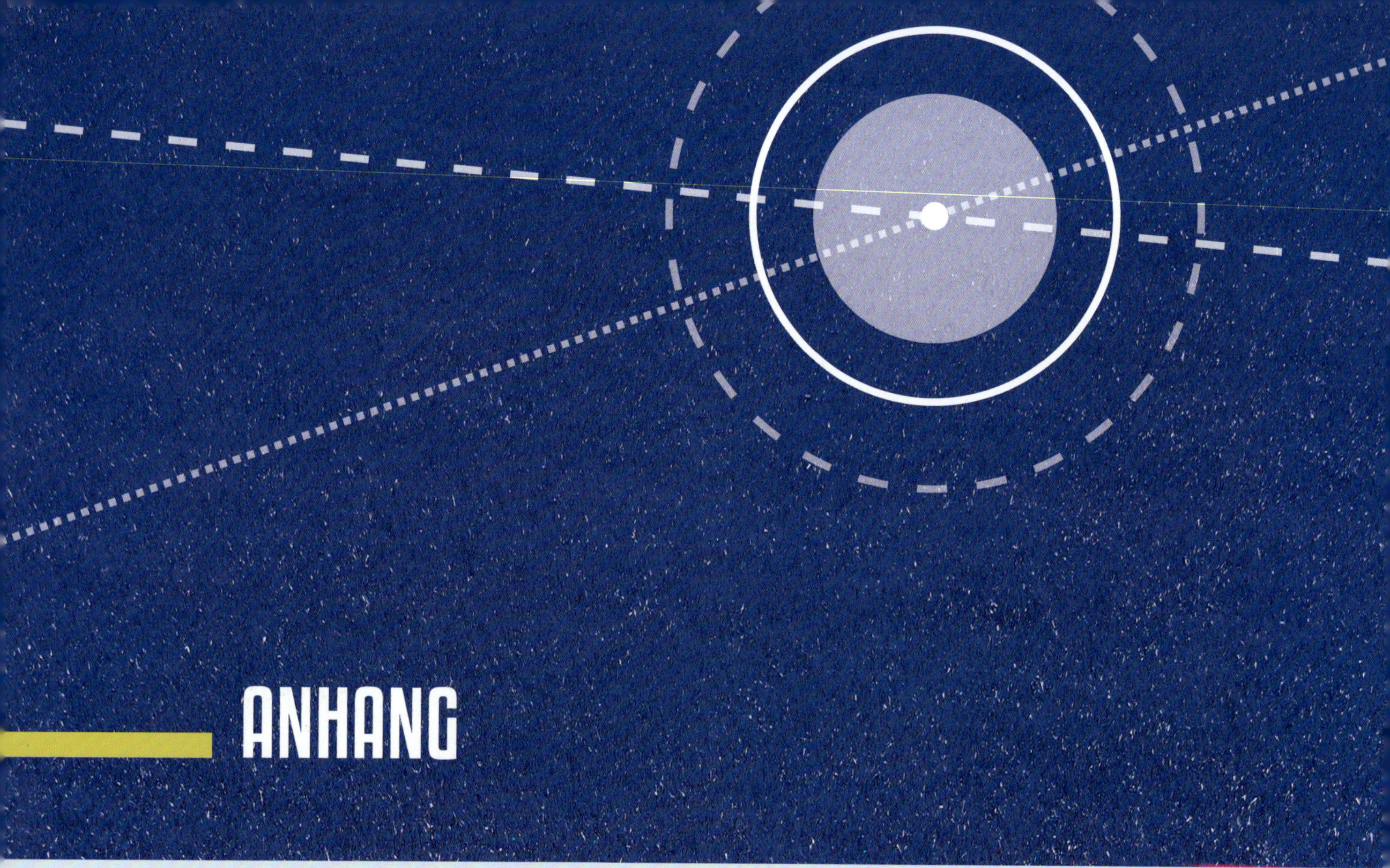

ANHANG

1 Literaturhinweise

Seeger, F. (2016). *Spielnahes Fußballtraining. 350 Trainingsformen für alle Leistungsstufen*. Aachen: Meyer & Meyer.

Seeger, F. & Favé, L. (2017). *Kreatives Fußballtraining. 350 Trainingsformen für ambitionierte Leistungsstufen*. Aachen: Meyer & Meyer.

2 Bildnachweis

Covergestaltung:	Annika Naas
Covergrafik:	Fabian Seeger
Innenlayout:	Annika Naas
Fotos Umschlag:	Autorenfoto: Norbert Gettschat (www.foto-gettschat.de)
Fotos Innenteil:	Norbert Gettschat (www.foto-gettschat.de)
Grafiken:	Alle Grafiken zu den Trainingsformen wurden mit easy Sports-Graphics (www.easy-sport-software.com) erstellt.
Satz:	www.satzstudio-hilger.de
Lektorat:	Dr. Irmgard Jaeger